U0940509

嘎拉山隧道
S101
陇巴
拉陇亭
奴巴
庞则
青果
森布日
森布日村
吉纳
乃撒巴
拉冬
次米
仲萨
来嘎
雅鲁藏布江大桥
曲定然麦寺
拉萨贡嘎机场
罗松布
吉雄村
长沙广场
贡嘎人民政府
雅鲁藏布江
沃拉
变扎
蕃朗
岗琼
学岗
当木萨
杂隆
夏珠林寺
贡嘎学
岗堆镇
贡嘎曲德寺
曲定
朗杰林
塔尔巴林
甲日农场
那学布
贡洛丘米
卫色林寺
拉堆
迪当
甲日新村
白隆
改布
给当
略当
重应村
夏哲村
乌布
桑东
巴玛
纳牙
托嘎村
乃萨村
达贞
德庆曲果
囊木若薛
布达扎仓
萨绒
结根
屋朵
雄扁兴
吉马加
乃纳
若门则

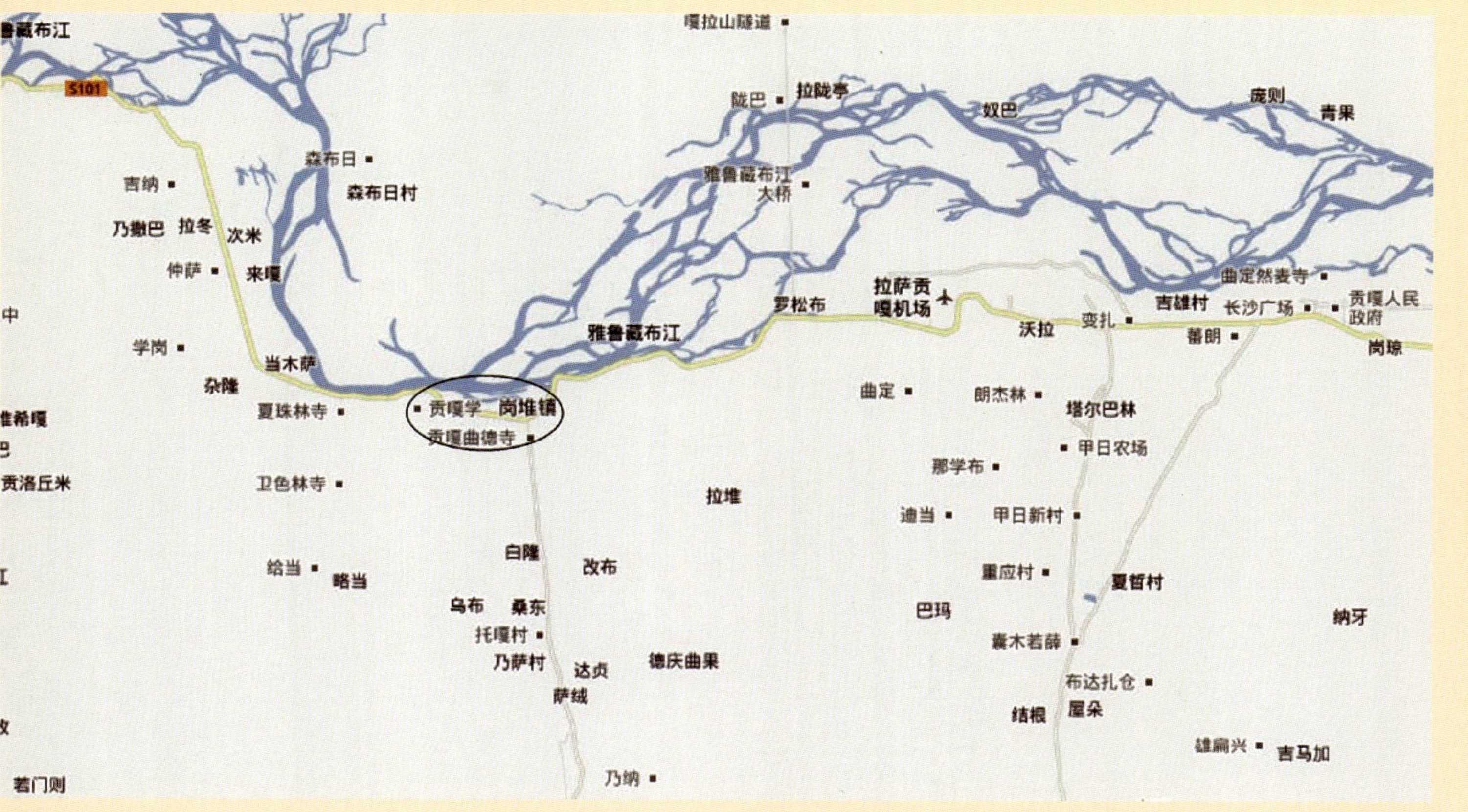

图1 岗堆村位置示意图

图2　岗堆村全貌

图3　岗堆村北侧的雅鲁藏布江

图4　贡嘎宗遗址

图5　谢珠林寺

图6　从村口仰望谢珠林寺（左）和贡嘎宗遗址（右）

图7　曲德寺主殿

图8　村内民居

图9　浓香的酥油茶

图10　岗堆镇人民政府

图11　绿荫环抱的岗堆村村委会

图12　村委会室内陈设（调研组成员在用餐）

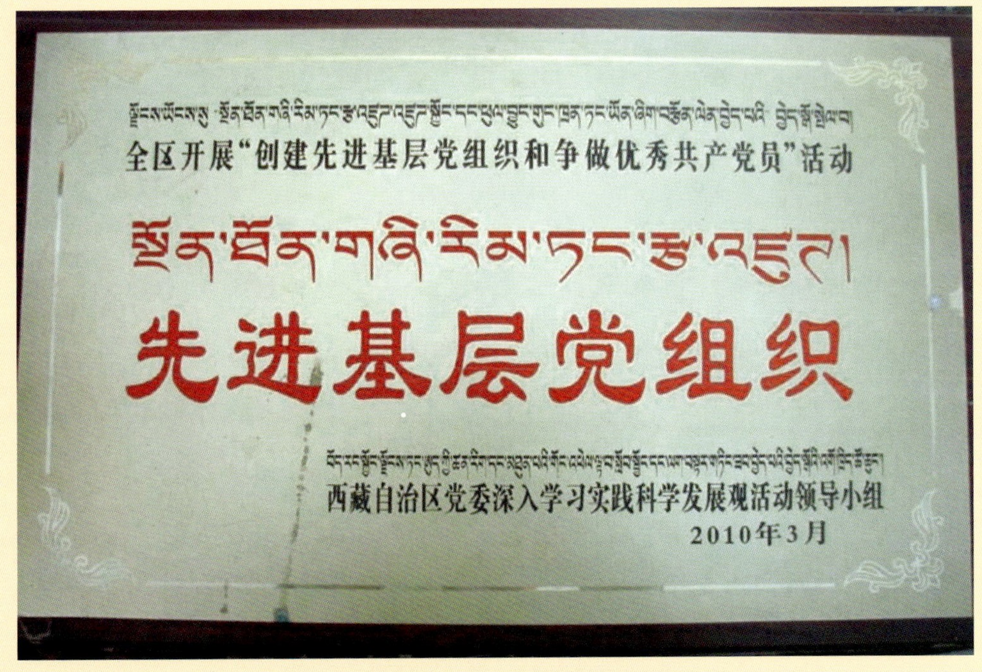

图13　岗堆村村委会获得的匾额

图14　农家书屋内景

图15　位于岗堆村的岗堆镇中心小学

图16　制作藏族传统服饰的裁缝

图17　位于岗堆村的寿星敬老院

图18　织布的妇女

图19　村委大院操场上打球的小孩儿

图20　村民家具上的画饰

图21　村民家具上的画饰

图22　调研队伍要出发

图23　冯彦明（右一）、王文录（左一）向镇长介绍过去的调研成果

图24　三位老师品着酥油茶研讨调研提纲

图25　赵晨（左一）在调研中

图26　李艳美（右一）在调研中

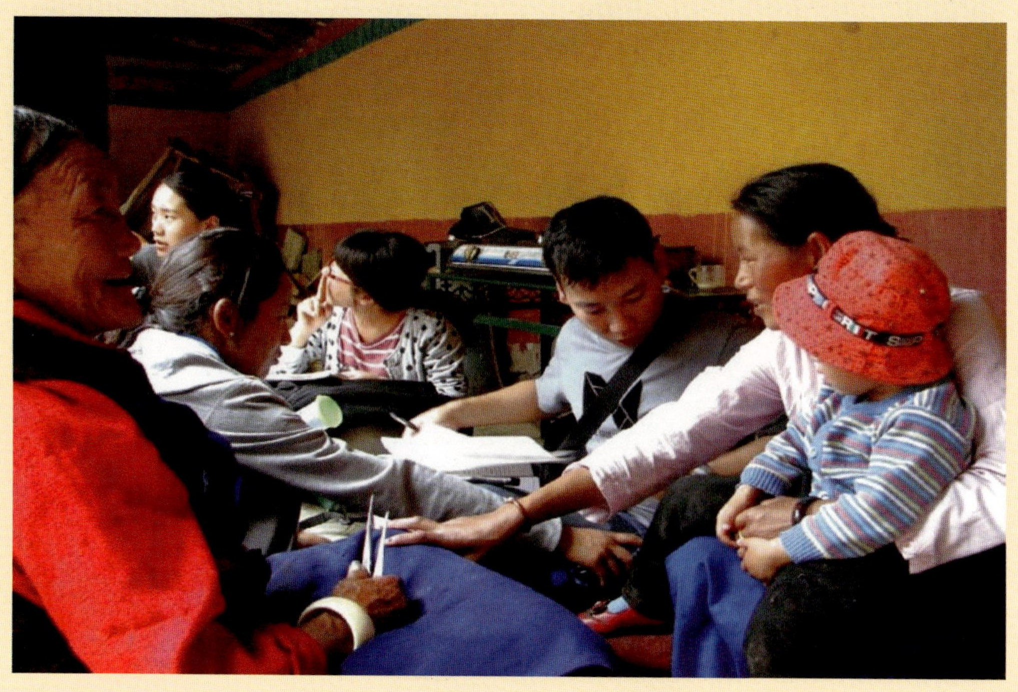

图27　黄晓生（右三）在调研中

图28　王茜（右二）、张扬（左二）在调研中

图29　孟丹丹（右一）在调研中

图30　调研组成员在村委会办公室内访谈（右三为杨帆）

图31　调研组全体成员与部分向导合影

中国民族经济村庄调查丛书

岗堆村调查

（藏族）

冯彦明　王玉玲　王文录　主编

北京

图书在版编目（CIP）数据

岗堆村调查／冯彦明，王玉玲，王文录著．—北京：中国经济出版社，2014.5

（中央民族大学“985”工程中国民族经济村庄调查丛书）

ISBN 978-7-5136-1795-6

Ⅰ.①岗…　Ⅱ.①冯…②王…③王…　Ⅲ.①乡村—藏族—民族经济—调查报告—贡嘎县　Ⅳ.①F327.755

中国版本图书馆CIP数据核字（2012）第192788号

出版发行： 中国经济出版社（100037·北京市西城区百万庄北街3号）
网　　址： www.economyph.com
责任编辑： 余静宜（电话：010-68359421）
责任印制： 马小宾
封面设计： 白朝文
经　　销： 各地新华书店
承　　印： 北京市媛明印刷厂
开　　本： 170×240毫米　1/16　　**印张：** 24.25　**彩插：** 1印张　**字数：** 373千字
版　　次： 2014年5月第1版
印　　次： 2014年5月第1次印刷
书　　号： ISBN 978-7-5136-1795-6/F·9447　　**定价：** 58.00元

中央民族大学

“211 工程” 中国少数民族经济发展研究项目

“985 工程” 中国民族地区经济社会发展哲学社会科学创新基地

中国民族经济村庄调查丛书
编委会

总　序

村庄，是农民的聚居地，也是农民生产和生活的社会形式。村庄形成于农业文明时代，在中国最为典型和普遍，迄今依然是中国基本的社会单位。所有中国人，或是生于长于村庄，或是父祖辈来自村庄。村庄是中华民族的根基，是我们走向现代化的立脚点和必须改变其内容和形式的地方。认知中国的现实和历史，一个重要环节，就是了解村庄。

中国的民族经济，包括以下层次：一是以中华民族为主体的经济，二是中华民族五十六个支民族的经济，三是少数民族地区的经济。不论从哪个层次研究，都必须涉及村庄这个基本单位。以往的民族经济研究和行政管理研究，对于村庄的关注，主要是在总体性的统计及对策方面，鲜有对某一村庄的专注的系统调查。这种情况使我们所从事的理论探讨总显得有些飘浮，言不及意，大而不当。反思许久，不能不下决心从小处做起，将村庄调查作为根基，扎实做去。恰“985”项目实施，经费有所保障，故组织本创新基地近百名教师带二百余博士、硕士研究生和高年级本科生，结十五个调查组，计划用六七年的暑、寒假，从五十六个支民族中各选一二典型村庄，深入调查，总百余村，每村一书，为中国民族经济三个层次研究，为政府行政决策，提供基础资料。

百村，不及中国村庄万分之一。我们的村庄调查虽只是抽样性质，但却是探根摸底，力求深入、真实、详细。二〇〇八年夏各组分赴河北、内蒙古、宁夏、云南、广西调查点，历经一月左右，获初步资料。因为首次，困难颇多，思路和方法也要不断调整，秋、冬写作时又各自补充调查。时间虽短，但师生与村官、村民情谊颇深，既为调查提供条件，又为后续补充予以协助。各地党、政机构，对调查全力配合。无此，则调查难以进行。这套丛书，实为共同努力之成果，并赖中国经济出版社黄允成社长、孙岩主任鼎力支持，得以出版。本调查还要持续数年，望读者批评，我们再努力。

劉永佶

二〇〇九年三月十八日

目　录

第一部分　村庄

一、村庄概况 …………………………………………………………………（1）

（一）藏族起源及历史 …………………………………………………（1）

（二）岗堆村起源及历史 ………………………………………………（6）

（三）自然状况 …………………………………………………………（16）

（四）人口及其结构 ……………………………………………………（25）

二、经济资源与经济发展水平 ……………………………………………（27）

（一）经济资源 …………………………………………………………（27）

（二）经济发展水平 ……………………………………………………（40）

三、行政管理 ………………………………………………………………（50）

（一）行政建制的沿革 …………………………………………………（50）

（二）管理体制 …………………………………………………………（52）

四、农业 ……………………………………………………………………（68）

（一）土地制度 …………………………………………………………（68）

（二）农业生产结构 ……………………………………………………（74）

（三）主要农作物 ………………………………………………………（78）

（四）农业生产要素投入 ………………………………………………（82）

（五）农产品的商品化和农业产业化 …………………………………（93）

五、畜牧业 …………………………………………………………………（97）

（一）畜牧业的历史变迁 ………………………………………………（97）

（二）畜牧业概况 ………………………………………………………（101）

（三）畜禽管理 …………………………………………………………（113）

（四）畜产品产销情况 …………………………………………………（123）

（五）对岗堆村畜牧业的评述与建议 …………………………………（128）

六、交通运输业 ……………………………………………………………（129）

（一）交通运输业的地位 ………………………………………………（130）

（二）道路变化情况 …………………………………………………（131）
（三）客运业的发展状况 …………………………………………（132）
（四）货运业发展状况 ……………………………………………（135）
七、其他行业发展状况 ………………………………………………（138）
（一）小商业发展状况 ……………………………………………（138）
（二）家庭手工业发展状况 ………………………………………（142）
（三）小工业发展状况 ……………………………………………（145）
（四）银行服务业发展状况 ………………………………………（148）
八、消费情况 …………………………………………………………（152）
（一）消费水平 ……………………………………………………（152）
（二）衣食住行等基本消费 ………………………………………（157）
（三）节日消费 ……………………………………………………（163）
（四）生老病死消费 ………………………………………………（164）
（五）其他消费 ……………………………………………………（167）
九、科教文卫 …………………………………………………………（168）
（一）科技发展 ……………………………………………………（169）
（二）教育事业 ……………………………………………………（174）
（三）文化事业 ……………………………………………………（182）
（四）医疗卫生事业 ………………………………………………（184）
十、政策支持 …………………………………………………………（188）
（一）支持教育和技能培训的项目 ………………………………（189）
（二）支持农牧业发展的项目 ……………………………………（190）
（三）农牧民生活补助项目 ………………………………………（193）
（四）安居工程项目政策 …………………………………………（195）
（五）农村公共财政保障政策 ……………………………………（196）
十一、风俗习惯与文化生活 …………………………………………（197）
（一）岗堆村的饮食习惯 …………………………………………（197）
（二）岗堆村的服饰文化 …………………………………………（201）
（三）岗堆村的语言文化 …………………………………………（204）
（四）岗堆村的节日文化及生产活动 ……………………………（207）
（五）岗堆村的生活习俗 …………………………………………（213）

（六）岗堆村的宗教文化 …………………………………………（217）
（七）岗堆村的文娱活动 …………………………………………（225）
（八）岗堆村的民居风俗 …………………………………………（228）

第二部分 农户

十二、各种农业专业户 ………………………………………………（232）
（一）农田示范户边巴家 …………………………………………（232）
（二）渔民扎桑家 ………………………………………………（236）
（三）养鸡专业户普吉家 …………………………………………（239）
（四）养牦牛户简参家 ……………………………………………（243）
十三、以商业和手工业为主业的家庭 ………………………………（246）
（一）菜店女老板万昭芬家 ………………………………………（246）
（二）粮油店老板安嘎查家 ………………………………………（249）
（三）泥瓦匠扎西家 ………………………………………………（252）
（四）商店女老板达娃家 …………………………………………（256）
（五）铁匠旺堆罗布家 ……………………………………………（259）
十四、以就业工资为主要收入来源的家庭 …………………………（262）
（一）教师家庭巴桑家 ……………………………………………（262）
（二）用知识改变了命运的家庭卓玛拉玛家 ……………………（266）
（三）银行职员巴桑家 ……………………………………………（269）
（四）养路工人普布次仁家 ………………………………………（272）
（五）培养了多个大学生的家庭尼玛家 …………………………（274）
十五、贫困家庭 ……………………………………………………（277）
（一）无男劳力的家庭达瓦家 ……………………………………（277）
（二）缺少专业技术的家庭达娃家 ………………………………（280）
（三）空巢家庭其美家 ……………………………………………（282）
十六、以种植业为主业的家庭 ………………………………………（284）
（一）原生产队队长白马群培家 …………………………………（284）
（二）巴桑的大家庭 ………………………………………………（288）
（三）三组组长普布次林家 ………………………………………（291）
（四）甜蜜的三口之家洛桑家 ……………………………………（293）

第三部分　村民

十七、勇于奉献的干部 ……………………………………………………（296）
（一）村委会主任桑旦 ………………………………………………（296）
（二）派出所所长拉琼 ………………………………………………（299）
（三）退休干部阿旺旦巴 ……………………………………………（302）
（四）朴实肯干的村委会副主任巴桑 ……………………………（306）
（五）爱岗敬业的岗堆中心校书记普琼 …………………………（309）
（六）热情活泼的岗堆镇政府秘书张涛 …………………………（312）
（七）村支部书记罗布次仁 …………………………………………（314）
（八）大学生村官索朗 ………………………………………………（317）
（九）聘用干部次仁多吉 ……………………………………………（320）
（十）老一辈的村干部尼玛 …………………………………………（323）
十八、各行各业的专业人士 ………………………………………………（326）
（一）年轻的壁画师益西旺久 ………………………………………（326）
（二）赤脚医生扎西达杰 ……………………………………………（328）
（三）旅游车司机永珠 ………………………………………………（332）
（四）勤恳的木匠扎西罗布 …………………………………………（335）
（五）朴实的养路工人旦真贡布 ……………………………………（338）
（六）心灵手巧的裁缝师克热旺久 …………………………………（342）
（七）壁画师迷玛次仁 ………………………………………………（344）
十九、特色人物 ……………………………………………………………（347）
（一）雪域高原走出的清华学子普布多吉 …………………………（347）
（二）藏文化的传播者格桑群培 ……………………………………（351）
（三）传奇老人次仁央金 ……………………………………………（356）
（四）转业军人拉巴 …………………………………………………（359）

附录

附录 1　2009 年岗堆村黄牛改良冻配情况统计表 …………………（364）
附录 2　岗堆村 2010 年黄牛改良产犊情况统计表 …………………（371）
后　记 ……………………………………………………………………（377）

第一部分　村庄

一、村庄概况

坐落于西藏自治区山南地区贡嘎县岗堆镇的岗堆村，是一个有着悠久历史的古老藏族村落。目前的岗堆村是由原来的行政村贡嘎雪村（音译，又称学村）和岗堆居委会于2008年合并组建而成的①，村庄紧依雅鲁藏布江南岸而建。全村人口1488人，常住人口均为藏族。2001年被中共西藏自治区委员会评为自治区级“先进基层党组织”。由于长期的文化积淀，岗堆村至今保留着浓郁的山南藏族的民俗民风。

（一）藏族起源及历史

1. 藏族概述及族称②

藏族主要是指操藏语的民族。除西藏自治区外，藏族在中国境内的主要聚居区还有青海省的海北、黄南、果洛、玉树等藏族自治州和海西蒙古族藏族自治州，甘肃省的甘南藏族自治州和天祝藏族自治县，四川省的阿坝藏族羌族自治州、甘孜藏族自治州、木里藏族自治县以及云南省的迪庆藏族自治州和新疆维吾尔自治区。此外，尼泊尔、巴基斯坦、印度、不丹等国境内也有较大藏族聚居区分布。

---

① 本书中为了便于新旧岗堆村的区分，凡是写为“旧岗堆村”、“原岗堆村”、“岗堆居委会”的，一律表示为原岗堆村居委会所在地，“雪村”或“学村”即为合并前的贡嘎雪村所在地，如无特殊说明，书中出现的“岗堆村”即为2008年合并以后的新岗堆村，“岗堆村委会”亦指合并后的新岗堆村的村民委员会。

② 此部分内容参阅了百度百科藏族词条。李德洙主编．中国民族百科全书——藏族、门巴族、珞巴族卷［M］．西安：世界图书出版西安有限公司，2011.

藏族是汉语的称谓。其中“藏”字来自雅鲁藏布江。民国时期，又以“藏族”代替“吐蕃”、“西番”、“番族”等称谓，成为青藏高原世居民族的汉语称谓。

（1）“吐蕃”的由来[①]

据有关学者研究，“蕃”或“蕃巴”是藏族人对自己的地方的称呼。至于“吐”，有一种说法认为是藏语“高原”的音译。关于“蕃”的具体含义，主要有两种说法：一是远古先民们在遇到野兽、盗匪袭击或自然灾害时，为寻求族人帮助而发出“噶耶”或“瓦耶”的吆喝声，这种呼叫被称为“蕃巴”，久而久之，呼叫的“蕃”声即成为其地名；二是根据土地的自然状况，把介于高原畜牧区和低地林区之间、从事农业生产的区域叫做“蕃”。历史上的吐蕃王朝前身悉补野王世系兴起于雅砻河谷地区，当时为高原农业的中心，故称为“蕃域”。悉补野赞普世系将地名当做称号，称为“吐蕃赞普”。吐蕃赞普松赞干布时期，才把赞普管辖的全部土地称为“吐蕃”。

（2）“西藏”名称的由来[②]

“西藏”的称呼始于清朝，“西”字是汉语，表示西藏这块地方在祖国的西部，“藏”字是藏语，就是“卫藏”的简化，合起来就是“西藏”。吐蕃王朝时期，最早将其本部划分为四个“茹”，即“伍茹”、“约茹”、“叶茹”和“茹拉”，包括了今天西藏自治区境内的雅鲁藏布江、拉萨河、年楚河、雅砻河流域。“卫”是指拉萨河流域和雅砻河流域的“伍茹”和“约茹”，意为吐蕃王朝的中心部分；“藏”是指年楚河流域及其以西以北的“叶茹”和“茹拉”，意为雅鲁藏布江上游南北两岸地区。“藏”，表示清洁，此字源于雅鲁藏布江。“卫”和“藏”合称为“卫藏”，即表示吐蕃王朝的本部地区。清朝康熙后期，汉文文书中广泛使用“西藏”一词，自乾隆以后，史籍中“西藏”已成为通用的固定名词。由此，“藏”变成对整个“卫藏”的简称，以后遂有以拉萨、山南地区为“前藏”，以日喀则、江孜地区为“后藏”的习称。

---

① 江慰庐．浅释“吐蕃”一词的由来及其涵义［J］．西藏研究，1982（01）．丹珠昂奔等．藏族大辞典［M］．兰州：甘肃人民出版社，2003.

② 同上。

2. **藏族族源及迁变**

(1) 遥远的传说——猕猴与罗刹女的后裔①

关于藏族祖先的创世和起源，在藏族民间广泛流传着“猕猴变人”的神话传说。从前，一只神幻化的猕猴受了观世音的戒律，到雪域高原的一个岩洞中潜心修习慈悲菩提心。在其修行过程中来了一个罗刹女岩魔女，做出种种媚态勾引他并要求与其结合。猕猴不答应此破戒要求。罗刹女便说道：“我乃前生注定降为妖魔，如今却爱上了你，是爱让我如此恳求你。如果我们不能成为夫妻，那日后我必被迫跟随妖魔去残害千万生灵。到那时，整个雪域高原都将是魔鬼的世界，所以求你发发慈悲，答应我的要求。”面对罗刹女如此流泪哀求，猕猴纵怀有慈悲之心但又不能破戒，无奈之下，只好到普陀山寻观世音菩萨以求指点迷津。观世音对其善心表示赞许，同意他与罗刹女结合，并祝福他。于是，猕猴便与魔女结成夫妇。后来，他们生下了六只小猴。多年之后，他的子孙们繁衍得越来越多，树林的果子也已被他们吃光。眼看儿孙们面临饿死的绝境，猕猴父亲只得再去请示观世音。观世音于须弥山的缝隙中，取了天生五谷种子：青稞、小麦、豆子、荞麦、大麦，撒向大地，大地便长满各种谷物。众猴子得到充足的食物，不但解决了温饱，身体也发生了奇妙的变化：尾巴和毛越变越短，他们以五谷为食，并懂得了以树叶遮羞，慢慢变成了人。

这就是传说中雪域高原上先民的由来。藏族人认为，由于他们是猕猴菩萨与罗刹女的后代，他们身上既有父亲的宽容、虔诚、坚毅、善良等美德，也有母亲的贪婪、淫欲、轻浮等恶习，因此，每个人都不是完美的。

(2) 远古的西藏②

按照目前考古学上的证据，在距今14000年和8000年之间的中石器时代，就已经有人类开始在西藏居住。据汉文史籍记载，藏族属于两汉时西羌人的一支。据藏文史籍记载，吐蕃王室的始祖崛起于西藏山南地区的雅砻河谷，为“六牦牛”部的首领，在松赞干布以前已传20余世。在公元6世纪以前，整个青藏高原都分布着很多说藏语的小国家和部族。这些部落后来合并为12

① 参见索南坚赞．西藏王统记［M］．刘立千译著，北京：民族出版社，2000.

② 王永强，等．中国少数民族文化史图典（西南卷·上）［M］．南宁：广西教育出版社，1999.

个小邦，其中以位于山南地区雅砻河谷的吐蕃最为强大，不但统一了诸邦，而且后来还建立了吐蕃王朝。在公元前127年的时候，雅鲁藏布江流域的几位苯教领袖，曾经一起迎立聂赤赞布为王。由于吐蕃王朝的建立者宣称自己是聂赤赞布的后代，因此西藏人就将聂赤赞布登上王位的那一年（公元前127年），称之为西藏王统元年。

(3) 吐蕃王朝的崛起

吐蕃王室的始祖崛起于西藏山南地区的雅砻河谷，在松赞干布（569年—650年）赞普继位以前，已经传承了20余世。到了7世纪初松赞干布当政时期，位于今玉树一带的“松波”、今昌都一带的“康国”、甘孜一带的“附国”、理塘一带的“蕃绿”、居青海的党氏各小国，以及吐谷浑等这些说藏语的国家，都统一在吐蕃王朝之下。该王朝也成了当时亚洲大陆不可忽视的一个强大国家。

637年，松赞干布率兵攻打吐谷浑，并第一次与当时统治中国的唐朝发生冲突。640年，松赞干布派噶东赞迎娶唐朝的文成公主，文成公主携来了释迦牟尼佛像，并修建了饶摩齐（即今拉萨的小昭寺）。松赞干布过世以后，吐蕃王朝与唐朝的关系时而紧张，时而修好。公元821年及次年，吐蕃和唐朝双方分别在长安、逻娑（即拉萨）会盟，达成“长庆会盟”。记载这次会盟内容的“唐蕃会盟碑”共有三块，其中一块立于拉萨大昭寺前面。

(4) 分裂的西藏

从9世纪末开始，吐蕃内部矛盾逐步加深，藏区陷入长期的分裂割据状态，并形成“阿里王系”及“亚泽王系”、“雅砻觉阿王系”和“拉萨王系”等。它们各自为政，不相统属，有时还常常为各自利益互相侵袭劫掠，大小战争频繁。这一时期，藏传佛教为藏区各阶层所接受，并逐步深入到藏族社会的各个领域，佛教上层人物往往和当地首领紧密结合，相互利用，在藏族历史上形成了政教合一的封建体制。

在分裂初期的战乱过去后，佛教又再度慢慢复兴并真正藏化。藏传佛教的一些教派也在这段时期陆陆续续地形成，如噶举派、萨迦派、宁玛派、噶当派等。整体而言，西藏分裂时期虽然政治动荡，但在文化上却是一个百家争鸣的时代，各种学说、各种教派的形成对西藏未来的历史产生了巨大的影响。

(5) 元明清时期中央对西藏的管理

元朝时期，藏族地区正式纳入了祖国版图，成为中国领土不可分割的一部分。元初，设立总制院（后更名为宣政院），管理全国佛教僧徒和藏族地区军政事务，这是中央在西藏设官建制的开始。在藏区分设三个宣慰史司都元帅府，分别管辖西北、西南各省内的藏区以及西藏地区。明朝继承了元朝对藏族地区的管理制度，除设置专门的管理机构外，对西藏地区佛教各派的首领先后分封三大法王和五个王爵。对西北、西南藏族地区，仍沿用元朝的土司制度进行管理。

清朝统一中国后，藏族地区与中央政府的关系更为密切，在中央设理藩院，负责西藏和蒙古地方事务。并正式册封了藏传佛教格鲁派两大活佛为达赖喇嘛（1653 年）和班禅额尔德尼（1713 年）。1725 年，清朝在西宁设置办事大臣，两年后又在拉萨设置驻藏办事大臣。1751 年，清朝中央政府又在西藏设立了噶厦政府，正式授权达赖喇嘛管理西藏地方行政事务，政教合一的制度从此正式确立。1792 年，清朝击退了入侵西藏的廓尔喀军。次年，清政府在西藏颁行了著名的《钦定藏内善后章程》二十九条，对西藏地区的官制、军制、边防、财政、司法、户口、差役和涉外事宜等，都作了详细具体的规定，确立了驻藏大臣监督办理西藏政务的职权。

（6）近代西藏

鸦片战争以后，西藏地区成了英、俄、法、日等国角逐的场所，1888 年，英国侵略军发动对西藏隆吐山的武装进攻，西藏地方政府派遣藏军和英军展开激战；1904 年，英国军队又侵占了西藏的江孜，西藏人民奋起反抗，由于敌强我弱，江孜保卫战失利，英军长驱直入，一度占领了拉萨。辛亥革命后，北洋政府在北京设有管理蒙古、西藏等少数民族地区地方事务的专门行政机构。1929 年，国民政府在南京设立蒙藏委员会。自此，西藏地方与中央的关系得到很大改善。

1949 年，中华人民共和国成立。中央人民政府根据西藏的历史和现实情况，决定采取和平解放的方针。1951 年 5 月 23 日，中央人民政府和西藏地方政府的代表就西藏和平解放的一系列问题达成协议，签订了《中央人民政府和西藏地方政府关于和平解放西藏办法的协议》（简称“十七条协议”）。1954 年，达赖喇嘛、班禅额尔德尼共同赴北京参加中华人民共和国第一届全国人民代表大会，并分别当选为全国人民代表大会常务委员会副委员长和委员。1956 年，西藏自治区筹备委员会成立，达赖喇嘛就任西藏自治区筹备委员会主任委员。1965 年 9 月，西藏自治区正式成立。此外，西南、西北藏族聚居区也相继成立了自治州、自治县和自治乡。

（二）岗堆村起源及历史

1. 岗堆村两个组成部分——旧岗堆村和雪村村名的来由

岗堆村是雅江沿岸一个有着悠久历史的村庄，岗堆村的名称却相对固定，除人民公社时期其名称有过改变外，其他历史时期没有经历过大的变化。新的岗堆村是由岗堆居委会和贡嘎雪村两个平行的基层组织于2008年合并组建而成，由于村庄的合并时间较短，整个岗堆村的各项基层工作仍处于磨合调整之中，村民们仍然习惯于将旧岗堆村和雪村进行区分。

（1）旧岗堆村名称及变迁

岗堆，曾名刚堆、岗则、贡堆，“岗堆”是藏语的音译，“贡堆”、“岗则”等也是藏语发音不同的音译方法，其具体含义为寺庙的上部，这里的寺庙是指贡嘎曲德寺。贡嘎曲德寺，又称多吉丹寺（意为“金刚座寺”），为前藏影响最大的萨迦派寺庙之一。因曲德寺位于岗堆居民聚居区的最北边，从地势上来讲较低，村子在寺庙的上部。同时，旧岗堆村位于一个冲击河谷之中，此冲击河谷被命名为岗堆沟，岗堆沟由南向北，呈楔子形，面向雅鲁藏布江的最北部河谷平原最为宽阔且地势最低，往南冲击河谷逐渐收窄且地势渐抬高，所以世代居住在雅鲁藏布江南岸的岗堆村村民便认为其位于曲德寺南面的聚居区为寺庙的“上部”。

据岗堆村贡嘎曲德寺住持格桑群培介绍，贡嘎曲德寺建成之后，村庄才慢慢形成。曲德寺建寺年代为1464年，在寺庙建成之前，已经有一户人家定居在今旧岗堆村所在地，此户名曰哲雄户（音译），但关于哲雄户何时从何地迁至此不详，现在其遗址还在旧岗堆村。后来在贡嘎宗的支持下曲德寺建成，寺庙的南部开始聚集了越来越多的藏民在这里定居。在当时政教合一的制度模式下，岗堆村的耕地都归曲德寺和几个大庄园所有，村民们在这片土地上耕作，并且按时向寺庙和庄园主进贡青稞和酥油等贡品。曲德寺的东部是山地，西部是冲击河谷形成的大片耕地，围绕着曲德寺南部较高地势的土地上渐渐聚集了来自周边的藏民，他们的后代也一直在这里繁衍经营，慢慢形成了如今的岗堆村。

岗堆村在历史上有很长一段时间都是贡嘎县乃至山南地区的行政中心，

西藏和平解放以后，其名称也有一些小的变化。1959 年，中央在西藏组建曲德区公所，“曲德”之意是表示其位于岗堆的贡嘎曲德寺。1960 年，建岗堆乡，属曲德区。1962 年，曲德区改为前进区，后来岗堆乡也被改为人民公社。所以在这段历史中，岗堆村这个地方也被叫做“曲德”、“前进”，“曲德”在藏语中有佛教流行的地方的含义，“前进”则是“文革”当中惯用的几个名词之一。虽然官方如此称呼，但当时当地大部分村民仍然称呼原名“岗堆”为多。

“文革”结束后，西藏的行政区划也开始发生转变。1987 年上级政府撤销前进区，将原前进区所辖的贡堆组建成贡堆乡。在这一段时间里，书面文字中称呼岗堆村为“贡堆村”。1996 年，贡堆乡改为岗堆镇，同时将贡堆村更名为岗堆村，至此，在汉语文字中，“岗堆”作为岗堆村的名称正式确立下来。1999 年，西藏自治区进行行政区划调整，岗堆村改称为“岗堆居民委员会”，同时岗堆镇还下辖雪村作为行政村。2008 年，为减少行政村的数量，根据上级文件要求，岗堆居委会和贡嘎雪村正式合并为新的行政村——岗堆村。至此，“岗堆村”在官方文件中的意义就是指旧岗堆村和雪村合并后的新岗堆村。而我们在实地调研时发现，虽然两村已合并为一村，但是当地村民仍然用“岗堆”和“雪村”来分别称呼新岗堆村的这两个组成部分。从民居分布的情况来看，原岗堆村村民居聚集区和雪村村民居聚集区之间有一片东西相隔约两公里的农田，这也是造成村民对两地分开称呼的地理原因。

（2）雪村名称及变迁

前已说明，雪村村民聚居区与原岗堆村村民聚居区之间大约相隔二公里的农田，岗堆中心小学就被包围于此农田之中。岗堆村村委会和雪村居民区101 省道之间穿过，村委会位于省道以北紧邻雅鲁藏布江的路边，雪村居民区位于省道以南。同样，岗堆镇政府驻地也位于旧岗堆村居民区和 101 省道以北，我们调研的大本营在岗堆村村委会，从村委会里出来往南穿过省道就到了雪村居民区。

据村委会副主任巴桑讲述，雪村这一带地方在 14 世纪以前叫“玉如”，藏语含义为像绿色玉一样的地方。之所以会叫这样的名字，是因为在几百年以前，雪村附近的山顶终年积雪不化，青山与白雪相映生辉，像碧绿的玉一样温润美丽。

公元14世纪中叶，帕木竹巴政权在贡嘎设宗[1]，宗政府驻地设在岗堆镇乃沙村德庆曲果寺。公园1751年，第七世达赖喇嘛执政期间，将宗驻地从德庆曲果迁至贡嘎雪[2]，即现在的雪村，从那时开始，雪村成为整个贡嘎地区的行政中心，贡嘎宗隶属洛嘎基巧（即山南总管）管辖，直至和平解放。

由于贡嘎宗就在雪村，所以从那时起人们称呼雪村为“贡嘎”、“贡嘎学”、“贡嘎雪”。历史上贡嘎的汉文名称曾译为布嘎尔、公哥儿寨、日嘎尔贡嘎尔、日嘎贡嘎尔、孔嘎、孔噶、贡喀、贡日嘎布、贡嘎等，1989年定“贡嘎”作为官方用名。“贡”在藏语中为“衣服上的领子”之意，“贡嘎”合起来藏语含义为“寨后白山”、“白色的领子”，有给人们带来幸福吉祥的含义。“贡嘎”在狭义上也就是指其行政中心所在地雪村，人们同时用上面列出的那些称呼贡嘎宗的名称来称呼雪村，直到西藏和平解放后的1960年，贡嘎的行政中心县人民政府驻地由雪村迁往吉雄，“贡嘎”这个名称便不再指现在的雪村所在地。

雪村居民区主要分布在谢珠林寺所在山的山脚下，“雪”是音译，在汉语文字中有时又译为“学”，在藏语里面的含义是寺庙下面，离寺庙最近之意。这里所说的寺庙就是指建在雪村附近山顶上的谢珠林寺。据谢珠林寺现任住持阿旺群培介绍，谢珠林寺建成于约1200余年前，在五世达赖洛桑嘉措当政的1654年被改建为格鲁派寺庙，可以说雪村的发展历史和寺庙是融合在一起的，但是“雪村“这个称呼是在贡嘎宗迁到雪村之前就已经在使用，还是从五世达赖时期才开始使用，具体的日期已经无法考证了，不过据我们的推测，雪村这个名称应该在寺庙建成的时候就开始使用了。实际上，西藏有很多位于各种寺庙附近的村庄被称呼为“雪村”或“学村”，如拉萨市布达拉宫山脚下的“雪新村”等，所以“雪村”这个称呼同“岗堆”一样并没有特定的名词含义，是当地藏族居民因地理方位久而久之确定的名字。

1951年5月23日，西藏和平解放后，西藏地方政府保持了贡嘎宗的建制。1956年10月，成立了贡嘎宗办事处，其地理位置位于今天的雪村。1960

---

① 贡嘎宗的行政地位即相当于现在的贡嘎县人民政府。

② 关于雪村作为贡嘎宗驻地究竟始于何时，我们在调查走访当中不同人的说法有出入，这里以《贡嘎县志》所载相关资料为准。

年4月，县人民政府驻地从雪村迁至吉雄。至此，雪村不再是贡嘎的行政中心。

2. 岗堆村村民的源流

岗堆村所在的贡嘎县是西藏雅砻文化的发源地之一，其开拓时间可追溯至原始社会。据贡嘎境内昌果沟[①]新石器时代文化遗址发掘出的文物证实，距今约4000年前，已有藏族先民在境内生息繁衍。在统一的吐蕃政权建立以前，贡嘎属雅砻悉补野部落的一部分。1996年，考古工作者对距岗堆村约三十公里的昌果乡多吉扎山岩岩画群进行考证。岩画群分三个部分：第一部分画的是人和动物，没有任何宗教内容，属西藏原始社会人类活动特征；第二部分画的是藏传佛教的内容，属吐蕃时期的内容；第三部分是多吉扎寺的历史人物画。另从昌果新石器时代文化遗址发掘出的石器、瓷器、骨器和青稞炭化粒等文物也证实，距今3500至4000年前的新石器时代，已有先民在境内生息繁衍。

岗堆村所处的雅砻河谷中的先民从蛮荒进入农耕以后，逐渐形成了部落。公元前2世纪初叶的西藏第一藏王聂墀赞普实际上是早期雅砻部落的首领。他建立了“蕃”王国，确立了赞普的世袭制度。

第九代赞普布德贡杰统治期间，开始在包括岗堆在内的雅砻地区组织民工兴修水渠，将山水引入平地，开垦出片片农田，并开始用木犁耕地。吐蕃王朝衰落以后，西藏进入了长达400多年的分裂时期，连年的战乱，不断的饥荒，给山南的农牧业生产造成严重破坏，人民陷入了苦海之中。公元1253年，元宪宗蒙哥派兵进入西藏，统一了西藏地方，结束了西藏长期分裂割据状态，西藏成为中国元朝中央政府直接治理下的一个行政区域。在噶厦政府统治时期，噶厦下设有“基巧”（相当于专区）、“宗”（相当于县）两级机构。山南基巧辖宗23个，其中包括贡嘎宗，贡嘎宗管辖今天的岗堆村所在地区。

岗堆村所处的地区在广义上来讲位于西藏文明的发源地雅砻河谷，雅砻河发源于喜马拉雅山北麓的雅拉香布雪山，自南向北流入雅鲁藏布江，这一广阔的区域自古被称为雅砻。雅砻河谷是藏民族最早定居区和西藏第一个统一王朝——吐蕃王朝的诞生地，被誉为藏民族的摇篮和文化发祥地。藏民族

① 昌果沟属于贡嘎县昌果乡，位于雅鲁藏布江北岸，距离岗堆村约三十五公里。

在这里不仅建立了西藏第一个奴隶制政权“吐蕃”王朝，而且在与中原频繁的交往中创造了西藏文明史上的第一座宫殿——雍布拉康、第一座佛堂——昌珠寺、第一座寺院——桑耶寺、第一块农田——索当、第一部经书——邦贡恰加，第一部藏戏——巴噶布等。古代藏史所记载的“农田莫早于索当，国王莫早于聂赤赞普，房屋莫早于雍布拉康，经书莫早于邦贡恰加”，就是说西藏历史上的第一块农田、第一代赞普、第一座宫殿、第一部经书、第一座佛堂等都是出现在这片高原河谷地区。

岗堆村所处的雅砻地区在整个西藏有着特殊的地位。从广义上讲，“雅砻”又泛指比雅砻河流域更广阔的包括贡嘎县岗堆村的山南一带。被称为“百科全书”的壁画艺术在贡嘎曲德寺等寺庙完整的保存不但证明了这种古老艺术的存在，还证明了其历史的渊源。有数百年乃至上千年历史的贡嘎曲德寺、谢珠林寺和贡嘎宗遗址等建筑，将西藏的建筑艺术史如实地记录了下来。以藏传佛教为主要内容的宗教艺术更以其博大精深赢得世人的瞩目。

注入雅鲁藏布江的雅砻河水量较大，灌溉着下游河谷中的田地。沿河两岸散布着许多像岗堆村一样的古老村寨，保存着众多名胜古迹，还流传着丰富多彩的神话传说。例如珍藏在雪村谢珠林寺的吉祥天母不败肉身的传说，至今仍然在岗堆村民之中口口相传。

3. 岗堆村历史人物①

(1) 堪孜画派创始人——岗堆·堪孜钦莫②

岗堆·堪孜钦莫（1425—1480），生于贡嘎县岗堆村境内，是西藏著名的堪孜画派的创始人。据藏史资料记载，公元15世纪中后期，当时西藏流行着各种画派，大画师多瓦扎杰的弟子中出了两位技艺超群者，其中一个就是堪孜钦莫，他的技艺超过其师多瓦扎杰，他的画风与其师门塘派不同，故另立一派。

堪孜钦莫是曲德寺的杰出僧人，也是贡嘎曲德寺的创建人之一。曲德寺位于101省道和旧岗堆村村道的交会处，在省道旁即可看到写有贡嘎曲德寺的路标，朝村子里走约二百米就可以看到曲德寺的主体建筑和村民的房屋。曲德寺的住持格桑群培先生向我们介绍了堪孜钦莫大师和他的壁画。

① 历史人物的内容参考了《贡嘎县志》。

② 又称岗堆·钦孜钦莫。

堪孜钦莫是西藏两大画派之一的堪孜画派的创始人，贡嘎曲德寺的佛教壁画便是他本人亲自画的。这些壁画的创作时间大约是公元15世纪70年代，目前保存状态最好的是二层密室堂里的壁画。在这间密室殿堂里，四壁绘满壁画，正壁正中有一幅大的，两侧各有一幅小的，左右两壁各有若干幅壁画，门的两侧又各有三幅。所绘内容均为密室神祇，且大多为双身尊像，或多头多臂，或兽面人身，他们手持诸如骷髅项链、颅碗、金刚镢、金刚杵、金刚剑等密宗法器，身着用人皮或兽皮做成的服饰，背光多为燃烧着的红色火焰光环，画面热烈、富于动感、充满了神秘而鲜活的生命力。正因为这些保存完好的壁画的珍贵性和其不可估量的历史文化价值，贡嘎曲德寺得以名扬四海，另据藏文史料记载，作为西藏近世绘画经典之作的布达拉宫壁画是由门塘、堪孜两大画派的艺术家们共同绘制完成的。1645年布达拉宫的白宫建成后，为了白宫的壁画绘制，五世达赖专门从西藏各地征调门塘与堪孜两大画派的著名画师66名。其中朗杰扎仓集会殿内的密教上师本尊、护法神像是由堪孜画派画师绘制的。

(2) 曲德寺创始人——土敦·贡嘎南杰[①]

土敦·贡嘎南杰（1432—1496）也称贡嘎多吉丹巴，出生于距岗堆村八十余公里的尼木县，是著名萨迦派贡嘎曲德寺及“宗巴系（贡嘎系）”的创始人。此人出生于吞米桑布扎家族，故名土敦，幼名扎安杰布，从吉·降巴林巴（慈周大师）受比丘戒，于卫部建贡嘎多吉扎寺，创立各种曼陀罗仪轨、法事实修次第以及跳神等事项，获得护法感应，有神通法力，名声远扬。1464年在卫藏地贡嘎岗堆修建了贡嘎曲德寺，传授光扬四部坛城的若干教义。寺庙建成后，一直成为卫藏传播萨迦派密法的重要道场。

1496年圆寂，曲德寺的上师殿喇嘛拉里一直供着多吉丹巴的灵塔。

4. 岗堆村古建筑与历史文化遗产

(1) 贡嘎宗遗址[②]

贡嘎宗遗址位于原雪村同谢珠林寺相望的一个山头上，从101省道路过雪村时就可以清楚地看到其建筑遗迹，在山顶上用红褐色石块垒砌的建筑群早已被风沙雨水“雕琢”得伤痕累累，这座政教合一时期西藏的宗政府驻地

---

① 又称吐敦·贡嘎朗杰。

② “宗”在藏语里面是一个行政单位的名称，相当于现在的县政府，贡嘎宗遗址便是以前总管贡嘎地区的政府建筑遗迹。

如今背负着古老的沧桑与历史屹立在这山头上。凝视着这虽破败但让人心生敬畏的古建筑，衬着这蓝天白云青山褐土的背景，面对雄浑豪阔的雅鲁藏布江，仿佛有一种穿越时空的感觉，恍惚间像是来到了庞贝古城或是早已消逝的亚特兰蒂斯，虽然此遗址的历史远没有那么久，但是此时此地那凋蚀的墙壁正向人们诉说着她不平凡的身世。

调研队初入雪村时便被这一古建筑所吸引，想透彻地了解到此遗址的详细历史，让人惋惜的是关于贡嘎宗遗址的文字资料在“文革”浩劫中已损失殆尽。贡嘎县宗教局局长告诉我们，政府也曾组织人努力寻找这方面的资料，如今只留下一些口传的历史，我们从当地村民口中了解到的也只是贡嘎宗的一些基本情况，关于当时这个建筑群是怎样的规模和其他的一些细节都不得而知。

观赏贡嘎宗遗址的最佳地理位置是在旁边紧挨着的另一座山头上的谢珠林寺。从寺庙二层的平台上俯视遗址，镶嵌在雅鲁藏布江旁的雪村美景尽收眼底，既能看到碧水蓝天相接水天一色的壮丽景观，更能感受到残破遗址的悲壮之美。这融合着历史与自然的景色让我们这些远离喧嚣的人心情波澜起伏，久久不能平静。

这里作为整个贡嘎地区的行政中心始于第七世达赖喇嘛执政期间，其成立噶厦作为统领西藏的政府，同时下设基巧和宗，将贡嘎宗驻地从德庆曲果迁到贡嘎雪，即今雪村所在地，贡嘎宗隶属洛嘎基巧（即山南总管），直至和平解放。1951 年 5 月 23 日，西藏和平解放后，西藏地方政府保持了贡嘎宗和杰德秀堆豁的建制。1956 年 10 月，成立了贡嘎宗办事处。1957 年 6 月撤销。1960 年 4 月，县人民政府驻地从雪村迁至吉雄。但当时仍然在雪村保留贡嘎宗遗留下来的历史建筑。贡嘎宗遗留建筑于“文革”时期被毁，现址只遗存下来一些残垣断壁，遗址北面正对雅鲁藏布江，从谢珠林寺上面可以将贡嘎宗遗址一览无余。

（2）贡嘎曲德寺

贡嘎曲德寺位于岗堆村境内，101 省道旁边，是山南地区著名的萨迦派寺院之一，距今已有数百年的历史。贡嘎曲德寺因其珍藏的 15 世纪由西藏两大画派之一的堪孜画派的创始人堪孜钦莫亲手绘制的壁画而闻名。

贡嘎曲德寺由萨迦派高僧土敦·贡嘎南杰创建于公元 1464 年。土敦·贡嘎南杰为萨迦派重要高僧，自幼学习密法，以后又在萨迦寺东院学法，尊索南桑波为根本上师，1464 年，年满 33 岁的贡嘎南杰赴前藏贡嘎地区，在岗堆建立多吉德寺，后亦称贡嘎曲德寺，该寺很快成为明代前藏地区传播萨迦派密法的重要道场。到十三世达赖（1876～1933 年）时扩修成现在的规模。

此寺主供有宗喀巴师徒三尊，另有三世佛和八大弟子、白度母和无量寿佛等。寺内大殿及多处殿堂里都有堪孜钦莫画师的画迹，至今保存状态最好的是二层一间秘密堂里的壁画。这间密宗殿堂的平面基本为方形，四壁绘满壁画。据曲德寺住持格桑群培讲述，壁画所用的天然原料均经过精心挑选，金色部分由黄金粉绘成，绿色部分由绿松石粉绘成，所以这些壁画历久弥新，经过了数百年的光阴依然明亮如新，在酥油灯的照射下散发着熠熠光辉。

贡嘎曲德寺现存主要建筑有大经堂和僧舍两大部分。大经堂约二层楼高，整个建筑面积呈正方形，门前有两根明柱，左右门墙上绘有四大天王像。大经堂能供数千名喇嘛同时诵经。内有二十多根大立柱，每根立柱上挂有唐卡。大殿四墙绘有大型佛本生故事壁书，色彩艳丽，笔法精湛，壁书为明清时代所绘；大殿进门左边是护法神殿，门口塑有护法神像，内主供大威德金刚、班丹拉姆等护法神；大殿右边是一个小佛殿，塑像已毁，现存放寺内杂物，但保存了部分精美的佛本生壁书。其绘书风格与大殿内的壁书有很大差异，如装饰图案、卷草纹图案明显地受到了白居寺及古格书派的影响，就年代而言，似比大殿内的壁书早很多年。在前藏的寺院内，此小殿的书风可谓独树一帜。

大经堂下正中的佛殿内供释迦牟尼佛像，左边为强巴佛殿，塑像都很高大。佛殿门前的左右墙上绘有 2 米左右的萨迦五祖的壁书，生动地突出了萨迦派寺院的特点。大经堂正中佛殿的背后是一凹形的转经回廊，回廊两墙都绘满了大型佛经故事，绘书的年代约在清代以前，但由于回廊内阴暗潮湿，大部分壁书开始剥落毁坏，急需加以修复和补救。佛殿的前方为长方形的天窗，用以采光。其天窗的内壁上绘有萨迦五祖、格鲁派宗喀巴师徒，甚至带有明显汉地书风的大肚弥勒佛等绘书作品。其造型生动，色彩鲜艳，表现出格鲁教派对该寺的壁书影响。

大经堂的左侧为僧舍，距离约数百米。大经堂前为广场，两旁设有畏桑台。贡嘎曲德寺现有僧人六十多人，“文革”时由于该寺做仓库使用，故保存得比较完好，受损失较小。

1996 年 4 月 16 日，西藏自治区人民政府公布贡嘎曲德寺为西藏自治区文物保护单位。

(3) 谢珠林寺[①]

谢珠林寺位于贡嘎雪村贡日嘎布山顶上，从县政府驻地吉雄镇到该寺庙约 22 公里，在快到达雪村的路上就可以远眺到云雾下的谢珠林寺，远远望去更有朝圣的感觉，群山怀抱的谢珠林寺，形态上酷似一个小型的布达拉宫。

据寺院住持阿旺群培介绍，寺庙早在 1200 多年前就已建好，十一绕迥木马年（公元 1654 年），按照五世达赖阿旺洛桑加措的意图正式改为格鲁派，乃尊者所建的“十三林”之一。它的全名是“甘丹谢珠林”，其中“甘丹”是表明宗派为格鲁，“谢珠林”则是“讲修洲”之意。五世达赖改建为格鲁派寺庙时，是寺庙最为兴盛的时期，当时最多的时候一天收了 246 个僧侣，目前寺庙里共有 36 个僧侣。拉萨的老百姓，一般把它称作“贡嘎谢珠林”。此外，由于五世尊者当年也扩建了布达拉宫，从山脚下看此寺同布达拉宫有异曲同工之妙，因此此寺也被誉为“小布达拉”。

寺庙有一个附属的拉康[②]名曰“杰列森拉康”，位于山脚下的雪村居民区中，从进入雪村的主路往前走约百米就可以看到一个燃香的白色小佛塔，佛塔后边是杰列森拉康。在到山上的谢珠林主寺以前，我们便光顾了这间寺院。寺院的整体形状类似于一个二层的四合院，大门旁和门廊里都有一排转经筒，进门后可以看到院落和主殿，我们去的时候是一个安静的下午，主殿里飘着酥油的香味，耳畔不时传来僧侣们念经的声音。院子里聚集着雪村的老年人，他们闲暇时刻便在这里喝着酥油茶聊天。年轻人多数都在外面忙碌，这里就成了老人们唠家常的地方。老人们悠闲地在院子里坐着，一位藏族大妈热情地给我们盛来了自制的土豆、点心和酥油茶，调研组的成员们都席地而坐和当地的村民聊天，看到这幅安宁的景象，心中不禁暗想，西藏尚且有这样的宗教场所给人们心灵以慰藉，同时供人们闲暇时聚会，内地城乡都已少了这样能让人找到心灵归宿的地方。

① 岗堆村委会路口与 101 省道交会处的路标上标记为“夏珠林寺”，在这里我们依据寺庙住持阿旺群培给我们的资料同时参考《贡嘎县志》的相关资料译作“谢珠林寺”。

② “拉康”在藏语中意为规模较小的寺院，是寺庙的一种形式，通常的拉康都附属于一个较大的寺庙，但也有例外，如“雍布拉康”的“拉康”意为“神殿”。

告别了杰列森拉康，我们择日专程搭车前往山上的谢珠林寺。道路为土石铺就，山路崎岖多弯道，每过一个险弯时都引得车上一片惊呼，好在司机是老把式也是本村人，我们在一片尖叫声中抵达了山顶。

我们参观该寺时，寺院里正在进行大修，据寺院的僧侣介绍，此寺庙在“文革”时损毁比较严重，现在把大殿进行了重建，该殿主体工程已经完工，大殿里有几个年轻的画家在画壁画。五世达赖喇嘛在重修寺院时，该寺原有的佛像、佛经、佛塔照留，另外五世达赖还向该寺恩赐了在狂风暴雨来临之际能发出信号的屋脊宝瓶，并新铸造了菩提三轮主尊金铜像。该寺主圣为丰收能仁佛像，具有能言丰收能仁佛像之称；该寺的守护神为防盗火面具，据说此面具能防盗、防火，有盗火危险时能显示出各种征兆。七世达赖格桑加措时期为该寺恩赐了赤金铸造的药师八如来像，而且在拉萨创建了药师供施处。热振①摄政时期大规模地扩建维修该寺大殿，并增添了菩提三轮主尊及八大菩萨的铜像等。

谢珠林有两件镇寺之宝，一为以宗喀巴大师亲手书写的经文纸条装裱的老唐卡，另一为吉祥天母人间化身的千年肉身像。唐卡的主尊是宗喀巴大师，其四周有长条、黑底金字的经文，正是宗喀巴大师亲手抄写的。

有关上述的肉身像木乃伊，一般说是吉祥天母的人间化身（也有说是度母、长寿天女化身的），据谢珠林寺僧侣的讲述和笔者搜集的资料，现整理其历史典故如下。

距今约一千年前，阿底峡②尊者从印度赴西藏弘法。在赴拉萨的途中，与一位十几岁的藏族女孩偶遇，女孩突然心生敬意把身上所有贵重饰物都供给了尊者。当时的阿底峡在西藏尚未有名气，和女孩也互不认识。女孩父母得知后，气得把她毒打一顿。姑娘痛苦不堪投河自尽，却神奇地被托上了岸。乡人见其投水不死，便认为她是妖怪，用烟将其熏死。此后，阿底峡尊者便以神通，显现出少女神化为天母的情景，并赞叹女孩以生命供养的功德。此时，人们才醒悟她是吉祥天母为护持西藏佛教而作的示现，遂建寺把女孩肉身供养，据称其后身像自然收缩至一肘高。

---

① 五世热振活佛强白益西·丹巴坚赞（1912—1944）于1934年起担任摄政近7年，由他主持，寻访到了十四世达赖喇嘛。

② 阿底峡 Atisa（982—1054），古印度僧人、佛学家、藏传佛教噶当派祖师，阿底峡是古代西藏地区在朗达玛王灭法之后，复兴佛教的第一位重要人物。

此像在“文革”动乱中曾遭损坏，恢复宗教信仰自由后才得以重见天日，但因颈部关节曾经被毁而导致头部下垂歪斜，原来白色的皮肤变成深褐色，所幸其余身体部分未遭破坏。肉身像大小如五六岁的女孩，呈度母坐姿坐在玻璃神龛里。我们在参观时依稀可以辨出其头发，但看不出其人形，可能是和历史年代比较久远有关吧，如果诚恳相求，寺僧一般会允许朝拜者进入护法殿朝拜。

寺院背靠高山，面向雅鲁藏布江和贡嘎宗遗址，地处山顶平台上。从寺庙二楼的平台上俯视山下，美景尽收眼底，有一览众山小的感觉，不论从山脚仰视或从寺院俯览，风景都绝美，是摄影、欣赏自然景观的理想地点。

（三）自然状况

岗堆村依山傍水，村前是秀美壮阔的雅鲁藏布江，村内新建民居与田园风光相映成趣，天然山泉水长年不断，全年气温偏低，夏季气候宜人，且紧靠达次仁水库，水源极为丰富，自然生态、人居环境在西藏是相当优越的。

1. 地理区位

岗堆村所在的贡嘎县地处青藏高原南部，属于被称为西藏文明发源地的山南地区，是岗底斯山与喜马拉雅山余脉之间的雅鲁藏布江中游河谷地带，由县政府所辖 8 乡镇之一的岗堆镇管辖。岗堆镇位于雅江沿线，拉贡 101 省道中段，是一个半农半牧大镇，全镇总面积 329.68 平方公里，现辖 9 个行政村，7100 余人，其中藏族人口占 99% 以上，岗堆镇政府和镇党委驻地即位于岗堆村。

岗堆村沿雅鲁藏布江南岸东西绵延 2200 余米，同时沿着雅江南岸而建的还有 101 省道，雅江自南向北流经村庄西部，在流至村庄时，流向发生九十度转弯，自西向东流过村庄北部，同时拉萨河由北向南注入雅鲁藏布江，岗堆村恰处在拉萨河同雅江交会处的东南部。岗堆村东西两侧皆为山岗，南北伸展在山谷中，从地图上看犹如一把楔子割断沿江山脉插入山岗之中。站在高处俯瞰，北面朝江，三面环山的岗堆村，就像雄阔的雅鲁藏布江边镶嵌的一颗明珠。

岗堆村位于拉萨市、日喀则地区和山南地区三地（市）交汇之处，东距贡嘎县人民政府驻地吉雄镇有 17 公里，距有“西藏空中门户”之称的拉萨贡嘎机场10公里，距山南地区行署驻地泽当镇约100公里，距自治区首府拉萨92公里（拉萨至贡嘎机场高速公路于2011年7月17日建成通车，自此，贡嘎到拉萨的距离缩短了34公里）。岗堆村北面隔101省道及雅鲁藏布江与森布日村相望，西接雪岗村（又译“学岗村”），东部与拉萨贡嘎机场所在地甲竹林镇相邻，南面与托嘎村相望。村口是101省道，过往车辆较为频繁，交通极为便利。村子往西过吉纳村到江塘镇就是通往日喀则的307省道；村内有自北向南的水泥路一直延伸到托嘎村以南，随着新农村建设的逐步开展，2010年，村庄内的大部分土路都改建成了水泥路。

2. 地形地貌[①]

岗堆村地处贡嘎县西部，位于北纬29°15′、东经90°48′，海拔约为3600米。此地区地处青藏高原南部，位于岗底斯山和念青唐古拉山脉以南，喜马拉雅山以北的藏南谷地。地处青藏亚板块喜马拉雅块体北缘—雅鲁藏布江大活动断裂带的南侧，由于紧邻活动断裂带，因而本地褶皱和断裂构造十分发育。岗堆村地形整体上是南高北低，居民区主要位于北部靠近雅鲁藏布江的冲洪积宽谷，南部为喜马拉雅山北麓余脉构成的山川，西南方向为西藏三大圣湖之一的羊卓雍错。

（1）地质构造

岗堆村地貌受断裂、褶皱的影响，基岩中裂隙也较发育，以走向350度至360度的张裂隙及325°和35°的两组剪裂隙特别发育。变质砂岩裂隙率4%至8%，板岩裂隙率小于2%。断裂构造分为隐伏断裂层和正断裂层。隐伏断裂层以近东西向展布的雅鲁藏布江深大活动断裂为主导，伴生的次级断裂，主要为近南北走向的张性或追踪张性断裂，朗杰学、甲日、岗堆沟沿其发育，构成三条断陷谷。其中岗堆村即位于岗堆沟之中。

岗堆沟为冲洪积宽谷，其特点是：断裂北段为宽谷区，第四系堆积较厚；南段为深切“V”形峡谷，两侧基岩产状多变。在宽谷区基岩谷底有近南北向断陷深槽。正断层发育在甲日西支沟捧妈沟头（甲日指贡嘎县甲竹林镇甲日村），走向280°，倾向南西，倾角69°。上盘下滑4米至8米，岩层倾向220°，倾角65°，板岩挠曲发育；下盘岩层倾向360°，倾角25°，厚层块状砂岩极易破碎。断层面凹凸不平，裂隙极为发育，石英脉充填。新构造运动主

① 本章节中地形地貌、气候和自然灾害部分参考了《贡嘎县志》的内容。

要表现为断陷下降和不均衡上升。主支沟上游峡谷区长期振荡性上升。主支沟中下游宽谷区和雅鲁藏布江宽谷区在区域抬升的基础上，长期相对振荡性沉降，沉降幅度由南向北、由断陷边缘向断陷中心渐大，早更新世至全新世沉降幅度渐小，为堆积宽谷平原。

(2) 岩层分布

岗堆村地层岩构成简单，总分为两大类：一即前第四系，仅出露上三迭统；二即第四系。岩层类型分为四大类，即变质岩、砂岩、花岗石和泥砾。其中变质岩在全新统下段的冲洪积层，主要分布于岗堆主沟之中、下游地带，面积约 10 平方公里。砂岩在全新统上段的冲洪积层，零星分布于岗堆村北沿的雅鲁藏布江江边。其表层 0 米至 1 米为中细砂，其下为灰色卵石，结构松散，分选磨圆好，呈浑圆状，成分为花岗岩、闪长岩、砂岩及脉石英。花岗石在第四纪地层时代全新统下段的冲积层，也分布于雅鲁藏布江南岸的岗堆村境内。其表层 1 米至 2 米为黄褐色泥质粉砂，分选较好，结构稍紧密；以下主要为卵石，呈浑圆状或扁圆状，结构松散，成分以花岗石、闪长岩、脉石英为主，砂岩少量。泥砾在第四纪表层时代中下更新统的冰水堆积层，掩埋于岗堆沟主沟、距地表 63 米至 90 米，以黄、橘黄色含泥质细砾、含泥质粗砾、含泥质卵石以及粗砾卵石为主，砂质黏土和砾石、卵石为次，泥质含量较高。

(3) 曲吾日山

岗堆村以西约 3 公里处和同属岗堆镇的吉纳村交界处是曲吾日山，位于北纬 29°19′、东经 90°42′，曾名曲日，藏语含义为河水山，地处雅鲁藏布江曲水大桥南端，海拔 4211 米，呈东南—西北走向。曲吾日山是西藏前藏地区佛教四大神山之一，山势陡峻，岩石裸露，有“西藏幸福源泉”之誉、相传山上有百眼泉水、百个修道处。据《卫藏道场胜迹志》载加桑卡南岸、曲吾日山下，建有加桑拉康宫、大佛塔和森浦拉康等。这些拉康中造有体现大成就者汤东杰布的身、口、宽、密所依的佛像、佛经、灵塔等等。具有伽持力的经书应有尽有，还有红僧、勒丹吉居住过的山洞、才曲寿水泉、泽居归比拉康以及“南喀顶阿兰若”修道处等。该修道处属西藏八大修道岩洞之一，被佛教奉为圣地，朝奉者甚多。

3. **气候**

岗堆村的地理纬度处于青藏高原的亚热带，由于海拔过高和受高空西风流及印度洋暖流的交替影响，形成独特的高原温带半干旱大陆性季风气候。其气候特点是：气温偏低，四季不分明；昼夜温差大，年变化小；日照时间长，太阳辐射强；降水量较少，分布不均，蒸发量大，干湿季分明；冬春干燥多大风，长冬无夏；气压低，氧气含量少；气候要素随海拔高度的变化明显，立体气候显著。岗堆村居民区主要在河谷平原地带，气候温暖，气温年差较小，日差较大，属于河谷温暖半干旱带。

（1）气温

历年平均气温 8.6℃，与整个山南地区（-0.4℃至 9.1℃）比较，处于较高值，村庄大部分地区位于雅鲁藏布江流域海拔 3800 米以下地区，气温较高，最暖月（6 月）平均气温为 16.7℃，最冷月（1 月）平均气温为 -1.2℃，月平均气温呈单峰型升降。历年极端最高气温为 30.2℃，出现于 1987 年 6 月 12 日；极端最低气温为 -17.0℃，出现于 1978 年 1 月 12 日。冬季温差较大，在 15℃左右，11 月达 16.8℃，夏季温差较小，在 12℃以下。每年 8 月平均气温日较差最低，为 9.6℃；11 月至次年 1 月平均气温日较差最高，分别为 16.7℃、15.8℃和 16.6℃。

无霜期平均 137 天，平均初霜日为 10 月 6 日，平均终霜日为 5 月 21 日，初终期 223 天，无霜期最长 169 天（1984 年），最短 104 天（1988 年），相差 65 天。

（2）日照

年平均太阳辐射量为 7714.4 兆焦耳/m^2，在山南地区为最高值，其中 5 月最多，12 月最少。年平均日照时数为 3171 小时，在山南地区也是最高值，日照百分率为 73%，日照时数以 5 月和 10 月较多，月接近 300 小时，6 月至 9 月较少，月在 250 小时以下，日照百分率的季节变化较大，在 6 月至 9 月的雨季，日照均在 70% 以下，是年 10 月至翌年 1 月均在 80% 以上。植物在制造有机物过程中，对太阳光的利用和吸收是有选择性的，只有在 0.38 微米至 0.71 微米的光谱区内，植物才进行光合作用，该光谱区的太阳辐射即为光合有效辐射，其季节变化与太阳辐射一致。

（3）气压与风

气压随着海拔高度的升高而降低，月平均气压以 6 月至 8 月最大，是年 12 月至翌年 1 月最小，由冬季到夏季随着气温升高降水增多而递增，由夏到冬递减；在雨季开始和结束前后有一次跳跃式的变化，气压年较差约在 6 毫巴至9毫巴之间。

冬季多偏西风，夏季多偏东风，全年平均风速2.5米/秒，以东部最多，年最大频率26%，历年月平均最大风速4.7米/秒，年平均大风日数39.2天，大风主要出现在冬春季节。其中，是年12月至翌年5月大风日数34.7天，占年总数的86.8%；7月至8月较少，仅占年总数的3.3%。

（4）降水

年平均降水量为431.2毫米，集中在6月至9月。降水量随季节变化较大，6月至9月降水量411.9毫米，占年总量的95.5%；冬季降水量极少，是年12月至翌年2月仅1.4毫米，占年总量的0.3%。4月降水量最小，为0.6毫米；8月降水量最大，为6.3毫米。日最大降水量为50.1毫米，出现于2000年7月14日。年最大降水量为638.0毫米（1998年），年最少降水量为203.9毫米（1982年）。年平均降水日数为29.9天，最长连续降水日数为25天，出现在2000年8月9日至9月2日。年最多降雨日为109天（2000年），最少降雨日为57天（1982年）。年平均降雪日数为12天，最多27天（1997年），最少4天（1978，1995，1999年等）。

雨季平均开始期为6月9日，最早为5月16日，最晚为6月25日，相差40天，雨季平均结束期为9月27日，最早为9月16日，最晚为10月14日，相差28天。

（5）蒸发与湿度

全年平均蒸发量为2546.2毫米，5月份最大为439.5毫米，12月份最少为59.0毫米。年平均相对湿度为46%。月平均相对湿度的年变程变化较大：最高值出现在6月至8月，以8月最大，为77%；最低值出现在1月至3月，以3月最小，为21%；其他月份在23%至73%之间。

4. 水文

岗堆村地理位置特殊，恰好处于拉萨河和雅鲁藏布江的交汇处，这里水流大、水量丰富。世世代代在江边生活的岗堆村村民对雅鲁藏布江有着特殊的感情，我们调研组每天到村里入户访谈的时候都要路过此江，村民还特意领我们到江边参观他们的渡江工具——牛皮筏和木船。虽然这些小船村民已经很少用了，但是还是可以看出他们对于江水的留恋。在我们工作的大本营——岗堆村村委会采访期间，村主任巴桑大叔还特意去江边给我们打了雅江特产的鱼，犒劳我们一行人。从家乡的江水里打来鱼慰劳客人，大概是巴桑大叔引以为豪的事情了，看着我们吃的狼吞虎咽，巴桑大叔那饱经沧桑的脸上也露出了会心的微笑。

青藏高原由于受地势影响，总体上降水量偏少，但位于雅江旁的岗堆村水文条件相对比较优越，水资源较丰富，为岗堆村生产、生活提供了较为充足的水源。虽然如此，但是2009年以前由于村中水利设施薄弱，再加上所在的地区连年干旱，所以粮食减产，岗堆村遭受了较巨大的损失。

2009年至2010年，上级水利局给岗堆村批拨了五十余万元用于修建村内的水利设施。岗堆村属于大陆性季风气候，每年的雨季能为岗堆村带来较多的降水，但是降水在全年分布严重不均，旱情洪涝灾害频繁出现。鉴于此，村内修建了二级提灌站两座，蓄水池一个，防洪坝3至4座，水渠若干，使得村中灌溉面积增大，产量增大。据村干部介绍，2009年以前村里亩产青稞约在400至500斤，2009年水利条件改善后，亩产青稞达到了800至900斤，增产效果明显，多了整整一倍。

村内的两座提灌站利用雄浑的雅鲁藏布江则为岗堆村提供了丰富的水资源，达仁次水库的修建更是为岗堆村的水文条件提供了巨大的便利；另外村民平常主要是利用雪山融水和山泉对农田进行灌溉。

村内的自来水管网也于2009年进一步进行了铺设，利用国家专项资金，一次性投入25万元，原来的管道是5到10户共用一个水管，现在对管网完善之后，家家户户都用上了方便的自来水。

5. 自然灾害

（1）旱灾

岗堆村虽然临近雅鲁藏布江，但其大量分布的沙地渗透性强，地面蒸发量大。加之沙地分布面积广，缺乏修建水利工程的地理条件，因而自然拦蓄条件差，可供利用的水量较少，干旱成为村内的主要自然灾害之一。

1972年6月，前进区（今岗堆镇）发生比较严重的旱灾，岗堆村内大部分的青苗枯萎、发黄、旱死。全村耕地因无雨水无法下种。1988年6月，出现持续高温天气，岗堆村1000余亩农作物发生旱情，其中严重受旱面积500亩。1993年6月，日最高气温达28.1℃至28.2℃。长时期的高温干旱使作物旱情加重，中间地带不同程度出现旱情，尤以甲日、克西、岗堆三条沟及江塘的干巴、波村旱情最重，其中就包括位于岗堆沟之中的岗堆村。据当时统计，旱灾导致村中50%以上叶片发黄干死。在此后的1994年至1999年6

月—7月，岗堆村农业遭受了不同程度的干旱。2010年，村中又发生较为严重的旱灾，村中的主要粮食作物小麦、青稞还有油菜等经济作物都遭受较大影响，青稞等粮食作物几乎颗粒无收。由于受灾面积大，雪山融水山泉等几近枯竭，附近的达仁次水库也不能解燃眉之急，但由于国家对西藏的支援，村里老百姓的生活并没有受到太大的影响。

（2）洪涝灾害

岗堆村由于受到季风气候的影响，降雨量集中在夏季，容易引发洪涝、冰雹、泥石流等自然灾害。1966年7月12日，位于前进区的岗堆村遭受冰雹灾害，岗堆村有十余亩土地受灾。1970年8月，贡嘎县东拉、前进两区庄稼先后被冰雹、洪水损害，受灾面积达380.12亩，减产500亩，被冰雹打死或冻死的羊133只、小牛9头。

1995年6月30日晚9点30分至11时，县境包括岗堆镇岗堆村的部分乡村遭受历史罕见的暴雨、冰雹袭击，导致特大山洪暴发，其中岗堆村遭受严重冲击。村内大多数田地被淹，且庄稼受到冰雹损坏；水冲沙石、淤泥毁盖多处耕地，甚至冲毁了岗堆村附近的拦洪坝，并冲垮截潜流和渠道多处。1999年6月21日晚8时，岗堆村又突遭冰雹袭击，冰雹最大直径1.5厘米，平均直径1厘米左右，持续时间约8分钟至10分钟，使得村内多处农田受灾。

6. 环境建设与清洁能源的使用

（1）村容村貌与环境美化

初入岗堆村时，我们被岗堆村青山绿水环绕的美景所吸引了，不仅自然环境优美，而且村容村貌整洁。村道两旁的农户家里都摆满了各种盆景和鲜花，还有长势良好的小灌木丛，环绕村庄的山体也穿上了“绿色外套”。我们走访的农户几乎家家户户的庭院中、阳台上都摆满了怒放的鲜花，这是我们入藏来感到比较惊奇和欣喜的一件事。

近些年来，村中还配合新农村建设将村中的主干道都修成了水泥路，原来坑坑洼洼的土路现在都变得平整光洁了。受到国家安居工程的实惠，村里大多数的土坯房都改建成了具有藏族民族特色的木石结构砖瓦房，各具特色的民居和整洁的外墙给村里又增添了一道亮丽的风景。除此以外，村里还特别注重环境保护工作，贡嘎县环保局的工作人员告诉我，村里每年都有“旺果节”等群众聚集的大型活动，又如曲德寺作为本地的一个著名景点，有时寺里会举办较大规模的宗教活动，环保部门都会派相关人员指导村里做好环境保护工作，再加上村民的生活方式都比较原生态，所以村中人居环境优美，村容整洁度达到了较高的标准。

（2）沼气

村民们告诉我们，户用沼气建成后，为当地农户提供了环保、安全、清洁的生活燃料，有效遏制了乱砍滥伐、铲挖草皮等行为，保护了当地的生态环境。据统计，一座沼气池的使用每年可保护 5 ~ 6 亩森林。岗堆村共有农户 316 户，目前全村约有一半农户都用上了沼气。

在农户家中我们了解到，因为使用了沼气，以前烟熏火燎的旧面貌已经没有了，取而代之的是农房簇新，灶间洁净，畜棚明亮，空气清新。“以前在过藏历年前大扫除，家里都会扫出大量的烟尘，现在再也看不到了。”村民们对现在使用清洁能源带来的好处与便利赞不绝口。

村民告诉我们，以前他们很难吃到新鲜蔬菜，吃的菜大多是土豆和萝卜，要想吃更多更好的菜要到县政府驻地吉雄买，很不方便。使用沼气后，村民的生活不但变得方便了，最重要的是，村民的生活质量得到了提高。现在吃的蔬菜都可以自给自足。正是沼气池蔬菜温棚的投入使用，岗堆村彻底改变了过去只有吃到土豆、萝卜等简单蔬菜的膳食结构。

沼气池建成后重要的是管理要到位。沼气池管理是保障沼气池长久正常运转，确保项目长期发挥作用的一项重要工作。对此，贡嘎县在岗堆村设立了农村综合服务站，配备了抽渣车、摩托车及沼气后续维护配件。同时，贡嘎县还培养了本土沼气技工 55 名，最大化巩固沼气建设成果。

岗堆村的沼气项目得益于国家对西藏的生态保护政策。2009 年 2 月 18 日，国务院第 50 次常务会议审查通过《西藏生态安全屏障保护与建设规划》（以下简称《规划》），将西藏生态安全屏障工程确定为国家重点生态工程。《规划》确定了生态保护、生态建设和支撑保障 3 大类 10 项工程。其中生态保护所包括的 5 项工程之一就是农牧区传统能源替代工程。据介绍，西藏农牧区传统能源替代工程建设内容包括：小水电代燃料、农村沼气建设和太阳能应用工程三部分。目前，西藏大部分地区农村能源主要依靠畜粪、薪柴等生物质能，辅以电能、太阳能等。

根据西藏自治区环境保护厅资料显示，2008—2009 年，落实国家投资 50803 万元，在西藏七地（市）51 个县，拟建设农村户用沼气池 17 万余座，建设养殖小区集中供气点10个，安排农村沼气服务网点566个，将使66.8万农牧民用上清洁能源。经西藏发展和改革委员会初步测算，西藏已建成的15万座沼气池，年产沼气5994.45万立方米，可替代标准煤近4.3万吨，相当于保护15.1万亩林木。基于此，西藏还将加快农村沼气建设，“十二五”规划建设5万座农村沼气池。

根据《规划》，2008—2015年，西藏将通过实施农牧区传统能源替代工程，基本解决无电人口的生活用电问题，重点解决区域农牧民采暖、煮饭等生活用能问题，农牧区传统能源替代率达到60%。

据悉，岗堆村所在的山南地区在推动科学发展，加大新能源特别是农村沼气推广和应用方面取得了显著成效。截至目前，山南地区累计投资1.62亿元，完成大中型沼气池1座，服务网点28个，户用沼气建设3.5万余户，受益群众近15万人。

岗堆村所在的贡嘎县在推进农村沼气建设中始终坚持“集中扶持、典型引路、示范带动、全面发展”的工作原则，积极培育沼气示范村和示范户，让农牧民群众对沼气建设的意义、作用、技术、模式等有了直观的了解，发挥了以点带面作用。狠抓沼气建设技术人员特别是当地技术人员的培训，充分利用农闲时间，对村以上干部进行沼气建设后期管理、使用维护等培训。同时，进一步加强沼气项目建后管理，建立健全沼气建设技术保障体系和自我服务体系，做到了“统一建档跟踪、统一建设模式、统一督察管理、统一标准服务”，确保建设一个成功一个。

(3) 太阳灶

初到贡嘎，我们就在县城的大街小巷里见到了太阳灶。来到岗堆村调研后，深入农户之中发现这种既方便又安全的加热设备在村庄农户家庭里普遍使用。我们采访的农户仓木拉在临近101省道旁的家中开了村里唯一一家饭店，平时村民会来她这里吃面条和饺子。她家临公路的庭院里安装了一台铝翼式太阳灶。女主人仓木拉说，太阳灶既卫生又经济，半小时就能烧开一壶水。而几年前使用树枝和牛粪做燃料时，家里每年都要烧掉几拖拉机的树枝和牛粪。

青藏高原被喻为“离太阳最近的地方”，这里年日照时间超过3000小时，太阳能资源极为丰富。西藏自治区几十年前就开始利用太阳能了，如今，无论在城市还是边远山区，随处都可以看到各种各样的太阳能装置，太阳能灶、太阳能电灯，还有太阳能热水器。在西藏，太阳能不仅被用于做饭、烧水，还被用于发电、照明、取暖等。可以说，太阳能科技的利用和推广，给百姓生活带来了新“革命”。

我们在走访的过程中发现，沼气设备和太阳能产品成为岗堆村农牧民家庭中普遍可见的设施。现在的岗堆村几乎家家户户都有这种太阳灶，这得益于三十多年以来的政策。20 世纪 80 年代，自治区能源研究示范中心针对农牧区群众缺乏生活燃料的状况，引进了太阳能灶，并由点到面在全区推广使用，使广大农牧民群众逐渐接受并熟悉了太阳能灶的使用，岗堆村只是西藏千百个受益村庄的小小缩影。在此基础上，自治区能源研究示范中心组织科技人员对引进的太阳能灶进行改造和自主研发，使该区的太阳能灶技术逐步从成熟到完善。

无污染、省钱又卫生的环保产品，让岗堆村民喜爱有加；清洁能源的利用，改变了岗堆村的生产生活方式，也保护了他们赖以生存的环境。据有关专家统计，西藏每年利用的太阳能折算下来，相当于燃烧 13.5 万吨标准煤所产生的能量，价值上亿元人民币。太阳能灶的广泛使用，使农牧民群众每户每年可节约柴火 1000 公斤左右。岗堆村一共有 316 户人家，按照这样算下来，全村每年可以节约柴火 316 吨，有效地保护了村庄的林木资源和生态环境。

（四）人口及其结构[①]

1. 岗堆村人口概况

截至 2010 年，岗堆村人口总数为 1488 人，总计 316 户，平均每户家庭有 5 人。其中男性 737 人，占总人口数的 49.53%，女性 751 人，占总人口数的 50.47%。在校学生共有 379 人，其中大学生 51 人，中学生 148 人，小学生 180 人。常住人口 1416 人，流动人口 72 人。具体数据见表 1－1：

① 本节数据来源于岗堆村委会提供的《岗堆村简介》和岗堆镇政府提供的《岗堆镇受教育花名册》。

表 1－1　　2010 年岗堆村人口状况统计表

年度	人口状况									区划建制		内保单位	
	总户数	总人口	其中				在校学生			村委会	村民居小组	学校	医疗卫生
			男	女	常住人口	流动人口	大学生	中学生	小学生				
	户	人	人	人	人	人	人	人	人	个	个	个	个
2010	316	1488	737	751	1416	72	51	148	180	1	5	1	1

2. **岗堆村民族结构**

岗堆村除部分流动人口外，其他所有村民均为藏族。[①]

3. **岗堆村人口年龄结构**

岗堆村人口年龄结构总体表现为“一头大、一头小”的特征，即年轻人口比重大，老年人口比重小。具体来看：11 岁到 20 岁年龄的人口比重最大，占到了 22. 43%；70 岁以上老年人口比重最小，只占到了 3. 84%；岗堆村劳动力占较大比重，21 岁到 50 岁的青壮年人口占到了 51. 02%。

表 1－2　　岗堆村人口年龄结构统计表[②]

年龄段	人数	占总人口比重（%）	累积比重（%）
0～10 岁	132	9. 55	9. 55
11～20 岁	310	22. 43	31. 98
21～30 岁	283	20. 48	52. 46
31～40 岁	215	15. 56	68. 02
41～50 岁	207	14. 98	83. 00
51～60 岁	92	6. 66	89. 65
61～70 岁	90	6. 51	96. 16
70 岁以上	53	3. 84	100. 00

① 由于岗堆镇政府驻地设在岗堆村，在岗堆镇政府办公人员中有两人为汉族，但不包括在村人口统计数据中。

② 此年龄结构统计表的样本人数为 1382 人，占岗堆村总人口数的 92. 9%。

4. 岗堆村家庭结构

岗堆村的家庭结构一般是父母与子女居住，老年夫妇单独立户。西藏的计划生育政策不同于其他省市，藏族允许生二胎，因此户均人口为5人。婚龄男女基本婚配，有个别男子未婚。养老模式是老人基本上是由自家儿女赡养，村中有寿星敬老院一座，孤寡老人15名。

5. 岗堆村人口政治概况

岗堆村有党支部1个，下辖党小组5个，党员74名；有团支部2个，团员78名；全村共有大小寺庙4座，僧尼92名。其中，党员在全部人口中所占比重为4.97%，僧尼在全部人口中所占比重为6.18%。

二、经济资源与经济发展水平

自然资源是制约或者决定一个地区经济增长的基本要素之一，尤其在科技发展水平落后、机械化程度低的地区，其制约或者决定作用就更加明显。2010年，岗堆村国民生产总值达到10500160元，农牧民人均收入达到7056.6元，现金收入达到4730元。与西藏其他大部分地区相比，岗堆村的经济水平较高。取得这些成绩依赖于岗堆村优越的自然条件和丰富的经济资源：地势较为平缓、农田广阔、气候温和、土壤种类多样、高山草场面积大。本部分内容介绍岗堆村现阶段拥有的各种经济资源，并结合经济发展的现状，寻求发展过程中存在的问题，为实现岗堆村的可持续发展提出建议。

（一）经济资源

1. 土地资源

（1）土地资源数量

岗堆村地处青藏高原南部，雅鲁藏布江中游河谷平坝地带及江南高山宽谷地带，这里土地肥沃、气候温和、地势平坦，是西藏主要的粮食产区之一。所以岗堆村以农业为主，以牧业为辅，耕地、草场以及林地总面积和人均面积见表2－1。

表 2－1 土地资源基本情况 单位：公顷，公顷/人

土地类型	2008 年		2009 年		2010 年	
	总面积	人均面积	总面积	人均面积	总面积	人均面积
耕地	2743.4	1.95	2776.1	1.973	2776.1	1.866
草场	94090	66.873	94640	67.264	94640	63.602
林地	6571	4.67	6571	4.67	6620	4.449

资料来源：岗堆镇 2008 年、2009 年、2010 年农林牧副渔综合年报表。

从上表中不难发现，岗堆村的耕地、林地和草地面积都有所增加，这得益于当地政府和群众重视合理利用土地资源。实际上，西藏民主改革以前，在农牧民中存在重牧轻农的现象，岗堆村的耕地并不多。民主改革后人民政府大力提倡垦荒，广大农牧民不断加强农田基本建设，采取平整土地、改造低产田、保护农田、兴修水利基础设施等措施，提高了耕地总面积和耕地质量。自 20 世纪 80 年代起，当地政府响应国家号召，对不宜耕种的土地实行退耕还林、还草。与此同时，生产队针对牧民“乱牧、抢牧、混乱放牧”等严重情况，对草场实行计划管理，坚持统一放牧，采取了有效的措施保障草场的存续和利用。1993 年开始，当地群众在政府的支持下开始了人工种草，有效地增加了草场面积。岗堆村对于林地的扩大和保护所作的努力可以追溯到 1960 年，此后的 15 年其工作重心都在植树造林上。“十一五”期间，岗堆村认真执行了退耕还林工程、长江防护林工程、“一大四小”工程，林地面积有所增加。

（2）土壤类型

①灌丛草原土

土类中的淋溶灌丛草原土地主要分布于较湿润地区以及海拔大约 3900 米以上山坡，上与亚高山草原草甸土或亚高山草甸土相接，过渡边缘一般比较模糊。耕种灌丛草原土以海拔较低地形较缓的洪积扇、山前倾斜平原、河谷高地为主要分步带，呈条带状或斑片状镶嵌于灌丛草原土背景之上，常与耕种草甸土夹花分布，向河谷延展渐与潮土接壤过渡。这是岗堆村主要的土壤类型和主要农耕区的土壤类型。潜在肥力和有效肥力均居中等水平，耕层养分中上水平，通透性良好，但持水能力较差，易受干旱、风沙危害。

②山地灌丛草原土

在山麓洪积扇和沟谷中的灌丛草原土是岗堆村第二大土壤类型，海拔3600米至4200米。坡上土层浅薄，坡下土层深厚，多在30～100厘米，质地粗糙，土壤保水保肥能力差，土体灰棕色至灰白色，砂粒含量高，黏粒含量低，土壤呈中性至微碱性反应，PH值7.0至8.0。这种土壤耕作层养分含量低，区域差异明显，易受风沙危害，但在耕地灌溉后耕作层熟化程度较高，保肥能力强。

③草甸土、潮土、风沙土

草甸土绝大部分分布于河流、沟谷、湖泊、盆地地貌单元的低缓湿润地段。此外，在高山雪峰、冰川融水下流渗渍的局部山坡凹面以及山体潜水渗溢带，也有小片或窄条的草甸土和沼泽土形成和分布。草甸土潜在肥力偏低，是耕地土壤中肥力保持力较强的类型之一，但是土壤中砾石含量高，耕层中多达20%到40%，在岗堆村面积较小。潮土主要分布于滨河平原低洼地段；多位于雅鲁藏布江两岸高河漫滩低阶地，呈小面积断续分布，贡嘎县面积较大。这种土壤类型是草甸土长期耕作后形成的，土层厚，质地含砾石少，土地利用率和熟化程度较高。风沙土以拉萨河河口与雅鲁藏布江交汇地段为最多，岗堆村周边有小部分的风沙土。

总而言之，岗堆村位于河谷地带，地势平坦、宽阔。由于气候寒冷、干燥，土壤形成过程中矿物质物理风化强烈，化学风化和生物风化过程较弱。因此，不论山地还是河谷盆地、洪积扇、阶地，表层土壤均成粗骨状，发育程度低，表现为土壤浅薄，总厚度一般10～40厘米，土体风化程度低，剖面发育差。土壤中多碎石，含量多达30%，有机质含量较低。因气温低，微生物活动弱，植物残体分解缓慢，土壤中有机质以粗有机质形态积累而且含量低。另外，受土壤母质影响，土壤中含有大量钙质结合。

（3）土壤性状

岗堆村土壤主要为褐土和灰褐土两种。褐土盐基饱和度>80%，pH值为7.0～8.2，其中碱解氮60～100mg/kg，供氮能力属中等水平；磷的有效形态低，一般水溶性磷10mg/kg左右，但无效形态的铝—磷和铁—磷居高，而石灰性褐土的钙—磷居高。在有效钾元素方面，褐土均在100mg/kg以上，所以钾比较丰富。至于微量元素，则与土壤的pH值和母质关系较大。灰褐土由于分布在山地上，一方面，土层薄，坡度大，石块多；另一方面，气温较低，发展农业生产不如褐土地区好。灰褐土是发展林业生产的重要土壤资源。

(4) 土地管理

在封建农奴制社会，贡嘎境内的土地归西藏地方政权、贵族、寺庙三大领主所有，并由他们管理。民主改革后，于 1965 年设立县农牧科，负责土地管理。1984 年，土地管理由农牧局负责。1997 年，成立县土地管理局（以下简称县土管局），负责土地管理，禁止破坏、乱占土地，做好征地的补偿和安置工作。

1990 年以后，随着经济和城镇建设事业的日益发展，全县范围内各个村的非农业用地不断增加。除国家企事业单位建设用地大量增加外，城镇干部、职工、农村农牧民建房占用土地面积猛增，特别是单位、个人任意买卖，非法转让以及滥占、滥用土地现象日益严重。1997 年 4 月至 1998 年 4 月，岗堆村接到县土管局下达的有关清查村内的乡集体企事业单位及农民住房占地情况。清查后，对各单位及个人所占用的土地进行了登记造册，并颁发了国有土地使用证书。1998 年，贡嘎县制定实施了《土地管理法》暂行办法，加强了土地审批管理制度和执法监察。明确了对违法占地的单位和个人的处理，责令其退还非法占用的土地，限期拆除或没收非法占用的土地上的建筑物等设施，还根据情节轻重给予罚款或法律处分。同时规定城镇干部、职工个人建房用地指标由土管局下达。城镇户口建房征地面积标准为：县级干部家庭 350 平方米，区级干部和一般干部家庭为 300 平方米，农牧民建房用地由乡人民政府和村委会根据当地实际而定，每户征地面积不得超过 450 平方米。到 2000 年，建房征地基本走上程序化、规范化道路。

2. **林业资源**

(1) 林业工程

岗堆村坐落在宽阔、裸露、多沙的雅鲁藏布江河床附近，每逢冬季枯水季节，河谷大风将裸露河滩上的沙粒卷起，吹向雅江两岸，掩埋农田、道路，危及村庄。目前，岗堆村是重要的农耕区和沙漠化危害的重灾区。

因此，植树造林是此地保护耕地、防风沙的主要措施。西藏和平解放前，贡嘎县仅朗杰学和昌果乡有少部分自然林，岗堆村几乎没有天然林。民主改革后，县人民政府每年都组织干部群众植树造林。在县政府的带动下，岗堆村村民较早开始人工造林。1960 年 3 月，岗堆村村民在村干部的带领下，积极参加全民植树造林活动，共植树 19400 棵。到 1964 年，村边的防护林逐渐形成。此后的每年，岗堆村村民都会参加义务植树造林活动，为当地的防护林建设绿化工作做出了巨大的贡献。而且村里的“四旁”(宅旁、村旁、路旁、水旁)植树开展得有声有色,岗堆村以及通往岗堆村的道路两旁树木高大挺拔、枝叶繁茂、覆盖面积广,这些都是岗堆镇注重环境美化的成果。以2009年和2010年为例:2009年全年新增植树造林面积735亩;2010年,岗堆村成为防沙治沙示范区,实施了草方格或砾石压沙和灌木林地封育的措施。

草方格或砾石压沙主要适合在风力较小、避风沙丘,沙丘间相对高度较低、地下水位较浅的沙区。对于这样的地块,多采用工程治理和生物治理相结合的方法进行治理。草方格规格为1米×1米,材料为小麦、青稞或豆类植物秸秆。待沙丘固定后,雨季时于草方格间点播沙生槐、沙蒿等种子。灌木林地封育适宜在有沙生槐、沙蒿植物的半流动沙地、固定沙地上进行。对现有的灌木林地进行封育,稀疏灌木林地,在雨季进行点播。

2010年,岗堆村中的一个自然村,即贡嘎雪村,成为区域生态公益林建设的重点区域。这两项建设工程已经在2010年完成。“十一五”期间,岗堆村林业生态地位得到进一步加强,森林资源不断丰富,生态质量明显改善,林业产业逐步壮大,产业结构不断优化,基础设施进一步完善,森林生态、社会、经济三大效益日益显现。2003年岗堆村两河一江区域和机场附近,进行了退耕还林,对那些不适宜耕种的土地实行退耕还林工程建设。林业局统计资料显示,截止到2011年5月,岗堆村植树造林工程累计面积为6339.47亩,“四旁”植树累计有276户参加,共植树达832631株。

(2)经济果木种植

1966年,贡嘎县在大兴植树造林的同时,建造了全县第一个苹果园,种植苹果树200株。1967年开始,岗堆村组织村民种植果树,但因没有专业技术人员的管理,缺乏果树栽培的基本知识和技能,果树长势不尽如人意,也没有什么经济效益。1986年后,随着家庭副业的发展,果树栽培技术有一定进步,管理技术也有所提高。1991年,“一江两河”工作开展以后,投资购进桃、核桃等经济林果树苗,派专人组织栽种管理,岗堆镇的经济林果生产有了长足发展。

(3)林业工程管理

岗堆村高度重视植树造林工作,每年都召开会议,把植树造林工作摆上重要位置,常抓不懈。主要措施为:一是成立了以村委会主任为组长的植树造林工作小组,把植树造林工程作为拉动农村经济发展的重点工程抓紧抓好,主要领导亲自安排部署，亲自检查监督，积极主动地解决植树造林过程中存在的问题；二是责任明确到位，将植树造林的任务细化到每个区域每户人家，确保措施到位、人员到位、责任到位，以保证年度植树造林工作的顺利开展；三是督查检查到位，成立督查组，对植树造林工作进行督查。在关键季节，县林业局组成技术指导组，对植树造林进行指导检查。

为使广大干部群众充分认识植树造林和退耕还林工作的重要性，充分调动其参与的积极性，岗堆村利用广播和印发小册子等形式广泛宣传《退耕还林条例》的各项政策、原则和标准。先后印制宣传《退耕还林条例》的小册子等1000份发放到农户手中，使国家的退耕还林政策家喻户晓，退耕还林各项优惠政策、技术标准深入人心，并且强化对已退耕还林地的管护。充分发挥职能作用，明确管护责任，加强对退耕农户的监管，及时加强技术服务与指导，切实搞好退耕还林地的抚育管理工作，进一步巩固造林成果。按照“谁退耕、谁造林、谁受益、谁管护”的原则，对年度退耕还林任务完成情况及历年退耕还林地保存情况、荒山荒地造林三年后保存情况进行严格的自查验收，对成活率、保存率达不到要求的地块责任人下达整改通知，要求限期予以整改，确保退一片造一片，管一片成一片。

(4) 林业产权管理

岗堆村在“十一五”期间全面完成林权制度改革，实现了“山定权、树定根、人定心”，明确了林地产权，发放了产权证。为了放活经营，改革木竹采伐管理制度，采伐指标分配实行“前置审批、两榜公示、双线运行、确保到户”，采伐许可证由林农直接申请，符合条件的即申即批；取消所有限制林农自主经营的“土政策”，允许林农自主销售木竹，实现了林地林木升值，林农收入大幅度增加。规范山林流转，允许林权所有者以出租、转让、入股、联营、抵押等方式自主流转山林，国有和集体山林的转让必须进行森林资源资产评估，并在依法设立的林业产权交易中心公开进行评估、竞拍。

3. 生物资源

(1) 植物资源

与岗堆村气候条件相适应，其植被的突出特点是干暖河谷灌丛草原和亚高山灌丛草原发育良好。在海拔4000~4100米是干暖河谷灌丛草原带，自然植被主要分布着以三刺草、白草为主的草原群落以及由沙生槐、小角柱花、薄皮木等组成的落叶灌丛；在山麓复沙地普遍分布有固沙草群落。在河滩的低湿地，常分布有藏北嵩草沼泽草甸，在盐渍化草甸土上有细叶西伯利亚蓼等为主的盐生草甸。在河畔丘沙地上生长有以三角草和青藏苔草为主的草甸。海拔4000～4100米至4400～4500米为亚高山灌丛草原带，植被多由白草、蒿属、长芒草、丝颖针茅、小蘖、绢毛蔷薇、锦鸡儿、绣线菊等植物组成。人工植被主要集中在海拔4400米以下亚高山带河谷地区，一年一作，主要作物种类有冬小麦、春小麦、青稞、豌豆、油菜、马铃薯，有些村民家还建起了蔬菜大棚。近几十年以来开展了植树造林，在河岸、田边、村旁种植有杨、柳、榆、槐等树种组成的人工林；河谷绿洲、路旁、宅院林卡有人工栽植的杨、柳成片林和小规模的苹果园等。

（2）动物资源

①野生动物

岗堆村附近区域野生动物种类繁多，哺乳类动物主要有白唇鹿、马麝、藏狐、猞猁、黄鼠狼和高原兔，鱼类主要有异齿裂腹鱼、拉萨裂腹鱼、尖裸鲤。

白唇鹿又可称为白鼻鹿、扁角鹿，藏名译音“夏瓦玛布”、“夏瓦曲呷”。雄鹿体长约2米，肩高可达1.2米，体重约250千克。雌鹿无角，被毛粗硬，鼻侧、唇及下颌为白色。雄性鹿角通常分为5～6枝，多呈扁圆状，为污白色，上体毛色棕黄或黄褐色，栖息地海拔高度为5200米以下，数量较少。

马麝藏名音译为“拉瓦”，别名獐子、黄獐子。体长约90厘米，体重约15千克。雄性上犬齿呈獠牙状，尾极短而粗，尾尖有一丛稀疏毛。雄性腹部有麝香腺。雌雄均无角，体毛棕褐色或黄褐色，颈背有栗色斑块，上有土黄色毛丛，形成4～6个排成两行的斑点，颈下白色纹不明显。栖息地海拔高度为5200米以下，常活动于灌丛和半干旱灌丛地区的多裸岩地带。

藏狐藏名音译“博吉瓦木”，别名沙狐、草地狐。体长55～60厘米，体重3.5～6千克。栖息地在海拔5200米以下，常活动于灌丛及草甸地带。

猞猁别名藏猞猁，林拽。体长95～105厘米，体重15～22千克，尾长18～20厘米，面部酷似猫，耳尖具簇毛，长4厘米。栖息地海拔为5000米以下，多在高山灌丛草原、高原草原、山地裸岩等地区活动。

异齿裂腹鱼，体长160～335毫米，背侧青灰色、腹部银白色，体侧、背鳍、尾鳍有黑色斑点。以藻类为食，于浅滩流水处产卵，4—5月为繁殖旺季。

拉萨裂腹鱼，体长221～274毫米，体修长、稍侧扁，头长，吻较尖，口下位，马蹄形，吻褶发达，唇后沟连续，须2对，后须稍长，末端达到眼后缘下方，体被细鳞。背侧部黄褐色，腹部浅黄色，体侧有许多不规则黑色斑点。以底栖水生动物为主食物，兼食生藻类。4—6月为产卵盛期。

尖裸鲤，分布于雅鲁藏布江的干支流。体长218~250毫米，体修长，略侧扁，吻部尖长。上颌稍长于下颌。下颌前缘无锋利角质。上唇较发达，下唇狭细，分左右两叶，唇后沟中断，无须，除肩带部分有少数不规则鳞片及臀鳞外，体表其他部分裸露无鳞。腹膜灰白色，背部青灰色，体侧灰白色，腹部银白色，在头背及体侧常具深灰色斑点，各鳍淡黄色。主要以其他鱼类为食，是维持水生生态的重要物种。

②家养动物

家养动物主要有牦牛、黄牛、绵羊、山羊、狗、猫、鸡等，主要家禽为鸡，以当地藏鸡为主。这些畜禽大都是在繁育、管理粗放的条件下驯养和培育起来的品种，长期以来自然选择起着主导作用，形成适应高寒、缺氧、低压等特殊高原环境的性能，具有较高的经济价值和科学研究价值。

4. 水资源

岗堆村处于（青藏高原）亚热带，由于海拔高和受高空西风流及印度洋暖流的交替影响，形成独特的高原温带半干旱大陆性季风气候。其气候特点是气温偏低，四季不分明；昼夜温差大，年变化小；日照时间长，太阳辐射强；降水量较少，分布不均，蒸发量大，干湿季分明；冬春干燥多大风，长冬无夏；气压低，氧气含量少；气候要素随海拔高度的变化明显，立体气候显著。具体到岗堆村，由于其属于河谷平原地带，故气候温暖，气温年较差小，日差较大，属于河谷温暖半干旱带。而岗堆村所在地区的全年平均蒸发量为2546.2毫米，5月份最大为439.5毫米，12月份最少为59.0毫米。年平均相对湿度为46%；月平均相对湿度的变化较大，最高值出现在6—8月，以8月最大为77%；最低值出现在1月至3月，以3月最小，为21%；其他月份在23%~73%。

（1）降水

岗堆村年平均降水量（1978—2000年）为392.1毫米，集中在6—9月。降水量随季节变化较大，夏季降水量279.2毫米，占年总量的71.2%，冬季降水量仅19毫米，占年总量的5%。降水强度不大，年平均大雨日数（日降水量≥25.0毫米）仅0.8天。日最大降水量为50.3毫米，出现于2000年7月14日。年最大降水量为638.0毫米（1998年），年最少降水量为203.9毫米（1982年）。年平均降水日数（日降水量≥10毫米）为29.9天，最长连续降水日数为25天，出现在2000年8月9日—9月2日。年最多降雨日为109天（2000年），最少降雨日为57天（1982年）。年平均降雪日数为12天，最多27天（1997年），最少4天（1978、1995、1999年等）。雨季的平均开始期为6月9日，最早为5月16日，最晚为6月25日，相差40天，雨季的平均结束期为9月27日，最早为9月16日，最晚为10月14日，相差28天。

（2）地表水

地表水除雅鲁藏布江和主、支沟上游地常见常年性地表水流外，村内的其他地区仅丰水期有地表水流，最大流量122.94万立方米/日。雅鲁藏布江水位动态曲线呈对称急变形态，最大水位年变幅1.412米，滞后于大气降水1~2天，水位上升期68天，高水位期约144天，8月中旬达水位峰值。沟谷上游溪水动态与降水一致，枯、丰水期变幅大，溪沟流量动态曲线呈突变的单峰形态，峰值滞后于降水15天，最大流量为最小流量的107倍，8月下旬至9月上旬为流量高峰期。雅鲁藏布江流经岗堆村，是岗堆村农业生产的主要水源。

（3）地下水

受气候的影响，岗堆村降水主要集中在夏季，而且以夜雨为主。这就使得这个地区的地下水位受控于大气降水和江水。水位动态曲线呈对称急变形态。枯水期灌溉季节，孔隙水通过主干渠水较稳定的入渗补给和主沟谷孔隙水径流补给向雅鲁藏布江排泄，动态变化不大。丰水期，急增的降水通过表面平坦的沙土、粘质沙土入渗补给，孔隙水水位迅速抬升，其上升幅度大于雅鲁藏布江水位升幅，上升期后水位下降亦较迅速。

5. 新能源

岗堆村年平均太阳辐射量为7714.4兆焦耳/平方米，在山南地区为最高值，其中5月最多，12月最少。年平均日照时数为3171小时，在山南地区也是最高值，日照百分率为73%，日照时数以5月和10月较多，月接近300小时，6月至9月较少，在250小时以下，日照百分率的季节变化较大，在6—9月的雨季，日照均在70%以下，是年10月至翌年1月均在80%以上。为了充分利用当地充足的日照，岗堆村有部分家庭用上了太阳能灶，利用太阳能烧水做饭。这样既节省了木材等资源，又充分利用当地特有的清洁能源保护环境。而且当地村民在政府的帮助下，实现了全村范围内的太阳能照明。2011年年初，国家为保证村里道路的照明问题，结合当地太阳能资源丰富的情况，为村里安装了太阳能路灯。这样，不仅解决了村里的照明问题，还节省了当地的集体开支。

岗堆村在农牧局牵头施行的沼气工程项目中，积极组织村民参加沼气工程。每年村里都有名额可以在政府的帮助下（在自家院中）建沼气池，搭沼气灶。如果自家自行兴建的可以获得3000元的政府补贴。刚开始这项工程还不被村民们所接受，因为农村沼气发酵种类根据原料和进料方式，常采用以秸秆为主的一次性投料和以禽畜粪便为主的连续进料两种发酵方式。这些原料在当地都是主要的牲畜饲料、每家每户取暖的原料以及田地里的肥料，所以在村民认识到沼气这种新能源之前很难接受。但是通过村干部对于沼气知识的普及和示范作用，大家才认识到沼气的高效能。修建一个容积为6立方米的沼气池，投入1200公斤动物粪便发酵原料，它所产的沼气就能解决一家3~4口人照明、做饭的燃料问题。在发酵过程中由于沼气池与猪圈、厕所修在一起，可自行补料。沼气还可以用于农业生产，如温室保温、烘烤农产品、储备粮食、水果保鲜等。以沼气为纽带，对沼气、沼液、沼渣的多层次利用的生态农业模式，沼气发酵综合利用生态农业模式使农村沼气和农业生态紧密结合起来，是改善农村环境卫生的有效措施，也是发展绿色种植业、养殖业的有效途径，可成为农村经济新的增长点。

6. 旅游资源

岗堆村有着悠久的寺庙文化，村内有三座历史悠久的寺庙，主要包括曲德寺、森布日、谢珠林寺，还有一座贡嘎宗遗址。曲德寺、谢珠林寺和贡嘎宗遗址的内容前面已经作了介绍，这里我们主要介绍森布日寺。

森布日寺是在12世纪中叶由班钦·释迦协日所创建，初奉萨迦派，后改为格鲁派。“文革”时期被用作粮库而未遭破坏。寺庙为石砌建筑，建筑面积约600平方米，东西长26米，南北宽23米，由门厅、天窗、主殿、围廊、僧舍、仓库组成。寺内僧尼只在宗教节日进行佛事活动，平时主要进行生产劳动，从事制僧靴的手工劳动，也从事少量的牧业生产，并有向西藏地方政府支交僧靴的差务。主殿经堂内有12柱，殿内清代壁画题材为萨迦派高僧。画中高僧每尊高80厘米，宽60厘米，图像以黑线勾勒，肤色土黄，衣着红色，底色为黄色卷云纹图案。关于森布日寺还有一个美丽的传说，相传八百年前当地有一个百姓欠了曲德寺的债，他为了还债，就从吉纳村的一个寺庙中背回了一尊佛像，这个佛像叫森布日，他想拿佛像抵债。当他行至岗堆村时觉得佛像越来越重，他背不动了，就把佛像放了下来。这时佛像突然开口说话了，他跟农夫说他必须要留在这里。佛像说这里有一户屠夫，他杀了很多牲口，佛像要留下来超度这些牲畜的灵魂。佛像还交代农夫吉纳村还有一口锅和一个灯笼可以帮他还债。后人为这尊佛像在岗堆村修建了一座寺庙，寺庙的建筑十分精巧。每年都会迎接很多中外游客，而且是免费的。

7. 劳动力资源及其转移

（1）劳动力资源数量

岗堆村的人口数量较稳定，根据岗堆镇政府对岗堆村人口数据统计的资料，2008—2010 年岗堆村人口增加了 81 人。三年间岗堆村人口数量有所增加，但是劳动力人数逐年减少，并且从事行业也有所变化。（见表 2－2）

表 2－2　**岗堆村劳动力数量对比表**　单位：人

年份 项目	2008 年	2009 年	2010 年
人口总数	1407	1443	1488
劳动力总数	785	770	733
农业从业人员	448	409	424
工业从业人员	24	7	10
建筑业从业人员	258	225	226
交通仓储及邮政从业人员	18	38	20
批发及零售业从业人员	23	25	22
住宿和餐饮业从业人员	14	48	28
其他行业从业人员	0	0	3
其中：外出务工人员	225	365	321

资料来源：岗堆镇 2008 年、2009 年、2010 年农林牧副渔综合年报表。

岗堆村是岗堆镇人口最多，也是劳动力占全村人口比重最高的村庄。但是由上表可知，2010 年，岗堆村劳动力仅占全村人口总量的 49%，未能超过全村人口的半数。而且大部分村民主要从事农业生产，劳动力从事的行业主要为农业、建筑业或者选择外出务工。2009 年，从事农业的劳动力数量下降而外出务工人员激增，主要原因在于 2009 年岗堆村发生了严重的旱灾，严重影响了当地的农业生产，导致很多农民选择外出务工。而从事工业的人数非常少，最多的时候仅有 24 人。有少部分人从事交通仓储及邮政行业，经过我们的调查走访，这其中的绝大多数从事交通运输业，包括客运或者货运。从事批发零售业者均为村中的小商店经营者。从事住宿和餐饮业的村民多为外出务工者，小部分为在村里从事小饭馆生意的村民。

究其原因，第一，岗堆村是一个以农业生产为支柱产业的村庄，工业生产薄弱，几乎没有工厂。第二，农村市场不发达，农民生产的农副产品很难进入市场，农村市场发育不完全，造成了农民无处创收。第三，村域范围小，批发及零售业和住宿餐饮业很难发展。村子里人口总数并不多，几个零售店或者饭馆就可以满足当地村民的需求。第四，旅游业不发达，没有形成有规模的旅游产业，（游客少）使得村民的就业范围打不开。第五，岗堆村劳动力文化程度不高，制约了劳动力的择业。

岗堆村外出务工人员的主要流向为本区和本乡，选择到区外工作的人非常少。从事的行业也都集中在建筑行业、住宿和餐饮行业，这些行业大多不需要过多的专业知识。2010 年开始有村民外出从事批发及零售业。从外出务工人员的收入情况来看，虽然 2009 年外出务工人数较多但是务工收入少；2010 年外出务工人员有所下降，但务工收入激增，达到了 5223547 元，是 2009 年的 2 倍多。（见表 2－3）

表 2－3　**岗堆村外出务工人员对比表**　单位：元/人

项目＼年份		2008 年	2009 年	2010 年
外出务工人员总数		225	365	321
外出务工人员去向	本区	115	173	135
	本县	74	83	80
	本乡	33	109	106
	区外	5	0	0
工业从业人员		7	7	10
建筑业从业人员		205	250	246
交通仓储及邮政从业人员		3	38	20
住宿和餐饮业从业人员		10	70	20
批发及零售业从业人员		0	0	22
其他行业从业人员		0	0	3
外出务工总收入		345777 元	250000 元	5223547 元

资料来源：岗堆镇 2008 年、2009 年、2010 年农林牧副渔综合年报表。

(2) 劳动力资源质量

岗堆村文盲率不高，但是40岁以上的村民普遍受教育程度低，大部分40岁以上的村民只有小学文化水平，很多60岁以上的老人没有上过学，许多30岁以上的村民不会说汉语，也不懂汉字。经过走访，村子里大部分25～50岁的劳动者受教育程度为小学和初中学历。15～25岁的具备劳动能力的高学历者多为在校学生，这些人大部分就读于高中或者大学，还没有走上工作岗位。而那些已经从事各种职业的年轻人往往小学毕业后就没有上学或者初中就辍学了，他们只能从事农业生产或者一些其他的体力劳动。所以，岗堆村十分重视教育和扫盲工作，岗堆村附近有一座中心小学，距离村子并不是很远，在校生达394人。村委会高度重视村里孩子的教育，狠抓控流保学工作，加大劝学工作力度，保证适龄儿童的入学率。在此基础上，镇政府还加大教育基础设施的投入。2011年镇政府多方争取为岗堆镇中心小学投入资金，进一步改善了教育基础设施条件。

2007年和2008年，依托新型农牧民科技培训项目，岗堆村通过开展普及培训和集中培训，先后组织农牧业技术、安全生产知识、法律法规、社会道德等内容为主的培训。通过培训，造就了一批农村科技致富带头人、技术"二传手"、科技创业人才、科技经纪人等农村实用科技人才，进一步提高了农牧民综合素质。

县里从现有技术队伍中选聘了100名同志作为基层技术指导员，其中农业技术人员70名，兽医30名，并要求每人每年进村入户150天以上，使主导品种与主推技术入户和到位率达到95%以上。乡、村农业科技试验示范网络已初具雏形。通过不懈努力，确定了"藏油5号"、"山油2号"、"山冬6号"、"藏青320"、"昌果红土豆"、"黑白花奶牛"等多个主推品种及配套的主推技术。安排了55名技术人员参加了项目专题培训，其中重点班5人，普通班50人。岗堆村派村里的技术能手参加培训活动，同时，在全村范围内先后通过多种形式，组织农技人员进行专业技术培训，使他们及时掌握了新技术、新信息，更新了技术知识，业务素质得到了提高。通过这些方式，进一步提高了农牧民的素质。

（二）经济发展水平

1. 村域集体经济

（1）农牧业集体经济

1959年10月中旬开始，在贡嘎县全县范围内开展以“三反双减”和土地改革为中心的民主改革运动。岗堆村的贫苦农奴分得土地、牲畜和房屋，彻底摧毁了封建农奴社会的经济基础，推翻了剥削制度，确立农牧民个体所有制。1961年，根据中央指示精神及西藏工委《关于农村工作中若干具体政策的规定》（即农村二十六条）和《关于牧区当前若干政策的规定》（即牧区三十条），五年内不搞社会主义改革，稳定农牧民个体所有制和集体所有制。1961—1965年，贡嘎县委、县政府领导农牧民贯彻执行“稳定发展”的方针，走互助合作道路，大力发展农牧业、商业及民族手工业，形成了以国营经济为主体、集体、个体和私营多种经济成分并存的社会主义经济体系。1966年之前，村里各户人家的牛羊仍然归个人所有，只是成立了互助组，村里所有的农活都一起干。这就是人民公社的前奏。在这之后，一些被称为“工作组”的乡里或者县里来的藏族或者汉族干部来到村子。“工作组”组织牧民提高思想觉悟，干部们还出钱从富裕一些的牧民家里买来羊和牛分给那些没有牛羊的人家。1966年，“文革”开始后，生产秩序和生产计划受到破坏。5月18日，贡嘎县第一个人民公社，即红星人民公社成立。公社成立后，曾经属于个人的牛羊都划归集体所有。如果羊丢了，年底要扣工分。每人一天可以记10个工分，年底按照工分分配下一年的肉食、奶渣和酥油。当时村民要轮流到公社的田地上劳作，工作一天也可以记10个工分。1970年8月，岗堆村恢复了“文革”前一些规章制度和管理方法，广大干部群众排除干扰，开展大规模农田水利建设，实行科学种田、科学养畜，发展社队等。

1978年，中共十一届三中全会以后，岗堆村在县政府的带领下进行经济体制改革，实行家庭联产承包责任制。同时，县委决定进一步调整农村产业结构和畜群结构，改革商业流通体制：打破国营、供销合作商业“一统天下”的格局，建立多种经济成分并存、多渠道流通、多形式经营的流通体制。改革计划、价格体制，逐步缩小指令性计划，增加指导性计划和市场调节，粮食统购改为合同定购，畜产品派购改为自由购销。主要生产生活物资按照计划内和计划外两种价格逐步实行国家定价。

包产到户使得岗堆村村民领回了曾经属于公社和集体的牛羊，还有每户可以承包土地进行耕种。1982 年，岗堆村村民召开集体会议进行分田。当时把田地分成了一级土地、二级土地、三级土地，按当时村里每户人口的数量对三种地进行平均划分。经过全村人的协商，分田进行得非常顺利，平均每人可以分到 2.3 亩地。1984 年，中共中央召开第二次西藏工作座谈会后，岗堆村村民在各级政府的指导下，认真贯彻会议精神，对生产责任制进行了较大调整，在坚持土地、草场、森林公有制和公积金、公益金不分的前提下，农业上实行“土地归户、自主经营、长期不变”，牧业上实行“牲畜归户、私有私养、自主经营、长期不变”（即“两个长期不变”）政策。将原来社队集体拥有的储备粮、农机农具、加工机械、小电站、房屋、小林卡、机动土地和牲畜等，分等次作价给群众使用。农牧区经济体制改革和调整改变了与生产力发展不相适应的生产关系和经营方式，极大调动了农牧民群众的生产积极性。岗堆村在进行了分田之后，村域的农业集体经济就不存在了。

（2）林业集体经济

岗堆村的集体林地集中在雅鲁藏布江沿线，村委会积极吸取优秀的管理模式，建立了与本村情况相适应的管理制度，还签订了林区管理目标责任书。种植的树木大多为藏青杨、杨树、柳树，面积较大的林地安排有专门的护林人员，护林人员的待遇按县政府的规定发放补贴，采取集体管理集体收益的模式。农牧民对目前的管理方式及收益方式均感到满意，认为实施集体林改制后，有利于林业的发展，主要表现在：一是管理方面。广大农牧民认为集体林权改革后，林业资源能有效地进行监管，尤其承包到户后，由于从集体到个体的转变，提高了植树造林，保护林木的积极性；二是技术方面，在县政府的帮助下，群众们掌握了育林植树的经验和技术，还提高了收入。

2. 农民互助合作

农牧区新型合作经济组织是建立在家庭联产承包责任体制基础之上，依照“加入自愿、退出自由、民主管理、盈利返还”的原则组建的按章程进行共同生产经营活动的经济组织，是当前西藏农牧区专业合作社、社区合作社、专业协会、经济联合体、合作社的联合体等组织的总称。

早在十一届三中全会之后，岗堆村就开始出现一种新的经营方式，即部分农民依照自愿互利的原则，组成各种不同形式的互助组和联户，按照畜牧业和牧区经济发展的客观需要，实行“五统一”，即统一畜种改良、统一疫病防治、统一草场建设、统一草场管理、统一抗灾救灾。这一时期，牧区还出现了牧工商一体化经营方式，有的牧民自发组织起来从事畜产品生产、简单加工、流通等综合经营活动。

岗堆村的农业生产也采取了社区统筹的模式。这种农民互助合作是以互助组的形式出现的，以乡、村、组为基础，由村进行统筹规划，开展合作经营和生产服务活动。岗堆村一共有 5 个小组，由小组的成员自行推选小组的组长和副组长，任期为 3 年。每户还要向组里缴纳经费，由小组统一规定农耕、灌溉的时间。小组还有自己的集体财产，有的小组集体集资买了脱粒机，小组成员可以缴纳一定的使用费使用脱粒机。遇到村里有大型的水利工程建设，每个小组都会派出村民参与工程建设。岗堆村村委会的各个小组基本上按照“六统一”的规范服务方式进行服务，即统一机械作业、统一种植计划、统一农田水利设施的建设和使用、统一实施农业科技、统一重大生产措施、统一筹集化肥基金。这种形式的互助合作发挥了村一级行政的主导作用，村集体本身有一定的资金和设施为农户服务，农户在自愿的基础上服从村集体的统一指导。但是农户仍是生产经营和利益的主体。

村民直接的互助合作不仅体现为这种互助组的形式，还有很多村民直接的互助合作形式。村民之间由于经济收入水平或者家庭人口数量不同，当某些村民家里遇到缺人或者无劳动力进行生产的时候，其他村民会给予帮助，受帮助的户会给予一定的经济补偿。有的村民家庭比较富裕，购买了收割机等农用机械，其他村民可以租用或者借用这些农机具。在岗堆村，如果有一户要盖新房子，几乎全村的家庭都会派人去帮忙，盖房期间村民不会收取任何费用，而建房者只需要提供午餐就可以了。

3. 各产业收入及产业结构

岗堆村村民通过自己辛勤的劳动改变了贫穷落后的面貌，开启了幸福的生活。2005 年，岗堆村国民生产总值达到 2040970 元，农牧民人均纯收入达到 2949.6 元，其中现金收入 1220 元。经过 5 年的发展，到 2010 年岗堆村国民生产总值达到 1044 万元，是 2005 年的 52 倍。其中第一产业 302.5 万元，第二产业565.5万元，第三产业176万元；人均纯收入4730元，其中现金收入达2150元；粮食总产量226.2万斤；外出务工人数达到321人次，占总劳力的44%，外出务工总收入达到522万元，占总收入的50%。

（1）农林牧渔业

岗堆村委会为了发展村庄经济，带动村民致富，多方筹集资金，组织广大党员干部义务投劳维修公路，为农牧民群众带来了便利，并从一定程度上促进了经济的发展。不仅如此，村委会还通过多种方式促进经济发展、增加农牧民收入。岗堆村积极争取各项惠民、利民项目，新修水渠、种树等项目极大程度地改善了农牧民的生产条件，在深入细致的调查研究和总结后，村党支部积极争取上级支持，从地区、县及兄弟乡（镇）请来农牧技术人员和科技种田能手对村民进行指导、讲课，传授农牧科技知识，大力提倡科学种植。同时，加大产业结构调整力度，推广优质品种种植，目前，青稞良种种植面积741.3亩，小麦良种种植面积1226亩，油菜良种种植面积563.8亩，饲草种植面积142亩，蔬菜等各类经济作物种植面积103亩，为群众创收224万元。（见表2-4）

表2-4 岗堆村农林牧渔业收入情况 单位：元

项目 \ 年份	2008年	2009年	2010年
第一产业总收入	3174889.4	3466611	3025496
其中：种植业收入	1963428.4	2241658	1855441
林业收入	195600	177900	177900
牧业收入	993861	1042597	989155
渔业收入	22000	456	3000

资料来源：岗堆镇2008年、2009年、2010年经济收入报表。

三年间，第一产业的总收入变化不大，农林牧三个行业的收入变化不是很明显，只有2009年农业和畜牧业的产值有所增加。2008年和2010年两年，除渔业产值变化较大外，其他行业的收入基本持平。渔业是三年间收入变化最大的行业，由2008年的22000元滑落到2009年只有不到500元，2010年才有所恢复。

当地农作物一年一熟。由于日照时间长，农业发展条件较好，适宜种植青稞、小麦、油菜、豌豆、蚕豆、玉米等作物以及马铃薯、萝卜等蔬菜。饲养黄牛、牦牛、绵羊、山羊等大小牲畜3.52万头（匹、只）。而且岗堆村结合自身特征，参加了藏鸡养殖专业村建设项目，形成了藏鸡、藏鸡蛋产业。岗堆村还开展了人工饲草料基地的建设，主要种植紫花苜蓿、玉米、箭舍豌豆，发动群众人工种草。岗堆村是黄牛改良的试点，2009年一年岗堆村黄牛改良冻配头数达到183头。到2010年，岗堆村黄牛改良冻配头数就上升到762头。岗堆村还有村民在政府的帮助下建起了蔬菜大棚，这大大提高了蔬菜的生产能力，增加了农民的收入。

（2）工业

岗堆村的工业主要包括建筑业和一些小型的生产作坊，有藏毯厂、藏式家具厂、砖厂和沙场。工业生产总值中，各行业产值相差较大。（见表2－5）第二产业产值三年间呈现持续增加的态势，2010年增长幅度大于2009年的增长幅度。第二产业中增长较快的为建筑行业，工业收入也有所增长，但涨幅不大。

表2－5 **第二产业收入情况** 单位：元

项目＼年份	2008年	2009年	2010年
第二产业总收入	2336920	3740600	5651313
其中：工业收入	325370	499100	529100
建筑业收入	2011550	3241500	5122213

资料来源：岗堆镇2008年、2009年、2010年经济收入报表。

在从业人员数量方面，仅次于农业的行业就是建筑业。岗堆村从事建筑业的村民中，大部分人自发组成一个包工队或者是参加其他建筑公司，少部分人专门留在村里做建筑工人。民主改革以前，村内无专门的建筑行业。城乡房屋多为土木结构碉房，农民均能自修自建。农闲时，木、石、泥、瓦、画工匠凭简易工具搭伙承建小型建筑，大型建筑由贵族、领主、政府官员从各乡村征集民夫、木工、石工、铜工、画工、刻字工、铸工、泥塑工等承建。

民主改革后，建筑业逐步发展。20 世纪 60 年代至 70 年代，农村泥、木、石等工匠由生产队管理，实行上门服务，但仍只修建农民自己居住的碉房建筑。80 年代初，贡嘎县为了带动农民创收，由当时的县级干部组织村里的农民成立工程队，承包一些附近地区的大型国家工程，很多村民就是从那时起开始从事建筑业的。

岗堆村村口曾有一家藏毯厂，是 2009 年 4 月 8 日注册成立的，名称为岗拉梅朵藏地毯作坊。这是一家私营的小生产作坊，主要生产藏地毯。在岗堆村，几乎家家户户都会自己纺线织毯，这些毯子非常坚实耐用，毗邻岗堆村的朗杰学乡和杰德秀镇都以生产藏毯、氆氇、围裙著名，实际上当地人对地毯的需求量不是很大，所以这家藏地毯厂倒闭了，现在该厂主要生产藏式家具。

家具厂生产的家具与生活在平原上的家庭不同，大多藏民喜欢坐卧于地上，所以藏式家具里没有传统意义上的凳子、座椅。西藏家具可以分为箱子、柜子和桌子三大类。所有的藏式家具都被绚丽的彩绘所覆盖，图案上忠实地记录着宗教故事和历史传说，使得这些家具在宁静的雪域中具有相当丰厚的故事性。藏家具的材质一般多用核桃木、松木（如雪松）、林芝云杉和喜马拉雅红杉（又名西藏落叶松）等软木制作，也有少量藏柜有简单的雕刻，选用稀有的高原硬木。由于西藏的高原潮湿特性与虫害盛行，对木材的损害十分严重，使有些家具不能长久保留，但是酥油灯灰可形成一种有效的保护层。

藏民族一般习惯不用床铺和椅凳。一般家庭都是靠窗沿墙摆着一圈“卡垫”，成马蹄形的环绕形式，或沿两面墙摆成直角形，在拐角处或马蹄形中间安放一张藏桌，供家人或客人围坐喝茶吃饭。卡垫上面铺上漂亮的彩色“冲丝卡垫”。全家睡卧起坐均用卡垫。卡垫一般高 30 厘米，宽 1 米左右，用细帆布做包套，内装獐子毛或干软草。卡垫质软结实，隔潮保暖。“冲丝卡垫”是用毛纱或棉纱做经纬制成的，它具有编织精密、颜色鲜艳、花纹富有民族特色、经久耐用的特点。

贡嘎县境内的石头、沙石和细砂等资源丰富，历来就有开采的历史，主要用于民房及各类建筑。当地群众习惯采石建房，用阿嘎土和沙石混合刷墙面或铺地面。岗堆村就有丰富的沙石资源，早先沙石都是由要盖房的村民自行开采，无须人员管理。2010 年开始，由于村里工程项目的增多和县里的政府工程建设的增加，一个小型的沙石厂于2011年年初开办起来。沙石厂一共有5个工人，每天有一台挖掘机在沙场负责挖沙，沙场租用村民的车把沙拉到厂里来加工。每天沙石厂洗沙的量不是很固定，遇到停水停电的情况就不能洗沙了。加工好的沙子一车能卖420元。

岗堆村村域内还有一座砖厂，村民们说这个砖厂不是村里的人开的，而是朗杰学的人租用了村里的地开办的。砖厂有一座砖窑，砖厂的设备非常简单，有一个简易的帐篷，主要是供工人休息的，其他的设备只有粉碎机、搅拌机、成型机。砖厂的工人也不多，最多的时候就7个人。大片的场地摆满了成型的深灰色的砖。

（3）交通运输业

岗堆村的第三产业与第一、二产业相比较来看发展非常不健全，其中所包含的产业都是一些百姓日常生活所需的行业。没有具有自身村域特色的企业，而且第三产业所涉及的商业和饮食业以及服务业规模都非常小。由于岗堆村的第三产业发育程度不高，时间不长，其产值也比较低。

表2-6　**第三产业收入情况**　单位：元

项目＼年份	2008年	2009年	2010年
第三产业总收入	2496105	2303279	1823351
其中：交通运输业收入	1238455	1669200	669200
商业、饮食业收入	303150	516300	1065631
服务业收入	228900	88250	88520
其他收入	725900	29529	0

资料来源：岗堆镇2008年、2009年、2010年经济收入报表。

岗堆村现有旅游车1辆，小面包车9辆，轿车4部，大卡车12辆。村里的居民购车主要用于客运或者是货运。旅游车主要是在拉萨地区接待游客，多以包车为主，车主随车接送游客去各处景点。小面包车多数是跑贡嘎县范围内的客运，贡嘎县城到岗堆村每人单程7元，岗堆村到拉萨每人单程25元，岗堆村到泽当地区每人单程30元。卡车主要是运输货物，例如钢筋、沙石或者其他工业产品。岗堆村到拉萨每趟400元，日喀则到拉萨每趟700元，这是最基本的价格，因货物不同价格也不同。

4. 信息化水平

2009 年以前，岗堆村村民接触外界信息主要是从外出务工的村民口中得知或者是通过阅读报纸或书籍获得。原来村民们主要是从寺庙里借一下经书阅读，或者是从拉萨等地购买一些书籍。当时由于相对比较闭塞，村民很难接收到新鲜的资讯和先进的知识。2008 年县里投资在岗堆村村委会所在地为村民们兴建了图书馆，2009 年正式投入使用。图书馆内现有 1000 本图书，涉及科学技术、政治、经济、少年儿童丛书、文化教育、医学、种植技术、革命文学、人物传记等。图书馆每星期三、四、五 3 天开放，村民可以到图书室来看书，也可以把书借回家阅读，借阅的时间没有限制，只要归还即可。翻看借阅登记手册，2009 年有 69 人借阅图书，而到 2010 年借阅图书的人就增加到了 135 人，2011 年，截止到 7 月，借阅的人数就已经到了 149 人。借阅图书的主要为当地的退休干部、学生和青年人，借阅的书籍种类主要是文学历史、科学技术和儿童教育。

2009 年以来，岗堆村党支部通过向上级争取、组织群众集资等方式，共筹集 19 万元用于实施通电工程，在“户户通”工程的扶持帮助下，家家户户都用上了电灯，看上了电视。现在可以接收到 40 余个电视频道，不仅使村民能听到外界的声音，也丰富了村民的业余文化生活，开阔了视野，增长了知识。

当地村民另一个获取信息的渠道就是参加村委会组织的学习活动。村委会的党员活动室里有国家赞助安装的联网远程教育系统，村民可以通过这个系统收看到一些科普节目，党员们通过这个系统可以学习一些课程或者同步收看党和国家的重要会议。这个系统极大拓宽了村民与外界联系的渠道。

5. 社会积累水平和财政能力

(1) 财政体制

1994 年之前，岗堆村基本上没有村级财政，村里的现金收入和支出由村里的会计负责，管理人员的工资都由上级主管部门发放。1994 年，中央对西藏实行“划分税种、核定收支、定额补助、分级包干”的分税制财政管理体制，同年，贡嘎县建立乡一级财政，对 14 个乡镇实行“定收定支、收入上缴、超收分成、短收分担、支出下拨、超支不补、节余留用、一年一定”的财政体制。现在村级的财政制度逐渐健全，财政的支出和收入实现透明化、公开化。

（2）财政收入

2010 年，岗堆村的财政收入总额为 967917 元，其中上年结余 16343 元，林业收入 45725 元，水利设施资金 517480 元，粮食直补 82471 元，村领导及各组长误工费 52320 元，房屋修建 31500 元，捐款 54400 元，道路建设 23000 元，灾害补贴 63933 元，党员活动经费 1600 元，种子补贴 74000 元，其他收入 26888 元。其他收入包含村里出售公共财产所得和村里向上级政府争取的项目资金。岗堆村的财政收入主要来自上一级财政的划拨，其中水利设施资金和其他收入中的部分资金取决于岗堆村申请财政划拨的能力。

（3）财政支出

2010 年，岗堆村财政支出总额为 931670 元，其中水利设施支出为 362095 元，村领导及各组长务工费 92250 元，扶贫支出 41728 元，粮食补贴支出 82471 元，护林员工资 30000 元，车费 19625 元，村委会设施建设支出 16034 元，会议经费支出 3448 元，奖金支出 2111 元，电话费 7060 元，节日经费 20358 元，文化活动支出 1415 元，道路维护支出 12900 元，灾害补贴支出 63933 元，其他支出 176242 元，结余 13790 元。

6. 社区发展

在岗堆村随处可见公民道德建设“二十字方针”标语，村民都自觉遵守和履行公民道德公约。据镇上干部讲，一进村就可以感受到村里的巨大变化，村民靠双手致富的多了，游手好闲的少了；遵纪守法的多了，打架斗殴的少了，村民之间的关系更加和睦了。

经过了 2010 年一年的建设，岗堆村的村容村貌有很大的变化：一是完成主街道硬化，长 1088. 6 米、宽 4 米、面积 4354. 47 平方米，完成主街道两旁排污渠道 979 米；二是入户道路硬化完成面积 1028. 11 平方米；三是完成了主街道夜间照明工程，安装太阳能路灯 19 盏；四是寺庙广场水泥硬化 726. 04 平方米。以上共投入资金 1298515. 3 万元。五是对主街道两旁进行了绿化整治工作，投入资金 96000 元，栽植红叶藜和榆树 315 棵。通过开展此次村容村貌整治活动，以安居工程的实施为突破口，按照“生产发展、生活宽裕、乡风文明、村容整洁、管理民主”的社会主义新农村建设要求，坚持“统筹规划，科学设计，分类指导，整体推进，综合配套，体现特色”的原则，有效地改善了农牧民群众的生产生活条件，突出了安居工程建设的新亮点，成为“新风貌、新气象、新农民”的社会主义新农村。

7. 岗堆村经济发展中的问题

（1）受自然灾害影响大

由于岗堆村所在地区海拔梯度大、大风日多、干旱、年均温低等是农业产业结构调整面临的最主要的限制因素。内地的蔬菜作物、花卉和果树品种受岗堆本地残酷的自然条件限制，不能大规模推广，大棚、灌溉设施建设和维护的成本远高于内地，因而价格也远高于从内地运进的产品，没有竞争优势。岗堆村经常受到自然灾害如旱灾、冰雹灾害、虫灾、鼠灾的影响，农牧业生产每年都遭到不同程度的破坏。

（2）经济发展水平低，市场化程度不高

岗堆村的主要产品有农产品、畜产品和少量手工业制品，需要输入日常生活用品等。农牧户收入主要来源于种植业的小麦与青稞，牧业中的活畜、酥油和奶渣，打工收入、手工业收入和个体运输收入，其中农牧业收入的比重超过60%。现金收入比例不足40%，有过半的农牧户总收入中实物收入的比例超过70%，严重限制了这部分农户的购买能力。在批发零售贸易方面，人均商品销售额小于400元。农产品的自食率高，出售率低，物物交换现象普遍。

（3）区位优势没有转化成经济优势

岗堆村毗邻拉萨和日喀则地区，有两条公路穿村而过，又紧邻西藏与外部的空中通道——贡嘎机场，但这种区位优势并没有转化成经济优势。目前，地区贸易不活跃，以少量的物物交换为主；旅游业面临着拉萨和日喀则地区的剧烈竞争，在本地区入境的游客约90%被分流；产业结构仍以农牧业为主，第二、三产业严重滞后。

（4）现代知识和技术缺乏

知识和技术的匮乏也是岗堆村经济未能有长足进步的制约因素之一。岗堆村仅有一对夫妇掌握简单粮油加工技术，其余劳力仅从事建筑、搬运等体力劳动。农业知识局限在作物种植和牲畜饲养上，种养以传统方式为主，技术落后、投入产出比低、品种改良缓慢。岗堆村村民与外界交流比较少，因此知识和技术的更新换代慢。

三、行政管理

现称的岗堆村是由原来岗堆村和贡嘎雪村在2008年合并后的统称，为了避免混淆，本部分内容将合并前曲德寺所在村子称为前岗堆村。本部分着重讨论岗堆村的行政建制和社会行政管理体制。

（一）行政建制的沿革

1. 和平解放前的行政建制

岗堆村地处雅鲁藏布江河谷，这一带是西藏雅砻文化的发祥地之一。据同在贡嘎县境内的昌果沟新石器时代文化遗址发掘出土的文物显示，约4000年前，已有藏族先民在贡嘎一带繁衍生息，属于雅砻悉补野部落的一部分[①]。

吐蕃统一政权时期，将全境划分为五个茹，设置军政合一的统治机构，今岗堆村一带隶属当时的约茹。公元869年，吐蕃爆发“邦金洛”大起义，迅速席卷了包括现在岗堆村所在地区在内的大部分山南地区。吐蕃政权在起义中覆灭，西藏地区陷入分散割据局面。

在萨迦政权时期（公元13世纪中叶—14世纪中叶），今岗堆村一带处于蔡巴万户的管辖范围内。[②] 公元1354年，绛曲坚赞建立帕木竹巴地方政权后，帕竹首领绛曲坚赞废除了西藏地方的十三万户，改设13宗（相当县级行政单位），创建了宗豁制度，在贡嘎设宗，并开始设置宗本、孜仲、学仲等官职进行管理。

明朝永乐宣德年间（公元1403年—公元1435年），贡嘎称公哥儿寨，贡嘎雪同归公哥儿寨管辖。帕木竹巴政权第九代（阐化王）之后，内部形成公哥儿和乃东两个政治中心，兄弟分治，贡嘎成为两个寨都之一，贡嘎雪仍在公哥儿寨管辖之内。

公元1642年，格鲁派（黄教）执政后，第五世达赖喇嘛在杰德秀（今贡嘎县杰德秀镇境内，东临岗堆镇）一带设立堆豁（相当于宗），同时派五品僧

---

① 国家民委藏族简史编写组．藏族简史［R］．北京：民族出版社，2009：6－7.

② 《贡嘎县志（终审稿）》第63页。

俗宗本各1人，藏语称“仔仲”、“仲果”。公元1654年，贡嘎宗在贡嘎雪村一个山上修建了谢珠林寺[①]（格鲁派）。公元1464年，吐敦·贡嘎南杰法师在贡嘎雪村往西不足一公里处修建贡嘎曲德寺（萨迦派），始有村民聚集，逐渐形成村落，取名岗堆。[②]

公元1751年，第七世达赖喇嘛执政期间，将贡嘎宗从德庆曲果迁到贡嘎雪，贡嘎宗的驻地就设在贡嘎雪（今岗堆村境内），其遗址仍存留残垣。到公元1960年为止，贡嘎雪一直为贡嘎地区的行政首府。

公元1909年，第十三世达赖执政期间，成立噶厦，下设基巧，基巧下设宗。今岗堆村一带当时隶属于洛卡基巧（即山南地区，共有30个宗豁）的贡嘎宗[③]，贡嘎宗驻地仍设立在贡嘎雪，直至和平解放。

2. 和平解放后的行政建制

西藏和平解放后，1951年5月23日，西藏地方政府保持了贡嘎宗的建制。1956年10月，成立了贡嘎宗办事处，1957年6月，撤销贡嘎宗办事处。1959年，平定西藏上层反动集团发动的武装叛乱后，中共西藏工委4月12日派出工作组（军管会）进驻贡嘎宗。同年5月5日，将原贡嘎宗和杰德秀堆豁合并成立贡嘎县。同年6月12日，撤销贡嘎宗军事管制委员会，成立贡嘎县人民政府。1960年县政府由贡嘎雪村迁至吉雄村，也就是现在的吉雄镇所在地。

民主改革时期，1959年6月12日，原贡嘎宗和杰德秀堆豁、拉萨地区的昌谷豁合并成立贡嘎县人民政府[④]，在全县成立7个区。7个区相继成立农民协会（以下简称农协），共计32个，每个协会选举1名主任，管理日常事务。岗堆、大然多、托嘎、吉纳四个农协会隶属曲德区管辖，曲德区区公所就设在今岗堆村。

1960年4至12月，经过民主选举，在32个农协会的基础上，建立了34个乡人民政府，撤销了农协，岗堆农协会更改为岗堆乡，仍在曲德区管辖下。1962年2月，曲德区改名为前进区。

---

① 也译夏珠林寺。

② 据曲德寺主持格桑群培口述。格桑群培，王丹炜．贡嘎曲德寺的历史与壁画艺术［J］．法音，2007（10）：50－57.

③ 郭卿友．民国藏事通鉴［M］．北京：中国藏学出版社，2008：273－274.

④ 郭卿友．民国藏事通鉴［M］．北京：中国藏学出版社，2008：273－274.

“文革”时期，各级地方相继成立革命委员会。1969年，岗堆乡设立人民公社，岗堆乡革命委员改为岗堆人民公社革命委员会。1969—1971年7月前进区区公所处于瘫痪状态。区革命委员会驻址在今岗堆村曲德寺。依照1975年宪法规定，前进区革命委员会和岗堆人民公社革命委员会分别为前进区和岗堆乡的人民代表大会的常设机关或执行机关，同时又是人民政府。

改革开放后，1984年岗堆人民公社改为岗堆乡。1987年，撤区建乡中，撤销前进区，原前进区所辖的岗堆、托嘎、乃沙3个乡更变为行政村，合并组建岗堆乡。1996年，岗堆乡改为岗堆镇。1999年，行政区划调整，岗堆镇下辖1个居民委员会、9个行政村、33个自然村，包括贡嘎雪村在内。岗堆居民委员会和贡嘎雪村同位于雅鲁藏布江河谷，两地直线距离不足1公里，所属耕地相连。2008年，岗堆村居民委员会和贡嘎雪村村民委员会合并成立岗堆村村民委员会。

（二）管理体制

1. 历史上的管理体制

历史上，西藏经历奴隶制、封建农奴制，从萨迦时期开始实行“政教合一”政制。[①] 虽然历经朝代更迭，但“政教合一”政制一直得以延续，到十三世达赖喇嘛时期，这种政制已经非常成熟。1909年，十三世达赖喇嘛在所辖地区推行政治体制改革，建立噶厦、基巧、宗谿自上而下三级行政体制。岗堆和贡嘎雪隶属于洛卡基巧贡嘎宗。宗、谿是政府的基层组织，管理财粮、民政、司法等一切事务。

历史上贡嘎宗管辖的地域辽阔，比现在贡嘎县管辖范围大。宗、谿按管辖范围大小分三等级，贡嘎宗是六个一等宗的一个。贡嘎宗从建宗起，其首府就一直在贡嘎雪村。贡嘎宗的首长称为宗本，或由高层僧侣或由贵族出任。例如，法王的父亲曾任贡嘎宗宗本（15世纪）。宗、谿没有下设机构，但有若干办事人员。

寺庙领主和贵族领主之间处于相互牵制的关系，他们之间的权力态势不

---

① 郭卿友．民国藏事通鉴［M］．北京：中国藏学出版社，2008：299－301.

是固定的，例如1954年以后，宗本同时由两人出任，僧俗各一人。宗谿对辖区内的所有人，不管政府的、寺庙的，还是贵族的都有权过问。洛基负责管理山南各大小寺庙，[①] 曲德寺和夏珠林寺均在其列。但寺庙相对于宗一级地方政府有相对的独立权。政府、寺庙、贵族的关系错综复杂，不同时期也不尽相同。

政府、寺庙、贵族三方都有自己的谿卡（即庄园）。藏民说："谿卡各有各的主，共同的主子是西藏地方政府。"[②] 所以，不论是贵族谿卡，还是寺庙谿卡的农奴，都要受所属领主和政府领主的双重剥削。

除了种植，每个谿卡一般都有牧场。谿卡的规模大小不等，几十户最为多见。据曲德寺住持所述，曲德寺修建完后，寺庙周边逐渐发展到几十户，后逐渐发展成为一个谿卡。在现岗堆村范围内至少还有三个谿卡，"林珠"、"维布"、"卓布西嘎"[③] 三个谿卡，"卓布西嘎"谿卡可以确定归属于拉萨某个寺庙的高层僧侣领主，其他两个谿卡或归属于贵族领主，或归属于政府领主。大多领主不直接经营谿卡，而是委派亲信或仆人作为代理经营，定期收税。

相比政府或贵族，寺庙在谿卡的控制和经营方面都处于劣势，寺庙经营的谿卡一般都在自然环境较差、土地较贫瘠的地区。[④] 贡嘎雪和岗堆地处雅鲁藏布江河谷，土地较肥沃，加之又是贡嘎宗的行政首府。以此推断，历来政府在这个地方的经营上是占据优势的。

2. 目前的管理体制

岗堆村是贡嘎县岗堆镇管辖下的行政村，实行村党支部领导下的村民自治体制，相应的行政管理组织是岗堆村村民委员会，其上级行政管理机构为岗堆镇党委和岗堆镇人民政府。岗堆村党支部和岗堆村村民委员会，

---

① 中国藏学研究中心，西藏社会科学院，中国社会科学院民族研究所西藏封建农奴制社会课题组编．西藏山南基巧和乃东琼结社会历史调查［C］．北京：中国藏学出版社，1992：7.

② 西藏社会历史调查资料丛刊编辑组．藏族社会历史调查（二）［M］．北京：民族出版社，2009：50.

③ 根据曲德寺住持格桑群培口述音译。

④ 西藏社会历史调查资料丛刊编辑组．藏族社会历史调查（二）［M］．北京：民族出版社，2009：62.

是岗堆村乡村管理体制运行的关键基层组织，起到连接政府与村民的重要中介作用。此外，在党支部和村委会的基础上组织起多个职能型的管理组织。

(1) 村民委员会

村民委员会是村民自我管理、自我教育、自我服务的基层群众性自治组织，实行民主选举、民主决策、民主管理、民主监督。1992 年，山南地区开始全面贯彻实施《中华人民共和国村民委员会组织法》（以下简称《村民委员会组织法》），贡嘎县也开展村民自治工作，贡嘎雪村村民委员会组织成立，岗堆居民委员会也在 20 世纪 90 年代后期挂牌成立。2008 年第六届村委会换届，岗堆镇根据贡嘎县规划工作的调整要求，将两个委员会合并，统称岗堆村村民委员会。

岗堆村现届村民委员会是由村民在 2008 年 8 月通过民主选举产生，村民委员会成员共七人，主任一名，副主任两名，委员四名。这一规模符合《村民委员会组织法》第六条第一款“村民委员会由主任、副主任和委员共三至七人组成”的规定。组织成员由六名男性和一名女性组成，符合《村民委员会组织法》第六条第二款中“村民委员会成员中，应当有妇女成员”的规定。村委会成员中除了普布次仁现在是中国共产党预备党员，其余六人均为共产党党员，其中，村委会主任桑旦兼任岗堆村党支部副书记。

表 3－1　**岗堆村第六届村民委员会组织成员名单**

姓名	性别	出生年份	文化程度	政治面貌	职务
桑旦	男	1951	小学	党员	主任
巴桑	男	1960	小学	党员	副主任
巴桑	男	1961	小学	党员	副主任
达杰	男	1952	小学	党员	委员
卓玛拉姆	女	1951	小学	党员	委员
尼玛	男	1959	小学	党员	委员
普布次仁	男	1969	小学	预备党员	委员

资料来源：根据岗堆村村委会办公室藏文材料翻译，原表制定编制时间 2008 年 9 月 23 日。

村委会组织成员间分工明确。其中，村委会主任桑旦主管全面工作，分管政治、防灾和寺庙管理方面的工作；副主任巴桑分管村委会的财务工作，包括处理村委会的会计工作和监督组一级的会计工作；另一位副主任巴桑分管安全，兼任安全委员会副主任、生产安全领导小组副组长、第四组组长、治安管理领导小组成员；委员达杰分管安全和日常生活工作，兼任安全委员会主任和生活委员；女委员卓玛拉姆主持妇女工作，担任村妇代会主任；委员尼玛主要负责治安工作，担任民兵组织排长；普布次仁辅助各项工作的展开，同时是村民小组第一组组长。此外，村委会还根据职能，设立了治安管理领导小组、生产安全领导小组、安全建设领导小组、财会领导小组。各小组的组成如表 3 - 2 至 3 - 5 所示。

表 3 - 2　　**岗堆村治安管理领导小组成员名单**

姓名	性别	出生年份	文化程度	政治面貌	职务	备注
罗布次仁	男	1944	小学	党员	支部书记	支部书记
桑旦	男	1951	小学	党员	支部副书记	主任
达杰	男	1952	小学	党员	成员	安全主任
巴桑	男	1960	小学	党员	成员	副主任
巴桑	男	1961	小学	党员	成员	副安全主任

资料来源：根据岗堆村村委会办公室藏文材料翻译，原表制定编制时间 2008 年 9 月 23 日。

表 3 - 3　　**岗堆村生产安全领导小组成员名单**

姓名	性别	出生年份	文化程度	政治面貌	职务
达杰	男	1952	小学	党员	组长
巴桑	男	1961	小学	党员	组长
普布次仁	男	1969	小学	农牧民	成员
边巴	男	1964	小学	党员	成员
巴桑顿住	男	1962	小学	农牧民	成员
达瓦次仁	男	1972	小学	农牧民	成员
巴桑	男	1960	小学	党员	成员

资料来源：根据岗堆村村委会办公室藏文材料翻译，原表制定编制时间 2008 年 9 月 23 日。

表 3-4　　岗堆村安区建设领导小组成员名单

姓名	性别	出生年份	文化程度	政治面貌	职务	备注
罗布次仁	男	1944	小学	党员	正组长	支部书记
桑旦	男	1951	小学	党员	副主任	主任副书记
普布次仁	男	1969	小学	党员	委员	1组组长
边巴	男	1964	小学	党员	委员	2组组长
巴桑顿珠	男	1962	小学	农牧民	委员	5组组长
巴桑	男	1961	小学	党员	委员	4组组长
达瓦次仁	男	1972	小学	农牧民	委员	3组组长

资料来源：根据岗堆村村委会办公室藏文材料翻译，原表制定编制时间2008年9月23日。

表 3-5　　岗堆村财会领导小组成员名单

姓名	性别	出生年份	文化程度	政治面貌	职务	备注
巴桑	男	1960	小学	党员	会计员	副主任
巴桑	男	1961	小学	党员	会计员	副主任
次仁	男	1959	小学	农牧民	成员	会计
卓玛拉姆	女	1951	小学	党员	成员	妇女主任
洛桑	男	1978	小学	农牧民	成员	3组组长
阿旺	男	1956	小学	农牧民	成员	4组组长
巴桑顿珠	男	1962	小学	农牧民	成员	5组组长

资料来源：根据岗堆村村委会办公室藏文材料翻译，原表制定编制时间2008年9月23日。

从管理结构的层级上看，岗堆村全村分设村民小组5个，由原来贡嘎雪村3个村民小组和原岗堆村2个村民小组组成。每个村民小组设组长一名，副组长两名，辅助人员若干，组长须民主选举产生。组长的主要职责有两个，一是起到村委会与村民间信息沟通作用，二是组织农牧生产劳动。依据《村民委员会组织法》规定，“村民委员会可以根据村民居住状况、集体土地所有权关系等分设若干村民小组”。岗堆村并没有集体耕地，小组的分设是根据村民所承包耕地的空间距离来划分，同一组的家庭的土地和房子都相对集中。岗堆村现共有316户1488人，其中劳动力733人，每组平均约60户、300人。以岗堆村第三村民小组为例，组长洛桑，组员280人，共57户，常住劳动人口约120人，共有耕地517亩，其中旱荒地100亩左右。管理层级的多寡、层级规模的大小都决定了管理结构是否合理，管理工作效率如何。岗堆村五个村民小组为村委会的统一管理提供更精细化的组织支持。

关于民主选举的情况：村委会和组长都由民主选举产生，任期均为三年。村委会选举时间一般在8月份，组长的选举一般在村委会选举之后进行。组长的选举在每组内部进行，选举以投票方式。每个18岁以上村民均有选举和被选举的权利，候选人可以多户联合推荐，也可以自荐。据村委副主任巴桑介绍，组长选举要经过三轮，第一轮先按得票从高到低，选出十几名人选进入第二轮。在第一轮结束到第二轮开始之前有7～10天让村民们斟酌、讨论。第二轮再进行投票，从十几个人中择票数高者选出五名人选，又休息7～10天让村民们考虑、讨论。最后一轮开始投票，得票前三名入选，按票数多寡，第一名任组长，其余两名任副组长。村委会的选举大致和组长选举的程序一样，不同点是镇政府会成立换届选举工作小组到村里进行选情调查摸底，了解群众推选的候选人，并最终确定选举候选人。

在制度建设方面，多年来岗堆村村委会已经形成了许多合理有效的工作制度。在县委、县政府组织的制度“入框上墙”工作的开展过程中，各项工作制度已经布满了岗堆村村委会会议室的墙，有《村民委员会职责》、《村务公开制度》、《村委会主任、副主任职责》、《村民委员会职责》、《村委会会计职责》、《村民组长职责》、《村民小组职责》、《中华人民共和国村民委员会组织法》、《妇代会工作制度》等。

在村委会干部的收入方面，以前村干部的收入主要是来自村民筹集，具体每月有多少收入没有定额，而是根据村委会成员因公误工的时间和为村集体贡献的大小而定。岗堆村曾实行过的补贴资金筹集方式是：按家庭劳动人口来计算，每一劳动人口补贴10元，如果一个家庭没有劳动人口，则每户补贴4元。近几年，国家逐步加大对农村基层的投入，村委会成员的收入来源发生变化。村委会干部的收入中增加了政府补贴这一部分，每两三个月结一次。在一份《岗堆镇基层组织建设调研材料》中有这样一段内容：“一是村干部待遇方面，我镇目前的村干部38名，每位村干部每年的岗位补贴平均为1750元，村干部也全部拿到了岗位补贴，目前还没有将村干部的补贴平摊给村民小组长的情况，不存在对群众摊派的现象，但部分村干部反映村干部的待遇太低，希望能够增加。”从这段材料分析，岗堆镇下设9个行政村，材料中提到38名干部，那么，每个村能领到补贴的村干部在3~4个，村委会主任、副主任能领到补贴。此外，在岗堆村委员会还有一名不在官方名单中的成员，叫次仁多吉①，他是政府在岗堆村的聘用干部，他向调研组透露，他每月领到1928元的工资。

由岗堆村妇女党员自发组织的“爱卫会”，经常在村居内外打扫卫生；每逢节假日，村支部还组织干部党员到贫困户、特困户、五保户、老党员、困难党员家庭中进行慰问，集体帮扶特困家庭，帮助其早日脱贫致富。每年“望果节”之际，村支部邀请贡嘎县文艺宣传队为群众表演丰富多彩的文艺节目。

在四川发生“5·12”特大地震灾害和山南局部地区发生雪灾后，岗堆村村委会积极响应自治区党委、政府“一方有难，八方支援”的号召，组织岗堆村村民积极踊跃捐款，向灾区人民献上自己的一份爱心，两次捐款中，岗堆村群众捐款2237元，党员捐款730元，团员捐款240元，共计3207元。

根据《村民委员会组织法》相关规定，村民委员会有严重的违法乱纪行为或不称职的，由1/5以上村民提出撤换时，应当召开村民会议或村民代表会议决定。岗堆村历任村委会均未发生这种情况。关于村民对村委会工作是否满意的问题，调研组对岗堆村42户家庭的调查中显示，村民们均表示满意或较为满意。

（2）党支部

岗堆村党支部现共有党员74名，下辖党小组5个，团支部2个，团员78名②。岗堆村党支部是贡嘎县优秀党支部的典型，党支部的组织规模和工作成效位居全镇9个行政村之首，党员人数占全镇党员人数四分之一以上。

---

① 次仁多吉的详细资料见农牧民部分的介绍。

② 资料来源：《岗堆村先进性材料》，编写日期为2011年4月14日。

表 3-6　　岗堆村党支部组织名单

姓名	性别	出生年份	文化程度	政治面貌	现任职务	备注
罗布次仁	男	1944	小学	党员	支部书记	加强法律、治安工作
桑旦	男	1951	小学	党员	支部副书记	防止灾害的主任
次仁多吉	男	1952	小学	党员	委员	
达杰	男	1952	小学	党员	委员	安全主任、生活委员
巴桑	男	1960	小学	党员	委员	财务会计、副主任
巴桑	男	1961	小学	党员	委员	会计、副主任
尼玛	男	1959	小学	党员	委员	团书记、排长

资料来源：根据岗堆村村委会办公室藏文材料翻译，原表制定编制时间 2008 年 9 月 23 日。

近年来，岗堆村在党建工作上取得了丰硕的成果。岗堆村党支部将两委领导班子的思想建设和队伍建设放在首位。首先，岗堆村党支部定期组织思想政治理论的学习，不断提高干部的政治觉悟和责任意识。其次，组织干部和村民参加地区、县、镇组织的农牧业相关技术培训，深入学习农牧业科技知识。最后，组织村干部学习现代农业科技知识、市场经济知识和科学管理知识，提高村干部带领群众致富的本领。2008 年，党支部积极动员群众、党团组织召开《在党团中认真开展“反对分裂、维护稳定、促进发展”切实加强基层党组织建设》动员大会，将会议精神传达到了广大群众。在学习过程中，对于在外打工的党团员益西、女达娃、巴珠、拉果、次巴、占堆、次仁拉姆、罗布扎西、坚参、罗布等 10 人，团支部书记尼玛到各地，带领在外打工的党团员一起学习主题教育，传达相关精神，做到了党团员们学习工作两不误。在 2010 年党风廉政建设“百日活动”自查自纠工作中，岗堆村两委班子组织学习了胡锦涛总书记“6·25”重要讲话精神及《论加强和改进执政党建设》的内容、区党风廉政建设领导小组下发的《关于加强农牧区基层党风廉政建设实施意见》和《党员干部廉洁从政手册》、《贡嘎县党员干部廉洁读本》等文件及刊物。

在完善和健全学习制度方面，岗堆村党支部组织村委会的党员每两周学习一次，同时鼓励农民参加学习。党支部拟订学习计划，明确了每次学习讨论的责任人，建立了专门的学习笔记，指定专人负责每次学习过程的纪要。

党员干部都有自己专门的学习笔记，在村会议室墙上，专设“学习园地”一栏，上面贴有15名党员用藏文书写的学习心得。在村会议室里还存档了学习纪要和体会，共有61本。我们随机抽取一本，封面有藏文名字和一个日期，日期是2010年6月。里面记录每次开会学习的时间、学习内容纪要。该本子共记录了16次，记录的第一次学习的时间是2009年9月29日，最后一次是2010年3月12日。

在党员发展上，坚持“宁缺勿滥”、“成熟一个发展一个”的原则，注重从致富带头人以及团组织推荐的优秀青年中发展党员，从源头上保证党员队伍的质量，为党组织输入新鲜的血液。2010年，岗堆村党支部发展15名优秀青年入党，培养入党积极分子5名。

在“三级联创”① 活动中，一是岗堆村党支部组织岗堆村村民积极维护社会稳定，维护祖国统一和民族团结。二是根据县委、县政府和镇政府《关于加强基层组织建设转变工作作风的若干规定》要求，狠抓各项制度的完善和落实，制定目标管理责任制度，完善村委会制度、岗位责任制度、财务管理制度、政务公开制度等，并在镇政府开展的“三级联创”工作中，被评为“‘五个好’村党支部”。

在“双带”② 活动中，岗堆村的领导干部挨家挨户地将“双带”的内容及时、准确地传达至各家。为提高党员、群众参与“双带”活动的积极性，岗堆村领导干部还进行了宣传引导。截至教研组工作结束，岗堆村有双带能力的有4户，结成对子4对。

在“创先争优”③ 活动中，岗堆村党支部立足实际，认真查找自身不足，针对支部成员年龄偏大、文化水平低、进取心不强的问题，采取多种措施，抓思想建设，强化服务观念。一是通过广泛征求群众意见，用公开选举的方式，将村里受评好、能力强的优秀人才吸收到村支部中，重组村里的领导班子及各类组织。二是完善村支部各项长效机制，切实做到以制管人、按制办事，设立村务、政务公开栏，增强村支部工作透明度，接受群众监督。三是

① 农村党风的建设“三级联创”活动是指在县、乡镇和村三级党组织中，开展的以“五好（领导班子好、党员干部队伍好、工作机制好、小康建设业绩好、农民群众反映好）”村党组织、乡镇党委和农村基层组织建设先进县为主要内容的创建活动。

② 一是党员带头致富，一是带领群众致富。

③ 即创建先进基层党组织，争做优秀共产党党员活动。

落实好党员先锋岗制度，引导广大党员以先进典型为楷模，争当先锋岗，切实改变“干好干坏一个样、干与不干一个样”的消极思想，增强党员的积极性与主动性。岗堆村共设立党员先锋岗1个，设置科技示范岗、农机服务岗、扶贫帮困岗、党务村务监督岗、治安维稳岗、环境卫生岗、民事调解岗、政策宣传岗等12个无职党员岗位。

2010年3月，岗堆村党支部在西藏自治区全区开展的“创建先进基层党组织和争做优秀共产党”活动中被西藏自治区党委深入学习实践科学发展观活动领导小组评为“先进基层党组织”；2006年5月，被中共山南地委评为“山南地区先进基层党组织”；2005年，被中共山南地委评为“山南地区农牧区‘双带’活动先进集体”；2002年9月，在山南地区农牧区“三个代表”重要思想学习教育活动中被山南地委组织部评为“先进村居党支部”；2002年，被贡嘎县委、县政府评为县级“先进基层党组织”；2001年7月，被中共西藏自治区委员会评为自治区级“先进基层党组织”；1998年，被贡嘎县委、县政府评为“两个文明优秀支部”。经调查，我们发现岗堆村党支部的优秀表现离不开以下几个原因。

首先，当地在党建工作方面的优秀传统。岗堆村党支部继承了先辈的优秀传统。早在1956年10月，山南基巧办事处根据西藏自治区筹备委员会第十三次常委会通过的《总办事处组织细则》，在现贡嘎雪村成立中共贡嘎宗党委和中共贡嘎宗办事处，隶属中共山南分工委领导。贡嘎宗党委书记为杜文元，益西平措、曾江兵为党委委员。贡嘎宗是西藏自治区第一批建立党委的地方，岗堆的村民接触党的路线、政策比较早，党的队伍建设在这片地方留下了许多宝贵的经验、优秀的作风、出色的成果。

其次，强有力的党组织和制度化建设。岗堆村党支部的规章制度按照贡嘎县委组织部制定的相关村党支部制度来建设，党支部及其干部、成员严格遵守各项制度。近年来，贡嘎县委组织部组织有关党建制度在村里“入框上墙”。在岗堆村的会议室墙上挂有藏文的《村党支部工作制度》、《党支部工作职责》、《党支部书记工作职责》、《党支部学习宣传委员职责》、《发展党员工作职责》、《“三会一课”制度》、《双培双带制度》、《民主评议党员制度》、《联系服务群众制度》、《关心老党员老干部老劳模制度》、《党员承诺制度》、《村党支部五个好》。

最后，优秀党支部书记罗布次仁起着中坚作用。2002年，罗布次仁被自治区党委评为全区优秀共产党员；2004年，他荣获第二届全区村民自治工作先进个人奖；2006年，他被贡嘎县委评为十佳党务工作者。罗布次仁不仅树立牢固的理想信念和全心全意为人民服务的宗旨观念，而且在自己的工作岗位上以求真务实的工作作风，严格要求自己。多年来他为岗堆村村民办实事、办好事，克服了各种困难，为群众解决了很多生活上的问题。1996年，他为了解决该村的人畜饮水问题，奔赴拉萨、日喀则和山南等地，找遍自己认识的所有老乡和熟人，在他们的帮助下，罗布次仁筹集40多万元，解决了该村农牧民群众饮水、用电等困难。2007年，为了解决孤寡老人的生活问题，罗布次仁多方筹措资金，终于在该村修建了全镇第一所敬老院——岗堆寿星敬老院。该敬老院收纳孤寡老人20余人，解决了这些孤寡老人的养老问题。

（3）团支部

岗堆村现有团支部两个，书记、副书记各一名，委员一名，共产党员尼玛任书记。岗堆村团支部现有共青团员78名。共青团员是村里的少壮派，是党支部发展党员的主要对象，也是村领导班子培养下一代接班人的主要人选。

表3－7　**岗堆村团委员会成员名单**

姓名	性别	出生年份	文化程度	政治面貌	职务	备注
尼玛	男	1959	小学	党员	书记	支部委员，团支书
阿旺克珠	男	1985	小学	团员	副书记	
普巴桑珠	男	1989	小学	团员	委员	

资料来源：根据岗堆村村委会办公室藏文材料翻译，原表制定编制时间2008年9月23日。

岗堆村团支部工作制度①如下：

一、坚持每个月召开一次支部会议，学习文件，传达上级团委和党支部有关批示精神，研究团员青年的思想、工作、学习、生活情况，总结安排团支部工作。

二、每月召开一次团小组会，每季度上一次团课，对团员开展思想政治

① 根据贡嘎县委组织部建章立制“入框上墙”项目在岗堆村村委会会议室墙上的“团委会工作制度”（藏文）翻译。

教育活动，组织团员为群众办好事、办实事。

三、建好“青年之家”活动阵地，组织团员青年开展学文化、学技术，争当科技致富先行户活动，发挥团员青年在新农村两个文明建设中的先锋队和主力军作用。

四、做好团员发展、团员管理、团费收缴及推荐优秀团员入党、推荐优秀青年人才上岗等团的经常性工作。

五、协助党支部、村委会完成上级交给的各项任务，努力发挥好助手作用。

团委会重视青年团委的思想教育工作，积极组织团员们上政治夜校，开展马列主义、毛泽东思想、邓小平理论、“三个代表”重要思想和科学发展观等理论教育和讨论活动。青年团员是各项生产、防灾、维稳工作的先锋队，岗堆村团委组织村青年团员投入开荒、种田、植树、修渠、修建和维修公路、乡村治安等各项工作中去。

2006 年 9 月初，岗堆村创建了全县第一个青年、团员活动中心，凸显青年团员在建设社会主义新农村进程中的重要作用，进一步提高了团组织的凝聚力、战斗力，创新了团员教育管理，广大青年、团员积极投身到社会主义新农村建设中，义务出劳力维修桥梁、公路共计 16 公里，充分发挥出了共青团的主力军作用。①

（4）其他基层组织

根据岗堆村社会管理的需要，岗堆村村民委员会又设置多个职能性的管理组织。这些管理组织有管理妇女工作的妇女委员会、排解纠纷的调解委员会、负责安全生产的安全委员会、保障社区治安的民兵组织、防灾救灾的联合防灾组。

①妇女委员会

岗堆村妇女组织可以追溯到 1964 年，它的前身是岗堆乡妇联组织。几十年来，岗堆村妇女组织在提高村卫生水平、增强女性权利等方面作出巨大的贡献。岗堆村现在的妇女组织为妇女委员会，设主任、副主任各一职，委员三名。委员会成员由全村十八岁以上妇女民主选举产生，得票最高者任主任，次之为副主任。

---

① 参考 2009 年《抓党建促发展——记岗堆村党支部工作先进材料》。

表 3－8　岗堆村妇女委员会组织成员名单

姓名	性别	出生年份	文化程度	政治面貌	职务	备注
卓玛拉姆	女	1951	小学	党员	主任	村委员
达瓦卓嘎	女	1967	小学	农牧民	副主任	妇女组长
白玛央金	女	1975		党员	委员	妇女组长
次仁央金	女	1960	小学	党员	委员	妇女组长
尼玛	女	1979	小学	党员	委员	妇女组长

资料来源：根据岗堆村村委会办公室藏文材料翻译，原表制定编制时间 2008 年 9 月 23 日。

岗堆村妇委会的主要职责有：宣传和组织学习法律、法规、国家政策方针、党的理论和精神；帮助村妇女维护合法权益，当妇女与他人产生纠纷时，妇委会参与调解纠纷；执行计划生育政策；配合村委会开展的各项工作和活动；每季度召开一次妇委会，总结工作，讨论下期工作安排；推动并参与有关妇女发展事业，积极倡导文明、健康、科学的生活方式，组织丰富多彩的文娱、体育活动；执行计划生育政策，开展工作；配合村委会开展的各项工作和活动。

岗堆村妇委会认真履行组织妇女学习的职责：1977 年，在县妇联号召和组织下，妇委会组织全村妇女学习《毛泽东选集》；1994 年 6 月，妇委会组织学习和宣传《邓小平文选》。

在宣传和组织学习国家政策、大会精神方面，妇委会在 1982 年 9 月组织全村妇女学习宣传中共十二大会议文件。1989 年，组织妇女学习贯彻中央两会精神和区党委扩大会议精神及十三届四中全会精神，社会主义初级阶段理论和基本路线，并进行讨论。1992 年 3 月，组织全县妇女干部学习西藏自治区妇联文件精神及妇女章程和业务知识。1993 年 8 月，学习“两会”精神及县妇大会精神，1994 年 6 月，组织学习宣传世界第四次妇女大会精神。

宣传和组织学习法律、法规，例如 1985 年 4 月，宣传和学习《婚姻法》。1995 年，主要学习了新出台的《母婴保健法》，宣传母乳喂养的重要性，聘请县妇幼保健院医师讲解母乳喂养知识，母婴保健、妇女生理卫生、经期卫生等知识。

近年来，妇联每年都根据上级精神及形势需要组织妇女进行各种形式的学习和宣传，特别加强了《妇女权益保障法》、《未成年人保护法》、《母婴保健法》、《婚姻法》、《义务教育法》等法律宣传。

20世纪90年代，岗堆村妇委会组织村妇女参加学文化、学科技、比成绩、比贡献的“双学双比”活动和“三八绿化工程”。在“双学双比”活动中，岗堆村妇女主要学习生活技能、生产技能，参加村医、农牧、财会、兽医、民族手工业等方面的培训，许多妇女掌握了致富技术。在“三八绿化工程”中，岗堆村妇委会妇女在岗堆村沿江一带植树造林。

为了提高岗堆村的治安、维护社会稳定、防御自然灾害，岗堆村还成立了安全委员会、调解委员会、民兵组织、联合防灾组。

②调解委员会

调解委员会的主要任务是调解村民间的矛盾。由资深的老干部次仁多吉担任调解委员会主任。

表3-9　**岗堆村调解委员会组织成员名单**

姓名	性别	出生年份	文化程度	政治面貌	职务	备注
次仁多吉	男	1952	小学	党员	主任	支部委员
罗布次仁	男	1944	小学	党员	副主任	党支部书记
桑旦	男	1951	小学	党员	副主任	村委委员会主任
普布次仁	男	1969	小学	党员	委员	村委委员会成员
边巴	男	1964	小学	党员	委员	
达瓦次仁	男	1972	小学	农牧民	委员	
巴桑	男	1961	小学	农牧民	委员	

资料来源：根据岗堆村村委会办公室藏文材料翻译，原表制定编制时间2008年9月23日。

③安全委员会

安全委员会的设立主要是为了开展维护稳定、反对分裂势力活动等方面工作。安全委员会定期不定期深入基层调查了解情况，深入开展反分裂斗争，配合上级严格落实寺庙管控措施，加强社会治安综合治理，依法严厉打击各种破坏活动。开展爱国主义教育和法制宣传教育，特别是在重大佛事活动及敏感日期间，组织人员对重点场所进行巡逻值班，确保活动正常开展和社会局势的稳定。

表 3－10　　**岗堆村安全委员会组织成员名单**

姓名	性别	出生年份	文化程度	政治面貌	职务	备注
达杰	男	1952	小学	党员	主任	村委委员会委员
巴桑	男	1961	小学	党员	副主任	村委委员会副主任
普布次仁	男	1969	小学	党员	成员	组长
边巴	男	1964	小学	党员	成员	
巴桑顿住	男	1962	小学	农牧民	成员	
达瓦次仁	男	1972	小学	农牧民	成员	
巴桑	男	1960	小学	党员	成员	

资料来源：根据岗堆村村委会办公室藏文材料翻译，原表制定编制时间 2008 年 9 月 23 日。

④联合防灾组

岗堆村联合防灾组是配合全镇统一防灾工作成立的组织，岗堆镇在防灾工作中实行行政首长负责制，所以联合防灾组的成员主要由村两委核心领导组成。一旦岗堆镇出现严重自然灾害，全镇各村联合防灾组都需组织本村人力、物力配合抗灾工作。联合防灾组的主要负责是灾害预警、灾后救援、灾后重建等工作。

表 3－11　　**岗堆村联合防灾组组织成员名单**

姓名	性别	出生年份	文化程度	政治面貌	职务
罗布次仁	男	1944	小学	党员	组长
桑旦	男	1951	小学	党员	副组长
巴桑	男	1960	小学	党员	成员
巴桑	男	1961	小学	党员	成员
次仁多吉	男	1952	小学	党员	成员

资料来源：根据岗堆村村委会办公室藏文材料翻译，原表制定编制时间 2008 年 9 月 23 日。

⑤民兵组织

民兵组织的任务是：积极参加社会主义现代化建设，带头完成生产和各项任务；担负战备勤务，保卫边疆，维护社会治安；随时准备参军参战，抵抗侵略，保卫祖国。

表 3－12 岗堆村民兵组织成员名单

姓名	性别	出生年份	政治面貌	职务	所在小组
普布次仁	男	1970	党员	村委成员，组长	1
米玛	男	1972	党员	副组长	1
拉巴	男	1976	农牧民		1
强巴	男	1958	党员	排长	1
扎西	男	1974	农牧民		1
次仁	男	1959	党员	会计	1
珠次仁	男	1959	农牧民		1
巴桑	男	1984	农牧民		1
达杰	男	1952	党员	安全主任	2
边巴	男	1964	党员	组长	2
次仁罗布	男		农牧民		2
巴桑	男	1960	党员	村委会副主任	2
次仁	男	1982	农牧民		2
达瓦扎西	男	1982	农牧民		2
达瓦次仁	男	1972	党员	组长	3
洛桑	男	1984	党员	副组长	3
多布杰	男	1956	农牧民		3
普次	男	1960	农牧民		3
边巴	男	1967	党员		3
桑旦	男	1951	党员	村委主任	3
巴桑	男	1961	党员	村委副主任	4
阿旺	男	1957	党员	副组长	4
尼玛	男	1959	党团	团支书	4
次仁尼玛	男	1979	党员		4

续表

姓名	性别	出生年份	政治面貌	职务	所在小组
米玛	男	1967	党员		4
罗布次仁	男	1944	党员	支部书记	5
巴桑顿住	男	1960	党员	组长	5
坚才	男	1964	农牧民	排长	5
普布扎西	男	1973	农牧民		5
达瓦	男	1964	农牧民		5

资料来源：根据岗堆村村委会办公室藏文材料翻译，原表制定编制时间 2008 年 9 月 23 日。

四、农业

（一）土地制度

1. 土地制度的沿革

岗堆村的土地制度随着中国基本土地制度的变革，从民主改革后的土地改革到农业社会主义改造阶段，再到人民公社化时期，最后到 1978 年家庭联产承包责任制的实施阶段，发生了几次重大的转变。大体上可以分为以下几个阶段。

（1）土地改革

西藏和平解放前是一个封建农奴制社会，占总人口不足 5% 的官家、贵族和上层僧侣占有 95% 以上的土地、牲畜、草场、森林、山脉、河滩、荒地等，而 95% 以上的农奴阶级没有土地、没有人身自由，祖祖辈辈依附在三大领主庄园的土地上，终年受着贫困、饥饿的煎熬，他们被分为差巴[①]、堆穷[②]、朗生[③]以及寺庙贫苦僧尼等。三大领主主要以收取地租、摊派乌拉差役和放高利

① 意为支差者，是领种地方政府的差地，为地方政府和所属农奴主支差的人，地位高于堆穷。

② 意为小户，主要指耕种农奴主及其代理人分给的少量份地，为农奴主及其代理人支差的农奴。

③ 意为“家里饲养的”，即奴隶。

贷等方式剥削农奴。民主改革前，在地方政府直接占有、经营的庄园中，差巴支“萨差”[①]，一克[②]地每年交纳半克[③]或一克粮食的“萨差”。另外，地方政府向贵族、寺庙征收的一种“包细”[④]，也由贵族、寺院以一克地征收军粮一克的形式转嫁到广大农奴身上。除上述赋税外，还有政府官员的用粮税、木炭税，政府的乌拉差役如柴差、信差、背水差、兵差等。沉重的赋税和乌拉剥削，惊人的高利贷盘剥，导致人民生活在水深火热之中，社会停滞不前、濒临崩溃。

1951年西藏和平解放后，西藏广大人民要求改革的呼声日益高涨。封建农奴制不仅不能实现西藏地区的生产发展，相反却成为生产发展的严重桎梏。社会主义国家人民当家做主的本质决定了西藏民主改革的必然性。因此，在西藏推行民主改革，废除农奴制，建立社会主义制度，就成为西藏地区社会生产发展的必然选择。当西藏上层阶级极力阻挠改革并引发1959年叛乱后，中央人民政府提出“边平叛边改革”的方针，领导西藏人民掀起了波澜壮阔的民主改革运动，彻底摧毁了政教合一的封建农奴制度，实现了百万农奴和奴隶梦寐以求的当家做主的权利。

1959年4月，中共西藏工委派工作组进驻岗堆村所在的贡嘎县境内，平息武装叛乱，确立了贡嘎县建制。同年6月，在农区、牧区和寺庙分别开展了以“三反双减”、“三反两利”[⑤]及“三反三算”为主要内容的民主改革运动。经过试点和分批开展，通过广泛发动群众，组织群众，开展对敌斗争，彻底推翻了三大领主及其封建农奴制度。至10月初，完成了民主改革第一阶段的“三反双减”和“三反三算”任务，免除1958年以前的债务青稞、藏银等。

同年10月中旬，岗堆村开展了土地改革运动。在土地改革中将阶级成分划分为农奴主、富裕农户、中等农户、贫苦农奴和奴隶。没收和赎买三大领主及其代理人的耕地、房屋、农具、山绵羊、耕牛、奶牛、牦牛、马、骡和驴。除留下少量机动生产资料外，绝大部分均分配到户。

---

① 土地赋税。

② 一克相当于一亩。

③ 一克相当于28斤。

④ 调查后偷漏差税的土地。

⑤ 反对叛乱、反对乌拉差役、反对奴役，牧工、牧主两利。

1960年5月至8月10日，在县政府的领导下，岗堆村村委会发动群众进行了民主改革复查工作，对参与叛乱的农奴主、代理人进行清查。经过复查，进一步巩固了人民民主专政。1960年底，岗堆村土地改革完成，封建农奴制度被彻底摧毁，农牧民个体所有制确立，农奴翻身成了新社会的主人。

（2）互助组

岗堆村的土地改革完成之后，村民们有了自己的土地、房屋、牲畜、农具等生产、生活资料，生产积极性空前高涨。他们扩大农田、兴修水利、改进农具，很快掀起了互助生产热潮。

1961年初，岗堆村成立了互助组，各小组有自己的集体财产，有的小组集体集资买了脱粒机，小组成员可以缴纳一定的使用费使用脱粒机。遇到村里有大型的水利工程建设，每个小组都会派出村民参与。岗堆村村委会的各个小组基本上按照“六统一”的规范服务方式进行服务，即统一机械作业、统一种植计划、统一农田水利设施的建设和使用、统一实施农业科技、统一重大生产措施和统一筹集化肥基金。这种形式的互助合作发挥了村一级行政的主导作用，村集体本身有一定的资金和设施为农户服务，农户在自愿的基础上服从村集体的统一指导，但是农户仍是生产经营和利益的主体。

同年4月，岗堆村贯彻党中央《关于西藏工作方针的指示》，即“今后西藏工作必须采取稳定的方针，从1960年算起，五年内不搞社会主义改造，不搞合作社（连试点也不搞）及人民公社，集中力量把民主革命搞彻底，让劳动人民的个体所有制稳定下来，让农牧区的经济得到发展，让翻了身的农奴群众确实尝到改革给他们带来的好处”。至1965年，岗堆村加入互助组的户数不断增多，还出现小组并大组、办联组的现象。

（3）人民公社

1968年6月20日，贡嘎县根据中央发出的《关于在西藏进行社会主义改造问题的指示》，成立了贡嘎县第一个人民公社——红星人民公社。此后，全县掀起了以初级合作社为内容的办人民公社的热潮，岗堆村也积极加入到了热潮当中。

到1975年底，全县34个乡都建成了人民公社，岗堆村也全面完成了社会主义改造，人民公社化运动在村里如火如荼地进行着。人民公社内田地、山坡、牲畜、农具、果树等都归人民公社所有；农副业也统一由人民公社进行管理和经营。人民公社既是基层政权，又是集体经济组织，建立后取代了乡的建制。以生产队为基本核算单位，各生产队队长、副队长由选举产生，社员采取评工记分的办法“按劳取酬”，集体劳动，实行评工记分、多劳多得的政策。不允许社员搞家庭副业，强调“以粮为纲”，种植单一，粮食产量低而不稳。当时村民要轮流到公社的田地上劳作，工作一天记 10 个工分，年底按照工分分配下一年的肉食、奶渣和酥油。

（4）家庭联产承包责任制

1978 年，中共十一届三中全会后，贡嘎县委、县政府纠正“左”的思想，落实党在农村的各项经济政策。岗堆村的经济管理体制在县政府的领导下进行了有步骤的改革，建立了包产到户、包干到户为主要形式的生产责任制。1982 年，岗堆村村民召开集体会议进行分田。根据土壤质量把田地分成了一级土地、二级土地和三级土地，按当时村里每户人口的数量对三种地进行平均划分。经过全村人的协商，分田进行得非常顺利，一个人平均可以分到 2.3 亩地。

在这一过程中，岗堆村的改革大体经历了三个阶段。1980 年到 1984 年初为第一阶段，确立了“放、免、减、保”，从 1980 年起免征农、牧业税，实行休养生息、调整生产关系的政策。1981 年又推行了“包产到户、包干到户”的“双包”责任制。1984 年到 1992 年初为第二阶段，1984 年，中共中央召开第二次西藏工作座谈会后，岗堆村村民认真贯彻会议精神，对农牧区生产责任制进行了较大调整。在坚持土地、草场、森林公有制和公积金、公益金不分的前提下，农业上实行“土地归户、自主经营、长期不变”，牧业上实行“牲畜归户、私有私养、自主经营、长期不变”（即“两个长期不变”）政策。将原来社队集体拥有的储备粮、农机具、加工机械、小电站、房屋、小林卡、机动土地和牲畜等，分等次作价给群众使用。农牧区经济体制改革和调整改变了与生产力发展不相适应的生产关系和经营方式，把生产经营自主权交给群众，极大调动了农牧民群众的生产积极性。同时配套开展农村各项改革。第三阶段，从 1992 年邓小平南巡讲话开始，进一步深化改革，扩大开放，在岗堆村逐渐建立了与社会主义市场经济相适应的经济体制。

2. 基本土地制度

土地制度是反映人与人、人与地之间关系的重要制度。它既是一种经济制度，又是一种法权制度，是土地经济关系在法律上的体现，是构成上层建筑的有机组成部分。改革开放特别是实行社会主义市场经济制度以后，人们对土地制度含义的理解不断深化，在重视土地所有制度、土地使用制度、土地的国家管理制度的同时，针对新形势下由新的土地关系所产生的问题，开始关注土地制度的新内容，诸如土地利用制度、土地流转制度、耕地保护制度、土地用途管制制度等等。

岗堆村现行基本土地制度自开始实行家庭联产承包责任制以来一直没有发生变化。这个制度实行初期，承包期一般为 3～5 年，有的仅仅是 1～3 年。1984 年，中共发出指示将土地承包期延长至 15 年。1993 年，又将土地承包期扩大为 30 年。1998 年中共中央十五届三中全会发布了《中共中央关于农业和农村工作重大问题的决议》，明确规定：长期稳定以家庭承包经营为基础、统分结合的生产经营体制，家庭承包经营是双层经营体制的基础，切实保障农户的土地承包权、生产自主权和经营收益权并使其成为独立的市场主体；稳定完善双层经营体制的关键是稳定完善土地承包关系；土地制度承包权再延长 30 年的政策不变，赋予农民长期而有保障的土地使用权，禁止缩短承包期、收回承包期、多留机动地和提高承包费；土地使用的流转要在自愿、有偿的基础上依法进行；制定鼓励政策，推进荒山、荒沟、荒丘和荒滩使用权的承包、租赁和拍卖，保障开发者的利益。2003 年开始实施的《农村土地承包法》，第二十条明确规定："耕地的承包期为 30 年。"立法机关在审议和解释这一法律条文时，更加强调，农村土地承包制至少 30 年不变，表明立法者长期坚持这个制度的决心。

岗堆村实行家庭联产承包责任制，也就是各农户以家庭为单位向集体组织承包土地等生产资料和生产任务。其基本特点是在保留集体经济必要的统一经营的同时，集体将土地和其他生产资料承包给农户，承包户根据承包合同规定的权限，独立做出经营决策，并在完成国家和集体任务的前提下享有经营成果。一般的做法是将土地等按人口比例根据责、权、利相结合的原则分给农户经营。承包户和集体经济组织签订承包合同。

2008 年 10 月 9 日至 12 日召开的党的十七届三中全会审议通过的《中共中央关于推进农村改革发展若干重大问题的决定》提出："按照产权明晰、用途管制、节约集约、严格管理的原则，进一步完善农村土地管理制度。"这为今后推进农村土地制度改革指明了方向。目前，岗堆村正在贡嘎县委、县政府的领导下，着手健全耕地保护制度和节约用地制度，强化农民土地承包经营权，健全土地承包经营权流转市场，改革征地制度，完善征地补偿机制，改革农村集体建设用地使用制度，完善农村宅基地制度。

经过岗堆村人民多年的开垦和耕作，加之民主改革后人民政府大力提倡垦荒，广大农民群众不断加强农田基本建设，采取平整土地、改造低产田、保护农田、兴修水利基础设施建设等措施，使土地质量和作物产量有了显著提高。

20 世纪 80 年代起，岗堆村村民响应国家号召，对不宜耕种的土地实行退耕还林、还草。20 世纪 90 年代，岗堆村村委会认真贯彻执行《土地管理法》，加强土地审批制度，划定了基本农田保护区，杜绝了乱占、滥用土地现象。

3. 土地集中度和适度规模经营问题

岗堆村的土地集中度和规模经营的程度并不是很高，原因有如下几点。

第一，岗堆村的土地按照土壤质量被分为三个级别：一级土地、二级土地和三级土地。其中，一级土地面积最小，二级和三级土地面积相当。每户村民家里都分到了不同等级的三种土地，而三级土地基本上属于荒地，村民们基本不在这部分土地上进行农业生产，导致三级土地大部分处于闲置状态。大量三级土地的存在使得岗堆村土地集中度偏低。目前，村委会在县政府的号召下每年都会举办土地改良比赛，通过比赛，引导村民将雅鲁藏布江江水退去后留下的肥沃土壤运回自家三级土地上，改良土地质量。通过这种方式，岗堆村的三级土地会逐渐减少，但这也需要一个漫长的过程。

第二，村里目前有农业机械化生产存在，但是规模很小，而且仅限于部分农户家中，并没有出现大型农用机械化的耕作。加之岗堆村村民的农业生产观念还停留在自给自足的小农生产阶段，也就无法形成适度的规模经营。

第三，岗堆村虽坐落于雅鲁藏布江江边，水源丰富，但由于村庄海拔梯度大、风大日多，干旱、年均温低等成为农业生产的最主要的自然限制。村里的农作物、蔬菜作物受本地残酷的自然条件限制，不能大规模推广，大棚、灌溉设施建设和维护的成本远高于内地，因而价格也远高于从内地运进的产品，没有竞争优势。自然灾害的频发使得岗堆村村民对于农业生产带来持续稳定的收入一直持有疑问。

（二）农业生产结构

1. 岗堆村的农业生产结构

岗堆村具体的农业生产条件，包括农业基础设施和劳动力数量以及生产资料的数目等等，都在岗堆镇政府的统计资料中有所反映。

以下是2008—2010年岗堆村农业生产条件的具体情况。

表4-1　**岗堆村农业生产条件表**

农业生产基本条件	单位	2008年	2009年	2010年
一、农村基层组织				
1. 乡镇个数	个	1	1	1
2. 村民委员会	个	1	1	1
其中：村民委员数量	个	7	7	7
二、农村基础设施				
1. 自来水受益	个	1	1	1
2. 通汽车村数	个	1	1	1
3. 通电话村数	个	1	1	1
4. 通电村数	个	1	1	1
5. 有邮路以及投递线路	个	1	1	1
6. 通汽车乡镇数	个	1	1	1
三、乡村从业人口与就业结构				
1. 乡村户数	户	292	303	316
农业户	户	292	303	316
牧业户	户	0	0	0
2. 乡村人口数	人	1407	1443	1488
其中：农业人口数	人	1407	1443	1488
男	人			737
女	人			751
3. 乡村劳动力资源数	人	785	770	733
其中：劳动年龄内人数	人	785	770	733

续表

农业生产基本条件	单位	2008 年	2009 年	2010 年
4. 乡村从业人员数	人	785	770	733
其中：劳动年龄内人数	人	785	770	733
男	人	418	402	378
女	人	367	368	355
(1) 农业从业人员	人	448	409	424
(2) 工业从业人员	人	24	7	10
(3) 建筑业从业人员	人	258	225	226
(4) 交通运输业和仓储业从业人员	人	18	32	20
(5) 信息传输服务和软件从业人员	人	0	0	0
(6) 批发零售从业人员	人	23	25	22
(7) 住宿和餐饮业从业人员	人	14	42	28
(8) 其他从业人员	人	0	0	3
四、农业主要能源以及物质消耗				
(一) 农村电气化情况				
1. 农村用电量	千瓦/小时	74600	80680	93385
2. 乡办水电站	个数			
3. 村以及村以下办水电站	个数			
(二) 农用化肥施用量（按折纯法计算）	吨	42.4	57.9	91.5
(三) 农用柴油使用量	吨	20	27.1	13
(四) 农药使用量	吨	2	2	2
五、耕地面积情况				
(一) 年初耕地总资源	亩	2776.1	2776.1	2776.1
(二) 年末耕地总资源	亩	2776.1	2776.1	2776.1
六、农业机械化情况				
(一) 农用机械类				
1. 农用运输车	辆	—	10	6
2. 180 型拖拉机	辆	46	93	110
3. 195 型拖拉机	辆	7	27	23
(二) 农用设备				
1. 播种机	台	7	9	9
2. 联合收割机	台	2	10	10
3. 机动脱粒机	台	8	8	11

续表

农业生产基本条件	单位	2008 年	2009 年	2010 年
4. 堤灌站	座	2	4	4
5. 机电井	眼	5	5	5
6. 农用水泵	台	3	3	3
（三）加工机械类				
1. 磨面机	台	4	4	4
2. 压面机	台	2	2	2
3. 榨油机	台	4	4	4
七、耕作和收获机械利用情况				
（一）机耕面积	亩	338	756	881
（二）机播面积	亩	1755		
（三）机械收获面积	亩	2335	1635	1777

资料来源：岗堆镇 2008 年、2009 年、2010 年经济收入年报表。

受以上条件限制，岗堆村 2008—2010 年的农业生产结构如表 4－2 所示。

表 4－2　　岗堆村 2008—2010 年生产结构统计表

项目	单位	2008 年	2009 年	2010 年
农村经济总收入	元	8008214.4	9506760	10440160
（一）第一产业收入	元	3174889.4	3462611	3025496
其中：出售产品收入	元	531250	846700	418200
（1）种植业收入	元	1963428.4	2241658	1855441
（2）林业收入	元	195600	177900	177900
（3）牧业收入	元	993861	1042597	989155
（4）渔业收入	元	22000	456	3000
（二）纯收入	元	4944715	6063433	7614929
平均农村居民纯收入	元	3445	4110	4730

资料来源：岗堆镇 2008 年、2009 年、2010 年经济收入年报表。

由上表可以看出，岗堆村 2010 年的经济总收入为 1044.02 万元。其中，第一产业收入302.55万元，第二产业收入565.13万元，第三产业收入176.34万元。一、二、三产业占总收入的比重分别为：28.98%、54.13%、16.89%。可见，岗堆村农村经济收入中，第二产业比重最大，超过了总收入1/2；其次是第一产业，约占总收入的1/3；第三产业比重最小，不到总收入的1/5。

第一产业收入中，种植业收入185.54万元，林业收入17.79万元，牧业收入98.92万元，渔业收入0.3万元，分别占第一产业总收入的61.33%、5.88%、32.70%和0.1%。说明第一产业中，种植业所占比重最大，牧业次之，林业第三，渔业微乎其微。

2008年至2010年间，岗堆村经济总收入由800.82万元增长到1044.02万元。第一产业所占比重由39.64%减少为28.98%，种植业占第一产业的比重由61.84%变为61.33%，基本保持不变。可见，农业种植业在岗堆村的经济发展中处于比较稳定的状态。

2. 耕作制度

岗堆村耕地种植面积2776.1亩，主要分布在雅鲁藏布江沿江一带。民主改革后相当长一段时间，岗堆村大部分耕地冬季播种麦类作物，春季播种作物较少。1959年后，农作物的种类虽然增多，但因受本地自然条件的制约，基本上沿袭以前的种植制度，采用牛耕的方式，只相对调整了冬、春两季的播种面积，有少量的套种形式。

20世纪70年代后期，小型农业机械在岗堆村开始投入使用，由此改善了耕作制度。20世纪80年代至90年代，农业机械在该村进一步得到改善，采用铧、犁等机械耕种。岗堆村提高农作物产量的办法由靠天吃饭变为依靠科学种地，改良土壤，改良品种，提高单产。

3. 农业生产分工情况

在岗堆村的农业劳动中，个体小家庭是基本的生产单位，男女老少之间有性别和年龄的自然分工。成年男子负责犁地、挖坑、挑水、收割、制作农具、赶牦牛耕田等。妇女除参加田间平地、积肥、放水、薅锄、收割外，还承担煮饭、饲养牲口等家务劳动。老年人则在家制作酥油、奶渣等食品，兼管幼儿。大一点儿的少年儿童守护庄稼，协助搬运，平时负责放牲口。农忙季节，村民有互相帮工习惯，主要在缺乏耕牛和劳动力的农户之间进行，不计报酬。

（三）主要农作物

1. 主要的农作物种类

（1）粮食作物

岗堆村所在的贡嘎县是西藏的主要产粮区之一。据 20 世纪 90 年代在该县发现的昌果沟遗址出土的青稞、粟以及少量的“小麦”、“碗豆”种子的炭化粒、草本植物“人参果”的地下根茎碳化粒鉴定出该遗址的年代上限约为公元前 1370 年，距今约 3370 年。这证明了新石器时代，县境内雅鲁藏布江流域为青藏高原农业的发祥地之一。岗堆村种植的粮食作物也主要为青稞、冬小麦、马铃薯等。在长期的种植生产实践中，岗堆村人民不断总结种植粮食作物的经验，推广良种，增产粮食。

①青稞

青稞是禾本科大麦属的一种禾谷类作物，因其内外颖壳分离，籽粒裸露，故又称裸大麦、元麦、米大麦，主要分布在海拔 4200 ~ 4500 米的青藏高寒地区。青稞是岗堆村粮食作物中的主要品种，种植历史悠久。青稞有早熟、耐寒、耐盐碱、耐旱、抗病、丰产和适应性强的特点。岗堆村青稞以地方品种为主，其类型多数是紫色青稞、蓝色青稞和白色青稞；另有少量的四穗青稞，占穗青稞和勾芝青稞；引入品种有“藏青 320”、“昆仑号”和“山青 5 号”。2010 年，全村种植春青稞 1102. 1 亩，产量 85. 56 万斤，主要包括“喜马拉雅 8 号”、当地黑青稞等。

青稞可酿制青稞酒，是西藏四宝之首糌粑的主要原料，也是藏族人民的主要粮食。青稞炒后磨成面用酥油茶拌着吃，人们也将青稞与豌豆掺合制做糌粑。青稞的营养是比较丰富的，从有关资料对比来看，藏族人民的主食糌粑的营养价值不低于其他谷类，有的营养素还高于其他谷类食物。青稞做成的糌粑不但是藏族人民的传统食品，而且作为藏餐出现在拉萨的大小饭店，成为招待外宾的重要食品。青稞具有丰富的营养价值和突出的医疗保健作用。据《本草拾遗》记载：青稞，下气宽中、壮精益力、除湿发汗、止泻。藏医典籍《晶珠本草》更把青稞作为一种重要药物，用于治疗多种疾病。

青稞在青藏高原上种植约有 400 万年的历史，从物质文化之中延伸到精神文化领域，在青藏高原上形成了内涵丰富、极富民族特色的青稞文化。当地已推出了青稞挂面、青稞馒头、青稞营养粉等青稞产品。由此，体现了青稞在粮食生产中占有重要地位。

②冬小麦

1956年以前，岗堆村只种植春小麦，无冬小麦栽培。1961年，村里试种冬小麦成功，从而冬小麦便大面积推广，逐渐取代了春小麦。冬小麦一般在9月中下旬至10月上旬播种，翌年5月底至6月中下旬成熟。冬小麦的种植品种基本以肥麦为主，因长期种植，品种有所退化。推广品种有“山冬6号”、“肥麦”、“藏春17号”和“少黑山南13号”等。2010年，全村种植春冬小麦1196亩，产量140.73万斤。

③马铃薯

马铃薯俗称土豆，岗堆村历年来都有大面积种植，产品大多为农家自用。岗堆村的马铃薯为春季种植，薯种基本上都是本地留种，其特点是皮薄、口感好，未施用化肥，属纯绿色食品。这种土豆的种植处以沙性地为主，属早播类作物，雨季只需灌3次至4次水，多施农家肥。

（2）经济作物

①油菜

岗堆村的油料作物主要是油菜。油菜是十字花科植物油菜的嫩茎叶，属十字花科白菜变种。油菜中含多种营养素，所含的维生素C丰富，所含的矿物质能够促进骨骼的发育，加速人体的新陈代谢和增强机体的造血功能，胡萝卜素、烟酸等营养成分也是维持生命活动的重要物质。

20世纪60年代，岗堆村的油菜种植面积较小，产量也较低。20世纪70年代末期，由于县委、县政府的重视，村里油菜种植面积有所扩大，产量也有所提高。进入20世纪90年代，随着产业结构的调整、优化，油菜种植面积进一步增加，品种主要为“山油5号”。2010年，全村种植油菜101亩，产量25250斤。

②蔬菜作物

20世纪60年代至70年代末，岗堆村蔬菜种植很少，品种也十分有限，以萝卜、莲花白为主。20世纪80年代，村里实行承包责任制后，蔬菜种植面积明显扩大，但蔬菜品种仅限于山东白菜、莲花白、萝卜等，另有极少量的莴笋、花菜等。

进入20世纪90年代，随着生活水平的不断提高，村民们对蔬菜的需求与日俱增，已不再满足于以前的白菜、萝卜。结合人们的生活需要，一些个体商户开始从拉萨购进新鲜蔬菜在村里进行贩卖。在县政府、镇政府的支持和指导下，岗堆村部分农户于2005年起在自家田地上也建起了蔬菜大棚，蔬菜种植面积越来越大，种植技术、条件也越来越好，蔬菜品种也越来越多。

目前，岗堆村的蔬菜主要有：萝卜、小白菜、山东白菜、莲花白、花菜、莴笋、菠菜、芹菜、黄瓜、南瓜、菜瓜、胡瓜、茄子、豇豆、菜豆、四季豆、葱、韭菜、香菜、辣椒、蒜苗等。

2. 农产品的生产情况

岗堆镇统计所向我们提供了近年来的《岗堆镇农林牧副渔业综合统计年报表》，其中记录了该镇各个村农产品的生产情况，摘录岗堆村的各项数据总结成下表：

表4－3　**岗堆村主要产品生产情况统计表**

农作物生产情况		2008年	2009年	2010年
农作物播种总面积（亩）		2743.4	2776.1	2776.1
一、粮食作物	面积（亩）	1309.4	1967.3	2298.1
	总产量（斤）	2218508	2562508	2262878
（一）谷物	播种面积（亩）	1309.4	1967.3	2298.1
	总产量（斤）	2218508	2562508	2262878
1. 稻谷	播种面积（亩）	0	0	0
	总产量（斤）	0	0	0
2. 小麦	播种面积（亩）	685	1226	1196
	总产量（斤）	963374	1263374	1407300
其中：春小麦	播种面积（亩）	0	0	0
	总产量（斤）	0	0	0
冬小麦	播种面积（亩）	685	1226	1196
	总产量（斤）	963374	1263374	1407300
3. 玉米	播种面积（亩）	0	0	0
	总产量（斤）	0	0	0

续表

农作物生产情况		2008 年	2009 年	2010 年
4. 其他谷物	播种面积（亩）	624.4	741.3	1102.1
	总产量（斤）	1255134	1299134	855578
其中：青稞	播种面积（亩）	624.4	741.3	1102.1
	总产量（斤）	1255134	1299134	855578
荞麦	播种面积（亩）	0	0	0
	总产量（斤）	0	0	0
（二）豆类	播种面积（亩）	0	0	0
	总产量（斤）	0	0	0
（三）薯类	播种面积（亩）	0	0	0
	总产量（斤）	0	0	0
二、油料	播种面积（亩）	588	563.8	101
	总产量（斤）	205800	225388	25250
其中：花生	播种面积（亩）	0	0	0
	总产量（斤）	0	0	0
油菜籽	播种面积（亩）	588	563.8	101
	总产量（斤）	205800	225388	25250
三、蔬菜	播种面积（亩）	78	103	135
	总产量（斤）	133900	133900	61800
四、瓜果类	播种面积（亩）	0	0	0
	总产量（斤）	0	0	0
五、药材	播种面积（亩）	0	0	0
	总产量（斤）	0	0	0
六、其他农作物	播种面积（亩）	68	142	242
	总产量（斤）	411400	411400	64000
其中：青饲料	播种面积（亩）	68	142	242
	总产量（斤）	411400	411400	64000
绿肥	播种面积（亩）	0	0	0
	总产量（斤）	0	0	0

数据来源：《岗堆镇农林牧副渔业综合统计年报表》，统计表由岗堆镇统计所提供。

（1）粮食作物

由上表可以看出，2010 年岗堆村粮食作物播种面积为 2298.1 亩，占农作物播种总面积（2776.1 亩）的 82.78%，比 2009 年（1967.3 亩）和 2008 年（1309.4 亩）有所增加。而粮食作物中全部为谷物类作物。

在谷物类粮食作物中，冬小麦的播种面积最大、产量最高，分别占谷物播种面积和总产量的 52.04%、62.19%；其次为青稞，青稞的播种面积占谷物播种面积的 47.96%，产量占 37.81%。可见，岗堆村的小麦和青稞生产占据了农作物生产的重要地位，为人、畜饮食提供了重要来源。2010 年，岗堆村冬小麦亩产 1177 斤，青稞亩产 776 斤。

（2）油料

2010 年岗堆村油料作物播种面积为 101 亩，仅占农作物播种面积的 3.64%，比起 2008 年和 2009 年的播种面积和比重都有所减少。油料作物种类主要为油菜籽，产量为 25250 斤，亩产 250 斤。

（3）蔬菜

表中所指的岗堆村蔬菜产出主要是指马铃薯。2010 年岗堆村马铃薯播种面积为 135 亩，比前两年有所增加，占农作物播种总面积的 4.86%；产量为 61800 斤，亩产约为 458 斤，低于全镇平均水平。

（4）其他农作物

除去粮食作物、油料和蔬菜外，青饲料也占去了一部分产出比例。青饲料主要包括天然牧草、栽培牧草、田间杂草、菜叶类、水生植物、嫩枝树叶等，如果得到合理利用，可以减少成本，提高养殖效率。2010 年，岗堆村的青饲料播种面积为 242 亩，占农作物播种面积的 8.72%，比前两年有所增加。

（四）农业生产要素投入

1. 农业工具装备情况及变动趋势

（1）主要传统农具

①耕作农具

岗堆村的传统耕作农具为铁铧木犁（俗称藏犁）和二牛抬杠，两者配套使用，属畜力耕作农具。前者全长 39 厘米；后者全长 136 厘米，直径 8 厘米，二牛之间间距68厘米。用二牛抬杠犁犁地时，在犁辕的前面架一长木杠，使两牛并驾拉拽，一人扶杠，一人扶犁，一人平土或撒种，入土深度一般为5寸左右。通常把需三个人工加上一架牛每天耕种的土地面积称为“一架地”（平均约合2.5亩）。

②收割农具

岗堆村的传统收割农具为连枷口、二齿叉和镰刀。连枷口杆长132厘米，轴长18.5厘米，用于打青稞。二齿叉全长135厘米，叉齿长40厘米，用于堆青稞。木柄铁刀镰刀，把长24.5厘米，刀全长42厘米，刃全长32厘米，主要用于麦类作物的收割。

③加工农具

岗堆村的传统加工农具为铡刀、手磨、浅筛和刮板。

铡刀：为铁刀、木架，底座长105厘米，刀架长83厘米，刀身长66厘米，木把长22厘米，用于铡青稞穗或草等。

手磨：石制，分上、下两扇，直径45厘米，手把长35厘米，用于磨少量的粮食。

浅筛：木制，直径41厘米，周长131厘米，属工具。

刮板：木制，杆长183厘米，头长83厘米，用于推搂粮草。

④运输工具

村里的传统运输工具是胶轮手推车和胶轮马车，主要作运输粮食、肥料等用。1956年后，随着一些简易道路的修建，适应这些简易道路的胶轮手推车、胶轮马车诞生，在相当长的一段时间内，这些手推车、马车在运输中充当了相当重要的角色。20世纪80年代后，虽然拖拉机开始进入村里投入使用，但仍有数量不少的胶轮马车、手推车存在。

（2）新式农具

20世纪70年代，为了适应农业的迅速发展，新式农具在岗堆村应运而生，过去使用的铁铧木犁（俗称藏犁）换成了新式步犁。新式步犁在耕作效率上要比铁铧木犁高，人畜都省劲。首先，新式步犁一般要比旧犁多犁2～3寸深，这样便可以利用地层下面肥沃土壤的肥力。其次，铁铧木犁犁过后，下面有土埂，新式步犁翻土均匀、完全，犁过后犁底平坦，可以把表土整个压在下面，既能掩盖杂草，把草沤烂，增加肥力，又可把地下幼虫及虫卵完全翻到地面上来，经日晒或冰冻将其消灭。

随着农机的发展和使用，机引农具也随之出现，有机引犁、机引耙和机引播种机。

(3) 现代农业机械装备情况

近年来，岗堆村的农业机械装备不断完善，根据岗堆镇统计所提供的相关数据，2008—2010 年岗堆村农业机械装备及收获机械利用情况如表 4－4所示：

表 4－4　**2008—2010 年岗堆村农业机械装备及利用情况表**

一、农业机械化情况	单位	2008 年	2009 年	2010 年
(一) 农用机械类				
1. 农用运输车	辆	—	10	6
2. 180 型拖拉机	辆	46	93	110
3. 195 型拖拉机	辆	7	27	23
(二) 农用设备				
1. 播种机	台	7	9	9
2. 联合收割机	台	2	10	10
3. 机动脱粒机	台	8	8	11
4. 提灌站	座	2	4	4
5. 机电井	眼	5	5	5
6. 农用水泵	台	3	3	3
(三) 加工机械类				
1. 磨面机	台	4	4	4
2. 压面机	台	2	2	2
3. 榨油机	台	4	4	4

资料来源：岗堆镇 2008 年、2009 年、2010 年经济收入年报表。

①农用机械类

2010 年，岗堆村有农用运输车 6 辆，比 2009 年减少了 4 辆。主要原因有：第一，村民因家里盖房缺少资金将运输车卖出；第二，部分原来拥有农用运输车的村民认为农用运输车的成本－收益率低于客运车，转而将农用运输车卖出，改为经营客运车。

近年来，岗堆村180型拖拉机逐年大幅增加，由2008年的46辆增加到2009年的93辆，到2010年已增加至110辆。这说明，随着岗堆村村民收入水平的提高，180型拖拉机的普及率也相应提高。195型拖拉机即手扶拖拉机，手扶拖拉机在岗堆村的需求量大幅增加后又有所减少，数量由2008年的7辆增加到2009年的27辆后，到2010年又减少为23辆。

②农用设备

2010年，岗堆村有播种机9台、联合收割机10台、机动脱粒机11台，比2008年都有所增加。早在1978年，贡嘎县为农机试点县后，岗堆村曾试用过县里引进的108型割晒机，但后因受到技术性、机具的适应性的限制以及管理、使用不善，割晒机基本不能使用。后来到20世纪90年代，才开始购置使用联合收割机。

岗堆村2008年前曾有提灌站2座。2009年，县水利局又建设二级提灌站4座，蓄水池1座，现村里共有提灌站4座。全村农业水泵基本稳定在3台，机电井保持在5眼。

③加工机械类

岗堆村的农业加工机械主要有磨面机、压面机和榨油机，近年来磨面机的数量保持在4台。压面机主要用于把面粉跟水搅拌均匀，代替传统手工揉面的工序，可用于制作面条、糕点、面点等，村里压面机的数量为2台。榨油机用于榨油菜籽，数量为4台。

2. 农药化肥

（1）化肥投入

根据岗堆镇统计所提供的2008—2010年《岗堆镇农林牧副渔业综合统计年报表》，可以得到岗堆村近三年来的化肥使用情况。

由图4－1可以看出，2008年至2010年岗堆村化肥投入量逐年递增。2008年，农用化肥施用量为42.4吨。2009年增至57.9吨，同比增长37.2%。2010年化肥施用量达到91.5吨，约为2008年的2.17倍，比2009年增长58.03%。

岗堆村施用的化肥品种主要为尿素肥和二铵（复合肥）。按照西藏自治区统一下发的文件要求，贡嘎县农牧局以指标价格销售。群众购买尿素单价

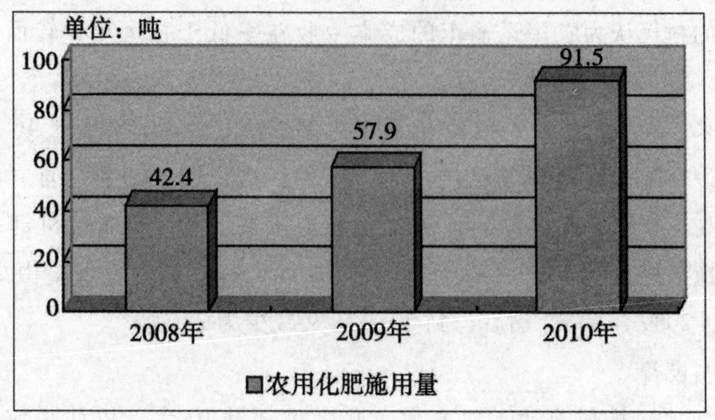

图 4－1　2008—2010 年岗堆村化肥使用情况

45.2 元/袋，二铵单价 75 元/袋，其余差价部分由自治区统筹安排。

（2）农药投入

岗堆村的农药施用实行全村统一发放、统一施用的政策。按照自治区相关文件要求，农药支出均由贡嘎县农牧局请示政府从其他资金中支出，故所有农药全部免费发放到各个村庄。2008 年至 2010 年，岗堆村的农药施用量一直保持在 2 吨。种类主要有：盖草能、大膘马、燕麦畏、野麦畏、4D 丁酯、2.4－D 丁酯、地虫杀星、立克锈、粉锈宁、快杀林、克百威等。

2008 年，村里冬小麦蚜虫病灾较为严重，县农牧局向村里调运了燕麦畏、地虫杀星、2.4－D 丁酯和快杀林等农药，针对当年爆发的青稞细菌性条斑病疫情，还免费发放了链霉素、石灰、草木灰等。

3. 劳动力

根据岗堆镇统计所提供的 2008—2010 年《岗堆镇农林牧副渔业综合统计年报表》，可以得到岗堆村近三年来的农业劳动力投入情况。

表 4－5　2008—2010 年岗堆村农业人力投入情况统计表　单位：人

乡村人口与从业人员	2008 年	2009 年	2010 年
1. 乡村户数	292	303	316
（1）农业户	292	303	316
（2）非农业户	0	0	0

续表

乡村人口与从业人员		2008 年	2009 年	2010 年
2. 乡村人口数		1407	1443	1488
其中：农业人口		1407	1443	1488
3. 乡村劳动年龄内劳动力资源数		785	770	733
按性别分类	男性	418	402	378
	女性	367	368	355
4. 乡村从业人员数				
从业人员按国民经济行业分	农业从业人员	448	409	424
	工业从业人员	24	7	10
	建筑业从业人员	258	225	226
	交通仓储邮政业从业人员	18	32	20
	信息运输、计算机服务业从业人员	0	0	0
	批发零售业从业人员	23	25	22
	住宿和餐饮业从业人员	14	42	28
	其他从业人员	0	0	3

数据来源：《岗堆镇农林牧副渔业综合统计年报表》，统计表由岗堆镇统计所提供。

2010 年，岗堆村共有户数 316 户，人口 1488 人，全部为农业户及农业人口。自 2008 年起，三年间增加农业户数 24 户，农业人口 81 人。2008 年，岗堆村劳动力资源数为 785 人，男性比女性多 51 人。其中，农业从业人员占全村从业人员总数的 57.07%，2009 年劳动年龄内男性比女性多 34 人，农业从业人员占全村从业人员总数的 53.12%，2010 年该比例为 57.84%，且男女人数更加趋于一致。由此可见，岗堆村劳动力男女比例较为均衡，虽然 2009 年农业从业人员占全村从业人员总数的比例有所下降，但三年间该比例始终保持在 50% 以上，说明岗堆村农业劳动力仍占据劳动力总数的大部分。

4. 优良品种

（1）藏青 320 号

藏青 320 号是岗堆村种植的主要青稞品种，该品种是西藏自治区农牧科学院农业研究所于 1982 年选育而成的中晚熟丰产型品种，于 1985 年通过审定后开始逐步推广。贡嘎县农牧局在全县各村推广种植后，该品种成为各农区主要种植品种和迄今推广面积最大的青稞品种。藏青320号在岗堆村生育期115~120天，株高100~110厘米，株型半松散，幼苗生长健壮，抗寒性能强，单株有效成穗数1.5个，群体生长整齐一致，熟相好，穗下垂，穗长7厘米，四棱长芒、白粒，小穗密度偏稀，穗粒数55~60粒，平均千粒重55克，平均亩产在300千克以上，与原生产品种相比，增产30%以上。该品种粮草兼顾、穗大粒大、耐寒、耐瘠、熟相好、适应性广、稳产性好，轻感条纹病。

（2）山冬6号

山冬6号是岗堆村种植的主要冬小麦品种，该品种系山南地区农科所于1989年用Jaguar做母本与藏春17号×藏冬2号做父本复合杂交，经系统选育于1998年育成，原代号为W06-98。该品种多花多实，穗大，属中熟品种。2001年西藏自治区农作物品种审定委员会第十一次会议审定通过命名为山冬6号。该品种为幼苗半匍匐，叶深绿色。无芒、白颖、白粒，穗纺缍形，株型紧凑，株高94.9~119.7厘米，穗长8.7~9.5厘米，穗粒数37.6~45.2粒，千粒重41.4~53.7克。属多花多实、重穗型中熟品种。生育期299天左右，与肥麦同期成熟。抗寒性强、绿色越冬，分蘖力强，成穗率较高。耐肥、抗倒、口紧、落黄佳。轻感黑穗病，不耐瘠薄。该品种丰产性好，增产潜力大，稳产性好，适应性广。品种中的粗蛋白质含量14.0%，湿面筋含量38.9%，沉降值39毫升，粗纤维2.78%，粗淀粉54.09%，品质远优于肥麦品种，适宜制作面条、饺子。

5. 农业科技

在贡嘎县农牧局的政策和技术指导下，农业科学技术在岗堆村得到了广泛的推广，促进了农业生产的高效产出。县农牧局采取的技术推广措施主要有如下四方面。第一，坚持“请进来”的方式，依托上级业务部门专家，发挥自身技术力量，在村民中开展技术培训。如2008年共开展技术培训21期，其中病虫害防治培训4期、灭草培训7期、油菜间苗培训2期、特色土豆培训2期、蔬菜培训2期、畜牧业培训2期、其他类培训2期，培训内容包括田间灭草、蔬菜种植技术、病虫草害防治、沼气安全使用、动物疫病防控等，培训内容贴切实际、操作性强，受到广大村民的热烈欢迎。通过培训，还造就了一批农村科技致富带头人、技术“二传手”、科技创业人才等农村实用科技人才。第二，坚持“送出去”的方式，把握上级业务部门组织的统一培训的机会，选择条件好的村民参加培训，不但提高个人的操作技能，还带动了村里的增收。第三，选择农业科技示范户，用科技人员与示范户“结对子”的方式，平均由1名技术人员指导10户农户开展对应产业的科技示范，并同示范户签订技术服务协议。第四，积极开展群众内部技术交流和学习工作，组织种植户和技术学员互相参观学习，通过村民带村民的方式形成传播链条。

现将岗堆村主要的青稞栽培技术、冬小麦高产栽培技术和油菜种植技术介绍如下。

(1) 青稞栽培技术

青稞栽培技术主要包括整地、施肥、备种、播种、田间管理、收获与贮藏六方面。

第一，整地。青稞的整地因种植制度、土壤、天气等因素而不同。前旱地应在休闲期及时降水保墒，马铃薯、玉米等秋收作物作为冬青稞前茬，收获后及时翻耕，深耕20~25厘米。整地时要做到“齐、平、松、碎、净、墒”。播种前整地有益于提高播种质量，结合整地重施底肥是提高青稞产量的重要措施。

第二，施足底肥。施肥原则一般为“重施基肥、用好种肥、早施苗肥”，有机肥与无机肥相结合，将全部有机肥和80%左右的氮肥及少量的磷肥用作种肥外，在犁地前全部施入土壤中。还应根据当地土壤供肥能力、产量指标等确定适宜的施肥种类和施肥量。

第三，备种。要达到高产，就要有优良的种子，良种应具备四个条件：一是品质好；二是产量高，增产潜力大；三是品种要适应当地的种植制度和土壤条件；四是对当地病虫草害等自然灾害有较大的抗御能力。

第四，春播。适期早播，播期为4月上旬。冬青稞在10月上旬播种。播种量依品种类型、种植方式等而定，一般分蘖力强的、成穗率高的品种应少播，分蘖力弱的、成穗率低的品种应多播，撒播比条播的播种量大，一般亩用种量15~17.5公斤，一般为30万粒/亩，条播、行距以20~22厘米为宜，播前采用15%粉锈灵拌种（亩用50~80克），防治黑穗病和预防青稞各种锈病，化防野燕麦。亩施农家肥1000公斤做底肥，过磷酸钙15公斤，尿素5公斤做种肥。要求在撒种时尽量将种子撒在沟内，种子覆土深度为2~3厘米，最深不能超过5厘米。

第五，田间管理。青稞出苗后要及时查苗补苗，疏密补缺，破除板结，达到匀苗、全苗，为壮苗奠定基础。人工和化学除草是保证青稞正常生长发育的重要田间管理措施，除草除人工除草外，多用化学除草方法，其中2.4－D丁酯应用最广。一般在青稞3～4叶期结合中耕除草，化学防除田间阔叶杂草，青稞拔节期以前，亩喷洒2.4－D丁酯60～80毫升。同时注意防病治虫，灌水和追肥是保证青稞生长代谢的营养及水分的需求。苗期适时灌水可促进青稞的穗分化，形成大穗，在抽穗开花及灌浆期灌水，可促进青稞籽粒饱满和营养物质的积累。视其苗情酌情追施化肥，追肥以氮肥（尿素）为主，最好结合灌水进行。在青稞2叶1心亩追施尿素4～5公斤，抽穗前期亩施尿素3～4公斤。

第六，收藏与贮藏。青稞在腊熟后及时收获，收获不及时会影响产量，并且影响青稞的储藏品质。青稞在黄熟期收获最好，也就是植株和穗子全黄，含水量小于20%～22%时收获、脱粒，籽粒不受损伤。收获后及时凉晒，防止混杂，并分筛去杂，使籽粒含水量降至10%～12%，以利于种子安全贮藏。

栽培要点包括：

一是精细整地。在封冻前要及时进行耙耱镇压，积极保墒，消灭土块，做到耙耱平整。通过镇压，可抑制土壤水分蒸发。

二是轮作倒茬。青稞选茬是一个重要问题，重茬造成土壤养分缺乏，并加重了病、虫、草的危害和蔓延。导致产量无法提高，造成减产。因此，必须进行合理轮作。要求三年以上的轮作：一般轮作方式为青稞—马铃薯—油菜—豌豆。

三是合理施肥。青稞生育期短，前期对营养物质需求极为敏感。根据这一特点，青稞要求有机肥要腐熟。氮、磷、钾三要素配施要科学，基肥要足，追肥要早，青稞在生产中所需的氮磷钾比例为1:0.5:0.8，亩施纯氮8公斤，五氧化二磷4公斤、氧化钾6公斤，要合理补充微肥，可采用叶面喷雾追施。每隔5～7天喷1次，一般喷3次为宜。

四是合理密植。青稞的密度，一般应视品种特性、播种早迟、土壤肥瘦等具体条件而有所不同。土肥条件十分优良应合理密植，亩播量严格控制在18公斤，亩基本苗28万～30万株左右，这样产量最佳。

五是适期播种。青稞应在谷雨后、立夏前播种最为适宜，过早过晚都不利于产量的提高，播种深度掌握在5～6厘米。

六是田间管理。①施足底肥。播前按优化施肥要求，尽量做到秋施肥，无条件的也可做到化肥深施、早施，尽量避免与种子混施，造成伤苗。②及时追肥。保证使青稞在出苗阶段成为“胎里富”。力争在二叶一心期结合降雨，每亩追施尿素4~6公斤，为青稞增蘖、增穗、增籽打基础。③中耕除草。青稞在前期易受杂草危害，影响青稞产量，在二叶一心期，对阔叶杂草严重田块，可用72%的2.4-D丁酯每亩40克兑水30公斤喷雾。④叶面喷肥。在青稞孕穗以后到灌浆初期喷施磷酸二氢钾每亩0.15公斤，兑水30公斤，加尿素0.5~1公斤，对延长叶片功能，顺利灌浆成熟和提高千粒重，都有很好的效果。⑤适时收获。青稞收割的适宜期为蜡熟期，全田成金黄色，籽粒饱满时及时收获。⑥病虫害防治。防治青稞腥黑穗病，应采用粉锈宁拌种或用15%粉锈宁可湿性粉剂1000倍液喷雾。农田鼠害经几年的大面积防治，虽有减轻，但部分地方仍较为严重，要继续采取综合措施进行防治，尽量扩大保护面，以保证青稞增产增收。

(2) 冬小麦高产栽培技术

第一，播前准备。

一是选择地块。选择地势平坦、耕性良好、排灌配套、土层深厚、土壤肥沃的地块。最好集中连片种植，便于统一机械作业和栽培管理。

二是灌足底墒水。要求灌匀灌透、不冲不漏、每亩灌量不少于80~100立方米。

三是施足基肥。按照测土配方结果，以降低成本、提高肥料利用率。一般底肥每亩施优质有机肥1000~2000公斤、尿素10公斤、三料磷肥20~30公斤或磷酸二铵15~20公斤、钾肥5~10公斤翻地前均匀撒于地面，结合翻地施入。

四是播前整地。灌底墒水后，适耕状态耕后耙耱，做到地边整齐、土地平整、土质松碎、上虚下实、田间清洁、墒度适合。

第二，播种。

一是适期播种。适期播种是培育壮苗的关键，冬小麦自播种到越冬前有50~60天生长时间大于零度积温在500℃~600℃；当地平均气温降至15℃~17℃，易形成壮苗，有利于安全越冬，小麦生长适中，易获得高产。按正常年份我市适宜播期10月5日—25日。

二是抓好播种质量。采用15厘米等行距条播，要求做到播行端直、下籽均匀、接茬准确、深浅一致（4~5厘米）、覆土良好、镇压紧实。同时带肥下种，种肥以每亩5公斤左右的氮磷复合肥为宜。亩播种量6~8公斤，早播易少，晚播可以适当增加播量。

第三，田间管理。

冬前管理要点有：①查苗补种：播后10天左右，出苗率低的地块，应立即以小水轻灌，促进齐苗；②适时冬灌。及时灌好越冬水，冬灌时间以平均气温降到4~5度，日消夜冻时浇越冬水为宜（一般在11月初前后），一般亩灌水60~80立方米。

翌年管理要点有：①及时春耙。冬麦返青后适墒及时春耙。耙地深度3~5厘米，盐碱地连续耙地2~3次，耙地时间3月初为宜。②水肥管理。冬小麦返青后灌第一水，同时亩施尿素10公斤左右。一水7~10天后浇第二水。后期抽穗、扬花、灌浆三个时期保证供水，冬麦灌浆时避免灌水后大风天气造成倒伏。冬麦后期如有缺肥表现，结合抽穗、扬花期的浇水，每亩追施尿素7~10公斤。③化学除草。在小麦起身拔节期（4月中旬前后），用二甲四氯300~400克/亩或苯磺隆15~20克/亩兑水25~30公斤喷雾，要求喷湿喷透，及时灭除田间阔叶杂草。④合理化控。对麦苗生长偏旺的田块，在拔节初期使用40%矮壮素150~200克/亩结合化学除草混合喷雾，控制小麦旺长促根系生长，防倒伏抗病，增分蘖，增粒重，增产量。⑤预防干热风。在扬花灌浆期，每亩喷施50公斤浓度为0.4%的磷酸二氢钾溶液（200克磷酸二氢钾兑水50公斤），应早晚喷施。⑥病虫害防治。拔节后期及灌浆期根据麦田病虫害发生情况，及时进行药剂防治。⑦适时收获。最佳收获期是蜡熟末期。机械收获要一条龙作业，保证质量。无漏割，无破碎，脱粒净，损失率不超过5%。⑧小麦收获前，要提前7天做好夏播玉米播前灌水工作，收获后及时清理麦田，准备好播种机械、种子和杀土壤害虫拌种剂，为夏播做好准备。

（3）油菜种植技术

早春露地油菜适期播种非常重要，播种过早，受外界低温条件影响，容易造成寒害、沤根、烂根、抽薹的现象。播种过晚，会造成上市推迟，产品质量差（主要因为温度过高），降低经济收入。露地生产一般在3月下旬播种，全部采用直播方式。

①施足基肥。一般情况下，亩施优质充分腐熟的农家肥3000~5000公

斤、磷酸二铵20～25公斤、硫酸钾10～15公斤或45%的三元复混肥40～50公斤。

②种子处理。播种前把种子放在光照充足的地方晾晒3～4个小时，然后把种子放在50℃温水中浸泡20～30分钟，再在20℃～30℃水中浸种2～3小时，晾干后可直接播种；或置于15℃～20℃条件下进行催芽，24小时出齐芽进行播种。

③精细播种。一般于3月下旬播种，亩用种约350克。播种前，视土壤墒情浇水造墒，待水渗后播种。播种时，1米宽的畦开5条沟，沟深1.5～2厘米，将种子均匀播在沟内。

④田间管护。当两片真叶展开时（2叶1心）第一次间苗，苗距3～4厘米；4叶1心时进行第二次间苗（定苗），苗距8～10厘米，每亩留苗4万株左右。苗期需水较少，一般情况下不旱不浇水，定完苗后，在生长期间浇水3～4次，浇水要选晴天上午进行。收获前15天左右追1次肥，亩施尿素20～25公斤或硫酸铵20公斤。

⑤防治病虫。a. 防治病害。春茬露地油菜易发生的病害主要有菌核病、霜霉病、黑腐病等。防治病害，应及时摘除老叶病叶，凡病叶率达到10%以上时可用农药进行防治。常用农药有：多菌灵、百菌清、甲基托布津等。每亩喷施药液50～75公斤，一般用药2次，每次间隔5～7天。b. 防治虫害。油菜的害虫主要有蚜虫、潜叶蝇等。若发现蚜虫，要及时用20%速灭杀丁2000倍液或2.5%扑虱蚜1800倍液喷洒。在刚出现潜叶蝇幼虫为害的蛀道时，可使用90%晶体敌百虫每亩50～70克，对水60公斤喷雾防治。

⑥及时收获。春茬露地油菜一般播后约60天可收获上市。过早上市则影响产量，过晚会影响产品质量。

（五）农产品的商品化和农业产业化

1. 农产品商品化程度

根据岗堆镇统计所提供的相关数据，岗堆村2010年农作物分配使用情况如下表所示。

表 4－6　2010 年岗堆村农作物分配使用情况　单位：斤

名称	产量	出售与交换	自用	种子	饲料
粮食	2262878	109780	1988094	124920	40084
油菜	25250	3000	22050	200	—

数据来源：《2010 年岗堆镇国民经济统计表》，由岗堆镇统计所提供。

由上表可以计算出，2010 年岗堆村用于出售与交换的粮食作物占粮食产量的4.85%，除去种子和饲料的占比，自用粮食占粮食总产量的87.86%。而用于出售与交换的油菜占油菜总产量的11.88%，除去种子的占比，自用油菜占油菜总产量的87.33%。

由此可见，岗堆村农产品商品化的程度并不高。能够进行商品化的农产品，实际上是农民留足自需后“多余”的农产品。农民这种农产品“多余”的部分，是农产品进入市场流通的主体，是农民获得家庭自身无法生产的其他日常生活用品的交换品，也是以家庭为单位扩大再生产时所需的生产资料的主要经济来源。在这种情况下，该村农产品商品化的数量就很不稳定。当农业丰收，“多余”量大时，农产品商品化数量增多；当农业歉收，“多余”量少时，农产品商品化数量立即减少。

表中所示的粮食主要是青稞和小麦。在岗堆村，小麦的出售价格为 1.5 元/斤，青稞的出售价格为 1.7 元/斤。按此计算，2010 年岗堆村出售粮食作物的收入大约为 175648 元，仅占农村经济总收入的 1.68%。油菜则一般是炸成油料后出售，加工费为 0.2 元/斤，出售价格为 3 元/斤。按此价格计算，2010 年岗堆村出售油料的收入大约为9000 元，不到农村经济总收入的0.1%。

2. 农业产业化水平

（1）农业产业化的意义

农业产业化是在稳定家庭联产承包责任制的前提下，以市场为导向，以经济效益为中心，通过龙头企业把农户生产与国内外市场连接起来，实现种养加、产供销、贸工农一体化经营，使农产品从生产到消费的各个环节有机联成一个完整的产业体系，使农业龙头企业与农民结成利益共沾、风险共担的经济共同体。农业产业化经营是在市场经济条件下，更加适应生产力发展要求的新的经营方式和产业组织形式，是改变农业从事低层次原料生产的传统方式，改善农业投入动力机制，提高农业比较效益的根本出路；有利于实现在家庭经营基础上的农业规模化、集约化经营，促进农业向专业化、商品化、社会化转变，加快农业现代化进程。在市场经济条件下，农业产业化是农业和农村经济深化改革和进一步发展的必然，它作为一种社会化大生产组织形式，着眼于农业和农村生产力的发展，强化农业基础地位，改变传统农业生产方式为现代农业生产方式，促进农业增效和农民增收的关键措施，是解决“三农”问题，整体推进农村经济工作的重要手段。

(2) 农业产业化现状

依据我们的调研和观察，岗堆村的农业产业化并不是很发达。该村的产业为种植业和养殖业，生产出的农畜产品主要销往县镇内。在该村，常规的青稞、小麦、油菜等还没形成产业化、市场化，农民只能自给自足。

虽然近年来在县政府的领导和镇政府的支持下，该村努力发展青稞、小麦和油菜的特色产业，农业机械化生产水平也逐年提高，机械收获面积占农业播种面积的60%以上，青稞、小麦、油菜种植已初步呈规模化，但由于岗堆村受旱灾影响较大，农业产业化发展还存在制约性因素。

(3) 农业产业化存在的问题

一是受自然灾害影响，农业规模生产受限，难以产业化。二是主导产业集约化程度不高。农民单家独户的分散经营难以形成大规模的集约化生产，“一村一品”的特色优势无法得到发挥，处于“零、散、小”的状态，规模效应不突出。三是一家一户小生产难以推行标准化生产，致使产品质量提高缓慢，产业化经营中品牌意识不强，名、优、新、特产品少，缺乏强劲的市场竞争力。四是资金问题。实现农业产业经营必须有一定量的资金投入。在当前政府财政困难的情况下农民是投入的主体，而小规模分散的农户不可能有较多的资金积累。加之工农业产品比价不合理，许多农民即使有了一些积累，除了购买化肥、农药等必要的生产资料以维持简单再生产外，也不愿进行更多的投入以扩大农业再生产。五是龙头企业辐射带动力不强。部分农业产业化龙头企业缺乏流动资金，不能满负荷运转，不能达产达标；龙头企业产业链短，深加工能力不强，附加值偏低，对农业的支撑带动作用还不够强。

(4) 农业产业化建议

第一，改良土地质量，加强水利设施建设。鉴于岗堆村农业生产受干旱影响较大，2009年县水利局建设二级提灌站两座，蓄水池一座，岗堆村每家每户也都通了自来水，水利设施得到了一定程度的改善。但岗堆村土地渗透性强，地面蒸发量大，因此改良土地品种和质量势在必行，岗堆村村民应在村委会的指导下，定期将雅鲁藏布江边的肥沃土壤运回自家田地，改良土地质量，增强土壤肥力。另外，县政府还应继续加大对农田水利的投资力度，保障农民灌溉用水，有效加强对现有水利设施和水库的管理与维护，为保证农业的健康持续发展奠定基础。

第二，积极加入农村专业合作经济组织。2005 年以来，岗堆镇出现了蔬菜协会、马铃薯协会、名优农产品协会等农村专业经济技术合作协会。虽然这些农村专业合作经济组织起步较晚，刚处于建立阶段，协会经济活动尚不明显，但这些协会为广大会员和农民收集市场信息，为农户提供产前、产中、产后的各项服务，把千家万户的小生产与千变万化的大市场有机联系起来，能够指导各家各户进行标准化生产，将资源优势转化为经济优势。岗堆村村民应积极加入。

第三，致力打造农产品知名品牌，发挥品牌的带动与辐射效应。岗堆村生产的藏青 320 号具有穗大粒大、熟相好、稳产性好、营养价值高等特点，山冬 6 号具有分蘖力强、成穗率高、增产潜力大、稳产性好的优势。该村应按照发展高产、优质、高效、生态、安全农业的要求，加大农业结构调整力度，大力发展青稞、小麦等优势产业，推动特色产业规模化、集约化发展，打造成为知名品牌，发挥品牌对加工业资源的整合和带动作用。首先，要强化品牌意识，充分发挥原产地品牌优势。其次，应加强农产品品牌的策划包装与宣传，利用现代市场营销方法与手段，不断扩大农产品的品牌效应。再次，需依靠科技创新，加强质量监管，不断提高现有品牌产品的质量与安全性，并积极创造更多的特色品牌。

第四，加大对农业产业化经营的投入力度。充分发挥政府与银行建立的金融合作平台，加强协调，争取农业产业化发展的信贷投放资金。加大农业产业化项目的争取力度，为农业产业化建设提供项目支撑。充分运用市场经济手段，引导社会资本、工商资本参与建设，形成多元投入、利益共享的投入新机制，保证农业产业化的快速推进。

第五，发展农产品深加工，依靠龙头拉动农业产业化。农产品深加工是岗堆村推进农业产业化、增加农民收入的主要“瓶颈”。要围绕市委、市政府关于发展特色农业的要求，积极引导农业龙头企业加大农产品精、深加工，如开发青稞酒、青稞营养粉等拥有较好市场前景的新、特、优农产品，努力提高农产品附加值，让农民和农产品加工企业得到更多实惠。依靠龙头企业和龙头企业集团组建和扶持外联市场，内联千家万户，集信息、科研、加工、运销、服务于一体，带动广大农民将产品销往国内外市场。

五、畜牧业

畜牧业作为传统产业，在岗堆村乃至整个藏族经济发展中占有非常重要而独特的地位。目前，岗堆村主要畜禽种类有牛、羊、猪和鸡四种，大多以农户自行圈养、小组集体放牧或圈放相结合的生产方式存在。近十年，岗堆村畜牧总量没有太大变化，但因其防疫、改良等技术的提高，畜牧业产值不断增加，畜牧业不仅为村民提供了生产生活所需的畜产品，而且已成为村民增加收入的重要渠道之一。

（一）畜牧业的历史变迁

1. 畜牧业的历史地位

1996 年，考古工作者对昌果多吉扎山岩岩画群进行考证，发现岩画群有 3 部分内容，其中除了有吐蕃时期的藏传佛教的内容和多吉扎寺的历史人物画之外，另一部分就是人和牛、羊等动物[①]。可见，岗堆村所在的藏南地区很早就存在畜牧和种植农作物的活动。我国内地对藏族畜牧业记载始于汉代，据《后汉书·西墙传》记载：“所居无常，依随水草。地少五谷，以产牧为业。”之后的唐代与西藏交往密切，据《旧唐书·吐蕃传》记载：“其地气大寒，不生秔稻，有青稞麦、豌豆、小麦、荞麦。畜多牦牛、猪、犬、马。……其人或随处而不常厥居，然有城郭。”《新唐书·吐蕃传》记载：西藏“其稼有小麦、青稞麦、荞麦、豌豆。其兽，牦牛、名马、犬、羊、彘。……其畜牧，逐水草无常所”。由此可知，整个西藏在公元 7 世纪之前均以游牧为主，岗堆村也不例外。直到公元 634 年，吐蕃王松赞干布统一西藏后，农业开垦在雅鲁藏布江中游迅速推开，“依随水草”逐渐改为定居，发展了泽当（山南地区

① 贡嘎县地方志编纂委员会：《贡嘎县志》，第 76 页。

行署所在地)、日喀则、拉萨等城镇，出现了农牧兼营的生产局面。[1] 公元641年（唐太宗贞观十五年）文成公主进藏和公元710年（唐中宗景龙四年）金成公主进藏，携带了大量的种子、农具等，并有不少农业和手工匠役随行，传授唐朝先进的生产技术，从而促进了西藏农业的发展，从此地处雅鲁藏布江中游的山南地区（岗堆村所在地）就成了西藏主要的农业生产区。但由于藏族人民的生活与生产活动都离不开畜牧业，由此形成以农业为主、畜牧业为辅的生产方式。它不完全同于草地畜牧业，也不同于内地农区畜牧业，而是主要以饲养草食动物为主，包括家畜、家禽在内的多畜结构，以放牧和圈养相结合的半草地型畜牧业。畜牧业不仅满足了人们的日常生活所需，如皮、毛、肉、奶及藏民每天不可缺少的酥油，也给他们带来了一定的经济收益。

2. 畜牧业的发展

公元14世纪中叶，帕木竹巴政权在贡嘎设宗，宗政府驻地设在雪村[2]，即现在的岗堆村。当时整个西藏属于封建农奴制社会，三大领主（官府、贵族、上层僧侣）享有各种封建特权，占有大部分草场、牧场和牲畜，广大农牧民为三大领主的附属，大部分劳动成果被三大领主剥夺，因此严重束缚着畜牧业的发展。1951年西藏和平解放后，在中央政府的关怀和自治区及县、镇等各级领导支持下，岗堆村畜牧业有了比较迅速的发展。1959年3月，西藏发生武装叛乱，畜牧业一度遭到严重破坏。根据中共中央的指示，整个西藏实行边平叛边改革的方针，在牧区进行民主改革，对叛乱的农奴主和牧主牲畜实行谁放牧归谁所有的政策，所以人民群众拥有了自己的牲畜；对未叛乱的农奴主和牧主实行牧工、牧主两种政策，在群众中开展爱国、增产、保持高产量运动。随着平叛改革的胜利，村里的社会秩序日趋稳定。岗堆村的农牧民在贡嘎县人民政府的引导下，按原有放牧习惯自愿组织了几个生产互助组，发展农牧业生产。当时的首要任务是稳定，县里根据中央下达的“稳定发展”的方针，实行了五年内不办牧业合作社，免税和轻税，集中力量发展个体经济的政策，为岗堆村的畜牧业发展提供了宽松的空间，村里的畜牧业渐渐恢复，基本每户至少有七头牲畜，但由于当时的岗堆村规模小，不到

① 胡颂杰．西藏农业概论［M］．成都：四川科学技术出版社，1995：51－52.

② 岗堆村是贡嘎县岗堆镇的一个行政村，2007年由贡嘎学村与岗堆村合并，取名为岗堆村。雪村曾经是独立的行政村。

一百个农户，所以牲畜总量不是很多。

20世纪60年代，中共西藏工委制定了《关于牧区当前若干具体政策的规定》（牧区三十条），为保证农业经济健康发展，岗堆村所在的贡嘎县人民政府①也认真贯彻农牧业八项措施：加强牲畜的饲养管理，提倡分群分类放牧；积极开展牲畜疫病防治；搞好牲畜的抓膘、配种和安全越冬过春；强调“全配、全怀、全生、全壮”；发动群众大修棚圈，贮草备料，防害除害；成立草场管理委员会，保护草场，合理利用草场；重视保护牲畜，特别是母畜和幼畜，严禁乱宰牲畜，规定牛出栏率不超过4%，羊出栏率不超过7%，各地牧民协会加强对牧业生产的指导和监督；建立兽疫防治机构，培训当地兽防人员，开展群防群治工作。这无疑对岗堆村的畜牧业起到非常大的推动和保护作用，岗堆村的牧业生产得到了很大的发展，畜群总量明显增加，牲畜死亡率降低，畜产品产量增加，基本满足了当时的生活生产资料的需求。

“文化大革命”时期，岗堆村所在的贡堆乡（现在的岗堆镇）成立了人民公社，但是农牧区方针政策上没有考虑到当地的生产力水平，再加上缺乏经验，致使公社的牲畜大量死亡。1973年开始，贯彻执行“草、水、繁、改、管、防、舍、工”牧业八项措施，大搞草场围栏建设，封滩育草，兴修草场水利，修渠打井灌溉草场，开展草场灭虫、灭鼠、灭麦草、改良草场，在农区积极发展养殖业，坚持开展绵羊改良和防治牲畜疾病，提倡科学养畜等，使这一时期畜牧业获得较大的发展。当时岗堆村的农户数量明显增加，牲畜总量明显增加，且这些政策使得牲畜的饲料得到了保证，畜禽结构也变得更加合理。

1980年，中共中央召开了第一次西藏工作座谈会，为西藏的改革、发展制定了一系列方针、政策。县政府根据上级指示，进行了农牧区经济体制改革。先是放宽政策，允许群众增加自留畜，发展家庭副业；之后，恢复集市贸易，对畜产品实行免征免购，调动了农牧民发展畜牧业的积极性。1984年，中共中央召开第二次西藏工作座谈会后，对畜牧业实行“牲畜归

① 1959年6月12日，原贡嘎宗和杰德秀堆豁合并成立贡嘎县人民政府，在全县成立了吉雄、杰德秀、朗杰学、曲德、多吉扎、江当、东拉7个区，7个区成立32个农民协会。岗堆村为曲德区政府所在地。1960年4至12月，经过民主选举，在32个农协会的基础上，建立了34个乡人民政府，撤销了农协。至此，全县辖7个区，区下设34个乡。1962年2月，曲德区改名为前进区。

户，私有私养，自主经营，长期不变”的政策，全部放开畜产品市场和价格，并且1990年之前免征牧业税。这两次座谈会对全西藏乃至岗堆村的畜牧业影响甚大。岗堆村积极响应国家指示，积极调整畜牧业结构，鼓励村民在搞好农业生产的同时，搞好牧业生产。村民开始尝试改良品种或种群养殖，探寻牧业发财之路。

进入21世纪之后，岗堆村的畜牧业蒸蒸日上，虽然牲畜总头数未增加很多，但由于政府各种扶持政策使得防疫、改良技术不断提高，牲畜死亡数量明显降低和市场价格的上涨等原因造成畜牧业产值大大提高。2002年，全村牲畜总数为3615头（只、匹），牧业收入为612894元，占全村农村经济总收入的16.45%，占第一产业收入的22%。经过不断努力，2010年，岗堆村的牲畜总头数3675头（只、匹），全村牧业产值达989155元，这比2002年提高了376261元；牧业收入占第一产业收入比重增加十个百分点，达到32.69%，这说明畜牧业在第一产业中的地位在逐步提高；牧业占农村经济总收入的比重下降到9.47%，这是由第一产业在农村经济总收入中的比例降低导致。畜牧业，作为给村民提供每天所需的生产生活资料的产业，具有不可替代的作用与影响。

表5-1　　2002—2010年岗堆村牧业总量统计表　　单位：元

项目＼年份	2002年	2004年	2006年	2008年	2010年
农村经济总收入	3726085	5350077	6952690	8008214	10440160
其中第一产业收入	2786400	2308657	2330090	3174889	3025496
其中牧业收入	612894	528234	664076	993861	989155
纯收入	2331742	3284020	4412177	4944715	7641929
农村居民平均纯收入	1643.27	2218.5	2810.5	3445	4730
牲畜总数（头、只、匹）	3615	3263	3690	3946	3675
第一产业占农村经济总收入比重	74.78%	43.15%	33.51%	39.65%	28.98%
牧业占农村经济总收入比重	16.45%	9.87%	9.55%	12.41%	9.47%
牧业占第一产业收入比重	22.00%	22.88%	28.50%	31.30%	32.69%

资料来源：西藏自治区山南地区贡嘎县岗堆镇统计所经济收入年报表。

（二）畜牧业概况

1. 畜牧业环境

岗堆村地处雅鲁藏布江河谷地带，气候类型属半干旱温带高原气候，这里日照时间长、太阳辐射强、降水集中，适合多种植物的生长，但又具有气温偏低①，四季不分明，昼夜温差大，年变化小，冬春干燥多大风，长冬无夏的特点。岗堆村海拔 3800 ~ 4000 米，属于藏南河谷亚高山灌丛草原区——藏南山原湖盆高山草原。与这里气候条件相适应，植被的突出特点是干暖河谷灌丛草原和亚高山灌丛草原发育最好。在海拔 4000 米以下是干暖河谷灌丛草原带。自然植被主要分布着以三刺草、白草为主的草原群落以及砂生槐、小角柱花、薄皮木等组成的落叶灌丛；在山麓复沙地普遍分布有固沙草群落。在河畔丘沙地上生长有以三角草和青藏苔草为主的草甸。海拔 4000 米至 4400 米为亚高山灌丛草原带。植被多由白草、蒿属、长芒草、丝颖针茅、小莫、绢毛蔷薇、锦鸡儿、绣线菊等植物组成。海拔 4400 米以上为蒿草高山草甸和高山灌丛带。有金露梅、鬼箭锦鸡儿灌丛，沟谷地带还出现高山柳、小型叶杜鹃灌丛，并有斑块状垫状植物群落分布。这些都是发展畜牧业的有利条件。

除了天然的草场之外，岗堆村还以草场建设、人工种草等方法发展畜牧业。从 2002—2010 年岗堆镇畜牧业饲草情况统计表中看出，无论是草场面积、人工种草面积还是青饲料的种植面积都是逐年增加的，只是每年的雨水及其他因素导致其产量忽好忽坏，不太稳定。2002 年，岗堆村（包含雪村和岗堆村）草场面积达 700 公顷，占整个岗堆镇草场面积的 45%，到 2008 年草场建设共 94640 公顷，比六年前增加了百倍之多。而在人工种草方面，也是全镇的领头羊。2002 年，全村人工种植面积 300 亩，2009 年起村里种植苜蓿草，到 2010 年，种草面积达 550 亩。除此之外，2010 年村里有 17 个散户种植苜蓿草，共有 85 亩，与集体种植的加起来有 635 亩，比 2002 年增多了一倍多。在种植业中，青饲料的种植面积也从 2003 年的 75 公顷增加到 2009 年的 142 公顷，乃至 2010 年的 242 公顷，比重逐年提高，虽然产量受自然条件影

① 岗堆村温度日变化大，年变化小，年平均气温 7.2℃ ~ 8.5℃，最暖月平均气温达 15.8℃，最冷月平均气温达 -2.2℃。

响，不太稳定，但也有高产，如2009年青饲料产量共411400吨，比起2003年的54700吨增加了近10倍之多（见表5－2）。2011年，岗堆村还将获得20万斤的玉米饲料，饲料统一由村委负责发放，4—5月已执行，平均每户得到600斤饲料。同年，村里的一组和三组尝试种植玉米，剩下的二、四、五组种植苜蓿草，共同劳作，等待9月份收割并发放。由此可知，无论是自然环境与后天管理，都为岗堆村畜牧业的发展创造了有利的条件。

表5－2　2002—2010年间岗堆镇畜牧业饲草情况统计表

项目／年份	种植面积（公顷）			产量（吨）			粮食中用作饲料（吨）	草场建设（公顷）
	粮食总量	青饲料	比重（%）	粮食总量	青饲料	比重（%）		
2002年	2520	/	/	2882000	504000	/	70836	700
2004年	1735.6	20	1.15	2300682	24116	1.05	67692	94640
2006年	2103.1	222	10.56	2217867	45000	2.03	80328	94640
2008年	1309.4	68	5.19	2218508	411400	18.54	542760	94640
2009年	1967.3	142	7.22	2562508	411400	16.05	144388	/
2010年	2298.1	242	10.53	2262878	64000	2.83	40084	/

注：1公顷＝15亩

资料来源：西藏自治区山南地区贡嘎县岗堆镇统计所农林牧副渔综合年报表。

2. 畜禽种类

目前，岗堆村主要畜禽种类有牛、羊、猪和鸡四类。但在岗堆村的畜牧业历史上还有过两个畜种，就是马和驴。马和驴曾是村民日常生活必不可少的生产资料和交通工具。民主改革前，村里几乎每家每户都养2匹马和1头驴，马主要用于长距骑乘、长途驮运，还有极少量马匹用于每年望果节赛马。而驴体格小，精悍，结构紧凑，体质结实干燥，毛色为黑色，主要用于驮、乘等，参与多种农业活动。但随着农业现代化的推进和村里道路条件的改善，各种机械设备和运输车代替了马和驴的作用，所以马和驴的数量逐年减少，甚至消失。2003年，岗堆村大牲畜总量中还包括马1匹、驴11头，但一年之后，村里已经没有人养马，驴也仅剩1头。到2006年，岗堆村已经没有人养殖马和驴，只剩下牛、羊、猪和鸡四种畜禽。

（1）牛

牛历来是岗堆村畜牧养殖的主要牲畜之一，主要品种有：黄牛、牦牛和犏牛。

①黄牛

黄牛是岗堆村养殖数量最多的牲畜，村民养殖的黄牛主要是以乳牛为主，肉、役兼用的小型地方原始品种和改良黄牛，具有耐寒、耐粗饲、适应高海拔、抗逆性强等特点。当地黄牛体形小，结构紧凑、匀称，胸部发育良好，体躯稍短，四肢稍长，骨骼至后躯发育中等。公牛头平直略显狭长，中等大小；母牛大多有角，角小，角向外向上向前向内弯曲，颈长短适中，但显单薄，背腰平直略显狭窄，腹小而圆稍下垂。母牛乳户小，蹄壁细嫩而结实，呈黑青色，皮薄毛短，头部和腹部静脉明显。村里的黄牛以黑色和黑白为主，也有少量黄色、黄白和杂色。村里的改良黄牛是西门塔尔品种与当地黄牛配种成功的后代，不仅具有本地黄牛的优点，而且酥油产量极高，可以更好地满足村民的生产和生活需求。

2010 年，岗堆村的黄牛总数为 1070 头，占大牲畜总量的 88.72%，其中能繁殖母畜 690 头，当年生仔畜为 315 头，当年出售黄牛 94 头，成畜死亡 4 头，年初存栏数 1163（见表 5－3）。根据岗堆镇提供的近十年的统计数据显示，岗堆村的黄牛总头数、能繁殖的母畜总量、当年生仔畜和当年出售黄牛数量都在不同比例地增长，尤其是当年生仔畜和当年出售黄牛数量有了稳步的提高，说明黄牛改良技术给村民带来了正效益，不仅提高了黄牛的受孕率，改良换代，还增加了村民的经济效益。而疫病防治工作实施以来，也成功地减少了成畜死亡数量，使农民收益得到保障。

表 5－3　**2002—2010 年岗堆村黄牛总数统计表**　单位：头

项目＼年份	2002 年	2004 年	2006 年	2008 年	2009 年	2010 年
黄牛总数	989	1038	1145	1153	1163	1070
能繁殖的母畜	605	589	450	476	734	690
当年购入黄牛	/	/	/	148	/	/
当年生仔畜	253	252	372	390	352	315

续表

项目＼年份	2002 年	2004 年	2006 年	2008 年	2009 年	2010 年
当年出售黄牛	94	25	41	210	117	118
成畜死亡	14	5	9	9	9	5

资料来源：西藏自治区山南地区贡嘎县岗堆镇统计所中农林牧副渔综合年报表。

表 5-4　　**2002—2006 年期间雪村和岗堆村黄牛总数统计表**　　单位：头

项目＼年份	2002 年			2004 年			2006 年		
	雪村	岗堆村	合计	雪村	岗堆村	合计	雪村	岗堆村	合计
黄牛	619	370	989	585	453	1038	570	575	1145
能繁殖的母畜	411	194	605	322	267	589	260	190	450
当年购入黄牛	/	/	/	/	/	/	/	/	/
当年生仔畜	178	75	253	189	63	252	220	152	372
当年出售黄牛	87	7	94	25	0	25	25	16	41
成畜死亡	9	5	14	5	0	5	5	4	9

注：目前的岗堆村是 2007 年由岗堆镇雪村和岗堆村两个村庄合并为一个行政村，因此为了统一数据口径，2007 年以前的数据按雪村和岗堆村的合计计算。本章的其他统计数据也相同处理。

②牦牛

牦牛是高原特有畜种，其体格较小，近似于矩形。牦牛前躯发育良好，胸深广，中躯次之，后躯较差，额宽头大，鼻梁窄而微凹，侧视成楔形，眼圆明亮有神，耳小较短，耳壳密生绒毛，四肢短粗，有角者占 90%，毛色以黑色为主，占八成左右，其余为褐灰色，其他颜色较少。牦牛性喜冷凉气候，耐低温、低氧、低压，具有适应高原的独特生理特征，心肺发达、胸部宽阔、气管软骨间的距离大，血红蛋白含量高，红血球数量多。牦牛是肉、酥油、毛、皮等畜产品的主要提供者，又是青藏高原重要的交通运输工具，有“高原之舟”、“高原之宝”的美称。

岗堆村是以农业为主，牧业为辅的村庄，所以村里养牦牛的村民非常少，大规模养殖的也就简参一家。2010 年，全村牦牛总数 99 头，占大牲畜总量的

8.21%，能繁殖的母畜51头，约占牦牛总数的一半，而当年生仔畜15头，说明51头母畜中只有29%的牛顺利产崽。其实这也跟牦牛两年产一次有关，这样下来产崽量必然不高。2010年，全村共出售了9头牦牛，按当年市场价折算，约45000元；当年死亡牲畜1头，年初存栏数100头。从2002年到2010年全村牦牛统计数据来看，岗堆村养殖牦牛的数量变化不太明显，九年的时间才增长了27头，因为每年出售公牛为多，所以能繁殖母畜的数量有所增加，但当年生仔畜的数量没有明显提高，说明母畜的怀胎率不高。牦牛的价值是非常高的，但目前其发展情况很一般，因此，村委和村民加大对它的关注力度，采取一定措施，使其具有良好的发展是当务之急。

表5-5　**2002—2010年岗堆村牦牛总数统计表**　单位：头

年份 项目	2002年	2004年	2006年	2008年	2009年	2010年
牦牛总数	72	87	89	101	100	99
能繁殖的母畜	20	40	72	27	/	51
当年购入牦牛	/	/	/	100	/	/
当年生仔畜	10	27	13	21	15	15
当年出售牦牛	8	4	8	16	11	9
成畜死亡	/	/	0	0	0	1

资料来源：西藏自治区山南地区贡嘎县岗堆镇统计所中农林牧副渔综合年报表。

③犏牛

犏牛是牦牛与黄牛杂交的后代。外貌介于双亲之间，躯体高大，整体结构匀称，公牛多有角。被毛短，绒毛较少，毛色多倾向父系，适应高海拔、低气压、冷季长的生态，也能适应海拔较低和气温较高地区。具有明显杂交优势，乳、肉生产能力、役用能力均优于牦牛。但公犏牛的不育问题迄今尚未得到解决。

岗堆村犏牛的数量非常少，而且养殖数量在逐年下降。2002年，全村犏牛总数为80头，约占全村大牲畜总量的7%，但到2010年，全村犏牛只有37头，占大牲畜总量的3%。2004年，岗堆村有68头犏牛，其中当年生仔畜只有1头，2009年生仔畜有3头，可见犏牛的繁殖率很低。繁殖率低，加上随着农业现代化的推进，犏牛的用途越来越小，农民就渐渐将犏牛出售。2002—2004年，平均每年出售6头，2005—2008年，平均每年出售9头，因此2010年犏牛存栏只有37头了。预计，犏牛数量今后会越来越少。

(2) 羊

羊作为岗堆村传统畜牧养殖的一种，主要有山羊和绵羊。

①绵羊

历代以来岗堆村的村民喜欢养绵羊。绵羊体型小，体质结实紧凑，似圆桶状，头清秀，鼻梁微凸。公羊大多有多形大弯曲螺旋角，母羊很少有角，偶有小钉角。尾小，呈圆锥形。四肢较短，着生刺毛，头毛着生额顶，腹毛不良，同质性较好，但毛色花杂，全白、全黑、全褐较少，仅占11%左右，其余均为杂色。绵羊除产乳，肉可食用外，也是毛、皮的主要提供者，是村民生活中不可缺少的资源之一。

2010年，岗堆村共养殖了2067只绵羊，占全村山绵羊总数的86.74%。在绵羊总数中，有繁殖能力的母畜是1440只，占绵羊总量的69.66%；母畜的生崽率很高，当年新生的小绵羊有1127只；出栏绵羊达460只，成畜死亡数量为10只，年初存栏1980只绵羊。这些数据与前几年对比，没有明显变动，但总体趋势是良好的，都在平稳中略带增加，如绵羊总数、能繁殖的母畜、出栏数和存栏数。尤其是当年生仔畜数和出栏数是增加最明显的。(见表5－6)

表5－6　　2002—2010年间岗堆村绵羊总量统计表　　单位：只

项目＼年份	2002年	2004年	2006年	2008年	2009年	2010年
山绵羊总数	2418	2046	2326	2566	2307	2383
其中：绵羊	1995	1773	1998	2225	1980	2067
绵羊所占比例（%）	82.51	86.66	85.90	86.71	85.83	86.74
能繁殖的绵羊	1395	1255	1289	1398	1379	1440
当年购入绵羊	85	/	/	142	/	/
当年生小绵羊	754	785	711	1150	1301	1127
当年出售绵羊	247	145	30	350	436	460
成年绵羊死亡	34	7	8	13	16	10
年初存栏数	1923	1918	1920	2043	2225	1980

资料来源：西藏自治区山南地区贡嘎县岗堆镇统计所中农林牧副渔综合年报表。

②山羊

岗堆村的山羊体格较大，耐粗食，行动灵活，喜高攀，以纯白色为多，黑色、黑白色次之。山羊绒细长，柔软，富有光泽，其产量成年公母羊羊绒比例为 1∶19.7 和 1∶24.8。山羊皮板厚实，主要用来制作劳动时穿的皮褂子，耐磨防潮。

从表 5－7 中，我们可以看出山羊在岗堆村羊数中所占比例相对低，不到 15%，而且在逐年减少。2002 年，岗堆村有 423 只山羊，而过了八年之后，就只有 316 只了。能繁殖的母山羊数量从 2006 年开始下降，到 2010 年，从之前的 260 只下降到 174 只；当年生的仔畜量则没有太大起伏，9 年内，平均数为 145 只；而羊的出栏数一直很低，2010 年最高，达 60 只。由于近几年防疫工作做得好，因此成年山羊死亡数逐年下降。最后，山羊的年初存栏数呈“U”形变化，在一段时间的下降之后，又逐渐恢复上升趋势，到 2010 年年初存栏为 327 只。

表 5－7　　2002—2010 年间岗堆村山羊总量统计表　　单位：只

项目＼年份	2002 年	2004 年	2006 年	2008 年	2009 年	2010 年
山绵羊总数	2418	2046	2326	2566	2307	2383
其中：山羊	423	273	328	341	327	316
山羊所占比例（%）	17.49	13.34	14.10	13.29	14.17	13.26
能繁殖的母山羊	267	168	260	192	211	174
当年生小山羊	167	72	181	185	115	151
当年出售山羊	/	7	1	3	0	60
成年山羊死亡	8	5	0	3	3	/
年初存栏数	420	422	305	303	341	327

资料来源：西藏自治区山南地区贡嘎县岗堆镇统计所中农林牧副渔综合年报表。

（3）猪

要说猪，岗堆村经历了从藏猪到黑猪再到长白猪，从放养到家养的不同过程。藏猪是岗堆村传统畜牧业中的主要品种之一。农牧民养殖藏猪多为放养，因为藏猪喜欢吃山上的花毒草。藏猪具有体格小、产崽少、生长慢、育肥期长，但肉质好、皮薄、脂肪少、瘦肉率高的特点。但农牧民长期以来习惯食用牛羊肉，加之养殖生猪经济价值不高，因此绝大部分农牧民并不注重藏猪的养殖。民主改革以前，岗堆村藏猪养殖业没有很大发展，到 20 世纪 60 年代，全村有 100 多头藏猪。

20 世纪 70 年代，村里从外地引进黑色的家猪，黑猪体积较大，四肢结实有力，全身毛黑色，皮厚毛粗密。它生长快，产崽比藏猪多，一般每胎产崽 9～10 头，育肥期短。黑毛猪的引进使得藏猪养殖失去了竞争力，到 70 年代后期，全村几乎没有人再养藏猪了。

2000 年，村里又开始养长白猪，这个品种的猪全身白色，体驱特长，呈流线形。头狭长、耳大前垂，背腰平直，后躯发达，大腿丰满，四肢较高。这类猪皮薄、瘦肉多，饲料利用率高，生长又快，每胎产崽 11～12 头。成年公猪体重 400～500 公斤，母猪 300 公斤左右，能带来较好的经济效益。

在岗堆镇，养猪规模在不断扩大，从 2002 年的 276 头发展到了 2010 年的 1604 头，但岗堆村的村民似乎不热衷于此，养殖量只占全镇 5%，生猪总数不到 100 头。从 2002—2010 年的生猪存栏与出栏统计表看，生猪总数的变化呈“V”字形发展趋势，突然下降，再逐渐反弹。从 2002 年的 50 头，走入低谷到 2004 年的 23 头，再一路飚升到 2009 年的 107 头，之后下降到了 2010 年的 86 头。再从 2002—2010 年间岗堆村生猪存出栏比较柱状图（图 5－1）中，我们发现岗堆村生猪的仔畜数、出栏和存栏变化趋势与生猪总数的变化趋势类似，呈“V”字形趋势发展。期间有两项指标上升迅速，就是当年生仔畜和当年出售猪（出栏）。2006 年，村里购入生猪 142 头是主要刺激因素，之后当年生仔量一下从 2006 年的 139 头上升到 2008 年的 443 头，同时带动了出栏数，从 2006 年的 30 头增加到 2008 年的 260 头，从此之后生猪养殖业得到了长足发展。

表 5－8　2002—2010 年间岗堆村生猪存出栏统计表　单位：年/头

项目＼年份	2002	2003	2004	2005	2006	2008	2009	2010
生猪总数	50	28	23	66	60	92	107	86
能繁殖的母猪	33	23	22	49	44	73	98	55

续表

年份 项目	2002	2003	2004	2005	2006	2008	2009	2010
当年生仔畜	132	88	63	124	139	443	487	356
当年出售猪	78	30	39	30	30	260	254	235
成畜死亡	2	0	3	0	0	0	0	0
年初猪存栏数	76	50	28	23	66	62	92	107

资料来源：西藏自治区山南地区贡嘎县岗堆镇统计所中农林牧副渔综合年报表。

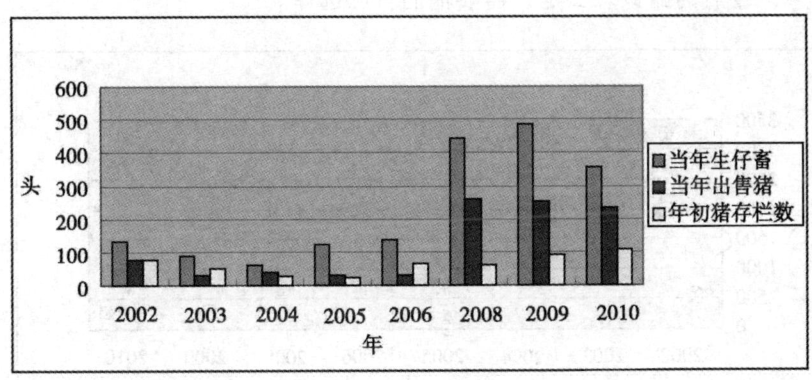

图 5－1　2002—2010 年间岗堆村生猪存出栏数比较图

（4）鸡

岗堆村养殖的鸡的主要品种有藏鸡、内地肉鸡、改良藏白鸡。

藏鸡是藏族人最喜欢的一种土鸡。它体形较小，匀称紧凑，好斗性强，善于登高飞翔，而村民对它的饲养管理极为粗放，终年放养，多无喂料习惯，夜间栖息于畜圈梁架之上或宅旁林间树上，基本处于半野生状态。藏鸡羽毛多为黑麻、黄麻、褐色、黑色，对高寒恶劣环境有很强的适应能力和抗病力，虽产蛋量少，但蛋和肉的营养价值极高。

肉鸡的养殖较晚，2004 年岗堆村的普吉女士自主创业，个人出资创办了全村第一个养鸡场，共养殖肉鸡 30000 只。但由于缺乏养殖技术和肉鸡无法适应高原气候等原因，小鸡大量死亡。2007 年，因经济效益太差而停止养殖。

藏白鸡是目前村里养殖最多的品种。鸡种主要是改良藏白鸡，此鸡种体形小，与西藏当地的藏鸡有点相似，只是羽毛是纯白色，有着红色的鸡冠。它适应能力强，能很好地适应高原环境，产蛋量高，营养价值高且味道好。

从2002—2010年间岗堆村养鸡总量变化图中，可以明显看出全村的养鸡行业进入熊市阶段，从2002年的3089只鸡，一路下滑。到2008年的886只鸡。2009年，养鸡业起死回生，养鸡总数增加了近50%，达到1346只，但好景不长，不到一年全村仅剩641只鸡。随着村里养鸡数量的递减，在全镇数一数二的岗堆村养鸡业走入低谷期，从占全镇58.89%的份额到了如今的10.21%。今后的路该怎么走，需要他们自己选择。

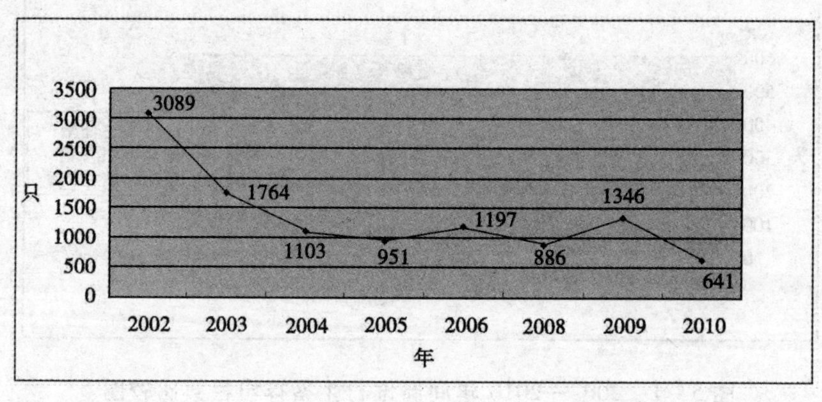

图5-2　2002—2010年间岗堆村养鸡总量变化图

3. 畜禽结构

岗堆村畜禽结构从数量上看以羊为主，其次为牛，再次为猪，传统家畜马和驴已基本消失，家禽仅有鸡。

2002年，全村畜禽总数6704头（只、匹），其中鸡3089只，各类牲畜3615头（只、匹）。牲畜总数中，大牲畜1147头（匹），主要有牛、马和驴，其中：牛1141头，占牲畜总数的31.56%，占大牲畜总数的99.48%；马和驴6匹（头），占牲畜总数的0.17%。羊2418只，占牲畜总数的66.89%，其中山羊和绵羊比例为17:83；猪50头，占牲畜总数的1.38%。

2006年，全村畜禽总数4887头（只），其中家禽鸡1197只，各类牲畜3690头（只）。其中，牛1147头，占牲畜总数的35.31%；马和驴已没有人养殖；羊 2326 只，占牲畜总数的 63.04%，其中山羊和绵羊比例为 14∶86；猪 60 头，占牲畜总数的 1.63%。

2010 年，岗堆村畜禽总数 4316 头（只），其中鸡 641 只，各类牲畜 3675 头（只）。其中，牛 1206 头，占牲畜总数的 32.82%；羊 2383 只，占牲畜总数的 63.04%，其中山羊和绵羊比例为 13∶87；猪 86 头，占牲畜总数的 2.34%。

表 5-9　　2002—2010 年间岗堆村畜禽总量统计表　　单位：头（只、匹）

项目＼年份	2002 年	2004 年	2006 年	2008 年	2009 年	2010 年
牲畜总数	3615	3263	3690	3946	3714	3675
一、大牲畜	1147	1194	1303	1288	1300	1206
1. 牛	1141	1193	1303	1288	1300	1206
①黄牛	989	1038	1145	1153	1163	1070
②牦牛	72	87	90	101	100	99
③犏牛	80	68	68	34	37	37
2. 马	1	0	0	0	0	0
3. 驴	5	1	0	0	0	0
二、猪	50	23	60	92	107	86
三、羊	2418	2046	2326	2566	2307	2383
1. 山羊	423	273	328	341	327	316
2. 绵羊	1995	1773	1998	2225	1980	2067
四、家禽	3089	1103	1197	886	1346	641
畜禽合计	6704	4366	4887	4832	5060	4316

资料来源：西藏自治区山南地区贡嘎县岗堆镇统计所中农林牧副渔综合年报表。

表 5-10　　2002—2010 年间岗堆村家畜构成分析表　　单位：%

项目＼年份	2002 年	2004 年	2006 年	2008 年	2009 年	2010 年
一、大牲畜占牲畜总数比例	31.73	36.59	35.31	32.64	35.00	32.82
1. 牛在牲畜总数中的比例	31.56	36.56	35.31	32.64	35.00	32.82
牛占大牲畜总数比例	99.48	99.92	100	100	100	100
①黄牛占总牛头数比例	86.68	87.01	87.87	89.52	89.46	88.72

续表

项目 \ 年份	2002 年	2004 年	2006 年	2008 年	2009 年	2010 年
②牦牛占总牛头数比例	6.31	7.29	6.91	7.84	7.69	8.21
③犏牛占总牛头数比例	7.01	5.70	5.22	2.64	2.85	3.07
2. 马在牲畜总数中的比例	0.03	0	0	0	0	0
马占大牲畜总数比例	0.09	0	0	0	0	0
3. 驴在牲畜总数中的比例	0.14	0.03	0	0	0	0
驴占大牲畜总数比例	0.4	0.08	0	0	0	0
二、猪占牲畜总数比例	1.38	0.70	1.63	2.33	2.88	2.34
三、羊占牲畜总数比例	66.89	62.70	63.04	65.03	62.12	64.84
1. 山羊在羊群中的比例	17.49	13.34	14.10	13.29	14.17	13.26
2. 绵羊在羊群中的比例	82.51	86.66	85.90	86.71	85.83	86.74

从2002—2010年间岗堆村畜禽总量统计表和家畜构成分析表中，我们可以发现，在近十年期间，村里的家禽的数量在逐年减少，从2002年的3089只下降到2010年的641只（虽然在其间有些波动，但总体还是呈递减趋势）；而家畜总体结构中从以前的"羊 > 牛 > 猪 > 马和驴"的结构变成了"羊 > 牛 > 猪"的结构，2006年后村里已无人养殖马和驴，而羊、牛和猪也发生了微量变化。2002年到2010年间，在牲畜总数没有较大起伏的情况下，原占牲畜总量66.89%的羊的比重略微下降，到2010年约降低了两个百分点，为64.84%。牛和猪的比例则各提高了一个百分点，2010年达到32.82%和2.34%，但"羊 > 牛 > 猪"的结构不变（可参考2002年与2010年岗堆村家畜构成比较图）。

再看各类家畜中不同品种的比例变化，2002年全村有1141头牛，其中黄牛989头（占牛总量的86.68%），牦牛72头（6.31%），犏牛80头（7.01%），呈"黄牛 > 犏牛 > 牦牛"的结构，而随着犏牛数量的减少，很快牦牛总量就超过了犏牛，占到了第二的位置，这一格局持续到现在。2010年，岗堆村1206头牛中，黄牛总量最多，占88.72%，其次是牦牛，约8.21%，而犏牛只占3.07%。而另一个家畜羊群中，一直以来绵羊比重大于山羊。2002年，全村有1995只绵羊、423只山羊，绵、山羊比例为83∶17。随着时

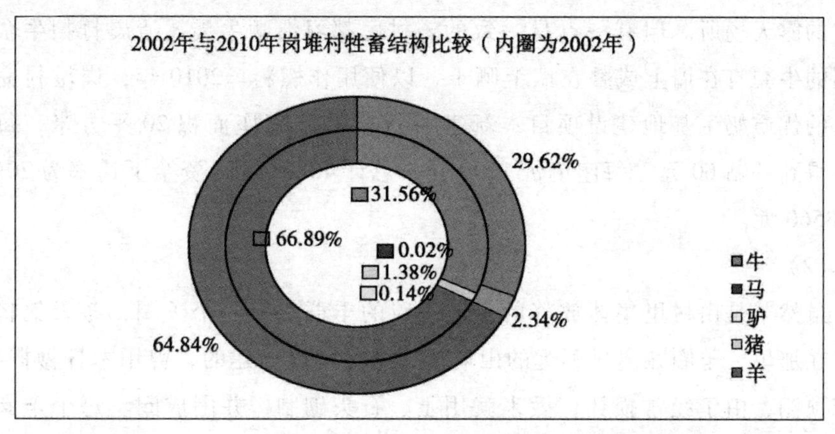

图 5－3 2002 年与 2010 年岗堆村家畜构成比较图

间的推移，绵羊总量略微增加，山羊总量逐渐降低。到 2010 年，全村绵羊总数为 2067 只，山羊 316 只，绵羊的比重达到 86.74%，与 2002 年相比，增加了三个百分点。

（三）畜禽管理

1. 栏舍的建造

目前，岗堆村的畜禽种类中，除牦牛、绵羊和山羊实行放养管理之外，其他的几乎都是圈养或圈养与放养结合，需要固定的饲舍建造。

（1）牛

牦牛的饲养主要以放养为主，一年四季都有不同牧场，可以满足其需要，当碰到大雪天时，把牦牛群统一赶到山上的围栏来躲避白灾。围栏的圈地面积根据牲畜数量而定，一般有 450 平方米，其做工也十分简易，用木头或铁丝圈成，圈养期间村民定期给牦牛喂秸秆、干草等青饲料。

而其他的黄牛、改良黄牛和犏牛基本舍饲在每家的院子里。由于农牧民每天都需要酥油、奶渣、糌粑等食品，为了方便取得牛奶，就近取材，所以每家每户将其圈养在家中。牛舍一般坐落于正房的前端，占地面积根据养殖数量而定，平均占地面积为 24 平方米。有些家庭的牛舍非常讲究，用石头和水泥砌成，并且有遮风挡雨的顶棚，可以很好地保护牲畜；而有些农户家则是用石头简单地垒成墙，在墙的上端放置一些干柴，且没有顶棚，是完全开放式的露天场所。但有一点是一致的，村民都习惯晒牛粪，清晨打扫牛舍时捡到的牛粪打在墙上或叠在墙上晒干，以便用作燃料。2010年，岗堆村完成县里的优质奶牛基地建设项目，新建牛舍34座，每座面积20平方米，每平方米得到补贴60元，每座单价1200元，总计40800元，资金下达率为70%，约28560元。

（2）羊

虽然羊是由村里集体放养的，但每组的羊群都有一个羊圈，冬天就将羊圈养在那里。羊圈在离村不远的山坳里，是很早以前建的，曾用木杆做栅栏，没有顶棚，由于经常损坏，后来就用土、石头砌制，并围成圈。每个羊圈大约700平方米。现在羊圈的维护和修补都由村民集体负责。

（3）猪

从畜禽种类的介绍中，我们已知藏猪的饲养不需要栏舍，是完全放养式的养殖，而后来引进的黑毛猪和长白猪的饲养方式都是圈养，由于养殖的规模较小，村里没有建立专门的生猪养殖场，养猪的村民将猪舍建在自家的前院或后院。猪对气候变化的适应性不及牛、马等，因此村民在建造猪舍时，对采光、通风、保暖、清洁卫生等问题都十分注意。一般来说，完整的猪舍由地面、墙壁、屋顶、隔栏、粪尿沟等部分组成。在岗堆村，猪舍的建构还是比较简易的。猪舍的地面是土质的，地面上铺放一些玉米秆，用于防潮防寒，猪舍墙壁都是由石头砌制而成，舍门用铁条做成，高度与墙高度相同，在猪舍中间有隔墙，猪舍的半边有屋顶。这种半开放式的结构，既可以保证猪舍的保暖，又便于通风，为本村的养猪户所采用。当冬天到来的时候，村民就会拿塑料布等将半开放的墙罩上，以使猪舍内部的温度不至于过低而影响猪的成长发育。在粪便处理方面，大多数养猪户的处理方式是这样的：在猪舍内部挖一条沟槽，且有一定的坡度，粪便污水通过沟槽流出猪舍，流入猪舍外的粪尿沟。

（4）鸡

目前岗堆村村民养殖的鸡主要有藏鸡和藏白鸡两种。藏鸡的饲养方法仍是粗放式的，终年放养，只是偶尔会撒些青稞、麦穗或玉米给它们，多无喂料习惯，鸡夜间栖息于畜圈梁架之上或宅旁林间树上，基本处于半野生状态。藏白鸡的养殖也较简单，一般在房子一侧架起一个铁丝大网：房子的一面墙、院子的两面墙，墙角和墙边分别支起5根树干用来托住大网，靠近房子的一侧安装一个铁门，即形成一个方形空间，就是藏白鸡的家。这样不仅通风、可以照到充足的阳光，而且活动空间较大、喂食撒食比较方便。这个网照的空间高约1.6米，在网的上面有一处地方放置一些干树枝，以便下雨天藏白鸡有地方躲藏。鸡舍的地是土质的，上面还有一些石子，鸡舍中放置的喂食的桶和饮水桶类似北京老火锅，圆筒里放的食物或水自然会散落到周边小槽里，操作非常方便。

2. 饲养管理

（1）牛

岗堆村的牦牛基本实行常年在外放养模式。目前，岗堆村的草场都是开放式的，所以放牧不受什么限制。养牦牛户一般有夏秋季和冬春季两个牧场，放牧规律是夏秋季早出晚归，冬春季迟出早归。夏秋季放牧的主要任务是提高产乳量，搞好抓膘和配种，使当年要屠宰的牦牛在入冬前出栏，其他牛为越冬过春打好基础。所以每年的6月份到10月底，放牧人就把牦牛赶到比较偏远的夏秋草场，出牧由低山逐渐向通风凉爽的高山移动，由牧草质量差或适口性差的牧场，逐渐向牧草质量好的牧场转移。在牧草质量较好的牧地上放牧时，要控制好牛群，使牦牛成横队采食，保证每头牛能充分采食，避免乱跑践踏牧草或采食不均而造成浪费。牧人会支起简单的毡房，与牲畜一起随水草而居，一般以启程时所带干粮来充饥，如糌粑、奶渣、干肉等。大概每隔一周到10天就回家取一次干粮，假如行程时间长，需要的物品多，则会牵头牦牛回来，用牦牛驮所用物品回去。到11月份，就渐渐进入冬春季放牧时节。冬春季放牧的主要任务是保膘和保胎，防止牦牛乏弱，使牛安全越冬过春，妊娠母牦牛安全产仔，提高犊牛的成活率。冬季白天短，一般在中午暖和时间放牧和饮水，放牧牛群朝顺风方向行进。冬春季牧场一般离家较近，牧民每周都去观察畜群的动态，碰到雪灾，就把牛群统一赶到山上的围栏饲养，主要饲料为干草、青稞和玉米等农作物的秸秆加工的饲料。除此之外，每年7月份，还要给牦牛剪毛。没有什么标准，牧人都是按自己的经验修剪，一般一个牦牛身上可以出一斤左右的牦牛毛和绒。一般拿回来就在家做纺织品，如牦牛垫子、毯子、拴牛的绳子、赶牛的鞭子、搭毡房的布和牦牛身上的一些装饰物，十分精美。

由于黄牛和犏牛的饲养方式与牦牛不同，主要在家里饲养，所以需要大量的饲料，如青稞和小麦的秸秆、干草和青草。每天的日常管理工作是这样的：村民通常早上一起来就去清理牛舍，用耙子把吃剩的干草打扫干净之后，将牛粪打成“迭巴”，晒到墙上，作为冬天取暖材料。家牛每天喂养三次，早晚比较丰盛，中午一般，大部分是自家农田收割的麦穗、秸秆和村里集体种植的青饲料。青饲料大概在每年的 9 月份由村委统一发放，饲料不够就从本村或外村购买青饲料。例如养殖 8 头牛，其中 4 头奶牛、3 头公牛和 1 头小牛犊，大概一天就能吃 100 斤饲料，可见牲畜食量不小。村民夏天，会去村头摘采青草，作为家牛中午的饲料；秋天时会到村外不远处草地放牧，但每天都必须赶回来。除此之外，要保证牲畜每天的饮水量。每天中午将水打好之后，在水里放点青稞渣，这样牛才会喝得欢快。

(2) 羊

无论对绵羊还是山羊，村里一律实行统一放养模式。岗堆村共有 5 个组，每组都聘请了一位牧羊人（羊倌），负责每组所有羊的放牧管理工作。村民每年每只羊要交 15 元的托管费，并且根据自己家的羊头数去帮助牧羊人一起放养，并且提供自家羊过冬的饲料。每家每户为了辨别自家的羊，也会给羊做各种记号，如在羊的脖子上或尾巴上拴不同的绳子，或用涂料在羊的身上做点标记。牧羊的工作类似牧牦牛，一到夏季就把羊赶到较远的夏季牧场，牧羊人每天跟着羊群，一走就是 2 ~ 3 个月。秋季之后，就把羊赶到温暖的草场，使其可以平安过冬。冬天牧场有早已建好的羊圈，当它损坏时，各家出劳动力一同修补。牧羊人通常是由非常有经验的人担任，且时刻注意所有羊的动态，假如哪家有新羊羔出生，立刻通知那家主人。而遇到天灾、狼灾等事件时牧羊人也会拼命保护羊群，但能力之外造成的损失只能由失去羊的农户自己承担，不追究牧羊人的责任。每年的剪羊毛工作，一般都是自家负责自家，自己家不会的话，可以请村里的有经验的人剪，一般无需付费，只需请帮忙的人在家做客吃饭就可以了。

(3) 猪

藏猪的饲养方法主要是放牧为主的粗放式的饲养方法，而黑毛猪和长白猪主要在猪舍中圈养。目前岗堆村主要养殖长白猪，养殖方法与家牛养殖类似，清晨打扫猪舍，保持猪舍的环境整洁卫生，并检查生猪的健康状况。确保生猪都十分安全后，再去准备它们的饲料。一般养猪有一个好处，就是剩饭剩菜将不再倒掉浪费，而是当作猪食。生猪基本不挑食，只要带汤带水的都非常喜爱。还有一种饲料是玉米，也是本村养猪户时常使用的饲料。养猪也分季节，要根据不同季节及时调整饲料，使得饲料营养均衡，以满足生长需要为宜。如夏季天相对热，猪吃得少，所以饲料要配得有营养。这样才能保证猪长得健康又快。

（4）鸡

藏鸡基本每天都在院子里活动，自寻食物能力很强，只要每天定时给它撒点谷粒加点水，它们就能填饱肚子。而藏白鸡的养殖，每家不同，也有些家庭选择放养，如同藏鸡，而有些家庭选择相对封闭些的房子或笼子圈养。笔者采访的普吉家是将小藏白鸡和大鸡分开养殖。小鸡养殖在一间屋里，屋里可以透光，但有窗帘，屋内放置了饮水设备和喂食容器，人们早上和中午喂完小鸡之后会将窗帘拉开，让鸡晒太阳；而大鸡在室外大网中养殖，其活动空间大，避风向阳且环境安静。每天只喂养三次就可以，饲料主要以小麦为主。饮水也不能忽视，要保持水容器的干净才能保证水的质量。饲料好的话，藏白鸡在6个月之内就可以产蛋，母鸡下蛋一般会选择比较柔软舒适的地方，所以要在鸡圈中安置好固定的草垫子，这样每次收蛋就比较方便了。

3. 引种改良

岗堆村牲畜品种改良工作已开展多时，主要有绵羊改良和黄牛改良。全村现在不仅有绵羊人工授精站，也有黄牛改良点。

1965年，贡嘎县建立了第一个绵羊人工授精站，之后在全县各乡镇及村建立绵羊人工授精站，培养专业人员，实行绵羊改良，改良绵羊个体比同龄藏羊大，改良羊比藏羊产毛多，受到村民的欢迎。

黄牛改良工作在贡嘎县实行较晚，1975年，山南地区畜牧兽医总站在贡嘎县建立第一座大畜配种站——江雄公社黄牛改良试点，开始采用西门塔尔种牛和北京黑白花种牛鲜精、冻精人工配种，开始了贡嘎县境内黄牛改良工作。1976年，贡嘎县江雄公社采用西门塔尔种公牛授精，与当地黄牛进行人工授精获得成功。对黄牛进行改良，改良后的黄牛年产酥油量均比当地黄牛有较大幅度提高。

1979年，全县已经有西门塔尔种牛12头，秦川种牛1头。1981年11月，山南地区畜牧兽医总站对贡嘎县江雄公社黄牛改良效果进行调查，发现西门塔尔牛与当地黄牛的杂交一代的成活率比当地牛高27.1%。犊牛和周岁牛体尺体重均比当地犊牛和周岁牛有所增长，生理指标与当地牛基本接近，适应海拔3900米至4300米气候条件。之后，全县有计划地实行黄牛改良工作，

1999年上半年，在9个乡（镇）各村设21个黄牛改良点。岗堆村在2007年建立黄牛改良点，县农牧局为改良点配备所有设备，并每年发放相关物品。如2009年，岗堆村得到外套管100支，石蜡油1瓶，酒精1斤，纱布1包，棉花1包，笔1支，肥皂1个和电池2对。2009年，县农牧局受防站给黄牛改良点发放冻精，岗堆村得到100个冻精，其中冻精号码为11102912的冻精50个，液氧补充一次。

2009年，县农牧局对全县6个乡（镇）各村黄牛改良点负责人进行黄牛改良技术培训，以每个乡（镇）为单位，每个乡（镇）培训一天时间，岗堆镇是第一站。岗堆村主管牧业的巴桑主任参加培训，具体学习了奶牛发情鉴定技术、冻精活力检测技术、细管冻精解冻及输精技术、妊娠诊断技术、妊娠母牛常见饲养管理技术、犊牛培育、奶牛常见疫病防治技术、改良黄牛登记造册与管理等知识。2009年，全村适龄母畜476头，参配数250头，怀胎率70%以上，成活率80%以上，黄牛改良冻配183头，2010年改良黄牛产犊128头（具体情况见附表1和附表2）。

4. 繁育管理

（1）牛

①牦牛

牦牛一般可以存活十几年到二十年不等。据村民介绍，岗堆村的牦牛从小牛犊长到成年需要3～4年的时间，一般四岁开始配种，采取自然交配，受胎率不高，100头牦牛，一年可以产犊15头。每年6、7月份是牦牛发情季节，牦牛受孕较多，怀孕期间母牦牛会得到特别照顾，不仅增加饲料，且给它们饮用温水，9个月之后产犊，也就是来年的3、4月份。母牦牛不同于黄牛和犏牛，通常两年生一次，生小公犊的概率高，所以在牦牛群中，公牦牛数量较大，公母牦牛约5∶3的比例。因此出售时，以公牦牛为多，母牦牛则被留下来继续传宗接代。公牦牛和母牦牛的繁殖利用年限不同，一般公牦牛在8～10岁，而母牦牛最长则达15年。

②黄牛和犏牛

黄牛的繁育有自然配种和人工授精（黄牛改良技术）两种方法。黄牛和犏牛在正常饲养条件下，3岁周龄后参加配种，每年的6月末到7月份是最佳时节。人工授精是村里黄牛改良点免费服务的，等授精成功之后村民就记录下日期，之后的9个月每天都要观察，当然也会给怀孕的牛增加营养，等牛产犊之后，牛犊和母牛要单独养殖，每天定时喂乳，一般是早上挤奶之前喂一次，挤完奶再喂一次。黄牛到生育周龄，基本可以每年产犊一次，母犏牛与它相似，但公犏牛没有繁殖能力。

（2）羊

岗堆村历来养殖绵羊较多，山羊较少。绵羊和山羊的繁育管理类似。羊的寿命为10～15岁，当羊长到1～2岁时可以参加配种，繁殖年限6～8岁，村里的羊一般每胎只产一只，极少有产两个的。羊是季节性繁殖动物，一般配种季节在日照缩短、气温下降的8—9月份，由于岗堆村的羊都统一放牧管理，所以自然配种为多，有少数进行人工授精。绵羊一般受孕6个月后分娩，而山羊则5个月，也就是来年的2—3月份产羔。因此牧羊人在这两个月会十分谨慎照顾羊群，尤其是怀孕的母羊，一旦有小羊出生就通知羊的主人。由于产羔的季节天气寒冷，刚生下的小羊将会在家喂养，等一个月之后，再与羊妈妈一起放回集体饲养的羊圈。

（3）猪

目前，岗堆村已经没有人养藏猪了，村民主要养殖经济效益高的长白猪。正常情况下，一般母猪长到9个月左右大的时候就可以同公猪进行交配了。配种时间不确定，配种成功后，母猪的妊娠期约为4个月。在母猪妊娠期间，需给其添加维生素饲料添加剂等，以保证其营养充足。藏猪平均一只母猪每胎能产崽6～8个，而长白猪每胎可以产10～12个，且存活率较高。仔猪的哺育期约为28天，在哺育期内，仔猪和母猪在同一间猪舍。哺育期过后，就会将母猪移至其他猪舍，仔猪则在原来的猪舍，以减少断奶后的应激反应。在小猪长到80天左右时，就会开始进行育肥。在岗堆村，村民基本都是用自家种的玉米、青稞等来进行生猪育肥，同时还会添加乳酸钙、多种维生素，以增加营养，避免生猪因体内维生素等缺乏而生长缓慢，甚至生病死亡。每间猪舍内部都安置有水槽，水槽中盛有充足量的水，以便猪随时饮用。用玉米、青稞、剩饭喂养的生猪一般六、七个月可以出栏，每只可以卖600到700元。

（4）鸡

藏鸡和藏白鸡的寿命是4～5年，一般藏鸡和藏白鸡在饲料好的情况下，6个月之后就可以产蛋，但不是每个鸡蛋都可以孵出小鸡。查看蛋是否授精，可以将蛋对着灯泡照，如果在蛋的一面出现一小圈阴影，则表示该蛋已授精，没有阴影的则不能孵化出小鸡。藏白鸡是改良品种，加上县里提供的鸡苗便宜，打过疫苗，并且提供饲料和设备，所以岗堆村的村民很少自己孵蛋，都是买现成的小鸡苗。平时积攒的藏鸡蛋通常自食，只有大量剩余才会出售。由于藏鸡蛋营养价值高，售价较高，每个鸡蛋2元钱。

5. 疫病防治

疫病防治工作是确保农牧业发展的基础，所以岗堆村村民一直非常注意畜禽的防疫工作。村里的注射疫苗和除虫工作都由村里的兽医完成，主要接种疫苗有“W”病疫苗、A型口蹄疫灭活疫苗、禽流感疫苗、小反刍动物疫苗、猪蓝耳疫苗等，疫苗注射率达到100%，全村的牧业生产得以保障。

20世纪50年代，贡嘎县牲畜疫病防治没有专业人员，主要依靠当地药农和赤脚兽医土法治疗。虽然他们在治疗普通病上有较丰富的经验，但是对于突发的流行性疫病，他们经常措手不及，没有办法及时医治。

1963年，贡嘎县兽防站成立，属生产指挥组下属单位，有专职兽医2人，主要负责对全县危害严重的牲畜疾病进行检疫、预防和治疗。1978年，畜牧兽医人员达120人。1992年，建立贡嘎县动物检疫站，与兽防站合署办公。2000年，兽防站有工作人员9人，畜牧兽医7人。目前岗堆村的疫病防治工作仍由贡嘎县农牧局兽防站统一管理部署，乡镇和各村积极配合，一同做好牲畜防疫工作。

20世纪60年代至70年代初，提倡“以防为主，防重于治”的口号，岗堆村村委派人参加了县畜牧部门举办的牲畜疫病防治训练班，学习了科学的防疫知识。1972年，全村开展了对牛瘟、羊瘟、疽毒病、口蹄疫、腹肠虫、牛肺疫、羊疥癣等疫病防治工作2次。1974年，县里派专职人员给村里山、绵羊驱肺丝虫和肠道线虫，实行中西结合治疗和中医防治，注射了猪瘟、猪肺疫苗和牛出血性败血病疫苗。

1981年，针对牲畜中的布病，兽防站对村里各类牲畜进行免疫，有效控制了布病的蔓延，同时间接调查并逐步掌握了畜间布病发生的流行规律及危害情况。1982年，县兽防人员下乡，来到村里进行大检查，不仅治好了村里患病的牲畜，而且进行驱虫，给羊注射了三联预防疫苗，还注射了预防牛羊“五号病”、预防牛出血病、猪（鸡）瘟等疫苗，并对村民牲畜进行阉割手术和开展母畜保胎工作，在帮助村民的同时，宣传了正确的、科学的防疫知识。

1996年，县兽防站和村里的兽医对村里所有的山羊和绵羊进行驱虫和疫苗注射工作，同时建立了牲畜驱虫免疫卡制度，对村里所有牲畜进行登记造册，对驱虫注射过的山羊和绵羊进行登记。

从1980年至2000年，针对寄生虫病，县里每年都发放各类驱虫药，大大减轻了岗堆村畜牧业寄生虫病的危害，起到了很好的防治作用。大牲畜死亡率逐渐降低，由1980年的10%左右降到2000年的5%，幼畜成活率提高到85%。

2009年秋季，县兽防站开展注射A型口蹄疫灭活疫苗的活动，与村里兽医一同给全村牲畜接种A型口蹄疫灭活疫苗，一个月之后进行第二次接种工作；而“W”病及高致病禽流感疫苗注射分春秋两季分别进行，疫苗由县卫生部门免费提供，注射工作一般由村里兽医负责。

现如今，疫病防治工作得到了更大的重视。为了切实做好冰冻灾害及暴风雪防范工作和加强重大动物疫病防控和动物卫生监督工作，在每年的重要节假日，尤其春节和藏历年这样的特殊时节，无论是县农牧局兽防站、镇里的兽防站还是村委都会安排人员值班，确保节日期间动物疫情稳定和畜产品安全。这样，即便出现问题，也可以及时得到解决。

其实，除了兽防站和兽医的努力外，提高村民素质技能，普及科学、正确的牲畜饲养方法和防疫手段是最重要的，也是最有效的防疫措施。以养牛为例，第一步，牛舍的选地就很讲究。（1）牛舍应建在地势高燥、背风向阳、地下水位较低，具有缓坡的北高南低、总体平坦的地方，切不可建在低凹处、风口处，以免排水困难，汛期积水及冬季防寒困难。（2）土质松软，透水性强，雨水、尿液不易积聚，雨后没有硬结、有利于牛舍及运动场的清洁与卫生干燥，有利于防止蹄病及其他疾病的发生。土质以沙壤土为好。（3）水源充足。要有充足的合乎卫生要求的水源，保证生产生活及人畜饮水。水质良好，不含毒物，确保人畜安全和健康。（4）要符合兽医卫生和环境卫生的要求，周围无传染源。第二步，就是饲养管理方法要科学。饲养量和品种随季节变化，定期打扫牛舍，清理粪便和秸秆残余，保持牛舍卫生整洁，给牛创造舒适的环境。第三步，就是按时接种疫苗。每到接种疫苗时期主动出击，找兽医接种预防疫苗，让风险降到最低。所以说，只有提高防疫意识，搞好环境卫生，加强饲养管理，做好预防注射工作，防患于未然才是预防疾病发生最切实有效的手段。

6. 优惠政策

2009年3月，西藏自治区财政厅下发了西藏自治区农牧民享受财政补助优惠政策明白卡。卡中明确提出了西藏自治区农牧民所享受的财政补助优惠政策，内含直接补贴政策（现金或实物）和间接补贴政策（公共服务优惠政策）。其中关于畜牧业的补贴有：

农作物良种推广补贴：青稞良种每亩补贴10元，小麦、玉米等其他粮食作物良种每亩补贴4.5元，油菜良种每亩补贴10元，马铃薯良种每亩补贴10元。

种粮农民直接补贴：对小麦、青稞、水稻、玉米实际播种面积进行补贴，补贴标准为15元。

种粮农民农资综合补贴：自治区以2005年核定的青稞、小麦、水稻、玉米播种的面积补贴，补贴标准为每亩15元，并按此兑现。

“能繁母猪”补贴：每头“能繁母猪”补贴100元。①

牲畜良种补贴：牦牛犊良种每头补贴60元，改良黄牛（奶牛）良种每头补贴100元，改良绵羊良种每只补贴60元，种畜良种按照实际成本价的30%给予补贴。

退牧还草饲料粮（陈化粮）折现补助：补助期限10年。饲料粮（陈化粮）供应标准：禁牧5.50斤/亩；休牧1.38斤/亩。粮食折现补助标准：禁牧1.48元/亩；休牧0.62元/亩。

“能繁母猪”保险保费补贴：对重大病害、自然灾害和意外事故致使“能繁母猪”直接死亡的，每头保险金额为1000元。每头“能繁母猪”保险费金额为60元，保险金额中央财政承担50%，地方财政承担30%（其中：自治区财政承担20%，地方财政承担10%），养猪户承担20%。

牲畜W病防治补贴（羊）：对羊、牦牛、黄牛、猪、奶牛及耕牛的牲畜W病防治进行补贴。疫苗经费饲养户免费，中央财政承担80%，自治区财政承担20%。扑杀经费由政府补助80%，饲养户承担20%。扑杀经费标准为：羊羔每只50元，山羊每只200元，绵羊每只250元，白绒山羊每只350元，白绒山羊羊羔每只120元；牦牛犊每头300元，2~4岁牦牛每头600元，成年牦牛每头1500元，黄牛犊每头100元，成年黄牛每头700元，改良黄牛标准同牦牛，奶牛及耕牛每头2000元，仔猪每头150元，成年猪每头600元。

① 贡嘎县财政局下发的支农惠农政策里写道：每头“能繁母猪”直接补贴20元，其中：中央财政承担60%，地区财政承担40%。

小反刍兽疫防治补贴（羊）：疫苗经费饲养户免费，中央财政承担 80%，自治区财政承担 20%。扑杀经费由政府补助 80%，饲养户承担 20%。扑杀标准参照牲畜 W 病病畜及同畜群。

农村公共服务：提出建立农村公共服务财长保障机制，人均 60.32 元/年，具体人均标准中关于畜牧业的有：农村种植业、养殖业、畜牧业技术服务 5 元/年；畜禽疫病防治服务 5 元/年。

（四）畜产品产销情况

随着畜牧业的发展，全村家畜的当年生崽量和出售量在逐年增加。从 2002—2010 年全村牲畜出售和自食情况表中可以看出，2002 年，全村当年生仔畜 1316 头，出售牲畜 433 头，经过几年的时间，到 2010 年，全村当年生仔畜 1964 头，出售牲畜 882 头，出售比率也从不到 40% 提高到了 79.82%，说明村民在自足的情况下，出售额外的牲畜来增加经济收入。由此全村牧业产值一路上升，从 2002 年的 612894 元增加到 2010 年的 989155 元，增加了 30 多万元。

表 5 - 11　　2002—2010 年间岗堆村牲畜出售和自食情况表　　单位：头（只）

项目＼年份	2002 年	2004 年	2006 年	2008 年	2009 年	2010 年
牲畜总量	3615	3263	3690	3946	3714	3675
当年生仔畜	1316	1173	1416	2189	2273	1964
当年出售和自食牲畜	1129	1200	1086	1193	1959	1105
其中：肉用猪	78	27	123	153	518	142
肉用牛	51	186	219	152	221	291
肉用羊	1000	987	744	888	1220	672
其中：绵羊	712	987	595	747	1094	570
山羊	288	0	157	141	126	102
当年出售牲畜	433	225	119	859	818	882
当年出售比率	38.35%	18.75%	10.96%	72.00%	41.76%	79.82%

资料来源：西藏自治区山南地区贡嘎县岗堆镇统计所的农林牧副渔综合年报表和农村经济年报表。

畜牧养殖的目的是为了得到畜产品和增加经济收入。目前，岗堆村主要养殖的畜禽有牛、羊、猪和鸡。其中提供肉的主要有牛、羊、猪，提供蛋奶的是鸡和牛，提供毛皮的是牛和羊。下面就以这三个方面分析岗堆村近几年畜产品的产销情况。

1. 肉类产销情况

从2002年到2010年，岗堆村肉类产量在不断增长。2002年，全村肉类总产量72840吨，其中牛肉产量最多，有43500吨，其次是羊肉产量21240吨，再是猪肉产量8100吨。经过几年的时间，随着牛类和猪类新生仔畜数量和出售量的提高，牛肉和猪肉产量迅速增加，到2009年达到最高值，分别为87250吨和47200吨，与2002年产量相比，牛肉产量增加了约一倍，而猪肉产量尤为明显，增长了近5倍。该年肉类总产量也达到最高值，为175650吨。之后的一年，产量有些回落，2010年的肉类总量是103750吨，虽不及2009年，但与2002年相比，增长了3万多吨。2010年，在肉类产量中，牛肉比重仍居首位，且比重进一步增加，达到70.12%；羊肉产量虽不如从前，降低至16800吨，但在肉类总产量中的地位不变，仍是第二位；猪肉产量还是最后一位，但与2002年相比，增加两个百分点，达到13.69%。

表5-12　**2002—2010年间岗堆村肉类产品产销表**　单位：吨

项目 \ 年份	2002年	2004年	2006年	2008年	2009年	2010年
肉类总产量	72840	73175	87940	75500	175650	103750
其中：猪肉产量	8100	2000	14300	15300	47200	14200
牛肉产量	43500	46500	54750	38000	87250	72750
自食	43500	42750	43750	22800	55250	41000
出售	0	3750	11000	15200	32000	31750
羊肉产量	21240	24675	18890	22200	41200	16800
自食	21190	20425	17975	14630	30500	3800
绵羊肉	18150	15200	14045	11205	27350	2750
山羊肉	3040	5225	3930	3425	3150	1050

续表

项目＼年份	2002 年	2004 年	2006 年	2008 年	2009 年	2010 年
出售	50	4250	915	7570	10700	13000
绵羊肉	50	4250	860	7470	10700	11500
山羊肉	0	0	55	100	0	1500
牛肉自食比例（%）	100	91.94	79.91	60.00	63.32	56.36
羊肉自食比例（%）	99.76	82.78	95.16	65.90	74.03	22.62
牛肉占肉类产量比重（%）	59.72	63.55	62.26	50.3%	49.67	70.12

资料来源：西藏自治区山南地区贡嘎县岗堆镇统计所的农村经济年报表中的主要产品分配表。

从 2002—2010 年间岗堆村肉类产品产销表中我们可以看到牛肉和羊肉自食与出售方面的变化。2002 年，牛肉基本都是供自己食用的，从 2004 年才开始逐渐销售，2004 年，全村牛肉出售量是 3750 吨，仅为牛肉总量的 8.06%。不过随着产量和市场经济的推动，到 2010 年，牛肉的出售量大大增加，年出售量达 31750 吨，约占牛肉总产量的 43.64%。而以绵羊肉为主的羊肉产量中，羊肉的自食比例逐年降低，出售量自然就急速增加。2002 年，羊肉总产量为 21240 吨，其中自用量 21190 吨，约占羊肉总量的 99.76%。2008 年的羊肉总量 22200 吨，其中自食量 14630 吨，自食量在羊肉总产量的比重 65.90%，与产量相似的 2002 年相比，减少了 33.86%。到 2010 年，羊肉总产量 16800 吨，其中自食的仅有 3800 吨，而用于出售的羊肉有 13000 吨，虽然总产量没有 2008 年高，但出售量却比 2008 年的 10700 吨增加了 2300 吨，羊肉出售比例达 77.38%。肉类是畜牧业最主要的畜产品之一，其出售的总量增加，必然会带来经济收入，这也是近几年全村牧业收入增加的原因之一。

2. 蛋奶产销情况

据前面介绍，我们知道岗堆村牧业中的禽类总量在减少，因此也带来了其禽蛋总量的减少。村里的禽类只有藏鸡和白鸡。2009 年，鸡的总量从 2002 年的 3089 只下降到 1346 只，到 2010 年降为 641 只，因此鸡蛋产量大大减少。

从2002年的30.89吨下降到2009年的13吨。而奶类不同，岗堆村几乎全是藏民，他们习惯食用牛奶，用牛奶打酥油、做奶渣和酥油茶等，因此奶类产量中只有牛奶，没有其他。也是因为日常生活中离不开牛奶，村里养殖黄牛的数量不断增加，加上黄牛改良技术，牛奶产量大大增加，同时也带动了村民将多余的牛奶出售或做成奶渣，带动了奶渣产量和销量的增加。从2002—2010年间岗堆村蛋奶产销表中可知，2010年全村牛奶产量255250吨，比2002年增多了一倍以上，但所产牛奶还是以自食为主，只有2010年出售较多。奶渣是牛奶的加工品，它以牛奶为原料制成，不像酥油和青稞一样是生活必需品，所以2002—2010年间奶渣产量变化起伏不定，忽高忽低，但其出售比例明显增加。2002年，全村奶渣产量7680吨，全部用来自食；2006年，达近几年最高产量，为8870吨，其中自食的量是7580吨，占奶渣总量的85.46%；到2010年奶渣总量降低至5175吨，自食量是3925吨，占全部奶渣量的75.85%，其出售比例达到24.15%。

表5-13　**2002—2010年间岗堆村蛋奶产销表**　单位：吨

项目 年份	禽蛋	牛奶				奶渣			
		自食	出售	总产量	自食比例	自食	出售	总产量	自食比例
2002年	30890	115200	0	115200	100.00%	7680	0	7680	100.00%
2004年	7485	83595	0	83595	100.00%	2367	1420	3787	62.50%
2006年	8900	224700	1200	225900	99.47%	7580	1290	8870	85.46%
2008年	33400	192600	0	192600	100.00%	/	/	/	/
2009年	18000	204510	1590	206100	99.23%	6035	638	6870	87.85%
2010年	/	119750	35500	255250	77.13%	3925	1250	5175	75.85%

资料来源：西藏自治区山南地区贡嘎县岗堆镇统计所农村经济年报表中的主要产品分配表。

3. 毛皮产销情况

村里人的衣食住行样样离不开牛和羊。牛和羊不仅提供了丰富的食物，还满足了村民其他日常所需，如村民们渡河的船是牛皮船，冬天穿的氆氇是羊毛织的，还有其他日常用的绳子、毡房布、垫子和毯子等都是牛羊毛编制而成。从2002—2010年岗堆村皮毛产销表中我们发现近几年岗堆村的牛毛和牛皮产量逐年增加，分别从2002年的88吨和174张增加到2010年的99吨和291张。牛毛是牦牛才有的，而岗堆村养牦牛的村民极少，自然产量也不高，出售率也很低。牛毛除了2008年出售率达到50%，其他年份多是自家所用。相比之下，羊毛的出售比例相对高些。羊毛有山羊毛和绵羊毛两种，其中山羊数量很少，所以产得羊毛也少，一般不会出售，因此绵羊毛就成为决定羊毛产销情况的关键因素。2002年，全村羊毛产量是4649.5吨，其中绵羊毛产量4032吨，全部自用。到2010年，村里羊的数量减少，羊毛总量也减少，只有3351吨，其中绵羊毛产量3116吨，而出售比例却达到83.36%。羊数的减少，也导致羊皮总量减少，2010年有672张，比2002年减少了108张。但这不代表牧业收入的减少，因为村民在逐渐减少养羊，而选择养牛，养牛可以提供奶、肉、皮和毛四种，而羊仅提供肉和毛，况且从市场价值和畜产品产量来说，牛能提供的价值更高，因此牧业收入蒸蒸日上。

表5-14　**2002—2010年间岗堆村皮毛产品总量和分配表**　单位：吨

年份 / 项目	2002年	2004年	2006年	2008年	2009年	2010年
牛毛产量	88	87	90	202	99	99
自用	88	87	90	101	84	99
出售	0	0	0	101	15	0
出售比例（%）	0	0	0	50	15.15	0
羊毛产量	4649.5	3747	3966	4507	4317	3351
其中：半细羊毛	/	3492	3668	/	/	/
绵羊毛产量	4032	3492	3668	4166	3960	3116
自用	4032	2902	3576	3726	3630	510
出售	0	590	92	440	330	2606
出售比例（%）	0	16.90	2.51	10.56	8.33	83.63
山羊毛产量	617.5	255	298	341	357	235
自用	617.5	255	298	341	357	235
出售	0	0	0	0	0	0
牛皮产量（张）	174	186	219	152	221	291
羊皮产量（张）	880	987	752	888	1220	672

续表

项目＼年份	2002 年	2004 年	2006 年	2008 年	2009 年	2010 年
其中：绵羊皮	728	778	595	888	1094	570
山羊皮	152	209	157	0	126	102
羔皮产量	/	/	20	/	/	169
绵羊皮比例（%）	82.73	78.82	79.12	100	89.67	84.82

资料来源：西藏自治区山南地区贡嘎县岗堆镇统计所的农林牧副渔综合年报表和农村经济年报表。

（五）对岗堆村畜牧业的评述与建议

在岗堆村现有的经济结构中，畜牧业所占比重并不高，但它在第一产业中的比重逐年增加，成为农业经济发展中不可或缺的一部分。村民的生产生活离不开畜牧业，而传统的自给自足性的经济模式却无法实现畜牧业长足发展，因此需要努力去探寻一条更符合岗堆村畜牧业发展的道路。目前，岗堆村畜牧养殖中有三方面做得不错。

第一，养羊方面，虽然羊的数量在递减，但其养殖方法值得推广。全村五个小组，每组聘请一位牧羊人负责饲养管理，每户按每年每只羊 15 元的标准交托管费，冬春季节按自己家羊头数提供相应的饲草料，并按羊头数轮班去协助牧羊人的工作。这样集中管理，不仅节省了劳动力，节约了时间，还降低了每家的饲养成本，是非常值得推广的。

第二，是饲草种植方面。虽然村民种植的冬小麦和青稞秸秆可以当作牲畜饲料，但光这些远远不能满足家畜一年的需要，因此村里组织集体种植饲草料，每年每组有规划地种植牧草，如 2010 年，全村五组种植苜蓿草 550 亩，2011 年村里的一组和三组种青贮玉米，二、三、四组种植苜蓿草，7 月集体除草，9 月收割后，再按产量平均发放饲草料。冬春季是牲畜产崽旺季，也是天气最恶劣、饲草最紧张的时期。饲草的种植不仅有效利用了一些旱地，改善了环境，而且保障了冬春季全村的牲畜有充足的饲草安全过冬，增加了畜产品产量。

第三，黄牛改良点工作。岗堆村在 2007 年建立了黄牛改良点，由一位村委会干部专门负责。改良后设备齐全，每年上级兽防部会发放定量冻精，由村里的干部和兽医负责具体的工作。改良黄牛，不仅提高了怀胎率，而且成年奶牛的产奶量明显增加，酥油产量和肉的品质也大大提高，不仅保障了村民饮食需要，还带来了很好的经济效益。

有效地管理和不断地创新确实使得岗堆村畜牧业得到有序发展，但仍存在一些问题。首先，村民容易满足现状，商品意识薄弱。由于历史和自然地理的原因，岗堆村曾经长期处于封闭状态，群众商品生产观念淡薄，再加上佛教普度众生的思想影响，大多村民对牲畜有惜杀思想，也不愿意进行交换，只要生活过得去，就保持现状。这种安逸的思想在一定程度上制约了畜牧业的发展。

其次，散户以散养为主，养殖规模小。在岗堆村，除了养羊比较集中，其他的牛、猪、鸡的养殖都是各家在自家院子中饲养，不能形成规模效应，且难以做到人畜分离，造成环境污染。对此，我们提出的建议主要有：第一，改变家庭养殖的习惯，设立全村的养殖规划区，建造统一栏舍，形成统一的村民养殖互助合作组织；第二，推广科学的养殖技术，培训养殖人员，使畜牧养殖更专业规范；第三，加强村里畜禽疾病防治工作，定期注射疫苗和生猪的卫生检查，加强栏舍的卫生管理；第四，注意和其他相关产业的紧密结合，改变传统的粗放型生产经营模式，提倡农牧结合，进行生态养殖。

最后，畜产品加工尚未做深做大。在岗堆村，几乎每家都有牛奶分离器和织布机，牛奶分离器可以从新鲜牛奶中分离出他们最喜欢食用的酥油，剩下的牛奶一般做成奶渣保存。织布机用来加工羊毛和牛毛，可以做冬天穿的氆氇、家里炕上的毯子和垫子、搭帐篷的宽布及绳索和装饰物。用牛毛和羊毛做成的这些手工艺品非常精致，市场价值极高，假如可以形成规模，把东西做精做细，标准化生产，肯定能带来巨大的经济效益。因此，只要注重畜产品的再加工问题，挖掘其潜力，岗堆村的畜牧业必定会蓬勃发展。

六、交通运输业

民主改革后，随着道路的改善，岗堆村的交通运输业得到了一定的发展，成为全村经济不可或缺的一部分。进入新世纪以来，村民开始自主经营客运业和货运业。客运业的发展为村民出行提供了方便，货运业则为建筑业的发展创造了条件。它们在促进村庄经济发展的同时，解决了部分村民的就业问题，提高了村民的收入水平，使得交通运输业一度成为全村第三产业中的支柱产业。

（一）交通运输业的地位

交通运输业是指国民经济中专门从事运送货物和旅客的社会生产部门，包括铁路、公路、水路（水运）、航空等运输部门，有客运业和货运业两种形式。目前，岗堆村有水运和公路运输两项。岗堆村境内有一个贡嘎雪渡口，从贡嘎雪村（现在的岗堆村）雅鲁藏布江渡口至森布日村，航程500米。而公路运输主要依托101省道。岗堆村位于拉萨、日喀则和贡嘎县的中间枢纽位置，101省道的建设将岗堆村与其他城市连接起来，使得全村的交通运输业得到迅速发展，一度成为全村第三产业中的重要支柱产业。到目前为止岗堆村交通运输业总收入在逐年增加，到2010年达到669200元，比2002年多了一倍多。虽然随着村里其他商业和服务业的发展，交通运输业的比重有所下滑，约占第三产业的37.95%，但我们不能否认交通运输业为全村人民带来的方便。曾经村民出行只能徒步、骑马或坐马车，而修路、盖房子等需要运输货物时都靠人力或马力，一次性运输量非常有限，而现在大多用面包车、小轿车或大卡车等现代交通工具，并且送到家门口。交通运输业能得到如此大的发展，除了得益于交通工具的改善，还归功于道路的改善。

表6－1　2002—2010年间交通运输业收入情况统计　单位：元

项目＼年份	2002年	2004年	2006年	2008年	2010年
农村经济总收入	3726085	5350077	6952690	8008214	10440160
第三产业收入	573870	1247978	2418300	2496405	1763351
其中：交通运输业	246500	690920	1248100	1238455	669200
第三产业占农村经济总收入比重	15.40%	23.33%	34.78%	31.17%	16.89%
交通运输业占农村经济总收入比重	6.62%	12.91%	17.95%	15.46%	6.41%
交通运输业在第三产业的比重	42.95%	55.36%	51.61%	49.61%	37.95%

资料来源：西藏自治区山南地区贡嘎县岗堆镇统计所农村经济年报表。

（二）道路变化情况

岗堆村位于雅鲁藏布江河谷地带，地处拉萨市、日喀则地区和山南地区三地（市）交汇之处，曲水县和贡嘎县的中间，到贡嘎机场只有10公里的距离。这里从古至今是贯穿西藏东西方向的重要交通枢纽。据《西藏图考》载，原西藏区内的古道以乃东[①]为中心。西行经杰德秀从贡嘎县的江塘分路，可行至浪卡子和江孜；从江唐渡雅鲁藏布江经曲水可行至拉萨。而无论要去浪卡子、江孜还是经过江唐去拉萨，都要经过雅鲁藏布江沿岸的岗堆村，因为岗堆村所辖的贡嘎雪曾经是贡嘎宗所在地，所以这里道路建设较早，但由于当时的条件和自然环境影响，大多数是又颠又窄的土路，运输完全靠人工背或马（驴）驮。

西藏和平解放后，拉泽公路的开通不仅改变了曾经比较恶劣的道路环境，而且彻底改变了岗堆村的封闭状态。拉泽公路就是101省道的前身，线路编号是S101540000，起点为拉萨，途经曲水县、贡嘎县、扎囊县，终点为山南地区所在地泽当[②]。曲水和贡嘎中间正好是岗堆村。这条路全线平均海拔3600米以上，被称为“自治区区门第一路”，是西藏的对外“窗口”，是山南地区通向西藏自治区首府的直接通道。拉泽线为东西走向，1956年夏完成公路测绘，当年8月初正式动工，共投资300万元。1957年1月通车，修建初期该路段技术等级低，均为单车道，全长130公里。1959年，根据边防建设需要，国家对拉（萨）—贡（嘎）公路进行改造，由西藏公路局第二测量队设计，工程改造分六个路段。加宽整治后某些地段路面宽度增为5米，特殊地段为3.5米。1964年，拉（萨）—贡（嘎）公路全线改造为四级路，路基宽4.5米左右；1983年拉萨至贡嘎县改建成三级沥青路面，路基宽8.5米，路面宽7米，是山南地区的第一条等级公路，它的建成告别了山南地区无公路的历史，改变了西藏山南地区经济落后的面貌，进一步拉近了西藏山南地区人民和内地人民的距离。1994年，贡嘎县至泽当段改建成三级沥青路面，

---

① 乃东是藏民族生息繁衍的发祥地之一，现在是西藏山南地区行政公署驻扎地。乃东中心镇泽当的公布日山以神猴同罗刹女交媾而繁衍高原人类的美丽神话传说而闻名，成为藏民族追宗思祖的朝圣之地。不仅如此，悠久的文化传统，使乃东所辖山南在西藏政治历史中占有显赫的一页。西藏第一个奴隶制政权“吐蕃”王朝建立在此，进而统一西藏。雍布拉康是西藏第一位国王聂赤赞普的官殿，也是西藏的第一座官殿。

② 贡嘎县地方志编纂委员会：《贡嘎县志》，第329页。

路基由原来的4.5米加宽至7米，公路等级由原来的甲级提升为三级公路。1995年初，国家计委同意投资1.5亿元人民币（其中，国家计委和交通部各承担5000万元）建设贡（嘎）—泽（当）公路，纳入中央及部委援藏的项目之内，至1999年，经过多次整治改建、裁弯取直，拉（萨）—贡（嘎）—泽（当）公路全线改建成三级油路①，全长186公里，这就是今天所说的101省道。这条公路给岗堆村的村民带来了诸多方便，无论去镇里、县里还是去机场、泽当或拉萨，只要在村中间的公路旁等待，就可以打到车，也为村里货运业的发展提供了有利条件。

2010年，岗堆村享受到基层政权建设政策的拨款20万元，在村内建设水泥路面，路面宽6米，长500米，采用水泥、石块建设，道旁设排水明沟。到目前为止，村里已经完成了一部分工程，还有一部分今年继续进行。村民们对此非常满意，铺了水泥路，不仅村容整洁了，而且村民出行更安全、方便了，再不用害怕下雨天出门弄脏衣服或走路滑倒了。村内道路的改善来之不易，因此村里统一安排，专门利用一些资金来保养，如自治区补助的农村公路养护专项资金，地（市）、县（市、区）财政安排的养护、抢险保通及修复资金，拖拉机（摩托车）养路费返还于农村公路养护的资金，企业、个人、社会团体等捐助筹集的农村公路养护资金，其他方式筹措的农村公路养护资金等等。

（三）客运业的发展状况

1. 客运业的发展历程

民主改革之前，人们的出行基本都是徒步，而且由于道路和条件影响，也很少与外界接触。1957年1月，随着101国道拉萨—贡嘎—泽当公路的建成通车，山南到拉萨国营客运正式运营，岗堆村村民要去泽当或拉萨，就到村旁的路口等车，搭乘山南—拉萨国营客车。20世纪60—70年代，村内主要的交通工具是马车。马车不仅可以拉货，而且还可以顺路把出村的其他村民载上。当时马车基本都是自家用的，即便顺路捎人也是不收费的。

① 西藏自治区公路交通史编写委员会．西藏公路交通史（第一版）［M］．北京：人民交通出版社，1999.

20世纪70年代还出现过自行车，但只有很少的人骑，因为当时村内的道路仍是土路，下雨下雪自行车就没办法骑了。进入20世纪80年代，开始流行摩托车，现在全村大概有46辆。村中很多村民为了方便自己的出行购买了摩托车，赶集或有事时骑摩托车，没事时便闲置在家。与此同时，除国营客车外，私营的中巴客运车辆也投入运营，经过岗堆村的客车增加了，村民出行也更加方便。

村中客运业真正发展是从2008年开始的。因为2007年开始修建"一洞两桥"[①] 机场专线，建成之后拉萨至泽当、山南至曲水等很多客车不再经过岗堆村，而走机场专线，经过村里的客车减少了，从而造成村民去县城或镇上时经常等不到车。这时村里才开始有人买了面包车，做起了客运生意。这些私营面包车一般都跑别的村、镇和县城等不同路段，按距离收取客运费，车主不仅方便了村民出行，自己也有了相对稳定的收入来源。

2. 客运业现状

目前，岗堆村有1辆11座的旅游车，有9辆7座的小面包车，4辆4座小轿车。这些车辆的司机大都是去拉萨或山南地区参加驾校培训半年后考试，成绩合格后拿的驾驶执照，整个办下来大约花费3000元。但也有一些贫困家庭的人去参加上级政府组织的培训项目，就能免费享受培训，拿驾照。小面包车大概4万多元一辆，购买时可以得到10%的补贴，其他车辆没有补贴。旅游车花费约11万，小轿车5万元左右。村里这辆旅游车属于拉萨圣地公司，时常跑较远距离的客运，尤其旅游旺季，一般都去拉萨接待旅游团，按每公里3～3.5元的标准收费。旅游旺季挣得多，大约6000～7000元。由于旅游车耗油量大，且每年保养成本高，因此平时在村里出租的话，就要比小面包车稍贵点，比如去县城、吉纳村或谢珠琳寺，旅游车来回一次一般收取20元钱。小轿车在冬天时也会去机场拉客，一天能挣70～120元不等，一个月下来能赚2000多元。而平时跑镇或县城的都是小面包车，去县城的村民要早点起床准备，9点左右到101省道旁等车。岗堆村离岗堆镇所在地3公里，因此小面包车去镇里经常不收钱，而去贡嘎县城约20公里，以前收每人5元，

① "一洞两桥"是拉萨到贡嘎机场的专线道路，雅鲁藏布江大桥和嘎啦山隧道的建设使拉萨到贡嘎机场不再经过曲水，也不再经过岗堆村，直接从318国道经过一洞两桥到达机场。

2011年涨到7元，包车为50～70元/天，但有时碰到熟人也会优惠点或不收钱。

现在，村民要去拉萨没有以前方便了。村民一般等吉纳村的大巴，吉纳村的大巴一般早上8点开始营运，先去岗堆镇最偏远的村拉客，经过岗堆村大概9点，走原来的贡嘎—曲水—拉萨线，大概12点半到达拉萨，大家就去办各自的事情，如果回来还想坐这趟车的话，下午2点之前到原来地点等待，2点从拉萨出发，过“两桥一洞”走机场专线，再从岗堆镇—岗堆村—吉纳村的路线回来。这趟车的收费标准在不断提高，在20世纪60年代，一趟收取2元钱，80年代涨到5元，90年代涨到10元，2000年为15元，2010年18元，到2011年，已经涨到每趟23元。不想坐吉纳村的车的话，可以去县城坐车，县城有很多客车、面包车和小轿车，贡嘎县到拉萨一般20～25元，加上村里到县城的花费，单程要花费27～32元不等。

岗堆村的村民要去山南地区（泽当）的话，除了拼车或包车（面包车或旅游车）直接去，还可以先坐面包车去县城，再坐贡嘎至泽当的客车，每天早上9点和10点各有一趟，单程25元，加上从村里到县城的费用7元，岗堆村到泽当单程要花费32元。

3. 客运业发展前景

岗堆村的客运业处于刚刚起步阶段，随着外部条件的变化而逐渐发展到今天的水平，基本满足了村民的日常出行需要。由于经过村里的客车很少以及面包车自身的一些优点，如经营不受雨雪天气的限制，比较安全、舒适，虽然价格有点高，但毕竟坐车比较方便，且将村民可以直接送到村里，所以村里人出行，尤其去镇里或县城都选择面包车。

面包车运输业在岗堆村不太可能再扩张，原因有以下三点。首先，运营的成本比较高。面包车运输需要相当多的本钱，大多数村民没有能力去筹集到本钱，而且即便通过借贷款筹集到了资金，每年过高的运营费用也使村民望而却步。村民从事客车运输业，不仅需要一系列的证件，如驾驶证、行驶证、营运证等，还要每年交纳保险费、年检费、营运费、公路费等，因此一般经济水平的家庭都承担不起这些费用。其次，在村里拉客或跑车，乘客基本上都是邻里朋友，经常不好意思收钱，但不收钱一天就白跑了，因此比较尴尬，而且村里已有9辆面包车，加上旅游车已经有10辆车，基本满足村民的需求。第三，客车运营的风险比较大。客源不稳定，加上现在油价上涨，而且随着生活水平提高，部分村民拥有私家车等诸多因素使得进行客车运输风险过大，极有可能血本无归。

对于岗堆村运输业的未来，有些村民提出了自己的一些想法，如：在村头设立几个站点，开通一条“贡嘎县—岗堆镇—岗堆村—吉纳村”的公交车或客车，每天可以安排几趟，只要收费合理，肯定会有较大的发展空间；充分利用有效的地理位置，发展出租车行业。岗堆村离机场 10 公里，因此可以培养一批素质高、技术好的司机进行机场旅客运输服务，要求司机礼貌待人、热情服务。这不仅可以为村民提供就业岗位，使其得到稳定的收入，同样使旅客可以感受到便捷和舒适。

（四）货运业发展状况

1. 货运业的发展历程

（1）牲畜驮运

民主改革前，岗堆村乃至西藏都没有公路，只有崎岖的山间小路，交通极为不便，物资的运送主要靠牲畜驮运。岗堆村的物资运输主要靠马、牛、驴等畜力直接驮运，几乎每家都有 2 匹马、1 头驴，每匹壮马可驮 150 公斤至 200 公斤货物，驴可驮 100 公斤至 150 公斤货物。

民主改革后至 20 世纪 70 年代中期，随着 些简易道路的修建，胶轮马车、胶轮手推车在短途运输中充当着相当重要的角色。20 世纪 70 年代后至 80 年代末，随着部分县道的修建和拖拉机等交通工具的使用，牲畜驮运逐年减少。1975 年，岗堆村的贡嘎雪有 3 个组，买 3 台手扶拖拉机，共花费 8400 元，主要用于耕作。1981 年，岗堆村进行土地改革，对三组的所有财产实行平均分配（生产工具、土地和牲畜都平均分配），拖拉机被卖掉，所得收入作为集体资金。20 世纪 80 年代中期，家庭联产承包责任制实行后，村民开始自家购买拖拉机，用于耕作和货物运输，拖拉机成为农村主要运输工具。进入 21 世纪，全村拖拉机数量逐年增加，加上 2009 年起自治区实行农机具补贴，每台拖拉机补贴 35% 的费用，因此购买的村民增加了，到 2010 年全村已达到 133 台，其中 180 型号拖拉机 110 台，手扶拖拉机 23 台，基本每三家就有一台拖拉机。

表 6－2　2002—2010 年间岗堆村小型拖拉机总数变化　单位：台

项目＼年份	2002 年		2004 年		2005 年		2008 年	2009 年	2010 年
	贡嘎雪	岗堆村	贡嘎雪	岗堆村	贡嘎雪	岗堆村	现在的岗堆村	现在的岗堆村	现在的岗堆村
小型拖拉机	48	20	88	32	51/17	34/4	46/7	93/27	110/23
合计	68		120		106		53	120	133

注：拖拉机总量中使用“/”线隔开，斜线前的数字代表 180 型号拖拉机总数，斜线后的数字代表手扶拖拉机总数，二者相加等于拖拉机总量。

资料来源：西藏自治区山南地区贡嘎县岗堆镇统计所农林牧渔综合年报表。

（2）船只运输

民主改革以前，水运是岗堆村运送物资、与外界交往的主要方式，也是全村及贡嘎县通往拉萨的重要方式之一。民主改革后，随着公路运输的逐步发展，水运主要是以运送物资和载人过江为主。牛皮船也就成为打渔的主要交通工具，岗堆村是全贡嘎县唯一有渔业的村庄，1959 年时有 2 只牛皮船，2000 年有 4 只牛皮船，载重量 3 吨，日平均往返 3 次。①

（3）汽车运输

和平解放后，岗堆村货物的运输主要靠公路，特别是 1985 年后，农村经济迅速发展，农户开始联户或单户购买东风车，又叫解放车，平时除了运输农作物，就是运输一些建筑材料，如水泥、石子、土等。2008 年后，村里的货运业发展进入高潮，有人开始买大卡车，规格不同，有可以运载 20 吨的，也有 10 吨的。这些卡车运载量大，工作效率高，十分符合发展需求，为村里建筑业的发展提供了服务和保障。

2. 货运业的现状

岗堆村的货运业与客运业比起来，更加成熟。2006 年，国家实行新农村建设和安居工程以来，不仅改善了村里的道路交通，村里家家户户开始盖新房，建筑业的发展带动了运输业，这为货运业的发展带来了契机。现代藏式房子的构建需要大量的石头、土和藏木等材料，材料的运输给做货运的农户

① 贡嘎县地方志编纂委员会.《贡嘎县志》. 第 332 页。

带来了收益，也因此带动了村里其他人进入货运行业。很多做货运的村民还把眼光投向了拉萨、日喀则等大城市，完成村里工作之后纷纷去外地工作。

到 2011 年，村里已有 8 辆大卡车、4 辆东风车和若干其他货运车辆。8 辆大卡车中，6 辆是可以承载 20 吨货物、自动卸货的大卡车，2 辆是可以承载 10 吨的中型卡车。载重量 20 吨的大卡车约 33 万元一辆，10 吨的 18 万元一辆，买车者多为家里经济条件相对好的，一般从拉萨购买。车主自己联系客户，主要运输沙子、水泥、石头等建筑材料，偶尔也做种子、化肥的搬运和搬家工作。车主们常年在外地工作，做零活一天收入 800 ~ 1000 元，若上工地干，每个月能挣上万元，油钱由工地出，但修车费自己出，一旦车出现问题，花费相当大。东风车承载量为 5 吨，新车约 15 万元，旧车 5 万元。农户买车时一般自己出一部分资金，其余的从银行贷款或从亲戚朋友处借款。据了解，东风车的车主们一般去拉萨或别的县城做运输工作，农历 4—9 月份比较忙，做零活一天能赚 500 元，假如被工地包车，则收入会高一些。

现在村里的拖拉机十分普及，主要是自己家使用，专门去做运输工作的极少。一般以运输农作物为主，但平时也会在村里拉点建筑材料，尤其自己家或亲戚家盖房子时都会去帮忙。要是去给其他不认识的人家干活，一天拉四趟，雇主管吃喝再付 200 元工钱。

除了这些大型的货运卡车外，村里还有 6 量农用运输车、1 辆 130 车，1 辆长安面包车，2 辆三轮摩托车和 1 辆三轮自行车。农用运输车主要用于运输收割的作物，130 车和三轮自行车是国家发放给每个行政村的，在村委使用。130 车和长安车最大的优点是既可以拉人，也可以拉货。村里普吉家的长安车比 130 车小点，适合拉一些家具或电器。而三轮自行车是专门负责运送垃圾的车子。还有 2 台三轮摩托车，用于小件东西的运输。而村里隔两天来卖菜的运输工具是面包车或长安车，从拉萨市场批发再来村里叫卖出售。

3. 货运业的未来

货运行业的收入目前来说还是相当可观的，但这并不能说明其未来发展会更好。目前岗堆村从事货运工作的绝大多数都是个体经营，即个人筹资买车、个人联系货源、个人运输、个人享有收益并承担风险。首先，按照前几年的经济情况，村民买车时，很多人要向亲戚朋友或信用社借款，而货运业在经营过程中需要比较多的流动资金，这部分流动资本也可能来自借贷。借贷的钱都需要还本付息，如果经营不好，会让村民承担沉重的还贷压力。其次，车主的客源一般都来自熟人或老客户，没有一个专门用来交流货运需求和供给的信息平台，使得货运的需求难以及时传达。车主的生意难以稳定并迅速扩展，货运业发展缓慢。再次，岗堆村卡车货运主要集中在4—9月的半年时间里，其他时间基本没有生意，无形中增加了养车成本。最后，每年要上缴保险费、工商税、车船使用税、经营税，还有检车费、维修费，有时还要交罚款，这些税金和费用总和呈现逐渐上升趋势，使得经营货运业要承担越来越大的成本压力。假如有一个专门的组织负责联系客户，与其他公司或客户有一个稳定的合作，相信货运业的未来将十分光明。

七、其他行业发展状况

岗堆村以农业为支柱产业，但是许多家庭也兼营一些手工业或者小商业。岗堆村的手工业者主要为裁缝、铁匠、木匠、画匠、泥水匠，从事裁缝行业的男女都有，但是其他行业从业者大多是男性。岗堆村中小商业多为夫妻店，或者是由家庭中的部分成员帮助经营，经营规模不是很大，店面往往不超过32平方米。村民们除了依靠从事手工业和小商业增加收入以外，还可以到村里的小工厂工作。岗堆村之所以有种类众多的行业和小商业，都得益于方便的金融业服务。

（一）小商业发展状况

1. 小商业发展历史

民主改革以前，岗堆村所在地是政教合一的封建农奴制社会，以农牧业为主。生产力发展水平低下，处于落后封闭的自给自足状态。同时，因自然条件和资源分布的差异，这种自给自足的生产并不能满足群众的需求。农区群众之间、牧区群众之间以及农牧区群众之间需要调剂余缺、互通有无。此时的商品流通以实物交换为主要形式，这是因为农牧业生产不发达，剩余产品有限，产品种类不多，流通量不大。同时，贸易活动带有一定的地域性和时间性，农牧民的物质交换主要在乡村以集市方式进行。人们习惯上利用该地区举行重大宗教活动的机会或按季节进行集市贸易，当时县境范围内的杰德秀镇是重要的集市之一，岗堆村村民如果要交换较为值钱的物品或者要购买重要的物品，都会去杰德秀镇的集市。每年藏历正月十日至十五日，在杰德秀举行“亚洛丛堆物交会”，参加贸易交换的主要有西藏地方政府、寺庙僧侣、贵族、三大领主的商人，也有区内各地及青海、四川、云南等区外的个体商人和附近的农牧民群众，还有来自印度、尼泊尔、不丹等国的外商。规模最大时有二三百家商户，客商三千人左右。参加贸易活动的有以下几种情况：一是出售自己的农牧产品和手工业产品；二是买回生活必需品和生产工具；三是通过交换来赚取一点佣金；四是闲逛的人。农牧民之间主要用青稞、麦子、豌豆、氆氇、邦典、皮张、藏被与牛羊肉、酥油、羊毛、羊油等产品进行相互交换，外地商人及不丹等外商出售的商品和货物有大米、糖、火柴、肥皂、铝锅、布匹、茶叶、铁锅、烟叶、辣椒、盐、染料、铁、铜皮、羊毛刷子、藏服、纸、绸缎等。集市交易以货币为媒介的间接交换方式或以物易物的直接交换方式进行，以物易物的交换方式占有重要地位。商品交换的比价，主要由农牧民和商人按惯例通过协商议定，一般是以容积作为计算标准，价格变化不大。

民主改革后，私营商业发展受到政策限制，国营、集体（区供销社）商业逐步建立，初步形成国营商业一统县内商业天下、流通渠道单一、所有制成分单一、经营品种少、商业网点少的流通体制。这种体制一直持续到1980年。1980年开始，在贡嘎县全县贯彻自治区党委《关于农牧区若干经济政策的规定（试行草案）》，大力提倡发展集体、个体商业等商业模式。1983年，岗堆村的现任村委会主任桑旦就在群众的推选下开办了岗堆村第一家私人商店，当时开店的5000元是桑旦自己担保到镇里银行贷的款。至1986年，全县已初步形成多种经济成分并存，多渠道、少环节的商业体制。此后，私人商店继续发展，但整体水平还比较低，直到1992年西藏自治地区大力发展市场经济，岗堆村的私人商店和饭店才快速地发展起来。

2. 小商店的经营情况

（1）小百货商店的基本情况

岗堆村共有10家小百货商店，这些小商店的共同特点是：经营规模都不大，最大的商店40平方米左右；商店的主要经营种类都是日用百货，从食品到生活用品比较齐全。一些条件好一点的小百货商店会有冰柜，主要用来冰镇饮料和储存冰棍。村民们日常的生活用品都是从这些商店购买的。小型的百货商店的经营费用比较少，年盈利也不多，一般也就一两万元。进货等由店主自己负责，基本上每半个月就需要到拉萨进一次货。店主普遍反映日用品的销货速度很快。有些小的百货店还会兼营一些自家制作的小食品，例如凉粉。

(2)“万村千乡市场工程”

“油盐酱醋在村里，日常用品赶大集，大件商品跑县里”，这些曾经是农民消费环境的真实写照。为了解决农村消费“不方便，不安全，不实惠”的问题，商务部从2005年开始在全国范围内实施农村现代流通网络建设工程。国家通过安排财政资金，以补助或贴息的方式，引导城市连锁店和超市等流通企业向农村延伸发展“农家店”。到2010年底，全国累计建设52万家连锁化农家店、2667个配送中心，覆盖了全国80%的乡镇和65%的行政村。通过建立新型农村市场流通网络、改善农村消费环境，保障农民方便消费、放心消费。这项工程着重引导城市连锁和超市向农村伸展，最终目的是让农民在家门口购买到优质商品、享受便捷服务，早日过上现代消费生活。2006年，岗堆村所在的贡嘎县开始实施“万村千乡市场工程”，并且在2009年提高了全县农家店补助标准，将农家店的补贴由原来的8000元提高到10000元。到2011年，全县“万村千乡市场工程”农家店建设共完成60家，行政村级覆盖率达到90%，农牧民群众基本实现不出村就能买到生活必需品。岗堆村目前建有两家这样的商店，一家在原雪村村口，面向101国道，另一家在曲德寺对面。村民们说这些百货商店东西齐全，而且商品的质量都非常有保障，不会出现过期或者质量不合格的情况。这些商店的规模也要略大于村里的小商店，由于种类齐全信誉有保障，其销售量也比其他商店大，营业利润也比较高。

(3) 小蔬菜店的基本情况

岗堆村2008年开了一家专营蔬菜和水果的商店，店面有两间房，一间是摆放水果蔬菜的房间，另一间是店主休息和存放存货的地方。店里的蔬菜品种非常齐全，达二十多种，水果也将近十种。蔬菜主要有青椒、尖椒、菜花、黄瓜、西葫芦、胡萝卜、土豆、大白菜、大葱、蘑菇、小白菜、油菜等，水果有西瓜、苹果和桃子等。店里的水果蔬菜非常新鲜，价格也很公道。店里还会兼营一些副食品，例如午餐肉。店主是一对来自外地的夫妇，开店的房屋是租当地村民的，每月房租100元，开店之初共花费两万元。现在丈夫每天都会去拉萨和附近种植蔬菜的村子进货，妻子主要留在店里看店，儿子每隔一天骑着摩托车到村里比较偏远的人家去叫卖，这样不仅方便了村里离菜店较远的农牧民，也为自己的店里增加了收入。小蔬菜店不仅丰富了当地农牧民的餐桌，还便利了当地村民的生活，小店每年能盈利两万元。

(4) 粮油加工店的基本情况

民主改革以前，贡嘎县粮食和油料主要靠水磨和人力加工，加工量少且费时费力。20世纪60年代初，全县共有私营磨糌粑面粉的水磨坊18座，油榨坊23座，年均磨糌粑2.2万公斤，面粉0.75万公斤，榨油650公斤。岗堆村当时没有自己的粮油加工店，所以村民必须到很远的地方去加工粮油。70年代末，县粮食部门统一进行粮油加工，并向干部职工和群众销售。县粮站还开设了面粉加工点，主要加工挂面。20世纪80年代初，社队的粮油加工大多数承包给个体经营。20世纪90年代，全县各乡镇都有个体粮油加工点，以水力磨糌粑为主，还有磨面机、榨油机、碾米机、面粉加工机等动力加工机器。2007年，岗堆村成立了一家粮油加工店，这家店坐落在岗堆村对面101国道旁，店面有四间房屋大小。村民们将自己家收获的青稞、小麦还有油料作物送到粮油加工店里加工，加工店收取一定的加工费。这样一家粮油店每年除去店面租金1500元以及其他成本费用，还能盈利3万元。粮油店榨油的主要设备包括一台榨油机、两个罐子以及一台榨油用的泵。加工面粉的设备主要是一台磨粉机。加工小麦是按照重量收取加工费，一公斤小麦可以生产0.6公斤面粉，一般需要经过除杂、润麦、磨粉、筛理等几个步骤，加工费通常是1元/公斤。要是加工青稞，还得经过一道炒熟的工序，因为藏民食用的糌粑就是炒熟青稞加工成粉，直接食用。加工菜籽油通常1.5元/公斤，1公斤油菜籽可以生产大约0.4公斤的菜籽油。忙时每天加工七八户，总共500公斤左右。

3. 小餐馆的经营情况

岗堆村共有4家小餐馆，都坐落在村口。原雪村的两家餐馆经营规模较小，只有20平方米左右，店里有4~6张桌子。两家店都是夫妻店，其中一家店基本由女主人一个人负责，主要经营藏面和饺子，还兼营酸辣粉和一些简单的炒菜。旧岗堆村的两家小饭店规模相对大一点，两家店的面积都有30平方米以上，其中一家店原来是由曲德寺经营的，坐落在曲德寺对面，现在已经承包给当地的村民经营，店名没有变，还是沿用原来的名字，叫作曲德寺饭店。这两家小饭店的食物较其他饭店丰富许多，除了传统的藏面、饺子还有盖饭、炒菜，而且饭店也可以根据客人的需求做。四家店的价格都非常公道，藏面和饺子都在6～8元，炒菜或盖饭在10～15元。小餐馆平时的生意还不错，村民们如果有急事，或者家里有亲朋好友来不及做饭都会到村里的小餐馆就餐，小餐馆每年盈利一到两万元不等。村民们即使不吃饭也爱到小饭馆里坐一坐，闲暇的时间大家会聚到小饭馆里聊聊天。

4. 工商注册情况

岗堆村的村民要想成立一家商店或者饭店，必须到县工商局进行注册，工商局受理之后才能组织经营，还要定期接受检查，每一家店的门口必须悬挂工商局颁发的登记注册证。个体工商户注册登记时间较短，受理只需一个小时，审查审批核准需要两个工作日。个体工商户开业注册登记费为每次20元，变更登记费为每次10元，证照遗失、损坏，需要补换证照的每次10元。个体工商户每4年重新登记、换发营业执照一次，需要20元。餐饮业需要提供卫生局颁发的《卫生经营许可证》，加工和制造业需要由技术监督部门出具前置审批。

（二）家庭手工业发展状况

岗堆村的手工业历史久远、技术精湛，关系着村民的日常生活的方方面面。历史上，村里的手工业主要有毛织、泥塑、木雕、木器家具制作等，现在主要有裁缝、铁器制作、木器家具制作、绘画、房屋修建。

1. 裁缝

岗堆村临近羊卓雍湖牧区，该区盛产优质绵羊毛、山羊毛和牦牛绒，毛织工艺十分发达。毛织原料以绵羊毛为主，产品有氆氇、围裙、藏被、藏毯、口袋、背包等。在旧西藏，这里集居的居民大多无土地、无牲畜，主要靠手工业谋生。因此，男女老幼都会纺线，所纺的经纬线不易褪色。岗堆村的妇女们都会自己织氆氇，大多数人家会把自家织的氆氇拿到裁缝那里让其加工成衣。氆氇实为手工织成的毛呢，也叫藏毛呢。氆氇是加工藏装、藏靴、金花帽的主要材料，相传有2000多年的历史，在藏族人日常生活中的地位就如内地的棉布一样重要。氆氇细密平整，质软光滑，作为衣料或装饰的优质毛纺织品，是以羊毛为原料，经纺纱、染色、织造、整理等工序制成。岗堆村的妇女先将羊毛用纺锤捻成线，再借助简单纺架手工操作。用此方法，一个技术熟练的妇女，一天可织近3米氆氇，这种手工生产的氆氇宽约40厘米。

毛线用茜草、大黄、荞麦和核桃皮等做染料，可染成赭红、黄、绿等颜色。不织氆氇的家庭也可以自己购买或者是让裁缝代为购买氆氇。织氆氇用的是老式木梭织机，织好以后是白色的，宽 24 厘米左右，可以做男式服装，但一般都要染成黑色，也有染成红、绿等色彩的。

岗堆村的裁缝都手工劳作，使用的工具非常简单，一般是普通的缝纫机、几把剪刀、直尺皮尺、针线等，别无其他。裁缝会认真地丈量或者记录成衣的尺寸，然后记下成衣的款式和要求。所有的成衣都由裁缝手工制作，只是衣襟和袖口处的装饰不再是以前一针一线绣成的，而是到拉萨或者其他地方买加工好的成品，回来缝制在做好的衣服上即可。如果村民不自己准备面料的话，裁缝们制作一套完整精致的服装（包括帽子、坎肩、外套、袍子、裤子、靴子）需要 10000 元。一个裁缝每天能制作两件藏袍或者两件外套，平均每件衣服加工完成可以赚 150 元左右，价钱根据衣服的款式和加工制作的难易有所区别。如果遇到寺里要做衣服，裁缝们一般都会帮忙，每天只会收取 50～60 元的辛苦费。裁缝们一年下来都很忙，几乎每天都在制作服装。

2. 铁器制作

岗堆村只有一名铁匠，现在这名铁匠的儿子也在跟着父亲学习手艺。岗堆村的铁匠原先只需要一个火炉就够了，现在打铁的设备已经先进了许多，吹风机是电动的，煤也是上等的好煤。打制一件铁具，一般要经过选料、加温、盯火候、锤打、淬火、磨口等五六道工序。打铁是苦力活，既脏又累，赚钱也不多，无论春夏秋冬，都要站在火炉边干活，特别是夏天，站在火炉边挥舞铁锤，实在是酷热难耐，而打铁时也免不了被火星溅着，被铁烫着。村里人日常用的铁盆、水桶都是村里的铁匠打制的，价格不是很贵，一般在 30 元左右。村里的铁匠还会做各种铁门，自己做的铁门非常坚实，铁匠会在上面绘上好看的图画，铁门的主体是鲜艳的红色，四周是黑色的宽边，门的中间部位也画有三个黑色的宽带，顶端呈现莲花状，所有黑色的部分都用金色的颜料画上精致的藤和花的图案，非常漂亮。做一个铁门大概要花上五天的时间，能收取 3000 元的报酬。家里新修的房子都会装饰一些铁制的屋檐，屋檐都是雕花镂空的，非常精美，打造这样一个屋檐大概需要一个月，如果房子大一些要更长时间。但是由于屋檐需要的铁量比较小，所以价钱不是很贵，一般都是 2000～7000 元不等。

3. **木器家具制作**

贡嘎县境内藏式木器家具制作技术高、品种多、实用性强。从古到今，全县各乡村都有一大批制作具有民族特色的木器家具的手工业者，生产的产品主要有藏柜、藏桌、藏床等。所有的藏式家具都被绚丽的彩绘所覆盖，图案上忠实地记录着宗教故事和历史传说，使得这些家具在宁静的雪域中承载了相当多的故事。藏家具的材质一般多用核桃木、松木（如雪松）、林芝云杉和喜马拉雅红杉（又名西藏落叶松）等软木制作，也有些藏柜有简单的雕刻，选用稀有的高原硬木。由于西藏的高原潮湿特性与虫害盛行，对木材的损害十分严重，使有些家具不能长久保留，好在酥油灯灰可形成一种有效的保护层。岗堆村有木匠二十多人，以前很多人都到外地去工作，只有一部分人会留在村里。最近几年村里实施安居工程，很多村民都要盖新房子，所以很多木匠又回到村里工作。村民们一般都会打造柜子、桌子等，一个木匠大概一个星期就可以做成一个柜子，获得600~1000元不等的收入。

4. **绘画**

画匠们主要是绘画或者维护寺里的壁画、为村里的新房子或家具做彩绘装饰。画匠们在本村寺里的工作基本都是义务的，每天只收取几十块钱的辛苦费，他们很多时候也会到其他地方的寺里工作。画匠们通常都是自备画笔和涂料，光画笔就需要五十多种，颜料的颜色就更多了，完成一所房子的所有绘画装饰大概要8~10天，相应能获得5000元的报酬。一套柜子的古画绘画装饰，两个人大概要20天才能完成，每人每天收取100元。画匠们一般都会收徒弟，对新收的徒弟，师傅只是负责吃住，不给工钱，经过一段时间学习之后可以自己完成绘画时，师傅会给徒弟每人每天50~70元的工钱。师傅让徒弟看着自己的绘画过程，徒弟遇到不懂的地方就向师傅请教。师傅会耐心地教导徒弟，还会给徒弟一些关于绘画技巧的书籍。当徒弟觉得可以自己独立完成时便会离开师傅。现在，村里已有二十几个画匠了。

寺里的佛像画是最难完成的，大都采用中心构图法：以主尊为中心来组织画面，突出主尊，呈众星拱月之势，由于与坛城的结构十分吻合，所以适于对坛城诸佛的表现。这是藏传佛教寺院佛殿构图遵循的基本形式，也是较为传统的构图手法。而一般家庭所采用的绘画相对简单，而且发挥的余地比较大，如果雇主家有什么要求，画匠们都会尽量满足。有些家庭会摒弃原来传统的装饰模式，而选择一些反映当代生活的图画，但是家具的绘画还是保留了先前的传统。

色彩的配制对绘画相当重要。画匠们把色彩分为主色和副色，白、黄、红、蓝、绿为主色，由五种主色相配产生的各种混合色为副色。颜料的来源方面，石黄、雄黄是矿石类，产于康区；藏青、石绿色产于西藏尼木县和甲绒地区，是从矿石加工分离而来。这两种矿石永不变色。若再加工，还可派生出淡青、湖蓝（二青）、群青（三青）、头青（太青蓝），绿色也可分成淡绿、分绿（二绿）、翠绿（三绿）、墨绿（头绿）。名为“免彩”的大红色和色相较深的大红“藏彩”是分别产于洛扎地区和后藏的矿石。绘画时常用的朱砂色，是从银子中提取的。画壁画时用来打基色的“羊井粉”产于羊巴井地区。胭脂色是把产于察隅地区的一种黄色树皮，砸碎后与许康草一起包在纱布里加水煎熬，熬出来的汤汁盛在瓷具里加热，水分蒸发后的黏状物就是胭脂色颜料。用传统颜料绘就的壁画即使过了数百年也鲜艳依旧，现在画匠们所使用的颜料大部分都是市场上购买的。

5. **房屋修建**

村里的泥瓦匠人数比较多，有30人左右，主要负责村里的房屋修建。村民如果要修建房屋一般会请10个泥瓦匠，泥瓦匠的工作比较辛苦，从挖地基到搭建房屋支架以及后来的砌墙的工作，泥瓦匠一天工资为60~70元不等，而技术娴熟的泥瓦匠一天工资要达到80~90元。在岗堆村每年的11月到次年3月，基本上没有家庭会修建房屋，所以每到这个时间，泥瓦匠都会在家里休息。

（三）小工业发展状况

1. **沙石厂**

贡嘎县境内的石头、沙石和细沙等资源丰富，历来就有开采，主要用于民房等各类建筑。当地群众习惯采石建房，用阿嘎土和沙石混合刷墙面或铺地面。早先沙石都是由要盖房的村民自行开采。2010年开始，由于村里工程项目和县里的政府工程建设的增加，一个小型的沙石厂于2011年年初开办。沙石厂一共有5个工人，每天有一台挖掘机在沙场负责挖沙，沙场租用村民的货车把沙场的沙拉到厂里来加工。加工好的沙子一车能卖420元。

岗堆村的沙石厂坐落在雅鲁藏布江沿岸，离江只有几百米的距离。距离101国道也不过几百米，加工好的沙石可以非常方便地运输出去。沙石厂里设备比较简单，只有两台水轮洗沙机和一个简易的帐篷。沙石厂的生产经常会因为电力供应的中断而被迫停产。受到资金规模和销售渠道以及加工能力的限制，岗堆村沙石厂的规模没能扩大。

2. **砖厂**

岗堆村村域内还有一座砖厂，村民们说这个砖厂不是村里的人开的，而是朗杰学的人租用了村里的地开的。砖厂有一座砖窑和一台搅拌机，设备非常简单。除此之外，还有一个简易的帐篷，主要是供工人休息用的。工人们每天早上8点就要到厂里来工作了，中午就在厂里就餐，不能回家，下午一直要工作到六七点。砖厂的工作都是较重的体力活，工人们首先把原材料手工搬到搅拌机前，按照比例把材料放到搅拌机内，要不时地观察搅拌情况。然后把搅拌好的材料倒入磨具中，倒入的工作也是手工完成的，要非常小心，不能浪费材料，也不能倒不满，每一块砖都要大小一样。最后将砖坯搬到砖窑里烧制，倒入材料的磨具都非常重，砖厂又没有任何机械帮助完成，全部是工人们一次次用双手完成的。放置好了砖坯，要观察火势的大小和烧制的情况，时间的长短都会影响砖的质量，待烧制完成之后取出晾晒。

砖厂的工人不多，最多的时候就7个人，平常只有4个人在工作。砖厂每年3—10月份都会比较忙碌，因为这个时候是当地进行建设的时期，而其他月份由于气温的缘故会影响烧砖的质量，所以工厂的工人每年3—10月份才有工作，剩下的时间就要闲在家里或者找其他工作。砖厂的工资不算高，所以他们的生活不是很富裕。砖厂的面积很大，帐篷旁边堆满了制砖的原料，由于害怕被雨水冲刷，用大的塑料布盖着。大片的场地摆满了成型的砖，深灰色，长宽一米左右。砖窑附近拴着两条大狗，只要有生人接近狗就会狂吠，工人们说这是怕晚上睡觉的时候有人来这里偷砖才养的大狗。

3. **藏毯厂**

岗堆村村口有一家名称为岗拉梅朵藏地毯作坊的藏毯厂，于2009年4月8日注册成立的，这是一家私营的小生产作坊，主要生产藏地毯，我们去的时候，发现地毯厂已经倒闭了，门口堆满了半成品。据村里人说现在已经转而经营藏式家具了。经过调查，我们发现在岗堆村几乎家家户户都会自己纺线织毯。在西藏，由于受气候的影响，农作物往往为一年一作，而且当地村民外出打工者不是很多，加之每家每户都会养羊，所以当地人闲暇的时候都会将自己家羊产的毛纺成线织一些毯子或者氆氇。因此，当地人的地毯购买量不是很大，藏毯又非常坚实耐用，因而更新换代的速度又慢，所以岗拉梅朵藏地毯作坊生产的藏毯在岗堆村没有什么销路。而且毗邻岗堆村的朗杰学乡和杰德秀镇都以生产藏毯、氆氇、围裙著名，其生产的藏毯质量好、花色全，而且由于技术娴熟规模较大，所以成本相对要低。岗拉梅朵藏地毯作坊当时只有十多台木梭织机，雇佣岗堆村的村民，没有专业的技术指导，也没能拉到合适的订单，所以生产的产品没有销路。

4. 家具厂

因为特殊的地理环境和气候，加上高原雪域上的先民过着游牧的生活，过去的藏式家具都简单实用方便携带。过去由于运输条件和生产水平的制约，只有高级僧侣和贵族才能使用得起精美的藏式家具。一套精美的藏桌、藏柜和酥油桶是一个家庭经济实力和身份地位的象征。而现在每家每户都会使用藏式家具，所以家具的需求量大大增加了。这里生产的家具与平原上的不同，大多藏民喜欢坐卧于地上，所以藏式家具里没有传统意义上的凳子、座椅。传统的藏式家具可以分为箱子、柜子和桌子三大类，发展到今天，藏式家具的式样也只有这几种，藏式家具的特点就是朴实、结实、实用。

藏柜的整体结构大同小异，有些会在柜子的上方叠放一个专门用于供奉佛像的佛柜。藏柜上的雕刻图案多采用花草、动物和神话故事中的人物及景象。藏桌是西藏家具中出现较早的，它的外形和结构各式各样。而藏箱是西藏家具中出现最早的家具，由于老百姓需求的不断更新，藏箱被藏柜所代替。所有的藏式家具都被绚丽的彩绘所覆盖，常见图案为卷草纹、莲花纹、动物。动物的图案主要包括龙、凤、鹿、狮，藏传佛教里面独树一帜的图案叫“折把”，即为水龙头的图案，为释迦牟尼护法背关上的图案，有吉祥、护法、辟邪的意思。比较典型的就是四瑞图，表现了四只动物和睦相处、团结起来摘取果实的场景，最下面是一只白象，上面依次站着猴子、兔子、小鸟。

藏式家具的制作工艺非常复杂，好的家具雕刻一个龙形花纹的挡板就需要一位熟练的老木工15天时间。制作藏式家具要经过磨工、画图、粗雕、精雕，虽然岗堆村的家具厂会用一些机械来制作家具，但很多雕刻工作还是手工完成的。家具的彩绘则更加繁复，在上色前还需要几次打底，其中一层必须用牛皮熬制的牛胶打底。先由彩绘师勾勒出线条，再由徒弟给家具上色。由于绘画的烦琐和上色层次性要求很高，所以家具的绘画往往需要几个月的时间。

（四）银行服务业发展状况

1. 前进营业所的基本情况

中国农业银行贡嘎县前进营业所坐落在岗堆镇政府旁边，离岗堆村村口有300米。营业所面向101国道，是一个独立的大院，院门口的大铁门上面挂着营业时间牌和营业所的匾额。冬春两季营业所的营业时间为上午10点到中午12点半，下午3点到6点。夏秋两季为早上9点半到中午12点半，下午3点半到6点。这是营业所规定的营业时间，但是前进营业所每天不到营业时间已经开始办公了，村民们很早就会来到营业所办理业务。晚上到了下班时间，如果还有村民没有办理完业务，营业所的职员会热情地将所有业务都办完才下班。

（1）前进营业所的发展历史

前进营业所的前身是1959年3月成立的前进农业银行信用社，当时的办公地点就在离现在营业所不到300米的曲德寺内。当时营业厅里的办公设施就是一张桌子和一个小保险箱，信用社的工作量不大，办理业务的村民不多。由于当时的村民们都很贫困，一年下来存钱的人也就30～50人，绝大多数村民都是来贷款的，并且贷款不需要任何抵押物，只要村里面的领导给开证明就可以来信用社贷款了。由于存贷款业务量非常小，加上贷款利息率又不高，当时信用社一直处于亏损的状态，经营完全依靠上一级信用社的支持。随着当地经济情况的好转，村民金融意识的强化以及政府对于信用社的大力支持，才得到了发展。“文化大革命”期间，金融事业受到了冲击，金融业务停滞不前。1978年十一届三中全会后，金融与财政机构分设，前进农村信用合作社才得以恢复。1995年7月1日，前进农村信用合作社改为农行前进营业所。

（2）前进营业所的业务规模

从存款情况看，民主改革初期，前进信用社在办理私营工商企业及信用社少量储蓄周转的同时，大力动员城乡有余款户进行储蓄，要求村干部进行现金储蓄，储蓄额逐年增多。1968—1972 年，农牧业生产遭到严重破坏，存款增长速度低缓。1978 年以后，工农业生产迅速发展，商业、贸易日益扩大，基建投资增加，单位存款大幅度上升。同时，经济发展迅速，人民生活得到极大改善，个人储蓄额猛增，各项储蓄呈逐年增长趋势。

从贷款业务的发展情况看，1961—1965 年，信用社结合当时的“农村二十六条”和“牧区三十条”，以帮助恢复生产、渡过灾荒为主要目的，发放了个体农民贷款、长期无息贷款、供销合作社贷款。随着农牧业生产的恢复发展，县支行和信用社扩大了农牧区贷款范围，增加了贷款种类和金额。1966—1975 年社会主义改造期间，贷款范围扩大为互助组、社队集体，贷款种类增加了集体互助组农业贷款、农业队生产费用贷款、备荒粮无息贷款等。1976 年又增放了生产设备贷款。十一届三中全会后，信用社及时调整了金融体制和工作方针，进一步放宽了信贷政策，加强信贷管理，大力支持工业贷款、乡镇企业贷款、商业贷款、民政福利事业贷款、粮食收购贷款、私营个体工商贷款及其他短期贷款等贷款方式。1999 年，贷款又增加了小额质押贷款、个人住房贷款两类。

2010 年，前进营业所各项存款达到 1460 万元，其中活期存款 383 万元。各项贷款总额为 2353 万元，中间业务收入 14 万元。目前，前进营业所有 3 名在职的银行职员，日常的工作全部由 3 个人完成，不时还要轮流去参加学习，营业所每天的工作量又很大，所以 3 名工作人员每日都要工作到很晚。在他们的共同努力下，前进营业所连续 6 年成为先进集体，并且在很多活动中取得优异的成绩。

2. 岗堆村的储蓄情况

（1）岗堆村村民收入水平

岗堆村村民通过自身的不懈努力，大力发展农牧林生产，虽然第三产业产值在减少，但由于第一产业产值基本保持稳定，第二产业产值逐年增加，因此总收入呈现不断增加趋势，人均收入水平也逐年增加。2010 年，岗堆村人均收入达到了 7056.6 元。（见表 7－1）

表 7－1　　岗堆村村民收入水平　　单位：元

项目＼年份	2008 年	2009 年	2010 年
第一产业总收入	3174889.4	3466611	3025496
种植业收入	1963428.4	2241658	1855441
林业收入	195600	177900	177900
牧业收入	993861	1042597	989155
渔业收入	22000	456	3000
第二产业总收入	2336920	3740600	5651313
工业收入	325370	499100	529100
建筑业收入	2011550	3241500	5122213
第三产业总收入	2496105	2303279	1823351
交通运输业收入	1238455	1669200	669200
商业、饮食业收入	303150	516300	1065631
服务业收入	228900	88250	88520
其他收入	725900	29529	0
总收入	8007914.4	9510490	10500160
人口总数	1407	1443	1488
人均收入	5691.5	6590.8	7056.6

资料来源：岗堆镇 2008 年、2009 年、2010 年经济收入报表。

(2) 岗堆村村民储蓄方式及规模

以前，岗堆村的村民对于银行这种服务机构十分陌生，不知道如何去使用，后来在村干部和村里大户的带领下才逐渐认识到银行的作用。村民们把平时用不到的钱存入银行不仅安全而且还能获得一定的利息，营业所的职员也向村民们耐心地讲解存款种类的选择和利息的计算。2010 年一年，前进营业所吸纳的个人储蓄存款总额为 7034266.29 元，其中活期存款占 60% 以上，一年期的定期存款占 20%。

3. 岗堆村的小额信贷

(1) 岗堆村小额信贷的规模及手续

在没有农业政策性银行的情况下，西藏的农业银行除了办理商业性金融业务外，还承担发放粮油储备（收购）贷款、扶贫贴息贷款、其他各类专项贷款等几乎全部政策性业务。特别是坚持改制不改服务“三农”方向的原则，在上级行的指导下，深入贯彻落实中央和自治区强农惠农各项政策，先后出台了《支持新农村建设的意见》、《全面推进服务“三农”改革发展工作实施方案》等一系列措施，创新推出了符合西藏生产力发展实际的《农牧户贷款证》“钻、金、银、铜”四卡产品、安居工程贷款、惠农卡等新业务，开展了信用乡（镇）、村评定工作，有效解决了农牧户贷款难、农行难贷款的问题，有力地助推了西藏社会主义新农村建设。

前进营业所积极响应上级行号召，通过对所有贷款执行优惠利率、对农牧民逾期贷款实行不加罚息的政策等方式，切实减轻了借款人的利息负担，同时对农牧区敞开供应现金，方便群众生产生活。积极争取政策，进一步扩大了扶贫贴息贷款发放面以及围绕贫困户，带动贫困户脱贫致富的项目和企业。前进营业所实施的贷款证制度，既符合商业银行客户统一授信的管理要求，有效控制贷款风险，又能更好地满足农牧民对小额信贷的迫切需求，帮助农牧民增收。

自从有了《农牧户贷款证》这个业务，岗堆村的村民贷款就方便多了。这个业务以农牧户为单位，采取“一次核定、信用发放、随用随贷、逐笔立据、余额控制、周转使用”的方法，向农牧户发放小额贷款。为了控制风险，贷款证坚持一户一证，不得出租、出借、转让、涂改，并严格遵循“先评级，后授信，再用信”的信贷流程。农行西藏分行将《农牧户贷款证》分为铜卡3000～6000元、银卡6000～10000元、金卡10000～20000元三个信用等级，以满足不同层次农牧户的贷款需求。营业所的《农牧户贷款证》贷款登记台账一共三本，上面分别标明金卡、银卡和铜卡的字样。仅今年仅2011年6月，前进营业所发放农户生产经营贷款4503000元，农户小额信用贷款4133000元，扶贫贷款922000元。

（2）岗堆村小额信贷的主要问题

银行经营要求安全性、流动性、效益性，一方面要让银行资金流动起来，另一方面又要保证资金的安全，只有这样才能实现银行效益性的目标。因此，贷款资金的如期收回，是所有银行面临的一大难题。前进营业所是贡嘎县经营情况最好的营业所，但前进营业所回收贷款也非常困难。营业所的主任介绍说，2011年到期贷款总额为3120000元，只回收了250000元，剩下的2870000元暂时无法收回。仅2011年6月份前进营业所就新增两笔次级贷款，总额达40000

元，均由于安居工程村民向银行借钱，却难以偿还。岗堆村民风淳朴，有能力偿还贷款的村民绝不会拖欠应还款项，所以一旦有次级贷款发生，不能回收的可能性非常大。但是银行的工作人员不能放弃任何一笔次级贷款，他们经常到村里不能还款的农户家走访，尽可能地帮助他们尽快还款。

八、消费情况

消费是人们进行生产和生活的最终目的。消费水平可以在总体上反映一个地区的经济发展水平。岗堆村的消费情况调查可以反映本地居民的经济收入状况和生活质量。1951 年西藏地区和平解放，农奴翻身做了主人，从此生活有了翻天覆地的变化。20 世纪六七十年代，岗堆村实行了人民公社化运动，与村民们积极进行生产的热情相对应的是全村粮食产量的提高，但是，由于生产技术水平比较低，粮食总产量有限，村民们的生活还比较贫困，生产生活还面临许多困难。20 世纪 80 年代以后，随着改革开放进程的推进和国家扶助力度的不断加大，岗堆村人民的消费水平有了显著的提高。

（一）消费水平

贡嘎县岗堆镇岗堆村位于 101 省道附近 1 公里处，距离拉萨仅有一个小时车程，距离贡嘎县城则仅需半小时左右，交通比较便利。岗堆村的农业生产品种比较少，难以满足村民日常生活所需，许多消费品还要到拉萨采购，因此物价水平相比于拉萨要略高一些，但是相比于贡嘎县城则要略低一些。

1. 岗堆村的日常消费品价格

村民日常生活消费主要分为衣食住行消费、节假日消费、红白喜事消费及其他消费等。

（1）衣食住行消费的价格水平

衣服的价格。村民们每人至少都有一套比较正式的传统藏装，只有在节假日和比较重要的场合，如结婚、祭祀等的时候才会穿着。除此以外，在平时，大多数妇女的穿着都以普通藏装为主，绝大多数的男人和儿童着装都以汉装为主。汉装可以细分为夏装和冬装。岗堆村距离拉萨市区仅有一小时车程，距离贡嘎县城仅有不到半小时车程，小件衣服村民通常要到贡嘎县城购买，价格相对较高的大件衣服如外套、羽绒服等，通常需要到拉萨的商场或者专卖店里购买。夏装比较便宜，10岁以下儿童的夏装通常是长袖和牛仔裤，贡嘎县城出售的一套童装大约15~30元；拉萨商场里的衣服质量比较好，价格也比较高，通常可以达到70元，甚至上百元。名牌衣服价格更高，贵至200元以上。普通帆布鞋通常需要15元左右，拖鞋仅为几元，在贡嘎县城都可以买到。10岁以上孩子的夏装通常要比几岁孩童的衣服要贵一些，衣服也更精美一些，一套普通衣服在贡嘎县城要100元左右，稍微好一些的则要到拉萨购买，平均每套300~400元。成年男子的汉族服装有外套、牛仔裤或休闲裤等，比较便宜的男士外套100元左右，裤子80元左右，中等的要150~200元。名牌服装在贡嘎县城买不到，需要到拉萨的专卖店或商场购买。鞋的价位从十几、二十几到上百、几百元不等。冬装价格相对夏装高，通常一套10岁以下孩童的冬装价格在100元左右，10岁以上孩子的一套冬装价格则要在200元左右，成年男士的服装则要达到300元甚至以上。每年藏历新年和望果节，无论儿童、成人都要穿上传统藏装过年过节，因此节假日前的一个月，村民们为购置衣服发生的支出通常比较多。

食物的价格。岗堆村的食物消费主要分为主食（青稞、稻米、小麦）、蔬菜、水果、肉类、蛋类等。每家每户都种地，其中尤其以种青稞和冬小麦为主，日常食用的面粉、糌粑等基本上都来源于自家田里种植的小麦、青稞，有一部分村民需要到拉萨或者县城的粮店购买面粉或者糌粑。2011年面粉的市场价格是4~5元/公斤，糌粑的价格是5元/公斤，这些价格一般是浮动的，通常情况下粮食的价格会随着季节和收成的变化有所浮动。有少部分村民们会在自家种植蔬菜，但是大多数时间蔬菜不够用，还要到村里的蔬菜店购买，每逢节假日及红白喜事等，更是需要购买大量的蔬菜，甚至要到拉萨采购。村里蔬菜店的蔬菜大多都是在拉萨进货，这些蔬菜大多产自拉萨本地的温室大棚，也有一小部分是由其他省市运送过来的。村里蔬菜店的菜价通常比贡嘎县城的菜价便宜0.5~1元/公斤，夏季村里各类蔬菜的价格大致为：黄瓜5元/公斤，土豆3元/公斤，青椒4元/公斤，花菜4元/公斤，胡萝卜4元/公斤，西红柿6元/公斤。冬季蔬菜的价格相对较高，如黄瓜可以达到7~8元/公斤。村民们夏季食用的水果以西瓜为主，本村没有种植，需要到蔬菜店购买来自其他地区的西瓜，西藏本地西瓜通常小而甜，价格多为5元/公斤。这些在本村就可以买到，相比于村里的蔬菜店，贡嘎县县城的蔬菜价格则要略微偏高一些，价格大致为：黄瓜6元/公斤，西红柿6元/公斤，土豆4元/公斤，胡萝卜6元/公斤，油菜4元/公斤，莴笋6元/公斤，大白菜3元/公斤，豇豆角10元/公斤。还有一些水果需要由其他省市运送到县城，本村很少有出售，价格大致为：普通苹果10元/公斤，青苹果6元/公斤，李子、桃子10元/公斤，梨7元/公斤，香蕉10元/公斤。鸡蛋通常是本地产的藏鸡蛋，价格为19元/30个，如果买得比较少，按照0.7元/个出售，在村里就可以买到。鸡肉、猪肉冻肉来自内地，价格为28元/公斤。蔬菜、蛋类、肉类会随着季节的变化、供应量的多少等变化而变化。村里有四家饭店，规模不大，主要卖家常菜和藏面等，价格在5~20元不等。

住和行的价格。村民们都有自家建的房子用于居住，村内没有旅店，因此目前居住消费主要是从外地来本村做生意的人租房子的消费。经过询问菜店店主得知，她家一共租了两间面积大约16平方米的门面房，每间房屋房租每月100元，两间房屋全年房租2400元，不包括水电费等其他杂费。另外，如果房屋比较破旧，房租还会更便宜些。粮油店的老板告诉我们，他们租的一套闲置房，总共有四间房屋，总面积大约50平方米，房租全年只有1500元，当然房屋设施相对简陋一些。如果游客来岗堆村旅游，则需要到距离村庄不远的贡嘎县城住宿。贡嘎县城的宾馆一共有两家，一为湖南宾馆，一为长沙宾馆，这两家宾馆规格相差不多，价位按照房间档次略有不同，标准间是100元/天，单人间80~100元/天。宾馆设施基本齐全，可以洗澡。近几年，由于生活条件改善，很多村民都新建或翻盖了住房。据了解，普通住房的建造成本一般都需要10万元以上。

村民日常出行工具主要是摩托车、面包车和客运大巴。在本村或者临近村落活动通常会乘摩托车。从岗堆村到贡嘎县城主要坐面包车，村里一共有3辆面包车，客位最多为11个，通常按人按距离收费，每人7~10元不等。到拉萨去需要乘坐客运大巴，每天上午大约10点钟经过岗堆村，价格比较适中，票价23元左右。由于临近101省道，连通着拉萨及贡嘎县城，因此交通相对比较便利。

（2）家用电器的价格

岗堆村的家用电器主要包括电视机、影碟机、电冰箱、电冰柜等，对于一些比较大的家用电器，拉萨的价位相对低廉一些，因此村民们大多会去拉萨购买。由于本地夏季气温通常在7~20℃，气温不太高，因此本村并没有村民使用电风扇及空调。有很多村民家里的电视机都是近5年才购买的，其中尤以长虹牌电视机居多，这些电视机的价格范围通常在1000～2000元不等。还有些村民家里的电视是在县里组装的，组装价格相对要便宜一些，通常几百元就可以。有的村民家中人口比较多，家中甚至有2～3台电视机。家庭条件比较好的村民家里会有一个普通冰箱，价位通常在1000～2000元。村里的商店大多都有储物冰柜，价格通常在700～800元之间。每户都有影碟机，价格比较便宜，通常在200～300元之间，个别家庭有音箱，价格大约为1000元。另外，村里只有村委会有一台电脑（台式），当初购买的时候为一万多元。

(3) 通信价格

村里基本每个家户都有手机，很多家户有两部以上，外出打工的年轻人几乎人手一部。村民们使用的手机价格范围从几百元到几千元不等，其中以1000元左右的居多。村民们购买的手机品牌主要是诺基亚、摩托罗拉、天语等。当地移动的收费情况为：月基本费15元，本地闲时（周一到周五的14点至19点、23点至次日上午11点，以及周六日和法定节假日，其余时间均为忙时）通话费0.15元/分钟，忙时通话费0.2元/分钟，如果开通好友圈业务，通话费仅为0.1元/分钟。本地拨打长途电话0.5元/分钟，不区分IP通话，被叫免费。漫游通话以山南地区作为区分，区内拨打电话0.4元/分钟，被叫0.2元/分钟；区外拨打电话0.6元/分钟，被叫0.4元/分钟。电信的月基本费分为49元、69元、89元、129元、189元几档，免费通话时长分别为100分钟、220分钟、360分钟、660分钟、1200分钟，超过部分按0.15～0.2元/分钟收取，岗堆村的村民们主要使用的是前三种资费标准，即月基本费为49元、69元、89元的三种套餐。村民们选用的电话服务商既有移动，也有电信，目前还是选用移动作为供应商的村民多一些，每个村民每月通话费用在50～200元不等。

大多数家庭的通信工具以手机为主，还有部分村民家里装有无线的固定电话，电话机要自己购买，一般购买一个无线固定电话机大约花费500元，安装通常不收取手续费，月租是15元，一个普通农户家庭每个月固定电话通话费用是50元左右。

(4) 其他的日常消费品价格

其他的日用消费品大部分在村内的小卖部就可以买到，价格分别为：380

克的莲花味精5.5元，加加牌太太乐鸡精4元，玉米热狗肠1.5元，从青海进货的500克的食盐价格是2元，500ml王致和料酒5元/瓶，420ml来福白醋5.5元/瓶，500ml加加酱油9.5元/瓶，桶装的加加黄豆酱油8.5元/桶，加加陈醋6.5元/桶，老干妈辣椒酱9.5元/罐，1000g的挂面6~10元不等，100ml的牛栏山二锅头4元，330ml罐装的百事可乐2元，红牛5元，娃哈哈桂圆莲子八宝粥3.5元，娃哈哈矿泉水1.5元，农夫山泉2元，2升的康师傅橙汁、茉莉清茶都是8元，心心相印卫生纸3.5元，小袋汰渍洗衣粉2.5元，白猫洗洁精4.5元。还有一些日用品则要到贡嘎县城购买，价格分别为：康师傅、今麦郎、巧面馆桶装方便面一律是3.5元，袋装的康师傅方便面是2.5元，今麦郎和巧面馆的是2元，伊利精装婴幼儿奶粉155元，维维豆奶16.5元，450g贝因美较大婴儿配方奶粉55元，金鸽瓜子4.5元，奥利奥饼干7元，50g铁观音25元，大宝10元，海飞丝大桶洗发液38元，玉兰油大瓶沐浴液28元。

2. 岗堆村的生产资料价格

岗堆村村民的生产资料消费主要包括农业生产资料的消费及家庭养殖生产资料的消费。

(1) 农业生产资料的价格

农业是岗堆村的支柱产业，农业生产资料的支出是村民生产消费支出的重要组成部分。近年来，国家大力支持西部经济发展的战略，要求把“支农、兴农”的政策具体落实到每户村民身上。根据“支农、惠农”政策规定，农业补贴大致包括以下几种。第一种，农作物良种推广补贴。按照规定，青稞良种每亩补贴10元，小麦、玉米等其他粮食作物良种每亩4.5元，油菜和马铃薯良种每亩补贴都是10元。第二种，粮食直接补贴。对青稞、小麦、玉米、水稻实际播种面积进行补贴，每亩15元。第三种，农业机械购置补贴。岗堆村实行的村民分批购置拖拉机，即分3~5年时间使所有村民都用上拖拉机，购置农业机械最高补贴5万元。在岗堆村，除上述按照耕地面积进行的补贴外，还有一些是直接对价格进行补贴。具体表现为对土地、种子、化肥、农药等的价格补贴。村民们既可以使用上年自留的种子，也可领用镇政府发放的优质种子。据村民讲述，2011年镇政府发放的青稞种子是2.2元/公斤，通常购买镇政府发放的青稞种子会由镇政府补贴价格的20%左右，其余80%的价格由村民自己负担。化肥有两种，一般由镇里补贴价格的50%左右，如

2010 年尿素肥是 54 元/袋，复合肥是 70 元/袋，比市场价要低了一半多。在 2011 年，40 公斤一袋的尿素肥市面价大约是 80 元，镇里发放的只收取 42 元；而 50 公斤一袋的复合肥市场价是 160 元，镇里发放的仅收取 85 元。农药在规定范围内全部是免费的，村民们可以自愿到村委会领取。一个四口之家的土地每年大约需要一两袋尿素肥和 20 公斤左右的复合肥，种子 40 公斤左右，全年生产资料消费总计 200 元左右。

除了青稞和冬小麦，个别户还会种植其他作物，如油菜、马铃薯等，村民一般直接到市场上购买这些作物的种子，去年油菜种子的价格大致为 40 元/公斤。有的家户劳动力不足，需要雇佣村民播种和收割，通常雇人播种和收割的价钱为 30 ~ 40 元/天。

(2) 家庭养殖生产资料的价格

大多数家庭还会饲养一部分牛、羊等牲畜及鸡、鸭等家禽，饲养牛羊的饲料主要是青稞、小麦等植物的茎秆，这一部分通常不花钱，还有一些饲料则要到村里的加工厂加工以后才可以获得，主要是加工面粉的副产品。

政府对牲畜等补贴主要包括三种。第一种是能繁殖母猪补贴。每头能繁殖母猪补贴 100 元。第二种是牲畜良种补贴。牦牛犊良种每头补贴 60 元，黄牛犊及奶牛犊良种每头补贴 100 元，绵羊良种每头补贴 60 元，种畜良种按照实际成本价的 30% 给予补偿。第三种，其他补贴，主要包括“能繁母猪”保险保费补贴、牲畜防疫补贴等。

(二) 衣食住行等基本消费

1. 衣饰消费

村民的衣饰消费，主要分为传统藏族衣饰和现代汉族衣饰。岗堆村是典型的藏民聚居区，除少数几个来自四川、青海的外来人员外，其余都是藏族。随着经济的发展，岗堆村也有越来越多的村民选择外出务工，2010 年本村外出务工的人员达到了 513 人次。随着村民越来越多的“走进来”和“走出去”，村民的日常衣饰消费也加入了汉族的元素，特别在日常生活中，绝大部分的男性村民都以汉族服装为主，同时也有一部分女性村民换上了汉族服饰，但是穿汉族服装的女性村民要比男性村民少得多，而且越是年长的村民越是比较少穿汉族服装。但是，无论男女、老人还是儿童，每个村民都有至少一套比较正式的传统藏装，到了藏历新年和望果节，每位村民都会穿上自己的传统服装来庆祝节日。

岗堆村的村民所穿的藏族服装或由自己手工缝制，或由村里的裁缝帮忙缝制，或是直接购买。去拉萨购买一套藏装，质量相比于村里裁缝手工织造的要更精美一些，据调查，一套比较正式的藏族服装，包括帽子、坎肩、外套、袍子、裤子、靴子，价格会达到 10000 元以上。无论成年人或儿童，平均每隔六七年的时间就会更换一套藏族服装。

村民所需的汉族服装通常要到县城或者拉萨购买。据调查，每位成年人平均每年购买一套冬装和一套夏装，而儿童则要偏多一些，多购买 1～2 套夏装和冬装。大人购买一套服装需 200 元左右，儿童服装偏贵，需 300 元左右。一家按两个大人、两个孩子共 4 口人计算，每年购买汉族服装的消费总计需 3000 元左右。总体估计，全村每年用于汉族服装的总消费约为 100 万元。

岗堆村的男子，尤其是年长一些的男性村民，平时就有戴帽子的习惯，价格通常在几十元到几百元不等。到了藏历新年，每个成年男子外出拜年都要戴上自己最好的帽子，村民们互相问候并把青稞插到另一个人的帽子里，通常这些帽子质量都比较上乘，有些帽子是由纯牛皮或者羊皮制作的，价格通常在几百元左右，质量再好一些的甚至会上千。

岗堆村的妇女非常重视头饰。古代藏人的发式大概有辫发、披发、椎髻等几种，但妇女忌讳披发，认为那是妖女的发式。至今，各种辫式仍在流行。辫套为妇女后背辫梢相连的装饰品，是藏族妇女常见的一种头饰，它是用艳丽的绒布精心缝制而成，上面刺绣着美丽的花纹图案，并缀有各种饰物。辫套的风格各异，一般说来年轻人的雍容华丽，老年人的凝重古朴。大多宽约 10 厘米，长 130 厘米左右，既是装饰，又是护发工具。像大多数其他地区的藏族妇女一样，本村的妇女们也比较重视辫套。通常一个普通的辫套三四十元就可以买到，做工精美些的成百上千都是有可能的。

2. 食物消费

岗堆村村民日常所用的食物主要可以分为主食类、蔬菜类、禽蛋类、肉类等，水果类比较少。

（1）主食类

岗堆村的主食类主要包括青稞、小麦、稻米等。村里的土地比较多，总共约为 2776 亩，平均每家约 8.78 亩，主要用于种植青稞、冬小麦等农作物。每户村民家里基本都会种青稞，部分家庭会种植冬小麦，村内没有种植稻米。自家生产的青稞基本能满足自家所需，没有种植冬小麦的家户需要到粮油店购买面粉，有种植冬小麦的则可以到村里的粮油店直接加工成面粉即可，至于大米则一定要到粮油店购买。村里基本没有把自家土地租给其他人耕种的情况。主食类的食物按照早饭和中、晚饭的区分略有不同。早饭主要以酥油茶和糌粑为主，中、晚饭主要是米饭和面食。其中，饲养奶牛的家庭可以不用购买酥油，没有饲养的或者酥油不够用的则要向其他村民购买，通常是 40 元/公斤，青稞可以制成糌粑满足早饭所需。稻米要去县里或者拉萨购买，2011 年的市场价大约是 4～5 元/公斤。面粉既可以购买，亦可以把自家的小麦运到粮油店加工。面粉现在的市价大约是 3 元/公斤。按照每户有四口人计算，通常需要 1～2 个月购买一袋 25 公斤的大米和一袋 50 公斤的面粉，一年花费在购买米和面粉上的支出为 1500～3000 元不等。另外，当地菜籽油的市场价大约是每公斤 15 元，村民们可以把油菜籽拿到粮油店进行加工。

（2）蔬菜类

岗堆村的蔬菜类食物种类比较多，主要包括西红柿、黄瓜、豆角、茄子、土豆、胡萝卜、大白菜、油菜、青椒、尖椒、冬瓜、芹菜、卷心菜、豇豆等。村里农户自家种植的蔬菜比较少，通常只有土豆、胡萝卜等，其余各类蔬菜均需要购买。岗堆村下辖 5 个村民小组，村里的蔬菜店在第四组，第四、五组（原岗堆村）的村民通常直接到店里购买。第一、二、三组（原雪村）距离蔬菜店比较远，老板的儿子每隔 2～3 天会亲自开着车到这三个组进行兜售。拉萨郊区有许多村民从事蔬菜大棚种植，本村蔬菜店的大部分蔬菜都是由此而来，还有一小部分蔬菜是从其他省市运送过来的，相比县城的蔬菜价格要略微便宜一些。据调查，一个四口之家平均每天购买蔬菜花费 15 元左右，每月花费 450 元左右，到了节假日可能还会更多一些，全年总计花费 5000 元以上。

（3）水果类

岗堆村村民消费的水果主要有苹果、香蕉、梨、柿、李子、西瓜、桃子、芒果等，夏天尤以西瓜为最，岗堆村出售的西瓜通常都是从邻近县市采购而来，由于天气和土壤的原因，这里的西瓜通常个小、皮薄、瓤甜，很受村民们喜爱。村里没有水果种植，无论是西瓜，还是苹果、香蕉等，均需要购买，每个家庭每年用于购买水果的支出也需要几百元。

(4) 蛋类和肉类

大多数村民家里都饲养藏鸡和牛羊，对于蛋类和肉类的消费基本能自给自足。藏鸡蛋比普通鸡蛋要小，外皮是白色的，通常比较薄。逢年过节，村民都要宰杀1~2只牛羊以供请客吃饭，剩余的还可以做成牛肉干。逢年过节，如果蛋或者肉类不够用，村民们也会到村里的蔬菜店或者县里、拉萨购买一些，但数量不大，每年花费几百元即可。

(5) 酒类

在村民的食物消费中，还有一项是酒类消费，包括啤酒、白酒以及自家酿制的青稞酒。啤酒主要是拉萨啤酒和青岛啤酒，除了日常饮用还可以用于送礼。白酒通常度数比较高，村民们每年饮用的并不多，1~2瓶就足够了。啤酒和白酒在村里的商店就可以买到，拉萨啤酒4元/瓶，青岛啤酒7元/瓶。据调查，每户村民每年花费在购买酒类上的支出大约是500~1000元。另外，很多村民家里都会酿制青稞酒，通常度数并不高，口感很好。据调查，平均每户村民每年需要用50斤青稞来酿酒。

3. 住房消费与家具消费

(1) 住房消费

岗堆村的房子仍沿袭藏族的传统，主要是由石头和木材搭建的，比较坚固。然而，最能代表藏民族特色的还是房屋的装修。进入每一个村民的家中，就仿佛置身于色彩的世界，各种具有藏族文化的图案被描绘在房檐、房梁、石柱等地方，使整个房屋都平添了许多色彩。

岗堆村的村民建造房屋有很多讲究，村民旺堆罗布的家中去年翻修了房屋，由原来的6间房屋（不包括牲畜房）增加到8间，他的夫人仓木决向我们详细讲述了建造房屋的过程和所需的各项费用。第一步，户主需要和风水先生或喇嘛商定一个良辰吉日，到欲建房的土地上进行“勘测”。这个吉时需要根据户主的生辰八字确定。如果户主的生辰八字与土地的方位相合则可以建造房屋，如果不合则要另觅他处。相合后还要确定所建房屋的方位、门口朝向等。整个过程通常要花费200元左右，主要是聘请风水大师或喇嘛的费用。第二步，户主需要向村委会提出申请，获取建房所需的土地使用权。第三步，申请获得批准后，户主就要准备建房所需要的木材、石料等。以旺堆罗布家的房子为例，木材的花费是2万元左右，石头的花费有1万元左右，水泥9100元，门2400元，材料运输费用8000元左右。此外，雇用建房工人一共花费5万元左右，主要包括5位木匠、5位泥瓦匠、5位抹墙工人及5位小工。具体的花费是：木匠的工资是60元/天，泥瓦匠的工资是50元/天，抹墙工人及小工工资都是50元/天。木匠和泥瓦匠一共工作了39天，总计花费21450元。抹墙工人及小工一共工作30天，总计花费大约是15000元。至于其他由村民自发组成的小工队伍，通常是互帮互助性质，不需要额外支出工资。因此旺堆罗布家建房所支出的直接雇用工人的工资大约是36450元。此外，还需要为技术工人提供一日三餐，为小工提供中餐和晚餐，因此需要购买米、蔬菜、面粉、饮料、啤酒等，总计花费也要1万元左右。旺堆罗布家的8间房屋两个月左右的时间基本建好，总计花费10万元左右。第五步，房屋建好并装修后，大多数家庭还会聘请村里的画师来对房屋进行美化，主要是在房梁、柱子等地方画上祥云图案等，也需要1万元左右。这样，旺堆罗布家的8间房屋全部建好并描绘完毕，总花费至少要11万元。

(2) 家具消费

房屋装修后，村民还会找木匠订制一套家具，村民要自己购买木材，通常花费1000~2000元。主要包括：藏式佛龛、柜（其分类甚为广泛）、壁柜、床、桌、凳及家庭中必备的器具，如切玛盒、糌粑盒、酥油茶桶、木碗、格式盛器等。岗堆村的家具上的装饰内容主要以彩绘为主，题材广泛，图案纹饰也很精美。千姿百态、色彩鲜艳的藏式家具，配上雕花彩绘的门楼、窗梁、立柱等建筑装饰，洋溢着热烈明快、幸福吉祥的气氛和格调。通常购买一套普通藏式彩绘家具总计消费大约是5000元。

(3) 出行消费

岗堆村地处101省道边界，因此交通比较方便，出行乘坐的交通工具主要包括摩托车、汽车、面包车、客运大巴等，很多家里都至少有一辆摩托车。

村民在本村活动或者到邻近的其他村走访亲戚朋友，通常都是以摩托车代步。村里有3辆面包车可供村民去往贡嘎县城，每辆车可乘坐10人左右，每位乘客收费7~10元。每天上午10点钟左右会有一辆去往拉萨的客运大巴经过岗堆村，一个小时即可到达拉萨，每位乘客收费23元。此外，还有一辆拉萨租车公司的旅游车方便村民出行，旅游车可容纳乘客11位，收费依据距离的远近及乘客的数量变化而变化，通常去拉萨承包该旅游车需要300元左右。通常每位村民每年去拉萨一两次，去其他村落或者县城的机会比较多，平均每人每年出行费用200元左右。村民们到较远城市的机会很少，只有外出务工人员会去的地方相对远些，主要是那曲、日喀则等地，平均每年花费三四百元，一般是乘坐大巴前往。综合测算，每家每年的出行费用总额大约是1000元。

4. 其他基本生活用品消费

除了衣食住行等基本消费外，岗堆村的村民日常生活中还包括许多其他方面的消费。

(1) 电的消费

岗堆村的电费价格与国家规定的居民用电价格基本持平，每度电0.5元。绝大部分村民家里都有电灯、电视机、影碟机、高压锅，部分村民家里有冰箱、洗衣机，个别村民家中还会有储物的冰柜，随着每户家用电器的数量不同，每个家庭的电费支出水平也不同，据调查统计，每户每月用电量从20度到90度不等，电费支出大致在10元到50元，全村共316户居民，每户平均每月电费支出大约是30元，全年总计400元左右。

(2) 通信消费

村民的通信消费包括移动电话消费和固定电话消费。移动电话普及后，平均每户有一两部手机，村民安装固定电话无须缴纳手续费，只要缴纳购买话机的费用即可，即使如此，村内现在固定电话的用户也比较少。据村民自己估计，固定电话的消费每月四五十元，每年约500元。移动电话的消费相对较多，每月在50元以上，尤其村里的年轻人在空闲时常常发短信、打电话、上网聊天等，每月至少50元，大部分都在100元左右，个别有工作的年轻人每月话费甚至能达到几百元。平均测算，一部手机每年的消费在800元左右，每户每年消费大约2500元。还有的家户有三部以上的手机，移动电话消费则成倍增长。

(3) 家用电器消费

家用电器包括电视机、影碟机、电冰箱、电冰柜、高压锅、洗衣机等。近几年，随着居民生活质量的提高，绝大部分村民家中都购买了电视机、影碟机、高压锅，少数条件比较好的居民家中甚至有冰柜、冰箱等，据村民自己讲，很多村民近五六年的家用电器消费就至少有5000元。

(4) 其他消费

日常生活中的其他消费还包括柴、油、盐、酱、醋及儿童日常的零花钱等。其中，每个家庭每月的油盐酱醋等的花费是30元左右。儿童的零用钱花费每月平均150元。另外，村民平时做饭和取暖主要设施是木材和沼气，建设沼气池是县里的安居工程项目之一，由县里的技术人员到村里来建沼气池，村民帮他们搅拌泥土等，沼气池建好后，村民就可以无偿使用了。

（三）节日消费

岗堆村藏民的节日有很多，主要有藏历新年和望果节等。过节是村里最热闹的时候，节日消费也是村民们比较重要的一项消费支出。

1. 藏历新年消费

村民们庆祝藏历新年一般从初一到十五，持续半个月左右，前一周通常是最热闹的，每天都有不同的节目。为了庆祝藏历新年，每个家庭从新年前半个月就开始准备，各家都涌向拉萨购买年货。无论成年男女还是儿童，每个家庭都要准备新年时穿的藏装，一套藏装价格从几千元到上万元不等。此外，还要购买新年时候吃的瓜果零食等，也要花费几千元不等。

藏历十二月二十九晚上，村民会烧一锅面疙瘩，在面疙瘩内放上代表不同含义的物事，包括豌豆、奶渣、肉干、小麦三四粒、小白石头一粒、辣椒、羊毛、盐巴、煤炭、酥油等。这些东西一般家庭都有，如果没有则需要购买，由于数量比较少，通常花费几十元就可以置备齐全。

藏历新年是每个藏民家庭最为隆重的传统节日，每户都会把自家最好的东西拿出来庆贺新年，除此以外，村民们还会邀请舞蹈演员、歌唱演员来村委会表演节目，其中由村委会负责支付2000~3000元，由村民集体支付3000元左右。总体算来，整个藏历新年半个月左右的时间，平均每户家庭都要花费5000元左右。

2. 望果节消费

望果节也是藏族村民最为隆重的节日之一，一般是从每年藏历的六月初四开始，持续一星期左右，每户家庭都要准备食物、衣服等。除此以外，村里还会组织集体活动。

望果节的热闹通常不亚于藏历新年，通常每户村民庆祝望果节都要花费5000元左右，村集体也需要花费5000元。

（四）生老病死消费

1. 出生消费

在岗堆村，村民家中子女通常都比较多，除了很少数的独生子女家庭，大部分家庭都有子女两个以上，个别比较多的家庭甚至会达到八九个，因此对于藏族家庭来说，生育花费也是家庭的重要支出之一。出生消费包括从怀孕到婴儿的出生，再到满月这一段时间的各项衣食支出。

近些年，随着生活水平的提高，大多数村民都比较注重优生优育。妇女怀孕之后，就会加强营养，以满足胎儿生长的需要。这段时间的日常生活支出通常比平时要高出许多，大量的鸡蛋、鱼、水果、鸡肉、补品源源不断地买回家中供孕妇食用。据村民讲，妇女生育后，每天必备两个鸡蛋，每周至少一只鸡，这样，专门用于产妇的营养支出上百元。整个孕期营养费用总计 1000 元左右。

村里没有妇产科医生，因此村民现在生孩子大都在医院里。接近预产期的时候，村民就会住院待产。从住院到孩子出生后出院通常是七天，在住院期间的医疗花费全部报销。另外，根据全区农牧民人口数，由自治区、地区、县三级财政负担，平均每户村民可以享受每人每年 12 元的优生优育补贴。

2. 养老消费

岗堆村一直保持着优良的传统，村民们认为赡养老人既是美德的体现，也是子女的应尽义务，因此，村中的老人以家庭养老为主。

岗堆村的家庭养老方式与汉族的略有不同，这与岗堆村的婚恋观念是密切相关的。村里现在基本是自由恋爱，家长不再干涉子女的婚姻，子女自由恋爱后，双方家长共同商议子女以后的生活问题。与汉族不同的是，既可以由男子把女子娶到自己家中，也可以是女子把男子“娶”到自己家中，因此岗堆村的老人既可以由儿子赡养，也可以由女儿赡养。具体的养老方式有三种。第一种方式，父母身体还比较硬朗时，二老自己生活，由每个子女给钱、给物，并不时地看望父母。这样做主要是因为父母会担心与子女、媳妇或者女婿生活在一起有诸多不便，因此在自己还能生活自理时就自己生活，等到生活不能自理时再与子女一起生活。在岗堆村，这样的家庭仅有有限的几户。第二种方式，由老人的某个儿子或女儿赡养，其他子女每个月会给适当的财物，对老人进行间接赡养。第三种方式，如果老人没有子女或者子女先于老人亡故的，老人可以与某个亲戚一起生活，也可以自己生活，每户亲戚每个月会给老人一部分钱物。

村里存在的这三种养老方式，其中尤以第二种为主，每个老人每月的生活费也按照子女生活水准的不同从几百元到上千元不等，平均每个老人每月的生活费在 300 元左右，由子女平摊。每年子女还会给老人送上一些生活所需的青稞、小麦、衣物等，价值大致在 1000 元左右。因此平时子女给老人的现金大多是零用钱。此外，政府还主要通过以下几种方式对老年人生活给予补助。第一种方式，老年人健康补贴。80 岁以上的老人每人每年可以享受 300 元的健康补贴，90 岁以上的老人可以享受 500 元/年，100 岁以上的老人可以享受 800 元/年。第二种方式，“三老”人员补贴。对于 1965 年以前入党且年满 60 岁以上的老党员，实行每人每月 150 ~ 350 元的生活补助，对 1965 年以前的且年满 60 岁的乡镇老干部、老劳模实行每月 150 ~ 200 元的生活补助。这两种主要采取直接补贴的方式。第三种，老年人交通补贴。对老年人乘坐交通工具花费的 50% 给予补贴。第三种补贴主要是通过间接补贴的方式。

岗堆村的村内有一家养老院——岗堆寿星敬老院，成立于 2007 年，是由村里申请、镇政府出资开办的，专门照顾无儿无女的孤寡老人。该养老院现在有 14 名老人，由其中的一位退休老教师负责老人们的饮食起居。寿星敬老院的老人一般年龄都在 70 岁以上，每年镇里补贴 1700 元，扣除 500 元的食宿费，每人每年还可以得到 1200 元。村里的老人只要满足养老院的条件，即可申请去养老院居住。在此养老院生活无需缴纳任何费用，政府、民政局还会给予老人每月生活补贴，包括钱和衣物、被子等，实质上是由国家负责为老人养老。

3. 看病消费

村民日常治病通常视病情的严重程度选择就医的方式。岗堆村有一位赤脚医生，从 70 年代就开始为村民服务了，初始并没有固定的诊所，村委会改建后，在原来的村委会旧址上建立了现在的诊所。通常病情比较轻微，如感冒、发烧、痢疾等在村诊所诊治即可，如果病情比较严重，就要到镇医院、县医院甚至是拉萨诊治。根据西藏自治区卫生厅编制的农牧区家庭医疗账户本，每户参加农村合作医疗的家庭都会有一个家庭账户基金，主要用于农牧民基本医疗费用的补偿。家庭医疗基金账户包括四部分：一是国家及自治区财政经费，二是地区财政经费，三是县财政经费，四是个人交费。2007 年、

2008 年国家及自治区财政每年补贴 95 元，2009 年补贴 135 元，2010 年补贴 175 元；相应的，山南地区和贡嘎县每年补贴分别是 3 元和 2 元；此外，个人需要额外交纳 24 元。村民参加该项医疗后，在市级、县级以下医院就医，可以享受全额报销。村诊所也加入了合作医疗计划，病情比较轻微的，如感冒、发烧等，在村诊所拿些药即可，村民无须自己额外缴纳费用。据调查，普通家户每年的药费支出为几百元到上千元不等，如卓玛拉姆家 2007 年的医疗费用总计 840 元，2008 年 235 元，2009 年 299 元，2010 年则达到了 2073 元，这些全部都可以报销。因此，本村村民看病基本无须自己缴纳额外的医药费。但是，如果到地区级医院看病则只能报销医药费的 60% ~70%（0 ~5 岁的儿童例外，在自治区内所有医院均可以报销）。

4. 婚恋嫁娶消费

过去的岗堆村还比较封闭，父母干涉子女婚姻的例子并不少见，据说，不被父母祝福的婚姻即使勉强维持，在婚姻的早期也会因得不到父母的帮助而举步维艰，家庭生活十分贫困。近些年，随着改革开放进程的加快，父母干涉子女婚姻的现象越来越少，村民们普遍接受了自由恋爱的观念，恋爱已经成了青年男女走向婚姻殿堂的必经过程，而与此相对应的也出现了许多新的支出，如结伴旅游支出、赠送礼物支出及电话联络费用等。据调查，岗堆村的青年、特别是男青年花费在恋爱期间的费用有几千元。

恋爱成功后，就要结婚。婚礼的支出是人生的一项重要支出，在岗堆村也不例外。岗堆村的青年结婚通常经过父母见面、准备嫁妆、迎娶、回门等几个步骤。

见面。岗堆村的青年男女在自由恋爱后，通常无须经过说媒，双方家长就可以坐在一起商议子女的婚事了。通常是一方父母到另一方的家里，主要是商定婚礼的日期、地点、人员等相关事宜。通常来的一方会带一些礼品，花费几百元。关于结婚后的房子问题，双方父母也会事先商定，或是由父母共同出钱一起盖，或是先让子女与一方父母一起生活，婚后由父母照顾家里，夫妻二人共同出去打工赚钱。如果婚房是由父母共同出资，则双方一共需要出资十万元左右。

准备嫁妆。婚礼及相关事宜商定以后，嫁人的一方还要准备嫁妆，准备的嫁妆一般要视家庭条件而定。家庭条件一般的，父母一般只需为子女准备一些简单的嫁妆即可，包括结婚后所需的被子、衣服、暖瓶等，通常花费不到一千元。家庭条件比较好的，父母还会给子女一些钱，金额在一万元左右。

迎娶。迎娶就是把新娘娶到新郎家，或者把新郎“娶”到新娘家。按照岗堆村的传统，结婚当天就要大摆宴席，招待前来庆贺的邻里乡亲。举办婚礼大都在村民家中，很少有去饭店举办的，但是要雇用一些服务人员、婚礼司仪、财务人员以及几名歌舞演员。新郎新娘每人都要做一两套藏装并购买汉族衣服若干件，藏装主要有氆氇的和丝绸的。迎娶的一方在婚礼前几天就准备好了米、菜、烟酒、冷饮以及新郎新年的服装等。婚礼当天，参照前来庆贺的人员数量确定要摆多少桌酒菜，通常饭菜既有藏族菜也有汉族菜。结婚摆宴席的费用一般在三万元左右。

回门。结婚第二天，回另一方家里也会办一场宴席，通常不如前一方办得隆重，但是花费也在两万元左右。

整个结婚过程算下来，每一方的总消费大约都在三万元以上，对于一个普通的农村家庭，这是一笔不小的负担。

（五）其他消费

1. 人际交往消费

藏民族是一个重视人际交往的民族，崇尚在自由奔放的环境中结成的兄弟姐妹情谊，这从岗堆村村民在日常生活中的人际交往方式就可见一斑。岗堆村的人际交往消费名目很多，主要包括结婚、丧事、贺新房、生孩子、孩子上大学等，但是邻里之间多以送实物为主，很少有直接送现金的。

在这个呈现“熟人社会”面貌的村落里，新人结婚时通常不会去主动邀请村民，村民就会自发前来庆贺。据调查，普通的农户家庭，在喜事的时候送的东西很多，通常包括：一袋青稞（50 公斤），一袋大米（25 公斤）、一箱啤酒、一包康巴砖茶、暖瓶、被子等，这些都要一次性送到新人家中，每次大约花费 400 ~ 500 元。

妇女生了小孩后，其他亲戚朋友就可以前来庆贺了，一般不会直接送现金，送的东西主要包括婴儿的衣服、毯子、为孕妇和婴儿补充营养的鸡蛋、鸡肉、奶粉等补品，平均每次花费 500 ~ 600 元。

每当有村民新盖了房子，一般会请客吃饭，其他村民会聚到他家恭贺建房之喜，村民会视亲疏远近等确定送礼的多少，既可以送实物，也可以送现金，无论实物还是现金，通常每次花费 100 ~ 200 元。

村里现在考上大学的孩子仅有几个，据他们讲，考上大学后，亲戚也会送一些礼品，除了一些上学所需的被子等实物，还会视家庭情况送 100 ~ 500 元的现金，以祝贺孩子考上大学。

至于丧事，村民既可以送实物，也可以送现金，甚至可以什么都不送。

总的来讲，一个普通农户家庭每年花费在红白喜事等人际交往上的费用大约有 2000 元。

2. 教育消费

小学和初中消费。岗堆村的孩子们通常在岗堆中心小学读小学，在县里的学校读初中。现在是义务教育，岗堆村的孩子们上学实行“三包”政策，即包吃、包住、包基本学习用品。也就是说，小学生和初中生无须自己交纳学费、书费、食宿费，只需每月带一部分零用钱即可。据调查，家长每个月会给每个小学生或者初中生大约 150 元的零用钱。

高中消费。山南地区有两所高中，拉萨地区比较著名的有三所，孩子们到山南地区读高中的比较多，学费大约每年 500 元，书本费每学期 200 元左右，住宿费 300 元，吃饭及其他日常花销大约每年 1000 元，因此读高中的学生每年的花费在 2000 元以上。

大学消费。岗堆村的孩子既有到外省上大学的，也有在西藏本地的。在外省读的大学有清华大学、中央民族大学、长江大学等，依据所学的专业不同，学费也不同，通常学费在 4000 ~ 10000 元，食宿费每年大约 5000 元。因此，一个到外省读书的大学生每年要花费一万多元。在西藏本地读大学的费用会少些。西藏一共有四所比较有名的大学，分别是西藏大学、西藏民族学院、西藏农牧学院及西藏藏医学院，每年学费是 3000 多元，住宿费大约是 800 元，吃饭及其他日常开销大约需要 3000 元，因此在西藏本地读大学的学生全年花费总计 7000 元左右。

九、科教文卫

科教文卫事业是岗堆村社会经济发展的重要组成部分，近年取得了长足的进步。各类技术在生产活动中得到普及和应用，各个层次的升学率有了很大提高，文化设施逐步完善，医疗制度逐步健全、卫生管理力度逐步增强。

社会事业的进步推动了村庄经济社会的发展，村民精神面貌和村容村貌都发生了喜人的变化。

（一）科技发展

1. 科技知识获取途径

（1）远程教育

为了向村民推广科技知识，岗堆村村委会从2009年起在上级政府部门的支持下开展了远程教育工作。村委会的党员活动室里安装了一套联网的远程教育系统。系统设备包括一台电脑、一台电视机和卫星接收器等。这套远程教育系统为村民学习最新科技知识提供了方便，通过观看远程教育视频，村民可以学习一些课程、同步收看党的重要会议等。村委会认为要把党的政策和先进生产方式宣传到广大干部、党员和村民之中，要让村民富起来，远程教育的作用不容忽视。在这样的理念指导下，村委会干部组织村民在闲暇时间到村委会会议室观看和本村村民村情结合紧密的种植技术、养殖技术的教学视频，多次播放青稞施肥、油菜疾病防治等农技视频，村民们通过观看和学习，提高了种植和养殖技术，从而提高了粮食亩产，增加了收入。

除了村委会，岗堆中心校也是村民接受远程教育的场所。岗堆中心校配备有比较齐全的远程教育设施：2002年由香港商人李嘉诚投资建设的价值五万的设施和2005年由国家三部委（教育部、财政部和发改委）后期投资建设的设施。远程教育系统每天更新，岗堆中心校不定期组织村民到学校观看远程教育视频，为村民学习先进的科学知识和技术提供了平台。

（2）科技培训

岗堆村所在的贡嘎县是“农技推广示范县”，近年来在上级政府的指导下，启动了“科技入户示范工程”，构建了“专家组+技术指导员+科技示范户+辐射带动户”的科技成果转化应用快捷通道，提升向农牧民推广现代科技的公共服务能力。岗堆村积极响应贡嘎县“科技入户示范工程”计划，挑选了5名年度丰收户作为科技指导员，3个劳动力较多、经济条件较好的家户作为科技示范户。山南地区和贡嘎县的农技专家组定期对岗堆村的科技指导员进行技术培训，岗堆村的技术指导员再向村里包括科技示范户在内的农户开展技术指导和培训工作，科技示范户则负责向周边村民宣传农技知识和推广农业技术。

上级政府部门组织的科技培训为岗堆村的科普工作提供了很大帮助。据镇政府资料显示，2011 年 4 月 23 日，山南地区农业技术推广中心驻岗堆村的扶贫工作人员在岗堆村开展了技术扶贫工作，地区农业技术推广中心副主任明久同志带领 5 名地区农技推广技术人员为岗堆村村民进行农技培训，岗堆村有 206 位村民参加了此次培训，其中包括 6 名村干部和 195 名村民。地区农业技术推广中心技术人员结合实际，在岗堆村讲述了青稞玉米种植技术、田间管理技术、青贮饲料加工技术及合理的牲畜饲喂技术，还向岗堆村村民重点讲解了青贮饲料饲喂奶牛等有关牲畜经济效益方面的牧业知识。通过此次技术培训，使村民对青饲玉米的种植、加工、利用等技术有了初步的了解和认识，为岗堆村农牧业的发展打下了良好的技术基础。此外，为了培育优质油菜种植业，山南地区农牧局结合春播工作安排部署了岗堆村油菜地的底肥施用、组织低改、及时开播、病虫草害防治、田间技术指导等工作。

(3) 科技指导

科技指导员在年初需要制定年度工作方案，并定期深入到农户家中和田间地头，口头教授或现场指导村民进行科学生产，推广新品种和新技术。科技指导员帮助农户分析生产现状与存在的问题并制定出重点指导内容和指导计划，相应地农户会根据科技指导员的指导做出反馈供技术指导员参考。以科技指导员巴桑指导桑木丹家为例，桑木丹家的农田基本上是带沙的田地，主要种植青稞、小麦和冬小麦。在入户指导和实地考察时候，巴桑发现制约桑木丹家农业发展的主要因素在于水利条件欠佳、地质不好和肥料不足，遂向桑木丹家提出了一些建议，重点要在施肥上改进。桑木丹家根据巴桑的建议做了进一步改进，农田耕作情况得到了一定改善。

现年 51 岁的巴桑，是村里唯一一个获得“农业改革奖”和“科学技术奖”的村民，是一位非常优秀的技术指导员。他早期在山南地区和拉萨劳动局接受过科技培训，自己也刻苦治研科技知识。巴桑从所受的科技培训中得知，在农业作业中引进农机可以大大提高工作效率，于是他自己花钱买了村里第一台播种机和拖拉机，其他村民见此纷纷效仿，这样，岗堆村逐渐引进了越来越多的农机，而巴桑则负责教会村民使用和修理农机。在担任科技指导员之后，巴桑每年会为全体村民开展多次科技知识培训，每次历时两个小时，他在村委会空地上召集每户村民代表参加，并为部分村民开展实地培训项目，有力地推动了岗堆村科普宣传工作的进展。

（4）科技书籍

书籍为岗堆村村民获取科技知识提供了便利。除了村民自家备有少量科技读本外，岗堆村村委会办公室东侧设有一个占地面积20平方米的“农家书屋”供村民借阅图书。“农家书屋”于2009年建成。调研小组到达村委会的第一天，就在书屋负责人巴桑①的带领下参观了“农家书屋”。书屋里的书虽然数量不多且尚显陈旧，但布置得井井有条。书屋内约有1000本图书，按类别分开放置，共有五类：科学技术类、日常生活类、政治经济类、少年儿童类和文化教育类。其中科技类的书籍内容涉及医疗、农业、建筑、AIDS预防、养鸡、蔬菜种植、大蒜种植以及温室种植技术等。书屋每周周三、周四、周五对外开放，村民农闲时或村里的孩子放学放假时会到农家书屋借阅书籍。书屋中办公桌上放着一本农家书屋借阅簿，记录了村民的借阅情况。据管理人员次仁多吉介绍，每天大约有10名村民来“农家书屋”借阅书籍。岗堆镇政府和贡嘎县图书室也有丰富的科技读物可供村民借阅。镇政府距离村很近，贡嘎县城距离村也不远，若有需要，村民可去镇政府和县图书馆看书。

2. 引进与使用先进科学技术

（1）农业机械化

农业机械化把农业从以人力和畜力为主的落后、低效的生产方式中解放出来，有力地促进了岗堆村农业经济的发展。据技术指导员巴桑介绍，村里的第一台拖拉机和播种机是由他购买的。巴桑将拖拉机和播种机运用到农业生产中，生产效率大大提高，农作物也增收了。与手工相比，机械耕田可以通过提高化肥利用效率、耕作效率降低生产成本、提高粮食产量。农作物增收是农机作用的直观体现，激发了村民使用农机生产的热情，岗堆村陆续引入农机来改善农业生产条件，农业机械化开始在岗堆村拉开序幕。截至2011年7月，岗堆村共拥有93台拖拉机、27台防震机、8台收割机、6台脱粒机、9台播种机。

农业机械化选种的理念也是由巴桑引入岗堆村的。2009年，巴桑在接受了山南农牧局关于在农业生产中使用剥衣机和选种机的培训后，将选种机械化理念在岗堆村普及开来。岗堆村的农田面积较大，选种机械化可以达到规

① 巴桑身兼数职，担任村委会副主任、科技指导员和书屋负责人。

模效应，提高选种效率，减少人力成本和时间成本。2010 年，经过巴桑申请，上级政府部门免费为岗堆村置办了一台价值 3 万元的选种机。在巴桑的带领下，我们参观了这台选种机，该机属于双口型排量箱型（也称绿炬牌 5XC 型系列种子精选车），放置于村委会平台靠北的空地。据巴桑介绍，选种机在农业选种中得到广泛应用后，岗堆村的选种效率相比手工选种大大提高。选种机的引入也极大地方便了村民的选种作业，在村里没有选种机时，村民若想利用选种机选种，只能去山南农牧局借用机器，来回往返耗时且非常不方便。除了选种机，村委会还陆续通过自筹或是向上级申请的方式，引进了其他农机，如 JZC350 搅拌机、JZC320 搅拌机、2BXC－6 油菜精密播种机、青稞播种机、DTY－3 型斗式提升机（剥衣机）和三轮车等。

近年来，岗堆村的农业机械装备不断完善，根据岗堆镇统计部门提供的相关数据，2008—2010 年岗堆村农业机械装备及收获机械增加了很多。

表 9－1　2008—2010 年岗堆村农业机械装备及利用情况表

农业机械化情况	单位	2008	2009	2010
1. 农用机械类				
（1）农用运输车	辆	—	10	6
（2）180 型拖拉机	辆	46	93	110
（3）195 型拖拉机	辆	7	27	23
2. 农用设备				
（1）播种机	台	7	9	9
（2）联合收割机	台	2	10	10
（3）机动脱粒机	台	8	8	11
（4）堤灌站	座	2	4	4
（5）机电井	眼	5	5	5
（6）农用水泵	台	3	3	3
3. 加工机械类				
（1）磨面机	台	4	4	4
（2）压面机	台	2	2	2
（3）榨油机	台	4	4	4

资料来源：岗堆镇 2008 年、2009 年、2010 年经济收入年报表。

(2) 农业生产中普及集中、分类种植方式

1999年以前，岗堆村里的农田种植属于分散种植，不同种类的农作物杂乱无章地混种，亩产量很低。村里的技术指导员巴桑从县里和地区所受的科技培训中学到了分类种植技术。所谓分类种植，是指将不同种类的农作物分开种植，一块地专门种植某一类农作物的方法。结合所学，巴桑认为将混种方式改良为分类种植势在必行，于是他向村民指出混种的弊端和分类种植的好处，并引导村民改良种植方法。

分散而混乱的农田种植存在很大的弊端：一是难以为作物提供最佳的生长条件；二是容易引发作物间恶性竞争；三是作物易患传染病。而在分类种植条件下，农户可以按照作物的最佳需水量、需肥量和适宜生长温度来栽培不同作物，方便灌溉和施肥，还可以产生规模效应，同时，降低了农作物患传染病的概率，从而大大提升种植效率和果实质量。

岗堆村农业混种改良为分类种植前后经历了三年的时间。改良中碰到很多困难，村民已经习惯了混种，对分类种植持怀疑态度。鉴于此，巴桑以身作则，在自家田里率先采用分类种植的方法，取得成效后，再耐心和村民沟通，慢慢引导村民接受新的种植方法，而村民们也在混种收成和分类种植收成的对比中深刻体会到改良种植方法的迫切性和重要性，纷纷改用分类种植方法。自岗堆村采用分类种植方法以来，幼苗良苗率达到了95%，产量也提升了不少。这次农田改良对于岗堆村的农业发展意义重大，先进的分类集中管理理念被引入农业生产中，使岗堆村农业发展有了一个质的飞跃。

(3) 畜牧业中应用电子授精技术

根据支部委员次仁多吉介绍，由于高原条件下的牲畜的精子质量不佳，导致牲畜产崽率很低而且幼崽在成年后体质也较弱。经过科技培训之后，村民了解到电子授精技术有助于改变这样的困境，因此村委会向上级部门申请技术援助，得到批准后，国家农牧局从2001年起每年为岗堆村从内地输送200余个牛和羊的优质精子（以牛为主），并为岗堆村配置了一台授精仪器，还要求采用该技术的村民家的公牲畜都要阉割。若村民的母牲畜电子授精成功并产下幼崽，经县里农牧局验收合格后，按产崽量，村民可以获得每只幼崽5元的补贴。从2011年起，岗堆村还计划将村民家的公畜和母畜分开圈养，以方便电子授精顺利进行。

电子授精技术在岗堆村的应用大大促进了畜牧业发展，提高了村民收入。以电子授精技术在养牛业中的应用为例：一方面，电子授精技术提高了牛的市场价值。母牛在正常受孕情况下产下的小牛，其市场价位约为每头1000元左右，而通过该技术孕育出的小牛的市场价位在2000至5000元。另一方面，电子授精技术的引入使得母牛在孕期不变的情况下产崽量增加了一倍，通过该项技术生育出的牛在长大成熟后的产奶量也增大了一倍。据次仁多吉介绍，在岗堆村，牛奶主要用于生产酥油、奶渣和酸水，产奶量的增加也提高了这些奶制品的产量，酥油、奶渣和酸水的产量相应增加了约50％。

（二）教育事业

1. 受教育方式

（1）寺庙教育

寺庙教育是岗堆村最主要的传统教育方式。很早之前，随着藏传佛教的传入，岗堆村兴建了几个寺院，拉开了村庄寺庙教育的序幕。贡嘎曲德寺、谢珠林寺和委色林寺都是岗堆村的“学堂”，老师由寺庙里的喇嘛担任，授课形式是一位老师教授多个学生，教学时间一般是上午两个小时。当时的寺庙教育并没有分班一说，学生的学识水平是以学位的高低来体现的，学位又是通过考试确定的，通常为口试。寺院教育实行学位制，凡是进入寺院的学生只要刻苦读书、勤奋学习都有可能取得学位。最高的学位，藏语称为“格西”，有人称之为佛学博士。岗堆村寺庙教育的内容很丰富，主要是传授佛教经文，同时，也传授藏文文法、西藏传统算数和绘画等等。寺庙教育的教与学完全融于寺院生活中。寺庙学堂的入学者都是地主或是家庭条件较好的村民，普通村民既没有条件也没有时间去寺庙读书。民主改革之后寺庙教育的地位逐渐被学校教育所替代，但是寺庙教育仍存在。

（2）家庭教育

岗堆村的村民秉承了藏族重视家庭教育的传统。在岗堆村，每家每户都深知父母是孩子的启蒙老师，家庭教育是教育的基础和关键，对人一生的发展都起着不可代替的重要作用，所以从孩子一出生开始，家里的长辈就会在民族语言、生产技能和文化礼仪等各个方面对孩子进行潜移默化的教育。在目前的岗堆村，由于父母多在外打工，到了小孩子牙牙学语的时候，一般都是由爷爷奶奶在家教授藏语，从“爸爸”、“妈妈”、“爷爷”、“奶奶”等各种称谓开始教起。岗堆村的村民非常热爱劳动，十分重视通过劳动培养孩子的劳动观念和劳动技能，因此对生产技能的传承教育在岗堆村村民的日常生活中很常见。在子女很小的时候，家长就会教授他们各种生产技能，如做饭、缝衣服等。岗堆村的家庭教育崇尚文化礼仪，比如教导孩子尊重长辈，对长辈使用敬语，友爱邻舍，去别人家做客要懂礼貌、要讲卫生等。家长还通过对望果节和藏历新年等特色民族节日的传承教育来帮助加深孩子对藏族文化的理解。岗堆村的家庭教育还强调培养孩子勤奋刻苦的精神，父母从小就向孩子灌输：要想走出村庄，有所作为，必须好好读书、努力奋斗。

(3) 学校教育

① 学前教育

岗堆村的学前教育比较薄弱，处于刚起步阶段，自2003年起，才有“送孩子上学前班”的说法。学前班设置在岗堆中心校内，隶属于岗堆中心校，只有一个老师，起初是由岗堆中心校的小学老师兼职担任，从2011年起由52岁的男老师达瓦次仁专职担任。学前班每年有30多个儿童入学，男女比例大概在1:1。据悉，学前班对入学儿童免收学费，学校负责学前儿童中餐以及照顾孩子午休，晚上家长再把孩子接回家件。学前班教育由老师教授幼儿数字、拼音和画画等，为孩子的启蒙教育和智力开发起到了基础性作用。同时，学前班为孩子们的学习和成长创造了适宜的环境，有助于开发孩子们的想象力和创造力。

② 小学教育

学校历史。以前岗堆村没有小学，孩子们都要到位于岗堆镇里的岗堆中心校就读。学校离村子不远，孩子们上学也比较方便。岗堆中心校的主要生源是岗堆村的孩子，还有部分托噶村、吉雄村和吉纳村的孩子。岗堆中心校建于1975年，建校初期，硬件设施很差，只有一间占地面积20平方米的教学楼和一个约30平方米的食堂；由于学校经费不足，无法为学生配备课本，只能用自带的写字板抄写老师的板书。师资力量薄弱，当时只有5名教师（女老师2名），开设了4个教学班，有200名学生（男生居多），教授藏文、数学、语文、体育和音乐课，教学质量不高。

目前岗堆中心校已成为一所镇办小学，经过几次扩建，规模逐渐增大，占地面积达到38323.27平方米，建筑面积达3439.1平方米，其中，有教学楼1栋，占地面积558.4平方米，共12间，使用面积1072.7平方米；学生餐厅1栋，建筑面积155.2平方米；教工宿舍3栋，每栋12套，总共36套，建筑面积2169.43平方米；办公楼1栋，建筑面积230.46平方米，辅助用房1栋，建筑面积229.01平方米；一个篮球场和一个足球场，占地面积达5345.86平方米；另有养殖基地1568平方米，种植基地3777平方米。为了适应教育改革的需求，全面推进素质教育和新课程改革，学校设有德育室、自然室、电教室和少队室等。学校相对完善的设施也为全面实施素质教育提供了有力的物质保障。

信息化教育。学校有一间机房，配置了25台电脑，价值124000元；一间多媒体教室，每天有六节课在多媒体教室进行。学校还配备有比较齐全的远程教育设施，包括2002年由香港商人李嘉诚投资建设的价值五万元的设施和2005年由国家三部委（教育部、财政部和发改委）后期投资建设的设施。远程教育项目内容包括教案和视频等，每天更新，方便了教师学习外省先进的教学理念和方法，及时更新教育理念，提高教学质量。远程教育实现了资源共享，很受学生欢迎。此外，学校还有一个图书馆，占地面积48平方米，共有图书4000多册。馆内图书由教育局统一发放，达到了人均13本的国家级验收标准。图书包括科普类、动画类、文学类书籍和字典、词典，还有面向教师的教育刊物《西藏教育》和《山南教育》，以及内地名校的优秀教案等。图书馆规定学生可以每五天借一次书，每次允许借一本，借阅期为七天。据统计，每天六个年级有70余名学生前往图书馆借阅图书。图书馆对学生扩展知识面、提高学习热情起了很大的作用。

师资力量。目前学校有教师33人。从学历结构看，高中学历教师4人，专科学历教师20人，本科学历教师9人；从职称结构来看，一级教师数量占36%，专任教师学历合格率达到100%；从学科来看，藏文组总人数8人，汉语组12人，数学组8人，英语组3人，信息组2人。2010—2011学年度，岗堆中心校还引进了2名进藏职工。

岗堆中心校2005—2011年的教职工情况如表9-2、表9-3所示。

表 9-2 岗堆中心校教师职工数量 学年度

年度 / 人数	2005—2006	2006—2007	2007—2008	2008—2009	2009—2010	2010—2011
小计	17	23	22	24	25	33
进藏职工	0	0	0	2	0	2
代课	0	0	0	0	0	
临时工	0	1	1	1	2	3

资料来源：贡嘎县国检办。

表 9-3 岗堆中心校教师专业结构

人数 / 年份	藏文组老师	数学组老师	汉语组老师	英语组老师	信息组老师
2007 年	8	10	9	1	1
2008 年	8	10	8	1	1
2009 年	8	8	8	2	2
2010 年	8	8	12	3	2

资料来源：岗堆中心校资料室。

学生构成。岗堆中心校的学生大部分来自岗堆村，也有部分来自托噶村、吉雄村和吉纳村。目前，岗堆中心校有 11 个教学班，学生总数为 417 人。根据岗堆中心校及所属教学点 2006—2011 年学生统计表可以得知，这几年来岗堆中心校的男女生比例大致保持在 1:1 左右，这与藏族无“重男轻女”习俗有一定关系。2006—2011 年的学龄儿童人数统计如表 9-4 所示。

表 9-4 岗堆中心校的学龄儿童人数统计表

年份 / 年级	2006—2007 年		2007—2008 年		2008—2009 年		2009—2010 年		2010—2011 年	
	共计	女	共计	女	共计	女	共计	女	共计	女
一年级	83	41	61	33	72	28	95	52	67	32
二年级	79	33	83	36	61	32	73	29	92	65
三年级	90	38	79	31	82	41	62	32	75	28

年份 年级	2006—2007 年		2007—2008 年		2008—2009 年		2009—2010 年		2010—2011 年	
	共计	女	共计	女	共计	女	共计	女	共计	女
四年级	69	41	81	32	80	33	80	30	63	32
五年级	72	32	69	41	88	39	80	33	78	30
六年级	82	33	76	32	68	40	85	38	83	34
合计	479	218	449	205	451	213	475	214	458	221
7~12 周岁在校儿童数	407	187	401	197	448	213	454	207	397	196

资料来源：岗堆中心校及所属教学点 2006—2011 年学生统计表。

岗堆中心校的毕业生全部是少数民族学生，男生占 60%，毕业生中继续升学的比例在 99% 以上。岗堆中心校 2005—2008 年的小学毕业生结构和数量如表 9-5 所示。

表 9-5　**岗堆中心校 2005—2008 年小学毕业生汇总表**

项目 年度	毕业生总数	其中女生数	其中少数民族人数	毕业生中上高一级学校就读人数	毕业生年龄结构							
					9 岁以下	10 岁	11 岁	12 岁	13 岁	14 岁	15 岁	16 岁以上
2005—2006 年	67	32	67	65		2	22	29	22	34		
2006—2007 年	82	38	82	80				14	24	27	17	
2007—2008 年	77	28	77	77				1	38	23		15

资料来源：贡嘎县国检办。

特色课程和特色管理。地校课程是岗堆中心校的特色课程，是实行素质教育改革以来藏区教学上的一个创新，地校课程的课本由五省（区）藏教材编写领导小组编写，属于学校自制课，授课内容包括历史、人物、区位优势和特色、寺庙等，开设该课程目的在于使得学生更深入地了解家乡的优势和特色以及优秀的传统文化。此外，学校的课程安排大致以 10 天为一个教学周，连上 10 天课再放 4 天假，周一至周五上晚自习，周三晚上放映反映爱国主义的电影。学校的管理机制为合同型管理，采用分层管理和双向负责的方式。学校党支部书记负责安全工作，校长负责教学管理和经费管理。

教学成绩。在 2002—2009 年每年的贡嘎县小学统考中，岗堆中心校四、五、六年级均能保持前三名的好成绩。2006 年，岗堆中心校出了山南地区小学统考状元。1985—2011 年，学校向西藏内地班共输送了近 300 名学生，其中，2006 年是岗堆中心校向西藏内地班输送学生最多的一年，共输送了 21 名学生。据学校书记普琼介绍，进入西藏内地班上学的学生 70% 都能考上大学。因为学生成绩优秀，从 1998 年至今，学校每年都获得“教研教改先进学校”、“教学质量先进学校”的荣誉称号，2004 年学校还获得“西藏自治区教育信息化先进集体”荣誉称号。

2. 村民受教育情况

（1）“两基”工作落实情况

“两基”是基本实施九年义务教育和基本扫除青壮年文盲的简称，是国家教育部针对西部教育发展提出的一项工作任务。1998 年起，西藏自治区普及了九年义务教育。2011 年 9 月，国家“两基”督导组将对包括山南地区在内的西藏自治区的“两基”工作进行评估验收。在贡嘎县的统一要求下，岗堆村积极根据教育部和教育厅的文件精神具体落实“两基”工作。

考核“两基”工作落实情况的评价指标由 8 项 A 级指标、38 项 B 级指标构成。其中，A 级指标是对两基工作评价指标的基本分类，B 级指标是对 A 级指标的进一步具体解释和分类。岗堆村的“两基”工作在 8 类 A 级指标上的评估情况均处于良好状态：一是普及程度，岗堆村适龄儿童小学入学率达到 98% 以上，初中入学率 90% 以上；二是师资水平，对于学校教师的学历水平的要求，岗堆村也完全达标；三是办学条件，是指基本项目落实，学校硬件建设达到要求，学生人均校舍面积达标，消除危房，学生人均图书册数量，仪器配备率达标，“六配套”达标；四是教育经费，具体指财政拨款的使用和管理，包括学生均教育事业费、均公用经费、多渠道筹措资金、“三包”经费的管理使用以及教职工工资发放是否足额到位；五是教育质量，包括学校的教学计划执行、德育工作、体育艺术工作、安全卫生、劳动教育达标，以及小学毕业率达到 95% 以上、中学毕业率在 90% 以上等标准，在岗堆村小学和初中毕业率均达到100%；六是成人教育，主要指扫盲工作，该项评价指标要求15～50周岁的青壮年非文盲率在95%以上，岗堆中心校利用冬季在岗堆村办扫盲班，村里组织群众参与学习，在这项指标上也早已达标；七是适龄儿童入学情况，保证适龄儿童、少年完成九年义务教育，不能中途退学，此项与第六项构成扫盲的具体体现；八是学校管理是否合理，食品卫生安全，体育艺术课时是否足、齐，校长是否持证上岗，校长的持证上岗率是否达标。

岗堆村的扫盲工作做得比较到位，2008年被评为“无文盲村”。据岗堆镇镇政府2008年的简报显示，2008年9月15日，在山南地区教育局督导室主任边巴次仁的带领下，山南地区教育局“无文盲村”考核工作组成员组织岗堆村27人参加了岗堆镇岗堆村“无文盲村”的审核考试。当天下午经过阅卷老师的阅卷，参加考试的27人均达到及格线以上，其中成绩最高的达到92.5分，为岗堆村顺利通过“无文盲村”奠定了良好的基础。岗堆村历来高度重视教育教学工作，重点抓好了扫盲工作的开展，对新产生的文盲人员及时开展扫盲课程培训，在培训中注重劳务学习两结合，确保扫盲工作的顺利开展，2009年镇政府也支出3000元资金专门用于扫盲工作的开展。

（2）中高等教育情况

岗堆村无中学，学生普遍在贡嘎县城上初中，在山南行署泽当镇或拉萨市上高中。由于从岗堆村到各中学的路程都太远，学生都选择住校。协助我们调研的大学生尼珍，小学四年级后就开始住校，其就读的实验中学（初中）距离岗堆村四五十公里，近一个小时车程，就读的山南第一高级中学（高中）距离岗堆村大概三个小时车程，刚开始住校尼珍很不适应，但是在老师和同学的帮助下，她慢慢适应了住校生活，自理自立能力得到提高。尼珍很努力地学习，功夫不负有心人，她如愿考上了湖北荆州教育学院。

近年来，村里考出来的大学生越来越多。村妇女主任卓玛拉玛说，在1975年以前，村里没有考上中专以上的学生，岗堆中心校建校初期村里也没有出过大学生。她的大儿子米玛扎西和三儿子巴珠是村里的第一个和第二个大学生，米玛扎西于1993年考入了西藏大学的地理系，现在在山南地区第二高中担任地理老师，巴珠于1996年考入成都信息工程学院计算机系，现在在山南地区人民银行做系统维护工作。近年来由于教学条件的改善和岗堆村对教育的重视度越来越高，考上大学的人也多了起来。村里每年有十几个高中毕业生，其中有七八个能考上大学。

3. **教育援助**

"三包"政策是中央给予西藏教育的一项特殊优惠政策，是"两免一补"[①] 政策的具体体现。从1985年开始，西藏在农牧区实行以寄宿制为主的中小学校办学模式，并对义务教育阶段的农牧民子女实行包吃、包住、包学习费用的"三包"政策。"三包政策"于2002年开始在岗堆村实施，当时政策给予三包生每人每月60元补助，且只有离学校2公里以外的农村子女才能享受补助。几年内政策津贴标准逐年提高，距离限制也逐渐被取消。到2011年7月，三包津贴已经提高了六次，提高到每人每月200元，而且取消了距离限制，所有农村子女都可以享受"三包"。

据岗堆中心校普琼书记介绍，"三包"政策对于学生的学习和生活有很大的帮助，具体可以归纳为以下几点：一是学生能吃到新鲜、有营养的饭菜（家里没有这样的条件）；二是学生能穿上整齐、漂亮的校服，有助于增强学生的团队意识；三是减轻家庭负担，家长不用再对学生的生活出钱出力；四是学生可以住上安全、舒适、宽敞的宿舍；五是学生有免费的教材和作业本。总之，"三包"政策增强了学生的学习积极性，提高了入学率，促进了岗堆村教育事业的发展。

近几年来，有多个地方对岗堆中心校的教育事业进行了对口支援。2009年，在北京召开的"全国少代会"上，湖北省团委向岗堆中心校捐赠了价值两万元的精装书，这些书籍约占如今学校图书馆总藏书的80%。2010年7月22日，湖北省团委针对岗堆中心校书籍仍有缺口的情况，继续向岗堆中心校资助人民币两万元，由学校负责人按照学生的需求购置了2000多册读物和五个书架，并在岗堆中心校创建了一所"手拉手红领巾书屋"。每次捐款，无异于一次雪中送炭，使岗堆村学生在改善受教育条件的同时，也感受到外省人民的无私关心。2011年7月中旬，华东师范大学支教团队前往岗堆中心校开展支教活动，支教队的博士和教授为岗堆中心校的老师培训，传授先进的教学理念和方法，支教队的学生与岗堆中心校学生开展交流会，拓宽了岗堆中心校学生的知识面。此外，支教队还向学校图书馆捐赠了价值5000元的课外读物以及两麻袋衣物。据普琼书记介绍，华东师范大学支教团是岗堆中心校建校以来接待的第

---

① "两免一补"政策是对农村义务教育阶段家庭经济困难学生免费提供教科书、免杂费并补助寄宿生生活费的一项政策。

一个来校支教的团队，这次支教活动是建立岗堆中心校与外省学校的沟通与联系的良好开端，为岗堆中心校向先进地区学习提供了平台。

4. 现代远程教育

据岗堆村村官索朗介绍，2009 年，岗堆村村委会在上级政府部门的资助下安装了一套联网的远程教育系统。岗堆中心校也开展了现代远程教育，并且被评为地区级现代远程教育应用试点学校，并成功举办了西部地区远程教育现场会议。远程教育的开办，不仅提高了教职工的素质，提升了教学质量，而且也为普及科普知识发挥了重要作用。

5. 问题和展望

对于岗堆村教育存在的问题，岗堆中心校书记普琼谈了自己的看法。首先，学前教育还需进一步完善，规范的幼儿园亟待建立。岗堆村尚未有规范的幼儿园，只是在岗堆中心校里兼设了一个小规模的“幼儿园”，只有一名专职教师，远远不能满足岗堆村对学前教育的要求。其次，家庭教育应该成为学校教育的辅助。一方面，家长要督促孩子在家好好学习，积极主动与学校、班主任进行沟通，为学生的全面成长奠定坚实的基础。学生的假期作业不理想在岗堆村是个很普遍的现象，大部分学生对于假期的时间安排很不合理。家长应该在家里承担起老师的职责，督促孩子制订假期学习计划，合理安排自己的学习、娱乐与做家务的时间。另一方面，家长要保证孩子的假期安全。暑假期间，很多孩子在马路边上玩耍，存在严重的交通隐患，家长要在这方面对孩子严加管教。再次，学校图书室的资源匮乏，一个图书室远远不能满足学生的需求，可以考虑修建三至四个图书室，平均两个年级一个，根据学生不同年龄段的思维方式和学习需求对不同图书室的图书分别配置。最后，岗堆中心校的英语、音乐、美术和体育教学比较薄弱，还需要引进这些教学领域的优秀教师为岗堆中心校的教育事业添砖加瓦。

另据普琼书记讲，在不久的将来，镇上可能会建立中学，岗堆村的孩子们上中学就方便多了。

（三）文化事业

1. 文化设施和组织

岗堆村村委会大院不仅是岗堆村的科普、教育中心，也是岗堆村的文化、娱乐中心。现在的村委会大院是2009年由贡嘎县政府投资20万建立的，占地面积1650平方米。村委会有八间办公室，包括创先争优办公室（同时也是党员办公室、会议室）、综治服务站（也是书记办公室）、主任办公室、农家书屋、会计办公室、仓库、值班室和团员办公室（也是妇联办公室）。

创先争优办公室、农家书屋、妇联办公室和村委会平台是村委会组织各种活动的主要场所。创新争优办公室为村民搭建了学习党的知识的平台。在这里，村委会组织村民学习和讨论党的知识，传达上级文件和会议精神。创新争优办公室还配备有现代远程教育设施（含光盘站点功能），并配有专人管理，主要向村民播放与传授学习教育、经济技术和文化等方面内容。村民可以学习一些课程和同步观看党和国家的重要会议。农家书屋占地面积20多平方米，由村委副主任巴桑管理。妇联办公室供村里妇女联合会办公使用，村里组织一些妇女活动时会在这里进行。村委会大院放置有若干运动器械，供村民健身娱乐。这些运动器械包括一张乒乓球桌、两个篮球架、一个篮球场和5台健身器材，均由贡嘎县体育局于2011年捐赠。但据村委会副主任巴桑讲，因为村委会办公室门口的空地面积太小，无法放置健身器械以供村民健身，暂时还处于闲置状态。假期有不少学生去村委大院打篮球，巴桑说，村委会计划在今年望果节组织村民进行篮球比赛。

2. 文化活动

(1) 藏历新年和望果节

藏历新年和望果节是岗堆村两个最重要的节日，是村民纪念和发扬传统文化、相互交流和沟通感情的文化活动。节日具体庆祝方式将在“民族特色文化”章节详细描述。

(2) 三八妇女节

三八妇女节是岗堆村的一个重要节日，节日活动主要由村主任巴桑总体统筹，妇女联合会具体负责。在每年的3月8日这天，巴桑和妇女联合会组织庆祝三八妇女节的一系列活动，包括组织村里的妇女跳锅庄舞、唱藏歌，进行拉绳比赛、跑步比赛、跳绳比赛等等。除了庆祝“三八”妇女节外，当天还会举办一个表彰卫生环境良好的家户的“颁奖典礼”。“颁奖典礼”在村委会平台上举行。妇女主任卓玛拉玛向卫生打扫得干净的农户家庭献哈达，妇女联合会给予卫生良好的家庭每户50元的奖励。这项举措鼓励了村民打扫好自家卫生、保护村里环境卫生，对村里的卫生工作进展起到了很好的推动作用。

(四) 医疗卫生事业

1. 医疗概况

(1) 医疗机构和医护人员

村里只有一个诊所，赤脚医生扎西达杰是诊所里唯一的医护人员。诊所位于岗堆村中心的旧村委会大院中，土木结构，只有1个房间，约28平方米。最初诊所里只有1个血压表，1个听诊器和1个体温表，如今，在贡嘎县医院的支持下，诊所配备了2个血压表，2个听诊器和大量的体温表。不过，村里的诊所没有B超检测仪器，村民若要进行B超检查只有去镇里或县里的医疗机构。医护人员扎西达杰从1973年开始负责岗堆村和森市日村的医疗工作。早期，村里没有固定的诊所，他只能在家里医治病人。扎西达杰掌握基本的医学知识，基本能医治外科、内科和小儿科等各种病症，对于村民的日常疾病都能熟练应对，对于一些流行性疾病，他也可以做一些简单的预防和处理。

虽然扎西达杰从医已有很长时间，但是有很多病也不在他的能力范围之内。如果村民的疾病不能在扎西达杰那儿得到顺利治疗，村民可以前往岗堆镇卫生院就诊。镇卫生院距离村1.5公里，村民去卫生院看病也比较方便。镇卫生院主要负责妇幼保健、计划生育工作和医治腹泻、上呼吸道感染及外伤等疾病。每年的5月和10月，镇卫生院都会派医生下村里开展防疫工作。防疫工作涉及对乙肝、麻疹、腮腺炎、风疹、百白破、脊髓灰质炎等疾病的预防和治疗。据卫生院院长次仁群培和医生次仁罗布介绍，每天大约有20位病人来镇卫生院就诊。倘若村民患了急病大病，镇卫生院不能医治，则需要转到县里或地区医院医治。另外，镇卫生院没有妇产科医生，村里的妇产科病人只能送往县医院等比较大型的医院进行诊治。

(2) 兽医

岗堆村有一名兽医，名叫边巴。他会不定期地参与地区组织的培训，并在多年的行医中积累了丰富的畜牧医疗经验。为了预防牲畜患口蹄疫（也称W病），边巴每年5月份和10月份都会为牲畜分别注射一次疫苗W针。除了W针，岗堆村的畜牧业预防针还包括A型口蹄疫灭活疫苗、禽流感疫苗、小反刍动物疫苗、猪蓝耳疫苗等，均由边巴负责注射。在西藏自治区的统一要求下，岗堆村里牲畜的疫苗注射率达到了100%。

(3) 优生优育

藏区农民一向有提倡“优生优育”的传统，岗堆村也是如此。村里的计划生育工作以宣传服务为主，倡导为目标，保证老百姓的知情选择权，鼓励“晚婚晚育”，向老百姓传授避孕知识和方法。在计划生育方面，自治区出台了一些直接性的惠民政策。自1985年起，少数民族干部职工可以生两胎，两胎之间间隔三年，农牧民允许生三胎。2005年起，合法夫妻可以免费享受计生服务和技术服务项目，节育术包括人流、药流、引产等。据贡嘎县人口计生委优生优育办公室主任央金介绍，虽然藏区基本无“重男轻女”习俗，但国家为了保证西部地区性别比的正常，仍对西部地区的优生优育实行奖励和扶助。藏区的独生子女如遇伤残死亡，国家给予扶助金，国家还专门设立了特别家庭扶助政策：自治区对农牧区“一孩、双女”户困难家庭实行奖励扶助制度。奖励扶助金以个人为单位发放，每人每年补助720元；对独生子女死亡或伤、病残后未再生育或收养子女家庭的夫妻进行扶助。子女死亡家庭每人每月100元，子女伤残家庭每人每月80元。

(4) 新型农村合作医疗

新型农村合作医疗，简称“新农合”，是指由政府组织、引导、支持，农民自愿参加，个人、集体和政府多方筹资，以大病统筹为主的农民医疗互助共济制度。新型农村合作医疗作为一项惠民利民政策，几年来在改善民生、促进和谐、加速社会主义新农村建设方面发挥着重要作用。

岗堆村从2008年开始加入新型农村合作医疗，村民以户为单位自愿参加合作医疗，履行缴费义务，享受合作医疗待遇。最初，村民由于对“新农合”不了解，也不太信任这种机制，很少有人参加，赤脚医生扎西达杰是村里最早参与“新农合”的村民，他还利用自己所掌握的知识向村民们讲述参加“新农合”的益处。随着“新农合”宣传的深入，村民对“新农合”越来越满意，到2011年，岗堆村所有村民都参加了新型农村医疗保险。

医疗基金来源主要包括三部分：一是中央财政安排的免费医疗专项经费和合作医疗补助经费，二是自治区、地（市）、县（市、区）政府财政安排的免费医疗专项经费，三是参加医疗筹资的农牧民个人每年的交费（这部分也称作个人账户）。个人账户所要求的金额逐年在变化，据岗堆镇卫生所所长次仁群培介绍，2010 年岗堆村村民每年个人账户需要缴纳 10 元，2011 年开始每年需要缴纳 20 元。与西藏其他农村一样，岗堆村的“新农合”医疗基金分为四部分，即家庭账户基金、大病统筹基金、医疗救助基金与医疗风险基金，其中，医疗风险基金主要用于弥补农牧民大病统筹基金透支的应急。凡是交纳个人筹资的农牧民在乡镇医疗机构和村卫生所就医发生的门诊费用，可以（凭家庭医疗账户本）在其家庭账户基金中核销。

岗堆村村委会副主任巴桑和医生扎西达杰向我们调研小组介绍了岗堆村的新型农村合作医疗的补偿方式。村民的就诊地点距离乡镇越远，可以得到的补偿比例越大。在乡镇医疗机构所发生的住院费用全免；在贡嘎县医疗机构就医所发生的医疗费用，其门诊费用在家庭账户基金中核销，住院费用在大病统筹基金中报销 70%；在山南地区医疗机构就医所发生的医疗费用，凭医疗机构转诊转院证明和医疗费用有效票据，在大病统筹基金中报销 60%；在拉萨医疗机构发生的医疗费用，在大病统筹基金中报销 40%。超过报销比例部分的还可以在家庭账户基金中核销一部分，不过，对农牧民住院就医费用报销作了一个明确界线，即报销的封顶线为年人均 8000 元。在最高限额内符合救助条件的农牧区特困群众按自费总额减去 300 元后按其余部分的 50% 给予救助；对患大病或长期支付高额医药费，在享受了最高额度医疗救助后，基本生活仍无法维持的，经县（市、区）人民政府批准，最高救助限额可提高到 3 万元。

新型农村合作医疗的基金以县为单位进行统筹，由县统一管理或者由县、乡共同管理，专户专账、专款专用。实行钱账分离、管用分设、封闭运行、统一核算、日清月结、年终统计上报等管理形式。西藏自治区各级人民政府相应成立了医管会和医监会，对农牧区医疗基金的使用与管理实施定期监督和检查。对农牧民在乡镇卫生院就医所发生的医药费用直接从家庭医疗账户基金中核销，在县级及以上医疗机构所发生的住院费用做到及时报销，从而保证了农牧区医疗制度的健康有序发展。至今，岗堆村从未出现过新型农村合作医疗资金被挤占、挪用、私存的现象。为了贯彻落实上级有关新型农村合作医疗文件精神，防止出现因病致贫、因病返贫的现象，岗堆村积极配合岗堆镇专门工作组认真开展合作医疗报销工作，在报销过程中，村委会干部陪同工作人员走村入户，加班加点，以积极负责的态度，严格按照上级有关规定认真审核票据实施报销。

2. 环境卫生概况

（1）卫生管理

岗堆村的环境卫生工作由妇女联合会负责，妇女联合会由三人组成：妇联主任卓玛拉玛，副主任白玛央金和次仁央金。为了改善村里的卫生环境，妇女联合会制定了评价卫生好坏的标准来督促村民创造良好卫生环境。评价指标主要包括村民家庭卫生和院落整洁度。因为院子是开放性的，属于村里的公共场地，院子的整洁干净与否直接关系到整个村的村容村貌。值得一提的是，苍蝇、蚊子和老鼠等不在清理卫生的范围之内，因为按照藏区佛教的风俗，这些动物是生灵，它们在屋里飞或是走动，村民只把它们赶出去，不会打死它们。据卓玛拉玛所言，妇女联合会定期检查农户家庭的卫生状况，卫生不达标的家户将会受到口头批评，卫生优良的家庭将在三八妇女节那天受到表彰。

（2）垃圾处理

随着农村生产生活的发展，垃圾日益增多，加上垃圾常年无人处理，岗堆村的公共卫生环境垃圾问题已经成为影响村容村貌的重要因素。鉴于此，妇女联合会采取了一系列措施来试图解决垃圾问题。2004—2008 年，妇女联合会以 15 元/次的劳务费委托家里有拖拉机的村民清理垃圾，这四年间，一共进行了 20 余次垃圾清理。2009 年，妇联主任卓玛拉玛向村和任申请清理垃圾事宜的制度支持，不过相关制度到目前为止还未正式落实下来。2010 年，在妇女联合会的带领下，村民每隔半个月进行一次家庭大扫除，岗堆村的村容村貌也改善了很多。2011 年 3 月 8 日，妇女联合会继续委托家里有拖拉机的村民负责清理垃圾，给予每人每次劳务费 15 元。2011 年 6 月份，妇女主任卓玛拉玛带领 6 位村民义务集中处理村中的垃圾，包括打扫、搬运与焚烧垃圾。上述一系列处理措施对于岗堆村的垃圾问题起到了一定缓解作用，但仍未能彻底解决，村里尚未形成相关的配套制度来管理处理垃圾事宜，没有上级督促，村民又嫌脏不愿意处理垃圾，导致垃圾处理问题难以得到妥善解决。卓玛拉玛希望上级领导和村委会对于岗堆村的卫生工作能够引起足够的重视，安排好岗堆村的垃圾处理事宜，建议村委会每个月或每半个月派村干部来检查卫生，并制定严格的奖惩措施，督促村民创造良好的卫生条件。遗憾的是，她的想法尚未落实。

（3）澡堂和厕所

岗堆村在澡堂和厕所的建设上还不够完善。目前岗堆村还没有公共浴室，村民们只能前往10公里以外的吉纳村洗澡，给村民的日常生活带来了极大的不便。鉴于此，村委会计划在2012年建设村里第一个公共浴室，以方便村民洗浴。

岗堆村每家每户都有厕所，但都是露天的。厕所顶部无盖敞开着，有些甚至连四周的墙都被“省略”了。据村民巴珠介绍，岗堆村计划在2011年底为村民家中的厕所盖起“屋顶”。

（4）村容村貌建设

“村容村貌”建设是西藏扎实推进新农村建设的一大举措。岗堆村于2011年12月开始了“村容村貌”项目的建设，建设内容涉及水泥路的铺建、安装路灯、每家每户修建院子等。

目前，岗堆村处在村容村貌建设中期阶段，马路上、小巷里干净了不少，村民家里也更加干净了。岗堆村计划在2012年在村内水泥路两旁植树种花，以进一步优化村庄的环境。

十、政策支持

岗堆村的发展离不开国家的政策支持。国家政策支持涉及的范围主要包括：基础设施建设、教育、商业、农林牧业、金融业和困难群众的生活等。这些政策支持对于岗堆村的发展起到了巨大的促进作用。新的综合性较强的村委会办公楼的建设，为村民搭建了良好的交流学习平台；“村村通”道路的建设以及信息网络的广泛普及，加强了村民与外界的交流；“三包政策”和“爱心100”等教育援助，帮助学生圆了学业梦想；农林牧、商业金融方面优惠政策，有力地促进了岗堆村农林牧业和商业、金融业的发展；村民的生活扶助政策，改善了岗堆村村民的生活质量。

国家对岗堆村的一些支持政策已经在前面的内容中作了描述，这里再补充介绍一些其他方面的内容。

（一）支持教育和技能培训的项目

国家和上级部门对岗堆村教育事业的支持除了前面提到的远程教育和“三包”项目外，还有“爱心100”以及助学金项目等。

2010年12月，贡嘎县县委与长沙市党政干部、热心人士（包括在读大学生）联合成立了“爱心100”基金会，资助贡嘎县家境贫困的学生，岗堆村的困难学生也在受惠之列。“爱心100”中的“100”寓意为基金会计划每年资助100名家境贫困且成绩优异的学生。至今，“爱心100”第一批援助资金（每人1200元）已经发放到位。在第一批资助名单中，岗堆中心学校的学生有5名。至2011年7月，岗堆中心校共有50名学生受到“爱心100”基金会的资助。据岗堆中心校书记布琼介绍，为了避免家长将孩子的援助金挪用他处，援助金由学校负责管理。2011年6月1日，学校向受资助学生每人发放价值680元的衣服和学习用品，剩下的资助金则根据学生意愿和班主任反映帮助学生买需要的学习用品和生活用品，同时学校也向广大家长宣传“爱心100”政策，让大家体会和感受到来自党和社会各界的温暖。

岗堆中心学校特别重视“爱心100”援助资金的管理，按照《中共贡嘎县关于爱心100的资金管理暂行办法》的要求，专门成立了“爱心100”资金管理领导小组，成员包括学校的书记和校长，11位班主任，2个财务人员和大队辅导员。领导小组负责监督管理资金的支出，资金只能用于学生的医疗、学习和生活，解决学生急需，坚决杜绝和抵制资金挪用的现象。

助学金是国家无偿资助家庭困难的学生上学的一种形式。岗堆村学生可以获得国家发放的助学金。2006—2007学年度，岗堆中心校共有72名学生享受助学金，占在校人数的20.2%，其中一年级有37名，二年级30名，三年级5名。2008—2009学年度，有81名学生获得国家助学金资助，占在校人数的25.6%，其中一年级有24名，二年级21名，三年级36名学生。2010—2011学年度，岗堆中心校共有12名学生享受助学金，占在校人数比例的2.8%，其中一年级有1名，二年级6名，三年级5名学生。

此外，每逢“六一”儿童节，岗堆中心学校可以获得岗堆镇发放的慰问金。据岗堆镇政府教育类资料显示，2007年6月1日，岗堆中心学校获得1300元慰问金，2008年获得1500元慰问金，2009年获得2000元慰问金，

2010 年获得 44400 元慰问金。这些慰问资金为学校改善办学条件和学习环境提供了支持。另据岗堆中心学校教务主任巴桑介绍，自 1998 年起，岗堆中心学校的教师进修可以获得国家补贴。补贴金额占总学费和书费的比例也在逐年上涨，2005 年补贴比例为 5%，2011 年涨到 7%。进修补贴大大提高了教师的进修积极性。

为了鼓励农牧民积极参加技能培训，岗堆村所在的山南地区执行自治区关于农牧民技能培训的补贴政策。接受技能培训的村民，按照培训内容和培训方式可以获得资金补贴。书本资料费补贴：引导性培训每人 15 元，实用技能培训每人 30 元，职业技能培训每人 50 元；培训费补贴：引导性培训每人 20 元，实用技能培训每人 50 ~ 70 元，职业技能培训每人 60 ~ 100 元；住宿费补贴每人每天 5 元；就餐费补贴每人每天 4 元；交通费补贴：参加贡嘎县所在地培训的每人每天 10 元，参加山南地区所在地培训的每人每天 25 元。

（二）支持农牧业发展的项目

1. 涉农商业保险

2006 年以前，被称为雪域高原的西藏还是全国唯一没有开办农业保险的省份，为推动农牧区经济社会的长期稳定发展，增强农牧民抵御各种自然灾害的能力，经自治区人民政府同意，涉农政策性保险试点工作在西藏自治区相关县开展，并逐步扩大试点面，2007—2008 年度为 2 个县（区），2008—2009 年度扩大到 30 个县，而到 2011 年 3 月，涉农保险已经惠及全区 270 多万农牧民，实现 74 个县市的全覆盖，其中包括岗堆村所在的贡嘎县。涉农商业保险主要包括种植业保险、养殖业保险和农房保险三大块，涵盖了青稞、小麦等粮食作物，油菜等经济作物，藏系牛、羊等养殖业以及农牧民住房、农机具、农牧民家庭财产等。参保费由区、地、县三级财政及农户共同负担，其中自治区财政补贴 50%，地（区）和县（市、区）财政各补贴 20%，农牧民承担 10%。商业保险在农业中的引入，有利于充分发挥保险专业化、市场化的风险管理优势，分散农业生产、农村建设和农民生活中的风险，增强农业、农村和农民抵御自然灾害、提高灾后自救、恢复生产的能力，有利于稳定农业生产、保障农民利益、促进农业发展、农民增收和农村稳定。

2. **农业优惠政策**

农药补贴。农药补贴按照西藏自治区核定农药计划及农药品种进行政府采购后调拨各地（市）分发给农户。在这样的制度安排下，岗堆村村民在农药采购上只需承担25%。农药采购资金由自治区财政承担45%，地（市）、县财政各承担15%。

农机补贴项目。西藏自治区对农机具补贴制定了具体标准，拖拉机及其耕、播、收配套农机具，种子加工机械，农畜产品加工机械补贴购置金额的30%。一是实行限额补贴，即单机补贴最高上限为30000元。根据申购人所购机型计算补贴资金超过30000元按30000元补贴；不足30000元按实际购买计算补贴资金。二是实行限量补贴，即农牧民个人和种粮种草大户以及农机专业户、农机服务组织作为一个申购单位，同一机型和同一机具限量申购，每个申购单位最多只能申购一台主机及与其配套的耕、播、收机具各一台（即4台），提高主机的配套率和利用率。据岗堆村村委会副主任巴桑介绍，岗堆村的农机补贴比例达到35%。截至2011年，岗堆村共有93台拖拉机，27台防震机，8台收割机，6台脱粒机，9台播种机。农机补贴使得岗堆村能够配备更多需要的农机，大大促进了岗堆村农业机械化。

粮食作物良种推广补贴。为了鼓励粮食作物的良种推广，岗堆村所在的贡嘎县执行自治区关于良种繁育的补贴政策。一级种子田每亩可以获得补贴60元，二级种子每亩可以获得补贴30元，至于良种推广补贴，是如果农民大田生产中使用二级种子田生产的良种，每亩用种15公斤，则每公斤补贴0.3元。

农村薪柴替代工程沼气项目。农村薪柴替代工程沼气项目主要包括农村户用沼气池、养殖小区集中供气沼气工程、生态校园沼气工程、沼气技术支撑及服务体系建设四个方面。岗堆村每户可以获得中央财政补贴2200元，自治区财政预算安排补助400元、整合农口资金和基建资金补助100元，合计每户补助3000元，占修建成本的79%。

3. **森林保护政策**

2005年，国家林业部出台了保护森林的相关政策，包括对专职保护人员的工资补贴、对植树的奖励和对超标砍伐以及对捕杀动物的惩罚制度等。据岗堆村村委会副主任巴桑介绍，从该年起，岗堆村按照国家政策制度制定了本村的保护森林细则，还专门聘请了4名村民负责村里森林保护工作，4位村民可以获得每天12元的工资补贴。他们的工作内容包括保护山上树木和动物，如鸟类、牛、羊等，阻止村民乱砍滥伐行为，及时向村委会汇报情况。在保护森林政策没有出台之前，因为没有相关的制度约束，乱砍树木、捕杀动物的现象屡禁不止。目前岗堆村有自己的一套奖惩管理制度，山上还有专职的工作人员管理，有效约束了村民们的乱砍、乱捕行为。为了鼓励村民多植树，绿化岗堆村环境，村民每植树一亩还可以获得 30 元补贴。如果村民要砍树，需要提前在贡嘎县林业局签订有关文件。若砍伐超标，则超标的树每棵会被罚款 100～150 元。若村民猎捕动物超标也要上缴罚金，超标的罚款金额按每只 100～5000 元计算。

4. 畜牧业优惠政策[①]

牲畜 W 病防治补贴。为了预防牲畜 W 病，国家对西藏自治区的羊、牦牛、黄牛、猪、奶牛及耕牛的牲畜 W 病防治进行补贴。岗堆村的饲养户不用承担疫苗经费，疫苗经费由中央财政承担 80%，自治区财政承担 20%。对于已发现的患病牲畜需进行扑杀。扑杀经费由政府补助 80%，饲养户承担 20%。扑杀经费标准为：羊羔每只 50 元、山羊每只 200 元、绵羊每只 250 元、白绒山羊每只 350 元、白绒山羊羊羔每只 120 元；牦牛犊每头 100 元、成年黄牛每头 700 元、改良黄牛标准同牦牛；仔猪每头 150 元、成年猪每头 600 元；奶牛及耕牛每头 2000 元。

高致病性禽流感防治补贴。高致病性禽流感是禽流行性感冒的简称。是由 A 型禽流行性感冒病毒引起的一种禽类（家禽和野禽）传染病。禽流感病毒感染后可以表现为轻度的呼吸道症状、消化道症状，死亡率较低；或表现为较严重的全身性、出血性、败血性症状，死亡率较高。为了预防高致病性禽流感，岗堆村在自治区的要求下，对畜禽实行强制免疫。饲养户不承担疫苗费，中央财政承担 80%，自治区财政承担 20%。对于已发现的患病牲畜需进行扑杀。扑杀经费由政府补助 80%，饲养户承担 20%。扑杀经费：鸡每只 12 元、鸭每只 13 元、鹅每只 15 元（兔同）、鸽子每只 10 元。

小反刍兽疫防治补贴（羊）。小反刍兽疫（PPR）是由副黏病毒科麻疹病毒引起的一种急性接触型传染性疾病，主要感染小反刍兽，特别是山羊和绵羊，野生动物偶尔感染，未见有人感染该病的报道。该病在密切接触的动物

① 此部分内容参考了由 2009 年 3 月西藏自治区财政厅下发的《西藏自治区农牧民享受财政补助优惠政策明白卡》。

之间可通过空气传播。牲畜一旦发生本病，岗堆村严格按《中华人民共和国动物防疫法》规定，按照一类动物疫情处置方式扑灭疫情，饲养户可以获得相应补贴。饲养户不用承担疫苗经费，中央财政承担 80%，自治区财政承担 20%。扑杀经费由政府补助 80%，饲养户承担 20%。其扑杀标准与牲畜 W 病的扑杀标准类似。

“能繁母猪”补贴和保险。“能繁母猪”是指可以正常繁殖的母猪，包括生产母猪和后备母猪。“能繁母猪”最基本的标准是：体重达到成年体重的 70% 以上；能定期正常发情、配种、受孕、生产；身体健康，没有影响繁殖的疾病。西藏自治区农牧民所饲养的“能繁母猪”每头可以获得直接补贴 20 元，岗堆村村民也能享受这项补贴。补贴金额由中央财政承担 60%，地区财政承担 40%。除了直接补贴，饲养“能繁母猪”还可以获得“能繁母猪”保险补贴。每头“能繁母猪”保险费金额为 60 元；对重大病害、自然灾害和意外事故致使“能繁母猪”直接死亡的，每头保险金额为 1000 元。保险金额中央财政承担 50%，地方财政承担 30%（其中：自治区财政承担 20%，乡镇财政承担 10%），养猪户承担 20%。

（三）农牧民生活补助项目

1. 粮食补贴

近五年，岗堆村闹旱灾，粮食收成大减，农民损失惨重，很多农户缺粮严重，吃不饱饭，引起了国家“扶贫粮食”项目的重视。2009—2010 年国家“扶贫粮食”项目向岗堆村投入 3 万元资金，由国家民政局负责具体实施扶助活动，给予农田少、孩子多的农牧民粮食补贴。岗堆村粮食缺口的 90% 由“扶贫粮食”项目提供。在“扶贫粮食”政策尚未出台时，岗堆村甚至有 12 户农牧民处于缺粮的状态。得益于“扶贫粮食”项目的扶助，岗堆村村民缺粮的情况得到了改善。到目前，岗堆村还有 6 户农牧民缺粮，针对这种情况，村委会已经向上级送交了相关报告和申请。

2. 对困难村民的生活补贴

（1）农村最低生活保障

从 2001 年开始，岗堆村的低保户可以享受农村最低生活保障。低保户的标准包括家里劳动力少且大学生多的村民、残疾人和家庭条件不好的退役兵。

岗堆村的低保户可以根据核定的贫困等级获得贡嘎县民政局发放的补贴。以前，岗堆村的低保户核定工作是由村委会负责，2011 年由贡嘎县驻村工作队协助村委会对村民进行摸底调查，严格核定低保户的标准、人数和等级。经过核定，岗堆村现有低保户 72 户。其中一级贫困户 16 户，可以获得每月 76.7 元的补贴；二级贫困户 13 户，可以获得 40.6 元的补贴；三级贫困户 43 户，可以获得每月 40.6 元的补贴。此外，上级部门还会不定期向岗堆村的低保户发放慰问金。不过，据部分村民反映，最低生活保障对于低保户的生活只是“杯水车薪”，他们的生活状况并没有得到太大的改善。

（2）五保户供养经费

所谓“五保户”是指《农村五保供养工作条例》中的五保供养对象，主要包括无劳动能力、无生活来源、无法定赡养扶养义务人或虽有法定赡养扶养义务人，但无赡养扶养能力的老年人、残疾人和未成年人。“五保户”可以获得国家发放的五保户供养经费。五保经费主要用于向五保户供给粮油和燃料；供给服装、被褥等用品和零用钱；提供符合基本条件的住房；及时治疗疾病，对生活不能自理者有人照料；妥善办理丧葬事宜。五保对象是未成年人的，还应当保障其依法接受义务教育。2011 年，岗堆村共有七人享受了五保户供养经费。

农村税费改革试点工作全面启动时，西藏自治区的五保户供养经费标准由原来的 588 元提高到 900 元，2004 年由每人每年 900 元提高到每人每年 1200 元；2007 年 1 月 1 日起提高到每人每年 1600 元。目前，岗堆村的五保户每年可获得补贴金额为 1500 ~ 2000 元，略高于内地的补贴金额。

（3）社会养老保险

新型农村社会养老保险之所以被称为新农保，是相对于以前各地开展的农村养老保险而言的。过去的老农保主要是农民自己缴费，实际上是自我储蓄的模式，而新农保最大的特点是采取个人缴费、集体补助和政府补贴相结合的模式，有三个筹资渠道。这个补助是直接补贴到农民的头上，它是继取消农业税、农业直补、新型农村合作医疗等一系列惠农政策之后的又一项重大的惠农政策。

2009 年 12 月起，岗堆村所在的贡嘎县成为了新农保试点县。岗堆村年满 16 周岁的村民可以按照自愿原则参加农村社会养老保险。每人每年交纳 150 元，60 周岁以后不用再缴费，每年可以享受政府发放的基本养老金 829 元。

村委会副主任巴桑对我说村民对这项政策感到很满意，大部分符合条件的中老年人都参加了新农保。

（四）安居工程项目政策

1.“百姓之家，民房改造”项目

据岗堆村村官索朗介绍，2006年以前，岗堆村里基本没有砖瓦房，都是泥土房。从2006年起，在国家“百姓之家，民房改造”项目的大力支持下，岗堆村开始大力新建砖瓦房。在“百姓之家，民房改造”项目的支持下，每户农牧民都可以获得一万元的建房补助。截至2011年7月，村里95%以上的农牧民都盖好了新房，有270户住进了砖瓦房。村民的住房条件舒适了很多。

“百姓之家、民房改造”项目对于岗堆村村民的建房安居起到了很大的帮助，尤其是对于村里的低保户而言，更是个福音。岗堆村里有33户低保户，低保户家只有很少的田地和劳动力，却需要抚养很多的孩子，家庭负担很重，建新房对于他们而言是个大难题。“百姓之家，民房改造”项目给予低保户建房补助，为这些村民“雪中送炭”。同时，村委会也尽力帮助他们，村委会向这些低保户一共捐赠了2.6万元购买所需的水泥和木材，村里的党员也纷纷献出自己的绵薄之力，筹集了5000元来帮助低保户建新房。在国家和村委会的关怀和帮助下，村里不少低保户也住进了新房。

2.“安居房”建设

“国家安全房”建设项目是西藏扎实推进新农村建设的一大举措。岗堆村于2011年12月开始了“安居房”项目的建设，建设内容涉及水泥路的铺建、安装路灯、每家每户修建院子等。水泥路的建设大大方便了村民的出行，加大了村民对外的联系和沟通，带动了岗堆村的村庄经济的发展。路灯的安装，为村民的夜间出行提供了方便，尤其是对上夜班或者是下班比较晚的村民，减少了交通事故的发生，同时也美化了村庄环境。各家各户统一修建院子，也是提升岗堆村的整体容貌的内在要求。目前不同家户的院落规划参差不齐，行人走在村道上一看，各家各户的院子没有形成统一的建筑规范，有点杂乱无章，有碍观瞻。据村官索朗所言，相比临近的村子，岗堆村的村容村貌还有待改善。

岗堆村计划在2012年之前，在村内水泥路两旁植树种花，以优化岗堆村的环境，促进岗堆村的绿化。目前，岗堆村处在村容村貌建设中期阶段，水泥路上和小巷里整洁多了，村民家里也更加干净了，同时，还开阔了村民的眼界，丰富了村民的生活。

（五）农村公共财政保障政策

（1）村干部误工补贴。在不同人口规模的村庄里，可以获得该项补贴的人数不一样。一类村[①]5人，二类村4人，三类村3人。岗堆村属于三类村，有3位村干部可以享受误工补贴。村干部误工补贴的金额在逐年提高，自2006年7月1日起，村干部误工补贴标准每人每年1500元提高到2000元，2008年7月1日起，村党支部书记及村主任误工补贴提高到每人每年4576元，一般干部误工补贴为每人每年2576元。

（2）村公用经费。这项经费的多寡也是同村庄的人口规模有关的。大村每年2000元、一类村每年1600元、二类村每年1200元、三类村每年800元。岗堆村属于三类村，每年可以获得村公用经费800元。

（3）村教学点燃料补助。岗堆中心校每年可以获得燃料补助1500元。

（4）村文化室补助。岗堆村村文化室每年可获得105元补助，用来进行运行维护。

（5）村级党组织活动经费。岗堆村每年可以获得村级党组织活动经费，经费按党员人数发放，人均70元，用于学习资料和教材购置以及培训等费用。

（6）义务兵优待金。农村税费改革前，各级民政部门每年向岗堆村每个劳动力人口（18～60岁）收取1元义务兵优待金。改革后，义务兵优待金按照原有标准由公共财政承担，不再向村民收取义务兵优待金。

（7）村级运转经费。村级运转经费主要用于解决村民小组长误工补贴和村级技术人员待遇问题，也可以用于弥补村公用经费不足的问题。国家以农

① 西藏自治区的村庄按农牧民人口划分为一、二、三类村，人口在1000人以上的为一类村，人口在500至1000人的为二类村，人口在500人以下的为三类村。

牧民人口为基数，按农区、半农半牧区和牧区分别确定了定额补贴标准[①]，定额补贴标准逐年提高。岗堆村属于农区，2004 年村级运转经费标准为人均 11 元。2007 年，经自治区农村综合改革领导小组批准，从当年 1 月 1 日起，再次提高了村级运转经费标准。2011 年补贴标准提高到人均 14 元。

十一、风俗习惯与文化生活

长期的历史文化积淀使岗堆村至今仍保留着山南藏族的民俗民风，而受自然状况、经济资源等因素的影响，这座位于雅鲁藏布江沿岸的历史悠久的藏族村庄又有其独具魅力的文化特色，这些特色表现在岗堆村村民的风俗习惯和文化生活之中。

（一）岗堆村的饮食习惯

岗堆村地处雅鲁藏布江河谷地带，这里气温偏低，日照时间长，气压低，氧气含量少，只能种植耐寒抗旱的农作物，其中粮食作物主要为青稞和冬小麦。青稞在岗堆村的饮食文化中占有重要的地位，村民一般将青稞炒熟后磨成面用酥油茶拌着吃，也将青稞与豌豆掺合做成糌粑，青稞还可酿制青稞酒。

岗堆村藏民的传统主食以糌粑为主，同时配以面、米等。2007 年，岗堆村成立了一家粮油加工店，这家店坐落在岗堆村对面 101 省道旁，店面有四间房屋大小，其中有两间为磨坊。村民们将自己家收获的青稞、小麦及油料作物送到粮油加工店里加工，加工店收取一定的加工费。加工小麦一般需要经过除杂、润麦、磨粉、筛理等几个步骤，要是加工青稞，还得经过一道炒熟的工序，因为藏民食用的糌粑就是用炒熟的青稞或豌豆磨成的粉，类似内地的炒面，可以直接食用。在村主任巴桑的带领下我们参观了加工店，还亲口品尝到了炒熟的青稞和磨好的糌粑。炒制后的青稞口感香脆，有点像未加糖的爆米花；新鲜的糌粑吃起来香甜可口，营养价值很高。达娃告诉我们，

---

① 2004 年，农区人均 5 元、半农半牧区人均标准 6 元、牧区年人均 8 元的标准增加村运转经费，村级运转经费标准达到了农村年人均 11 元、半农区半牧区人均 13 元、牧区年人均 15 元。

糌粑的吃法花样繁多，岗堆村的藏民习惯将茶水、酥油、奶渣、白糖和糌粑盛入碗里或“唐古”（小羊皮口袋）里不断搅匀，直到把糌粑捏成团后再食用。达娃在为我们讲解糌粑的食用方式的同时，还亲手为我们调制了糌粑，她先在碗里盛入少许酥油，冲入热茶水，添上糌粑，加上一些白糖和奶渣，再用筷子搅拌，搅拌时将糌粑顺着碗沿搅入碗底，以免茶水溢出。待茶水、酥油、奶渣、白糖和糌粑搅拌均匀后，便可进食。据介绍，民主改革前，村里富裕人家食细白糌粑、面、米；一般人家吃粗糌粑或豌豆糌粑；贫穷人家以喝糌粑糊糊度日。民主改革以后，随着社会的进步和生产的发展，村里大多数村民不仅吃上了精糌粑，还食面、米等主食。面食有面条、饺子、馍馍、煎饼等，大多数村民习惯将肉、面疙瘩和萝卜条炖着吃，山南藏语称“土粑”。岗堆村的四家小餐馆，基本上都经营藏面和饺子，还兼营酸辣粉和一些简单的炒菜。藏面和饺子的价格每碗 7 元左右，村民们如果有急事，或者亲朋好友来家里做客来不及做饭时都会到村里的小餐馆就餐。在岗堆村，农忙时一日四餐，农闲时一日三餐。

岗堆村藏民习惯食用牛奶，用牛奶打酥油、做奶渣和酥油茶等，因此村民家中的奶牛主要用于繁衍后代和产奶，产的奶除部分用于早上喝外，其余的都用来做酥油和奶渣供自家食用。据巴果介绍，将温热的牛奶倒入提取酥油的木桶中，用一个长柄的搅拌器上下翻搅，把奶油从牛奶中分离出来，冷却后，浮在牛奶上面且结成块的便是酥油。她说，过去村民们大多使用手工提取酥油，现在开始使用奶油分离机，方便了许多。说着，巴果还从冰箱里取出了前一天刚刚做好的酥油给我们看，酥油盛放在一个套着塑料布的器皿中，色泽鲜黄。她说她家三头奶牛两天产的牛奶可以做出 1.5 斤的酥油，到冬天奶牛产奶量最大的时候，可做出 2 斤酥油。奶渣是岗堆村日常饮食中另一种必不可少的食物，藏语称“曲乳”。在曲吉家采访时，她两岁半的孙女儿卓嘎不停地闹着要吃零食，只见曲吉从冰箱里拿出一碗看上去像煮熟了的米粒的食物放在卓嘎手中，卓嘎顿时安静了，不停地用小手抓起碗中的“白米粒儿”放入嘴中，吃得津津有味。曲吉告诉我们，这就是奶渣。奶渣是在鲜奶提取酥油后，剩余物质经烧煮、水分蒸发、晒干后的细渣，可以和糌粑搅拌在一起吃。奶渣富含蛋白质，可做成奶饼奶块，多作零食。在煮牛奶过程中，还可揭起奶皮，藏语叫“渍玛”。奶皮就像豆腐皮一样，好吃又富有营养。岗堆村的妇女基本上都会制作奶渣。

酥油茶是岗堆村藏民日常生活中的上乘饮品，也是款待客人的佳品，醇香美味，营养丰富。藏民赞茶俗语，“宁可三日无粮，不可一日无茶”。在岗堆村的调研过程中，我们深切地体会到了这一点，每当入户访问时，热情好客的岗堆村藏民都会为我们盛满酥油茶，还用双手示意请我们一定喝下，并不断地续满。村民家中的酥油茶一般都盛放于暖瓶中，由于奶茶是由鲜奶制成的，因此一般只有一天的保质期，如不饮完，第二天就不可再饮，夏天的保质期会更短，最好是即煮即饮。据巴果介绍，岗堆村的酥油茶主要有咸味和甜味两种，把砖茶熬成茶水，加上酥油、盐巴，放入酥油桶或搅拌机内上下冲搅，使茶水、盐巴和酥油三者交融，即成咸味酥油茶饮。甜茶则用红茶加水熬，熬成后倒入酥油桶，再放入白糖、牛奶或奶粉搅拌均匀即成。个别村民在煮茶时，还放入适量食盐，有的加入姜皮、花椒等调料，形成独特的风味。

村主任桑旦说，岗堆村藏民家里一旦宴请宾客，无牛羊肉不成宴席。牛羊肉的吃法也有许多，除牛羊肉炖土豆、萝卜外，还有手抓、风干、生肉剁碎拌辣椒等吃法。逢年过节，村民都要宰杀牛羊以供请客吃饭，剩余的还可以做成风干肉。索朗次仁特地从家中带来了风干的牦牛肉干供我们中午在村委会吃饭时品尝。据介绍，风干肉是村里藏民普遍喜欢的一种吃法。风干肉一般在冬天，多在藏历十一月底，气温在零度以下时，把牛羊肉割成条或将整条腿挂在阴凉处，让其冰冻风干制成，这样既去了水分，又保持了鲜味，到次年三月以后再拿下来烤食或生食。吃糌粑时将生牛羊肉切成小块，蘸着辣椒水或辣椒粉，一边吃肉，一边吃糌粑，味道鲜美。岗堆村居民平时以羊肉炖土豆或萝卜、炒白菜为主，节庆日食用汉式荤菜作为调剂。

由于岗堆村大多数村民家里都饲养藏鸡和牛羊，对于蛋类和肉类的食用基本能自给自足。村主任巴桑招待调研组，煮了一盆藏鸡蛋让我们享用，藏鸡蛋比普通鸡蛋要小，外皮是白色的，比较薄，味道十分鲜美。逢年过节，如果蛋或者肉类不够用，村民们也会到村里的蔬菜店或者县里、市里购买一些，但数量不大。

岗堆村藏民对于蔬菜的需求随着时间的推移悄然发生着变化。据仓木拉介绍，20 世纪 60 年代至 70 年代末，岗堆村蔬菜种植很少，品种也十分有限，以萝卜、莲花白为主。20 世纪 80 年代，村里实行承包责任制后，蔬菜种植面积明显扩大，但蔬菜品种仅限于山东白菜、莲花白、萝卜等，另有极少量的莴笋、花菜等。进入20世纪90年代，随着生活水平的不断提高，村民们对蔬菜的需求与日俱增，已不再满足于以前的白菜、萝卜，更多的蔬菜品种也被逐渐引入到岗堆村，成为岗堆居民日常生活中必不可少的部分。村民在吃米饭时会配有炒菜。结合人们的生活需要，一些个体商户开始从拉萨购进新鲜蔬菜在村里进行贩卖。岗堆村下辖五个村民小组，村里的蔬菜店在第四组，第四、五组（原岗堆村）的村民通常直接到店里购买。第一、二、三组（原雪村）距离蔬菜店比较远，蔬菜店老板的儿子每隔两三天会亲自开着车到这三个组进行售卖。在县政府、镇政府的支持和指导下，岗堆村部分农户于2005年起在自家田地上建起了蔬菜大棚，蔬菜种植面积越来越大，种植技术、条件越来越好，蔬菜品种也越来越多。目前，岗堆村的蔬菜主要有：西红柿、黄瓜、豆角、茄子、土豆、胡萝卜、大白菜、油菜、青椒、尖椒、冬瓜、芹菜、卷心菜、豇豆、菜豆、葱、韭菜、香菜等。在采访农业示范户边巴家时得知，他家的蔬菜温室大棚便是2007年在县里领导和村干部的指导下自己修建的，建大棚的材料全部都由政府提供，技术也有专人指导。大棚占地面积约为30平方米，种有白菜、黄瓜、青椒、西红柿等蔬菜。蔬菜的种子由自家购买，边巴家第一次撒播的种子是由普布次仁从拉萨买了带回来的，后来的蔬菜种子就由村里的转业军人拉巴每次去乃东县领取工资时帮忙带回。

岗堆村村民食用的水果主要有苹果、香蕉、梨、柿、李子、西瓜、桃子、芒果等，夏天以西瓜为主，在岗堆村出售的西瓜通常都是由邻近县市采购而来的，由于天气和土壤的原因，这里的西瓜通常个小、皮薄、瓤甜，很受村民们的喜爱。村里的水果种植较少，除边巴家有苹果树和桃树结出的果实供自家和亲戚家食用外，其他家户食用的水果基本需要购买。

在村民的饮食习惯中，还有一项是饮酒习惯，包括引用啤酒、白酒以及自家酿制的青稞酒。啤酒主要是拉萨啤酒和青岛啤酒，除了日常饮用外还可以用于送礼。白酒通常度数比较高，村民们每年饮用的并不多，1~2瓶就足够了。啤酒和白酒在村里的商店就可以买到，另外，很多村民家里都会酿制青稞酒。边巴家一周酿一次青稞酒，据他估算，通常14斤青稞可以酿出20斤青稞酒。酿酒前，先把青稞洗净，洗时速度要快，不能让青稞浸泡时间过长，然后倒进锅里，放入多于青稞容量三分之二的水中煮。当锅中的水已被青稞吸尽，火就不能烧得过旺，边煮边用木棍把青稞上下翻动，以便锅中的青稞全部熟透，并随时用手指捏试一下青稞粒儿，如还不烂，再加一点水继续煮。等到八成熟时，连锅端下来，凉上20～30分钟，这时锅中的水已被青稞完全吸干，趁青稞温热时，摊开在铺好的干净布上，然后在上面撒匀酒曲（一种酿酒用的发酵剂）。撒酒曲时应注意，如果青稞太烫，则酒会变苦，如果太凉，则发酵不佳。撒完酒曲之后，再把青稞装在锅里，用保暖棉被等包起来放好。夏天，两夜之后就发酵，冬天则三天以后才发酵。如果温度适宜，一般只过一夜就会闻到酒味儿。用青稞酿成的青稞酒是一种度数较低的酒，口感很好，清香醇厚，是岗堆村藏族男女老少喜欢喝的饮品，也是喜庆节日和劳动时群众必备之饮料。对来客或给人敬酒时一般必须倒“三口一杯”，然后随意喝。“三口一杯”的意思是先敬天、地、神，然后代天地神喝三口，最后自己喝完一整杯酒。

（二）岗堆村的服饰文化

岗堆村藏族服装丰富多彩，有着悠久的历史和鲜明的民族特色，主要分为传统藏族服饰和现代汉族服饰，配以饰品。

说到岗堆村的传统藏族服饰，首先不得不提到的是“氆氇”。氆氇在藏族人日常生活中的地位就如内地的棉布一样重要，是加工藏装、藏靴和金花帽的主要材料。氆氇细密平整，质软光滑，结实耐用，保暖性好，是作为衣料或装饰的优质毛纺织品。岗堆村的妇女们都会自己织氆氇，大多数人家会把自家织的氆氇拿到裁缝那里让其加工成衣，不织氆氇的家庭也可以自己购买或者是让裁缝代为购买，村里原农业生产队队长白马群培家曾制作过氆氇用于出售。白马群培为我们介绍了氆氇的制作过程，并拿出家中制作氆氇用的羊毛线给我们看。他说氆氇要经过纺纱、染色、织造、整理等工序制成。一种方法是将羊毛用纺锤捻成线，借助简单纺架手工操作。另一种方法是将羊毛用纺车纺成线，再用梯形木结构织机纺织。手工生产的氆氇宽约40厘米，毛线可用茜草、大黄、荞麦和核桃皮等做染料，可染成赭红、黄、绿等颜色。若用老式木棱织机，织好以后是白色的，宽30厘米左右，但一般都要染成黑色，也有染成红、绿等颜色的，黑色用于织衣服和鞋帽，红色一般做僧人袈裟，彩色氆氇做装饰。70年代末，白马群培曾雇人在家做过氆氇，雇一个人每天需付1元钱的工钱。大约一个星期能做出长10米、宽30厘米的氆氇，卖出10元钱，赚三四元钱填补家用。农闲时，白马群培的妻子会先把羊毛纺成线，做好制作氆氇的准备，再由白马群培来制作。到80年代初，他家里经济状况有所好转之后，制作出的氆氇便会拿去缝纫店给孩子们做新衣服穿。

岗堆村的藏装主要有藏袍、便装和藏式衬衫等。藏袍以氆氇为主要原料，也有用毛哔叽或绸缎做原料的。桑旦为我们播放了2010年岗堆村播种节的录像，录像中藏民们无论男女都穿着藏袍，男式的较为宽大，女式的稍窄，女式分有袖和无袖两种。颜色多为黑、白两种，也有少数穿棕色或绛红色的。藏式上装的领子、袖口、襟和底边镶色布和绸子，穿时用红、蓝、绿、雪青色布或绸缎的飘带扎成结。桑旦说，穿藏装时，里面都要穿各种颜色的衬衫，外面穿藏装。夏天或干活时一般将两袖束在腰间，平时只穿左袖，右袖从后面拉至胸前，搭在右肩上，冬天两袖均穿上，以保暖。岗堆村藏民们穿的藏式衬衫也是大襟式：男式大多为白色或黄色，高领，有扣；女式多为花色，翻领，无扣。平时，村里群众还比较喜欢着便装。男式分上衣和裤子两件，上衣较短小，大襟式，用料一般为黑氆氇，大都为黑、白两色。女式仅有上装，为对襟式，用料均为黑色氆氇，着装时罩在袍衣外。岗堆村不论男女，裤子多为黑白两色氆氇裤子，裤长齐脚背，腰带无带扣，穿时摺收于腰，以带束住，裤裆有的从内开衩，有的不开衩。村里的藏族女子一般在15岁后穿藏装时要腰系围裙。围裙藏语叫“帮典”，既是装饰品，也是藏族妇女的标志，既当围腰，又可盛物。岗堆村的围裙是羊毛织品，品种很多，上等围裙藏语叫“谢玛”，普通围裙藏语叫“布鲁”。围裙的工序一般是先用手工纺纱，然后染色、刷毛，织成条状，再缝合成围裙。部分妇女为劳动时方便，春夏季节上身着花色衬衣和无袖高领黑色氆氇上装，下身穿绛红色氆氇裙，前面系围裙，后面也系叫“觉邦”的绛红色围腰，上面还用绿色毛镶着边，且有绣花，很漂亮。

岗堆村是典型的藏民聚居区，因此村民们无论男女老少，每人都至少有一套比较正式的传统藏装，在节假日和重要的场合，如结婚、祭祀的时候穿。岗堆村村民所穿的藏族服装有些是由自己手工缝制的，有些是由村里的裁缝帮忙缝制的，还有一些是直接购买的。岗堆村的裁缝师克热旺久说，去拉萨购买的藏装，质量相对于村里裁缝手工织造的要更精美一些。据调查，一套比较正式的藏族服装，包括帽子、外套、袍子、裤子、靴子，价格会达到一万元以上。无论成年人或儿童，平均每隔六七年的时间就会更换一套藏族服装。

随着经济的发展，越来越多的村民也将汉族服饰的元素引入了村里，因此在日常生活中，绝大多数的男人和儿童着装都以现代汉装为主，而大多数妇女的穿着仍以普通藏装为主，也有一部分年轻的女性村民换上了汉族服饰，但是穿汉族服装的女性村民要比男性村民少得多，而且越是年长的村民越是很少穿汉族服装。汉装可以细分为夏装和冬装。夏装比较便宜，儿童的夏装通常是长袖T恤和牛仔裤。成年男子的汉族服装有外套、牛仔裤或休闲裤等。冬装相比夏装而言价格较高，主要有毛衣、夹克衫和羽绒服等。村民所需的汉族服装通常要到县城或者拉萨购买。岗堆村距离拉萨市区有一小时车程，距离贡嘎县城仅有不到半小时车程，小件衣服村民们通常要到贡嘎县城购买，价格相对较高的大件衣服，如外套、羽绒服等通常需要到拉萨的商场或者专卖店里购买。据调查，岗堆村每位成年人平均每年购买一套冬装和一套夏装，儿童则要偏多一些，大约会购买三、四套夏装和两套冬装。

由于岗堆村海拔较高，阳光辐射较强，因此村民们外出都习惯戴帽子。藏式帽子多种多样，岗堆村男女戴的帽子则各不相同。岗堆村的男子，多戴金宝顶帽，藏语称“次仁金果”或“架色”。金宝顶帽是用金丝缎、金丝带和银丝缎做装饰，用土产的毛毡和皮毛做料，这种帽子戴在头上在阳光照耀下闪闪发光。到了藏历新年，每个成年男子外出拜年都要戴上自己最好的帽子，村民们互相问候并把青稞插到另一个人的帽子里，通常这些帽子都质量上乘，有些帽子是由纯牛皮或者羊皮制作的，价格在几百元左右，质量再好一些的甚至会达到上千元。次仁多吉说他的帽子就是由纯牛皮制成的，花了一千元在拉萨市买的。妇女们节日时也会戴金宝顶帽，但平日里妇女们戴的帽子则较为普通，已经不再是具有藏式风格的帽子，而是普通的遮阳帽。部分妇女不论春夏秋冬都习惯在头上系围巾和编辫子。少女则习惯将头发编成一条辫子或扎成马尾，戴上鸭舌帽，将马尾或辫子从帽子后面的缝隙掏出，既有藏族韵味又不乏时尚气息。像给我们做翻译的卓玛、索朗和尼真都是这样戴着鸭舌帽的。

岗堆村的妇女重视头饰。古代藏人的发式大概有辫发、披发、椎髻等几种，但岗堆村妇女忌讳披发，认为那是妖女的发式。至今，各种辫式仍在流行。辫套为妇女后背辫梢相连的装饰品，是藏族妇女常见的一种头饰，像大多数其他地区的藏族妇女一样，岗堆村的妇女们也比较重视辫套。卓玛拉玛为我们展示了辫套，辫套是用艳丽的绒布精心缝制而成的，上面刺绣着美丽的花纹图案，并钉缀有各种饰物。辫套的风格各异，一般说来年轻人的雍容华丽，老年人的凝重古朴。大多宽约10厘米，长130厘米左右，既是装饰，又是护发工具。通常一个普通的辫套三四十元就可以买到，做工精美些的成百上千都是有可能的。

岗堆村的藏族男女都喜爱装饰，装饰和佩饰多由金、银、铜制作，较为精美。村里大部分藏族男女幼年均扎耳眼，成人后佩戴金、银耳环。西藏和平解放以前，男性右耳戴金或银耳环，左耳戴松石耳环，同时还佩带小腰刀或银元、铜币等；女性双耳都戴金或银耳环，同时还佩戴头饰（巴珠）、胸饰（嘎乌）、手镯、戒指等。20世纪末，岗堆村内男女居民中，男性中流行戴金戒指，女性中流行戴金耳环、戒指和手镯。

西藏和平解放以前，岗堆村里绝大多数群众穿的鞋是用黑、红、绿氆氇和毛线自织的“松巴鞋”及牛皮制成的“嘎洛”鞋。富裕人家及寺庙僧尼穿用精毛呢做的精制“松巴”、“嘎洛”鞋。民主改革后，即20世纪60至70年代，村里大多数年轻人穿胶鞋、布鞋和皮鞋，部分老年人仍穿松巴、嘎洛鞋。20世纪80年代以后，人们逐渐穿胶鞋、皮鞋和旅游鞋，穿松巴、嘎洛鞋的人越来越少。男士穿藏装时习惯穿高腰藏靴，靴后都留有长开口，以便穿脱。藏靴具有造型美观、防水耐磨、隔潮保暖、久穿不易变形等优点。牛皮藏靴是岗堆村村民的首选，一张生牛皮要经过熟皮、染色，变成手感柔软、不干裂、无皱纹、色泽透亮的缝靴革，然后按图形分片裁出，用定形木植头依型缝制而出，其中靴底要用5～7层牛皮，用麻绳缝制，纳靴底时要计码均匀、前后端正，制作工艺要求严格且十分讲究。

（三）岗堆村的语言文化

岗堆村为单一藏族村寨，其语言属汉藏语系藏缅语族藏语支。历史上，藏族人就很重视本民族语言文化的传承和发扬，加之岗堆村的藏族村民一直都过着半农半牧、自给自足的生活，与外界接触较少。因此，日常生活中，岗堆村的藏民们全部都使用藏语进行交流。村里只有极少数人会说汉语，大部分村民都听不懂汉语，更不会用汉语表达。

村里的少数村干部，如聘用干部次仁多吉、村主任桑旦和村副主任巴桑由于工作的需要，也能够用汉语表达，还能给我们做简单的翻译。大部分村干部如达杰、尼玛等，仅能听懂一些常用的汉语，也可以用汉语表达少量的日常用语，如“你好”，“再见”一类的问候语，而要表达自己的想法，则还需要翻译人员。

村里还有一些工商户由于生意的缘故，与外界交往较多，大多可以听得懂汉语，其中一部分人还可以用汉语表达，如旅游车司机永珠和壁画师米玛次仁就是很好的代表。永珠是岗堆村第一个做旅游车生意的村民。16 年前，他先是在拉萨客运站做中巴司机，在开车过程中，会接触到汉族游客，因此永珠逐渐能听得懂一些汉语。随着到西藏旅游的游客逐渐增多，永珠开始从事旅游车驾驶工作。这一时期，他不仅熟悉了川藏各个旅游景点的路线，而且还掌握了汉语的听说。加之 2010 年后，永珠有了自己的旅游车，需要经常联系客户或旅游团，他的汉语便越来越好了，与我们用汉语交流完全没有问题。壁画师米玛次仁则是由于绘画技艺精湛而常被邀请到外地寺庙绘制壁画，如 2006 年他受邀到吉林长春的般若寺绘制壁画，2009 年又被邀请到甘肃兰州石佛沟灵岩禅寺绘制壁画。他去一次外地，少则一个月，多则半年。在外地的生活，使他逐渐能够听懂汉语，并用汉语简单地表达自己的想法。

在岗堆村，小孩子到了牙牙学语的时候，一般都是由爷爷奶奶在家教授藏语，从“爸爸”、“妈妈”、“爷爷”、“奶奶”等各种称谓开始教起，而村里的学前教育又处于刚起步阶段，老师仅教授幼儿数字、拼音和画画等，因此幼儿们听不懂汉语，也不会说汉语。到了小学阶段，孩子们都要到位于镇里的岗堆中心校就读，学校用藏语授课，但会开设汉语课程，藏文组教师有 8 人，汉语组教师有 12 人，孩子们在这里开始有了学习藏语和汉语两种语言的环境，但这时的孩子也只能认识简单的汉语词组，不会说句子。中学阶段，由于岗堆村没有中学，一部分学生会在贡嘎县城上初中，在山南行署泽当镇或拉萨市上高中，虽然他们在高中也是藏语授课，但平时与同学交流会较多用到汉语，所以能够用汉语表达了；还有一部分学习成绩较好的学生能够考到内地的西藏班就读，这些学生普遍需要先在西藏预科班学习一年汉语和预备课程，因此有更好的汉语学习环境，会接受到更加严格、规范的汉语训练。他们刚开始会由于汉语不熟练的缘故而不能适应内地的生活，时间久了，汉语水平便逐渐得到了提高，也能够适应当地的生活了。普布多吉就是这种情况。近年来，随着教育水平的提高，村里考出来的大学生越来越多了。村妇女主任卓玛拉玛说，在 1975 年前，村里没有考上中专以上的学生，她的大儿子米玛扎西和三儿子巴珠是村里的第一个和第二个大学生，为我们本次调研做翻译的卓玛、索朗次仁、多吉次仁、尼真和普布多吉也都是村里的大学生，他们在接受大学教育时，会先进行一年的预科学习，提升汉语水平，因此他们与汉族人交流完全没有问题。随着村里的大学生越来越多，会说汉语的年轻人也越来越多了。学习汉语，是社会发展和民族交流的需求。在岗堆村，对汉语的学习与运用并不是对藏语的排斥，而是增强汉藏交流的一种语言工具，有利于双方互相学习。

岗堆村的年长者，如65岁的巴桑乔布说像她们这个年龄段的人和比他们年老的人都没有接受过汉语教育，身边的人都说藏语，因此根本没有学习汉语的环境。转业军人拉巴可以算得上是岗堆村的年长者中唯一一位能说汉语的藏民了，并且他的汉语说得标准流利。这与拉巴退休前的经历有关。拉巴18岁参军后，先是成了西藏山南军分区部队拉郊边防队的一名边防战士，后被调到边巴边防队任副队长，负责军事、行政等各方面的工作，需要组织战士们进行政治理论学习，带领大家学习毛主席语录，读报纸、看新闻，了解时事政治，因此熟练掌握了对汉语的运用。转业后，拉巴被分配到山南地区乃东县昌珠镇任治保主任，在全镇宣传党的思想、政治路线方针，并及时向政府和公安机关反映敌对势力动态和有可能危害社会治安的民间纠纷，协助政府和有关部门做教育疏导工作。因此，他始终保持着对汉语和藏语两种语言的熟练掌握。

借此机会，我们还向拉巴了解了岗堆村藏语的使用特点。拉巴说，岗堆村藏民非常注重敬语的使用，藏民们对年龄比自己小的、同龄的及比自己大的，使用藏语都不一样。例如："哎"等表示回应的用语，根据上述情况分别使用"啊"、"嗷"、"啦"、"落"等不同的用语。社会地位不同，如对国家干部、教师、医生、社会知名人士、喇嘛等用语则不一样。例如"讲话"一词，普通人讲话叫"谢吧"，一般受尊敬的叫"松吧"，特别受尊敬的叫"噶朗吧"。经济条件不同，不管年龄大小和地位高低，只要经济条件好就受到尊敬。例如经济条件很差的人找人救助，就用"江久朗若"，经济条件中等的就用"若让朗若"。在岗堆村，敬语还分为普通敬语、特殊敬语等档次。普通敬语用于年龄、地位、经济条件等与自己差不多或者比自己小的人，也用于父母、老师、尊长、一般工作人员等。特殊敬语用于高级干部、高级专家、活佛等人。例如"干活儿"一词，受歧视的人干活儿叫"读来及"，普通人干活儿叫“来噶及”，受尊敬的人干活儿叫“恰来囊”，特别受尊敬的人干活儿叫“载巴竹”。拉巴还说，岗堆村藏民讲话流行三种称谓语：普通称谓语、敬语称谓语和最敬语称谓语。这三种称谓语根据他人地位和身份不同而使用。如遇地位高、年龄大的就用最敬语，地位和年龄相仿的就用普通敬语，地位比自己低和年龄比自己小的就用普通语。

岗堆村藏民一般认为，平时人与人之间交往时直呼姓名是不礼貌的。因此，总要在名字的前后加点什么，借以表示尊敬和亲切。如一般名字后面加个“啦”字，例如扎西啦、卓玛啦等等。大家都习惯把年龄比自己大的男性称“阿古啦”（大叔），把年龄与自己相近的男性叫“阿久”或“久啦”（阿哥），一般把女性称“阿佳啦”（阿姐），把男性少年叫“波”，女性叫“波姆”。对亲属的称呼也比较简单。祖父和外祖父均称为“波啦”（爷爷），祖母和外祖母称为“莫啦”（奶奶），父亲和岳父都叫“爸啦”（父亲），母亲和岳母都叫“阿妈啦”（母亲）；其他凡属父亲的男性亲属统称为“阿吉啦”（叔叔），女性均称为“阿尼啦”（姑姑），对母亲的男性亲属一律叫“阿乡啦”（舅舅），女性则一律称“索姆”或“卓姆”（姨妈）。

藏族人民常言道“茶无盐不香，话无谙不美”。在岗堆村农牧民群众中，谚语是“流行语”，无论是相互交流生产、生活经验，还是聊天、娱乐、讲道理等都会用到谚语来阐述和表现自己的立场、决定、爱情观、生活背景、生产经验和民间风俗。这体现了岗堆村人无拘无束、正直、勤劳、勇敢的个性以及浓郁的民族生活气息和丰富而又别具一格的文化气息。如时令谚语“田要适时播种，牛要冬季喂养”反映了岗堆村藏民在长期生产中积累的经验；生活谚语“自小父母养大，父母恩重如山；儿女已经自立，当报父母之恩”表明了岗堆村村民尊崇孝道的养老观；讽世谚语“聪明人努力追求知识，傻瓜有了知识还要扔掉”反映了村民崇尚知识的价值观。警世谚语“儿时不学本领，众人面前出丑；若能少时努力，哪有后悔之憾”折射出村民们鼓励真才实学的处世态度。

（四）岗堆村的节日文化及生产活动

1. 藏历新年

每年藏历正月初一是藏族人民的传统藏历新年，也是岗堆村藏族人民最隆重的节日。据简参介绍，藏历十二月初，人们便开始准备过年时吃、穿、用的东西。家家户户开始浸泡青稞或小麦种子，培育青苗。藏历初一那天，要将长了一二寸的青苗和其他装饰品一起摆于佛龛茶几之上，预示新年五谷丰登。从十二月中旬开始，每家每户都要准备五谷斗，山南藏语称“切玛”。卓玛端起村委会摆放着的“切玛”给我们看，“切玛”是用木板特制的一种长方形空盒，中间用木板隔开，长约40厘米，高约20厘米，宽18厘米左右，盒外板上刻有花、象牙、宝石、鸟类、月亮、星星和太阳等图案，盒内分为两部分：一边装满了酥油拌好的糌粑，另一边装满炒熟的麦粒，上面插有青稞、麦穗、鸡冠花和用酥油制作的彩花板，山南藏语称“孜卓”。卓玛说，藏历新年每家还要准备好一个羊头，山南藏语称“洛过”。所有这些摆设标志过去一年的收成，预祝在新的一年里风调雨顺，农牧业获得丰收。

其美老人告诉我们，按习俗，除夕的前两天，家家户户要对屋内屋外进行扫除，摆上新卡垫，贴上新年画，要在打扫干净的灶房正中墙上用干面粉画上“八个吉祥图画”，在房梁上也画很多的白粉点，表示人寿粮丰。二十九日晚上，也就是除夕，根据各家经济条件，在佛像前摆好各种食品、“切玛”、青稞酒，准备好节日新装。另外，各家要吃面团土巴，山南藏语称“古土”。在吃“古土”之前，要举行驱鬼仪式，全家人用手捏面团后，一面往自己身上碰一碰，一面用藏语说“带走邪气”，并把面团放进一个放鬼的破陶罐里。然后在放鬼的陶罐里放进一些新年用的食品和布匹等物品，扔到十字路口，家人在后面燃放鞭炮。赶走“鬼”后，全家围坐欢聚，吃“古土”。讲到这里，老人开怀一笑，神秘地告诉我们，这个土巴面团中包着各种东西，有石子、辣椒、木炭、羊毛等物，吃时看谁吃到什么东西有不同的含义。如吃到石子，表示这个人心肠硬；吃到木炭表示心黑；吃到辣椒表示话多嘴毒；吃到羊毛说明心肠软；吃到豌豆表示做人不踏实；吃到小麦表示待人热情；吃到盐巴表示懒惰；吃到酥油表示嘴甜。吃到这些东西的人，都要即席吐出，引起哄堂大笑，以助除夕之兴。除夕晚上，家庭主妇还要熬好放有红糖、碎奶渣、糌粑等的热青稞酒（山南藏语称“观颠”）和放有麦粒、羊头肉块、奶渣、人参果的“卓土”，初一早上让家人吃。

卓玛拉玛接着说，在岗堆村，大年初一的传统习惯是像她这样的家庭主妇首先起床，洗漱完毕，到河边或井里打新年的第一桶水，回屋唤醒一家人。全家人穿好新衣以后，按辈序排位坐定，主妇端来“切玛”（即五谷斗），每人都抓上几粒，向天上撒去，表示祭神，接着依次抓一点送进自己的嘴里，并互祝“扎西德勒”（吉祥如意的意思）。然后敬青稞酒，吃放有酥油、人参果拌煮的米饭、麦粒、羊头肉做成的“卓土”及热青稞酒“观颠”。初一早上县城及部分本村居民每家转着拜年，进门就说“扎西德勒”、“洛萨桑”（新年好），相互献“切玛”，敬酒，以祝贺新年。根据星旬，初一或初二的早上每家都要上自家的屋顶敬神，插换经幡。从初二开始走亲拜年，持续3至5天。过新年期间，人们喝青稞酒、酥油茶，互相祝酒，尽情欢乐。

2. 春播节

土地是农民赖以生存的根据，所以春耕对于常日里辛勤劳作的农民来说，是最为重要的一天。今天的西藏，大部分地区仍然保留着传统的二牛抬杠的耕作方式，历史悠久的春耕仪式已经将二牛抬杠这种古老的耕作技术普及到了西藏的每一个地方，一直延续至今。当春风吹满西藏时，雪域高原处处都是春耕开犁的繁忙景象。岗堆村的春耕仪式和西藏其他的农区是不太一样的，有些农区不用进行比赛，只有最原始的仪式，而岗堆村的春耕仪式在延续传统耕作模式的同时，还增加了许多竞赛的项目，为庄重的春耕仪式注入了很多欢声笑语。让装饰得非常漂亮的耕牛在田地间犁出一道痕迹，这个仪式是非常庄重的。

据村委会副主任巴桑介绍，在开春时，岗堆村的村民会按照当年的气候特点和藏历历算进行播种。由于岗堆村位于雅鲁藏布江沿岸，一般为藏历一月中旬开始播种。开播前，先要选个良辰吉日下地举行开播仪式。开春的第一天早上，村里的藏民要将备好煨桑的香柴、青稞酒和酥油拿到开耕的地方，做好开耕前的准备。

巴桑为我们播放了2009年岗堆村春播节的录像。年复一年的春播，是农民们精心播种希望和幸福的日子，在这个庄重的时刻，每一个参加春播仪式的农民都必须穿戴上最为隆重的服饰。十二点，加央曲扎穿上漂亮的新装，赶着威风凛凛的牦牛出发了。这是藏历年后他第一次盛装出门，也是一年当中着装最为隆重的一次。中午，盛大的春耕仪式在婉转的歌声和袅袅的桑烟中开始了，虔诚的、对土地无限崇敬的人们，用神圣的仪式企盼着一年的五谷丰登。人们烧香柴煨桑，将带来的酥油点祭在耕牛的双角上和抬扛中间。接着，主人给天、地、神和人敬青稞酒，最后给耕牛也灌一点酒，以祝新年生产顺利、庄稼丰收。仪式完毕，正式开始播种。岗堆村的大多数农户家采用撒播、点播、机播三种播种方式，但在春播节时也保持着用木具点播的形式。其方式是一个人用两头耕牛犁地，三个男人平整打土，四至六名妇女用木具（角棒）来点播青稞。点播的特点是保墒、均匀、便于收割等。

岗堆村还在春播节开展跑耕牛的娱乐性活动。备好的耕牛和犁具在男人们的带领下一字排开，膘肥体壮的耕牛兴奋地摇着清脆的铃铛，迫不及待地想奔跑在广阔的田野上，释放它们积攒了一年的力气。此起彼伏的吆喝声中，锋利的犁尖深深地插入了肥沃的土地，翻腾的泥土，耕牛激越地行进，播撒着岗堆村农民甜蜜和幸福的种子。跑耕牛的过程中，按规定大家身上要带着村委会规定的藏刀、牛鞭、骨朵（类似长柄锤的耕地工具）、喝酒的杯子、装糌粑的袋子等二十种工具，这些工具需要在家提前准备好。跑耕牛结束后，大家要围坐在一起展示自己的工具，每展示出一样得 5 分，满分为 100 分。如若忘带了某几样工具，或者在跑耕牛的过程中丢失了工具，则要受到惩罚，即少几样工具唱几首歌，而得到满分的人们则会受到村里的奖励。加央曲扎赶着自己家的耕牛，飞奔在田野上，他希望能用最快的速度来实现他今年获得第一的愿望。然而，想要在如此激烈的耕牛比赛中拿第一却不是一件容易的事情，参加比赛的人员除了要保证耕牛耕地的效率之外，还必须做到在比赛以后的工具检查中所带的工具齐备。加央曲扎担心的事情发生了，他的骨朵不见了，可能是在刚才的比赛中丢了，也可能他根本就忘了带出来。倒看录像，才发现加央曲扎的骨朵是在刚才的比赛中丢失了。看来，就因为这个小小的失误，加央曲扎想得到第一的心愿落空了。

春耕后的表演已经成为必不可少的项目。村里几乎所有的男女老少都会聚在村中空旷的场地庆祝他们一年快乐的开始。加央曲扎由于在耕牛比赛中丢掉了骨朵，因此被罚在大家面前唱歌。同加央曲扎一样，在紧张的比赛中经常会有选手丢掉东西。当然，也有恶作剧的村民，趁选手紧张故意偷走工具。无论如何，结果只是为了欢乐。欢乐就是这个节日唯一的主题，动听的歌声、奔放的舞蹈释放出农民们对新生活的无限向往。新的生活带来了无限生机，岗堆村的农民在自己的生产活动中，添置现代化的拖拉机。于是，春耕的仪式又多了一项拖拉机耕地的比赛。到了下午，春耕仪式的喜庆气氛丝毫没有减淡，热情、欢乐依然如故。

春播结束这一天，村里大多数农户会在土地中心立一个白石头，作为本户的土地神，周围撒些青稞或小麦，秋收时选个良辰吉日收割。

3. 望果节

西藏和平解放前，岗堆村里由寺庙或管家确定统一的收割、秋运时间。在秋收的最后一天，主人家要给干活的人供最好的青稞酒和甜面疙瘩，藏语称“粑子玛古”。收割完毕，人们带着浓浓的醉意欢乐而归。民主改革后，庄稼什么时候成熟就什么时候收割，不做统一的安排。哪家收割完毕，最后把一两束青稞捆立在运畜或运输机上，就表示这家当年的秋收顺利结束。但收割之前，仍然要在村里统一举行盛大的、欢庆丰收的望果节仪式。

岗堆村的望果节时间一般是在每年藏历六、七月间，具体日期随每年农事季节的变化而变化，一般是在青稞黄熟以后、开镰收割的前两三天举行。2011 年，岗堆村的望果节于藏历六月四日举行，而每年岗堆村的望果节都会连过七天。我们调研时距离岗堆村的望果节还有近 20 天的时间，由于调研时间有限，我们无法与岗堆村的藏民们共同欢度这一重要的节日了，但通过 2010 年岗堆村望果节的录像及巴桑的介绍，我们对这一节日有了详细的了解。

“望果”是藏语译音，意为“绕地头转圈”，藏语“望”指农日，“果”即转圈的意思，“望果”节可译为“在田地边上转圈的日子”①。节日的第一天早晨，岗堆村的村民们要手持麦穗围着农田转圈游行。转田之前，村民们还要先集中在寺庙前的香炉旁举行活动前的宗教仪式，包括转寺庙、煨桑（烧香）等。之后望果节转田祭神的队伍浩浩荡荡地出发了，人们摇动着手中的彩箭（用于招来吉祥，祈望福运降临）向村外走去。

岗堆村共有 310 户人家，每家虽然只抽出一人参加转田，但队伍看去就已经非常壮观了。人们一边走，一边不停地停下来高呼：“恰古修……央古修……”（即招财引福的意思）。转田是围绕全村田园转上一圈，转到每一块农田前都要煨桑烧香，举行祭祀活动。凡是转田队伍经过的地方，就必定是一片桑烟缭绕的景象，此时，不管是在田间劳动的还是正在做着其他事情的人，都会停下手中的活计，面对转田的队伍高喊：“恰古修……央古修……”似乎此时此刻，整个世界都沉浸在招财引福的喜庆气氛中。待到队伍回到了

① 参考百度百科。

出发地，举行最后的宗教仪式，为期一天的望果节才落下帷幕。

望果节的第二天，岗堆村村委会会请来拉萨和贡嘎县宣传队的演员们为村民表演藏族歌舞、藏戏、话剧等节目。村民们则会盛装聚集在村里的广场上观看。藏民们无论男女都穿着藏袍，男士们带着自己最好的金宝顶帽，女士们则戴上由金、银、铜制作的装饰和佩饰。第三天，村里会举行歌舞比赛，村里的五个村会通过初赛的形式选出优秀的节目，之后再进行激烈的决赛。最后评选出的集体第一名可以获得200元的奖励，第二名则可获得150元的奖励。个人第一、二名还分别可以获得20元和15元的奖励。第四天，村委会会从曲水县借来十五六匹马，召集全村村民到村里的平地上观看激烈、刺激的赛马比赛。村民们会根据选手们的技术而选择为他们中表现突出的人献上哈达，最后村委会会统计每位选手获得哈达的数目，以每获得一个哈达可兑换5元钱的形式给予奖励。第五天，村民们会带着青稞、糌粑、烙饼、瓜果去寺庙烧香、祈祷。第六天，村民们的活动会比较自由。这天，家家户户都要准备充足的酒食，穿上最漂亮的衣服，或者在广场四周的草场上野餐，或者在村子里邀集亲朋好友宴饮。青年男女喜欢在晚上围着篝火跳舞，对歌到深夜。最后一天，村委会会召开总结大会，安排下一步的生产工作。

4. **土地改良比赛**

为了使农田的产量提高，从1999年开始，岗堆村村委会每年都会在村里举行一次土地改良比赛。该比赛是村里考虑到大部分农户家除拥有一、二等土地外，还拥有质量较差的三等土地所举办的。由于三等土地大部分都处于闲置状态，村里便举办此项活动，旨在鼓励大家将雅鲁藏布江边江水退去后的肥沃土壤运回自家闲置的三等地里，改良土地质量，变荒地为良田。该项活动最初是由贡嘎县农牧局提出的，在岗堆镇政府的指导下，每个村的村委会主任在村内进行评比。比赛最终会按照规定时间内填加新土的厚度和质量进行评分，各村评出一、二、三等奖各一户。最后，村委会会组织全村召开表彰大会，并为获奖的家户颁发荣誉证书及奖品。

在2010年村里组织的土地改良比赛中，边巴家获得了全村第一名的好成绩。据边巴介绍，改良一亩土地，需要开着拖拉机去雅鲁藏布江边来回运七趟新土。参加比赛时，边巴马不停蹄地往自家的三等地里运回新土，又将新土翻整、填平，最终获得了比赛第一名的好成绩，得到了土地改良比赛一等奖的荣誉证书和一个电气锅作为奖励。

（五）岗堆村的生活习俗

敬献哈达是岗堆村内藏族民众最普遍的一种礼节，节庆、生育、婚丧、拜会尊长、朝拜佛像、送别远行、房屋上梁、竣工、搬迁新房等都有献哈达的习惯。献哈达是对人表示尊敬、诚心、忠诚的意思。藏族以为白色象征纯洁、吉利，所以哈达一般用白色的。我们在岗堆村入户进行访谈时，热情的村民都会为我们献上白色的哈达，同时说声“扎西德勒”表示祝福。在调研组离开岗堆村时，桑旦等村干部再次为每一位调研组成员献上了洁白的哈达，以示送别。当然也有五彩哈达，颜色为蓝、白、绿、红、黄，蓝色象征天空，白色象征白云，绿色象征江河，红色象征空间护法神，黄色象征大地。五彩哈达是岗堆村藏民献给菩萨和接亲时做彩箭用的，是最隆重的场合时用的礼物。哈达长短不一，长的3米左右，短的1至2米。

藏历新年时，岗堆村藏民家家户户都供“切玛”，人人都尝“切玛”，新房竣工、喜迎嘉宾、婚礼喜事也要尝“切玛”。如上文所提到的，“切玛”是一种特制的供敬献用的木盒。内装有炒麦粒、糖、酥油拌好的糌粑、人参果，上面插有麦穗、鸡冠花、酥油制作的彩花板孜卓，上系哈达。藏历新年和一些节日，当客人走进岗堆村藏民家中，或当贵客进入主人家中时，主人先要向客人献上“切玛”，客人须从盒中用手指捏出一点糌粑或麦粒，咏“扎西德勒沛松措，阿玛巴玛古康（木）桑”（吉祥如意，丰衣足食），先往空中轻撒一点（一点轻撒三下），然后往自己嘴里放进一点，说上几句预祝新春如意、身体健康等吉祥话语，然后入座、叙话、喝茶、喝酒。

逢年过节，甚至是日常，到岗堆村藏族家中做客，主人都要敬青稞酒，敬献客人时，客人先喝一口，由主人加满，再喝一口，再由主人加满，再喝一口，再由主人加满，最后客人一口喝干，这种叫做“三口一杯”，藏语称“松准夏打”，若客人不喝，主人就不高兴，或认为客人不懂礼貌，或认为客人瞧不起主人家。

喝茶是岗堆村的日常礼节，在岗堆村的调研过程中，每当入户访问时，热情好客的岗堆村藏民待我们进屋坐定后，都会为我们盛满酥油茶。酥油茶一般由主妇或子女来倒，喝酥油茶用茶碗。索朗次仁告诉我们，第一碗客人不必自行端喝，等主人捧到面前才接过去喝，此后，每次可由主人端喝，也可自行端喝，但每次不能喝干，离开时才能喝干，但最好留一点，这样才表示礼貌。

点香和煨桑是岗堆村藏民族最普遍的一种宗教祈愿礼俗。藏香藏语叫“焙”，岗堆村信教群众点香以敬佛，日常生活中点香以驱邪。“桑”是藏语的音译，是“祭祀火烟”的意思。岗堆村藏民在寺庙门前、山上、屋顶烧香灶，在祭日、各种仪式上用小杜鹃等枝叶煨烧，藏语称为“桑”。煨桑时，先将松柏枝在桑炉内点燃，再撒上青稞面、酥油和奶茶等物，香烟缭绕，庄严肃穆。这是藏族一个极古老而普通的习俗，后来被藏传佛教继承和保留下来，并将藏历四月十五日定为“世界烟祭节”一直沿袭到2000年底。岗堆村村民一般是农历初一、十五各煨一次，宗教节日、祭山神时都要煨桑，也有常年煨桑的，视个人情况而定。

逢年过节，岗堆村藏族群众要在屋顶、山顶、桥头、庙顶、树上、河边插风马幡。风马幡是用绸布做成的三角小旗，有的用长绳牵挂，旗色有蓝、白、红、绿、黄五种，分别象征着五行中的金、木、水、火、土，即蓝天、白云、红火、绿水、黄土。以求运气与福禄。屋顶风马幡杆由数米带枝的小树做成（藏语称“嘎玛查松”），幡旗悬挂时相互连接，长度达数米至数十米，幡随风飘扬，蔚为壮观，节日过后幡仍留其处。

岗堆村藏族全民虔信藏传佛教，所以出门行走，常常手持转经筒，藏语称“玛尼轮”。边走边摇，同时还要口诵六字真言，以示对佛祖的虔敬，以求佛祖的保佑和带来吉祥。藏传佛教认为，持颂六字真言越多，越表示对佛的虔诚，可得脱轮回之苦，每转动一次经筒就相当于念颂经文一次，表示反复念诵着成百倍千倍的六字真言。藏传佛教的顺序是从左向右，顺时针方向转动。随着转经筒的快速旋转，转经人认定，他的功德也在快速地积累。转经筒除手摇式的以外，还有一种是固定在寺院轮架上的。在岗堆村，村民们常去的是村内的“杰列森拉康”所设的转经筒处转经。村里很多藏族老人由于不用从事生产劳动而且对藏传佛教信仰虔诚，每天都会去三大寺院转经。

岗堆村村民认为出生地有土地神，逢年过节供香火以求助终生好运，免除灾病，遇到不幸，去出生地求拜土地神以驱除灾祸。遭水、雹、旱等灾害，请僧人念经，请巫师、巫婆跳神，打卦消灾。在大门上画半月形，中间画太阳，上端画火焰的图形，用以挡邪。在大门上和屋内门上、椽子上贴阎王像挡魔鬼、邪恶和祸害。过年或办喜事时，在大门前地上和屋内墙上甚至手上画宗教符号“卍”求吉祥。

在岗堆村，男孩出生后的第三天，女孩出生后的第四天举行诞生礼，藏语称之为“旁色”，“旁”是污浊的意思，“色”是清除。婴儿出生后马上包在准备好的布或羊羔皮内，然后烧香除污，让产妇喝完肉汤，孩子再吃“乌久”（母乳）。举行“旁色”这天，亲朋好友纷纷携带哈达、礼品、青稞酒、酥油、酥油茶前来祝贺，礼品一般是送给母亲和婴儿的，很少送给孩子的父亲，似为母系氏族的遗存习俗。客人进屋后，先给母亲和婴儿敬献哈达，在孩子的前额擦上一点酥油。给产妇进酒、倒酥油茶喝，然后端详初生婴儿，说些吉利、祝福的话。孩子满月后选择黄道吉日，举行出门仪式。出门这天先在婴儿的鼻尖擦点锅底黑灰，意思是孩子出门时不被魔鬼发现。生母抱着孩子出门后，顺时针围着自己的房子转一圈，然后按照孩子的诞辰和属相所决定的方向往前走几步，表示已经去了这个方向。接着便去寺庙祈求菩萨保佑新生儿长寿，在世上少受磨难。与此同时，婴儿的奶奶在家做“卡赛”（炸果子），做好后连同炒熟的青稞，用婴儿使用的碗称量，分给全村的孩子每人一碗，意思是希望新生儿像这些孩子一样健康成长。母亲带着婴儿朝佛完毕后就到亲朋好友家里串门，一般都是选择人口齐全、经济条件好的家庭，意思是祝愿孩子将来也要创造出这样的家庭来。婴儿可以出门后，便给孩子起名。取名是一件郑重的事。取名往往请喇嘛或有威望的长者。带孩子前去取名时，必须带上哈达和礼品，送给喇嘛和长者作为取名的酬谢。取的名字必与父母心愿符合，名字中往往带有很浓的宗教颜色，如：丹增（手持佛教）、拉姆（天女）、桑吉（佛陀）、贡曲（佛宝）、克珠（天神）、卓玛（度母）、强久（菩提）等。还有一些名字带有祝福的寓义，如扎西（吉祥）、次仁（长寿）、平措（圆满）等。有的名字是按照孩子出生时间来起的，如尼玛（星期天）、边巴（星期六）、达穷（年底）、朗嘎（30 日）、次杰（8 日）、次吉（1 日）等。也有的名字是按照父母的感受而起的，如果杰（我要的孩子）、桑珠（我的心愿实现了）、顿珠（目的达到）等。由于给孩子起名字都遵循一定的规则，因此，岗堆村里会出现很多村民同名的情况。

西藏和平解放以前，岗堆村的婚姻制度，大多是一夫一妻制，但还保留着一定的原始群婚制度，其表现为一妻多夫、一夫多妻和不定配偶。岗堆村藏族有血外婚的习惯，严禁父系和母系血统之间的恋爱、通婚，违者视为犬马，要受到道德的谴责和旧西藏法律的惩罚。但是，男子上门入赘，不受世人耻笑。而当时村里男人当僧人的甚多，男女比例失调，造成无配偶妇女过剩，存在着严重的未婚女有两三个小孩的情况。民主改革以前，岗堆村里年轻男女结婚时受经济条件和社会地位的影响，农牧奴和差民一般无所谓婚礼。只有约占人口百分之五的大户，才能举行婚礼。按传统风俗，如有媒人介绍或自已找到对象时，先请活佛或专事历算的人算命，如算卦的结果如意，男方或女方才能进行第二步求婚。求婚一方请亲友和媒人带聘酒、一条哈达和礼品到对方家（有男方向女方求婚的，也有女方向男方求婚的）正式求婚，若对方同意就将礼物收下，并回赠一条哈达给来人。求婚方取回对方生辰庚子，请喇嘛卜卦，看八字是否相合。如果八字合了，就选定吉祥的日子，送第二次聘酒，同时要送衣物首饰，并为对方佩戴玉（松耳石），举行订婚仪式，藏语称此为“隆呛”。姻亲已定之后，不出一年半载就要举行结婚大礼。一般人家将婚礼活动延续2至3天，领主或富有人家3至7天。成亲以后，亲家双方有的还要立“亲家文书”，书写两家要永远和善相待、夫妻权利和发家生子等规定以及吉祥话语。

旧的婚姻制度在民主改革以后已基本不复存在，村民们普遍接受了自由恋爱的观念。米玛次仁便是在岗堆村的谢竹林寺绘制壁画时与旦增曲珍相识的。旦增曲珍比米玛次仁小两岁，当时，她正在谢竹林寺打工，负责搬运石块。米玛次仁对旦增曲珍一见钟情，认为她是一个心地善良又能干的好姑娘。在米玛次仁的不断追求下，旦增曲珍在2005年与他结婚。与汉族不同的是，岗堆村的年轻男女既可以由男子把女子娶到家中，也可以是女子把男子“娶”到家中，称为男方“入赘”女方家。外村的男子可上门入赘到岗堆村，岗堆村的男子也可入赘到外村，这是非常普遍的一种状况，并不受耻笑。像扎桑、米玛次仁都是由外村入赘到岗堆村的，而白马群培的大儿子尼玛和二儿子旺堆则属于后一种情况。受旧婚姻制度的影响，岗堆村未婚先孕的情况也是非常普遍的，大多数夫妻都是先有了孩子之后，再登记结婚。像米玛次仁和旦增曲珍是2005年结婚的，而在2011年他们的儿子布琼已经九岁了。

如今，岗堆村青年男女的婚事，则通常是一方父母到另一方的家里，商定婚礼的日期、地点、人员等相关事宜。通常是由来的一方带礼品。关于结婚后的房子问题，双方父母也会事先商定，由父母共同出钱一起盖，或是先让子女与一方父母一起生活，婚后由父母照顾家里，夫妻二人共同出去打工赚钱。白马群培和巴桑乔布的大女儿白马央金，便是将丈夫布琼“娶”回家后一同住在父母家的，家里由父母照顾，白马央金负责务农，丈夫布琼负责在拉萨的建筑工地打工赚钱。

婚礼及相关事宜商定以后，嫁人的一方还要准备嫁妆，准备的嫁妆一般要视家庭条件而定。家庭条件一般的，父母一般只需为子女准备一些简单的嫁妆即可，包括结婚后所需的被子、衣服、暖瓶等。家庭条件比较好的，父母还会给子女一些钱，金额在一万元左右。拉巴在女儿出嫁时，就给了一万元钱作为陪嫁。按照岗堆村的传统，结婚当天要大摆筵席，招待前来庆贺的邻里乡亲。举办婚礼大都在村民家中，很少有去饭店举办的，但是要雇用一些服务人员、婚礼司仪、财务人员以及歌舞演员。新郎新娘每人都要做一两套藏装并购买汉族衣服若干件，藏装主要有氆氇的和丝绸的。迎娶的一方在婚礼前几天就准备好了米、菜、烟酒、冷饮以及新郎新年的服装等。婚礼当天，参照前来庆贺的人员数量确定要摆多少桌酒菜，通常饭菜既有藏族菜也有汉族菜。结婚第二天，回另一方家里也会办一场筵席，通常不如前一方办得隆重。

（六）岗堆村的宗教文化

在即将到达岗堆村的路上，便能感受到这是一个有着浓厚宗教氛围的村庄了。调研车驶过 101 省道旁，便能看到对面半山腰处巍然屹立着岗堆村的贡嘎曲德寺了。寺院金碧辉煌，远远望去有朝圣的感觉。车再向前行驶，便能看到贡嘎雪村贡日嘎布山顶上貌似“小型布达拉宫”的谢珠林寺，寺院在云雾缭绕中显得庄严而神圣，令人肃然起敬。司机永珠告诉我们，岗堆村里现有三座寺庙——曲德寺、森布日寺和谢珠林寺。曲德寺大经殿和森布日寺在“文化大革命”中作为县区库房或粮库保存下来，谢珠林寺则被毁坏。从 1982 年开始，谢珠林寺及宗教活动场所逐步得到修复，但寺庙仍无法恢复原来的规模和样式，只是修复了经堂和部分僧舍。

到达岗堆村后，调研组在巴桑和卓玛的带领下，先是乘车来到了日嘎布山顶上的谢珠林寺。山路为土石铺就，道路崎岖多弯道，我们在感叹幸好有专车搭乘的同时，也为前来朝拜的藏民的虔诚所触动，因为他们每次来朝拜不仅要步行上山，还要背着糌粑和酥油敬献。在车上，卓玛告诉我们，岗堆村全民信仰藏传佛教。藏传佛教于公元 7 世纪松赞干布建立吐蕃统一政权、创造藏文后，从内地和尼泊尔、印度地区正式传入吐蕃，遍及贡嘎县境内。

佛教传入吐蕃后，经过和苯教长时期斗争、融合，形成了宁玛（红教）、萨迦（花教）、噶举（白教）、格鲁（黄教）等各教派和许多分支派系。公元15世纪中叶，萨迦派传教大师多吉旦巴、贡嘎朗杰在现在的岗堆村修建了贡嘎曲德寺，传承萨迦派。公元17世纪初，第五世达赖喇嘛执政后，县境克西地方建立了第一个格鲁派寺庙苏若林寺，起名为“甘丹苏若林阿”，意为“黄教十三林寺庙之五”。与此同时，还在现在的岗堆村山坡上建立了黄教寺庙——谢珠林寺。

我们参观谢珠林寺时，寺院里正在进行大修，据寺院的僧侣介绍，由于此寺庙在“文化大革命”时期受到了严重破坏，原来的文物所剩无几。五世达赖喇嘛在修寺院时，曾保留了该寺原有的佛像、佛经和佛塔。另外，五世达赖还向该寺恩赐了在狂风暴雨来临之际能发出信号的屋脊宝瓶，并新铸造了菩提三轮主尊金铜像；该寺主圣为丰收能仁佛像，具有能言丰收能仁佛像之称；该寺的守护神为防盗火面具，据说此面具能防盗、防火，有盗火危险时能显示出各种征兆。七世达赖格桑加措时期为该寺恩赐了赤金铸造的药师八如来像，而且在拉萨创建了药师供施处。热振[①]摄政时期大规模地扩建维修该寺大殿，并增添了菩提三轮主尊及八大菩萨的铜像等。1986年，政府对该寺进行了全面维修。现在，该殿主体工程已经完工，大殿内部还在重建之中。大殿里，有几个年轻的画家在画壁画。

僧侣继续为我们介绍说，谢珠林寺有两件镇寺之宝，一为以宗喀巴大师亲手书写的经文纸条装裱的老唐卡，另一为吉祥天母人间化身的千年肉身像。唐卡的主尊是宗喀巴大师，其四周有长条、黑底金字的经文，正是宗喀巴大师亲手抄写的。有关吉祥天母人间化身的千年肉身像，还有着一个传说：约1045年，阿底峡尊者[②]从印度被迎请至西藏，在赴拉萨的途中，有一次，当尊者经过一条大河时，河对岸的一位少女遥见尊者，心生敬仰，即欢喜地把头上佩戴的饰物以及身上所有的金银装饰全都解下来，隔岸抛向尊者以行供养。回家后，当她的父母得知女儿的贵重饰物都供给了一位素不相识的僧人，气得把她毒打一顿，姑娘痛苦不堪，投河自尽，谁知河神又把她给托上了岸，

① 五世热振活佛强白益西·丹巴坚赞（1912—1944）于1934年起担任摄政近7年，由他主持，寻访到了十四世达赖喇嘛。

② 阿底峡Atisa（982—1054）古印度僧人、佛学家、藏传佛教噶当派祖师，阿底峡是古代西藏地区在朗达玛王灭法之后，复兴佛教的第一位重要人物。

乡人见其投水不死，以为是妖怪，最后把她封于石洞中用烟熏死。此时阿底峡尊者以神通显现出少女神识化为天母的情景，且随即作颂词赞叹少女以身命供养的功德，此时，人们才醒悟她是吉祥天母为护持西藏佛教而作的示现，遂把少女的肉身像建寺供养，留存至今。据称其后身像自然收缩至只有一肘高。此像在“文革”动乱中曾遭损坏，恢复宗教信仰自由后才得以重见天日，但因颈部关节曾经被毁而导致头部下垂歪斜，原来白色的皮肤变成深褐，所幸其余身体部分未遭破坏。肉身像大小如五六岁的女孩，呈度母坐姿坐在玻璃神龛里。我们在参观时依稀可以辨出其头发，但看不出其人形，可能是和历史年代比较久远有关，如果诚恳相求，寺僧一般会允许朝拜者进入护法殿朝拜。

谢珠林寺的住持阿旺群培告诉我们，该寺最重大的活动便是选举主管了，主管每五年选举一次，先是由境界较高的僧侣推荐候选人，再将几位候选人的名字写在纸上放入盛有糌粑的器皿里。七天后，由上一届的主管转动器皿，待三张纸条依次从器皿中掉落出来后，再由达赖喇嘛根据这三位候选人的能力和境界任命本届主管。可见，这一选举过程是将宿命和能力相结合在一起的。谢珠林寺重要定期佛事为藏历一月份举行神变供养及禁食斋，藏历二月份举行度母仪轨[①]，藏历三月份举行药师佛修供，藏历五月份举行修供仪轨，藏历六月份举行夏令安居仪轨，藏历九月份举行天降塔及应供喇嘛，藏历十月份举行燃灯节。

据我们的调查和统计，来谢珠林寺朝拜的岗堆村村民人数为每年藏历一月和四月最多。藏历一月是新年，藏民们都会到寺里祈求新的一年里风调雨顺，五谷丰登。藏历四月称“萨嘎达瓦节”（即氐宿月）。相传佛祖释迦牟尼于藏历铁猴年萨嘎达瓦月七日降生，木马年萨嘎达瓦月十五日成道；铁龙年萨嘎达瓦月十五日圆寂。故岗堆村藏民把此月视为佛祖降生、成道、圆寂三天的颂经节，并把此月视作有造化和吉祥的月份。萨嘎达瓦期间，转经活动最为壮观。从萨嘎达瓦的第一天开始，岗堆村里就出现了成群结队的转经人流。到藏历十五这天，转经达到高峰。这一天，村里藏族男女老少身着节日盛装，转经念佛。藏历四月是佛月，岗堆村所有藏族群众，在这个月中，都要朝佛念经，磕长头，禁止屠宰牲畜，积功德。

---

① 仪轨指记述仪式轨则之经典的通称。

岗堆村来谢珠林寺朝拜人数次多的月份则是藏历六月和九月。藏历六月四日称“竹巴次西”，又称转山会，是纪念释迦牟尼初转法轮说法布道的节日。这一天，佛祖释迦牟尼在婆罗奈城首先向他的五位弟子陈如、马胜、婆沙波、大名、跋提梨迦宜说自己获得彻悟的道理。他以浅显的语言、生动的比喻，向弟子们阐述人生的苦恼、无常、生死轮回的无穷无尽，分析人生之所以苦恼的原因，证实涅槃寂静境界的奥妙，并指出解脱轮回，永离苦海、通往涅槃彼岸的修行之路。这就是释迦牟尼成佛后，初轮法所讲授四谛之理（道谛、集谛、法谛、灭谛）。岗堆村藏民多于这天前往附近寺庙巡礼朝供、礼佛、进香、祈祷，所以又称为“六四转山节”。而据说藏历九月二十二日这一天是佛教创始人释迦牟尼在“忉利天宫”为他的母亲摩耶夫人说法教化以后，重返人间的日子，故称“天降”或“神降”，山南藏语“拉包堆钦意”。后来信徒们为了纪念这个日子，以及诚请释迦牟尼佛化身再临人世普度有情，于是每年“天降节”当天，谢珠林寺都要举行佛事活动，接迎佛祖重返人间，弘扬佛法，普度众生。而岗堆村藏民则朝佛、转经、燃香、祈祷、布施，到寺庙献供，以求护佑。

平日里，村民们来谢珠林寺朝拜的原因各不相同：老人祈祷后世比前世更好，求学者祈祷学业有成，更多的人祈祷平安健康。每当村民有红白喜事时，也会请谢珠林寺的僧侣去家中念经。村民们会根据自己的家庭经济状况给僧侣们数目不同的钱表示感谢。家庭富裕的村民会给到几百元，甚至上千元；普通家庭一般给几十元、上百元；而遇到贫困人家，僧侣则不会收钱。

谢珠林寺有一个附属的拉康①名曰“杰列森拉康”，位于山脚下的雪村居民区中，从进入岗堆村的主路往前走约一百米就可以看到一个燃着松柏枝的白色小佛塔，佛塔后边便是杰列森拉康了。这座拉康的位置虽不及谢珠林寺显眼，但走进寺院，祥和宁静的感觉仿佛让人立刻找到了心灵的归宿，也顿时让人肃然起敬。杰列森拉康的整体形状类似于一个二层的四合院，但藏式的二层阁楼更加别致；院中的古树长青不衰，盆中的花朵格外艳丽；大门旁和门廊里都有一排排的转经筒。我们入村随俗，跟着藏民们逐个转动经筒后，走进了寺院。进门后可以看到院落和主殿，主殿里飘着酥油的香味，耳畔不时传来僧侣们念

① “拉康”在藏语中意为规模较小的寺院，是寺庙的一种形式，通常的拉康都附属于一个较大的寺庙，但也有例外，如“雍布拉康”的“拉康”意为“神殿”。

经的声音，院子里聚集着岗堆村的老年人，他们经常会在这里喝着酥油茶聊天，手里还不停地摇转“玛尼轮”。妇女们则忙碌着准备僧侣们的茶点和晚饭。一位藏族妇女还热情地给我们盛来了自制的土豆、点心和酥油茶。

在寺院的北侧木椅上坐着一位老人，她身着洁净的藏袍，正在与妇女们交谈。卓玛告诉我们，那就是她的奶奶，76 岁的次仁央金老人。老人慈祥亲切，她告诉我们，寺里正在举行一年一度的玛尼丸大法会，大法会每年 7 月份都会在杰列森拉康召开一次。玛尼丸，又叫观音甘露丸，它是以燃灯佛舍利等五圣物、黄金等五宝石、青稞等五种子、牛油等五甘露、苦参等五药草及藏红花等五香，混以炒过的青稞粉及牛乳制为丸状而成。制造玛尼丸的人，必须是修行好的高僧和僧侣，并要每天持大乘八关斋戒，平常百姓不能参与制造过程。制造玛尼丸是藏传佛教格鲁派的传统，到现在为止从未中断过。玛尼丸造成小丸形状后，把它放入白棉布袋中滚动 2 ~ 4 天，让它们变得结实、干燥及光滑。这些小丸会被放入干净的瓷或银瓶中，顶上留五分之一空间，然后整个瓶被密封后放在殿中方丈桌前。寺僧轮班二十四小时不断持观音大明咒七天七夜（总集咒数不少于一亿遍），在此期间各人不可碰触瓶身，否则玛尼丸的力量会消失。加持期间，若修持及加持如法，瓶身会有热力及蒸气散发出来。一周后，若一切如法，在密封瓶中的小丸会增多，甚至多至掉在瓶外。寺里把制作后的大颗的母丸留下，把那些由母丸长出来的子丸送给村里的百姓，使之保佑每个善良的人。玛尼丸有神奇的力量，人和畜服用或佩戴玛尼丸，死后不堕地狱，并会得到观音的救助；而把玛尼丸放在死者口中，能净除其罪业，让死者即使在地府也不畏惧；放在家中，家宅即如同普陀一样洁净；放在山上，整座山的居民均会受到保护。所以玛尼丸作为神圣的物品，受到岗堆村藏民的珍惜，藏民们也非常体谅僧侣们的辛苦，所以尽可能做一些力所能及的事情，让僧侣们专心诵经，一起期盼功德圆满后的收获与喜悦。

次仁央金老人说，她在 20 岁时，由于家里经济困难曾出家去尼姑庵当了尼姑。她说，藏传佛教作为藏族人民的宗教信仰，地位崇高，藏族百姓总是把最珍贵的东西献给最尊贵的佛祖以求风调雨顺或万事大吉。由此从事宗教工作的活佛、喇嘛及僧尼也同样得到百姓的尊重，衣食无忧。在当尼姑的近三年时间里，她不仅学会了诵经，而且还亲身体会到了佛学的神秘与魅力，被其博大精深所感染，更加崇拜和信奉佛法。到 1959 年民主改革后，她向住持道别还俗。

岗堆村的另一座寺庙——贡嘎曲德寺则是在山南地区乃至整个西藏影响最大的一座寺庙了。据曲德寺的住持格桑群培介绍，曲德寺建成的时间甚至早于岗堆村。曲德寺建寺年代为1464年，在寺庙建成之前，已经有一户人家定居在今旧岗堆村所在地，但该户从何时何地迁至此不详，现在其遗址还在旧岗堆村。后来在贡嘎宗的支持下，曲德寺建成，寺庙的南部开始聚集越来越多的藏民在这里定居，村民们在这片土地上耕作，他们的后代也一直在这里繁衍经营，慢慢形成了如今的岗堆村。曲德寺由萨迦派高僧土敦·贡嘎南杰（1432—1496年）所建。贡嘎南杰为萨迦派重要高僧，自幼学习密法，以后又在萨迦寺东院学法，尊索南桑波为根本上师。1464年，年满33岁的贡嘎南杰赴前藏贡嘎地区，在岗堆建立多吉德寺，后亦称贡嘎曲德寺①，该寺很快成为明代前藏地区传播萨迦派密法的重要道场。到十三世达赖（1876—1933年）时扩修成现在的规模。整个建筑东西全长131.8米，南北全长91米，外有一周围墙。主体建筑为四层高的大殿和两层高的僧舍。大殿坐南朝北，东西长72.2米，南北宽30.9米。第一层中部主要处于地面以下，内砌有很多平面是矩形的厚石墙。大殿的第二层是大经堂和供佛殿。大经堂面阔七间，进深六间，四根6.5米高的大柱直通第三层，形成高侧天窗。第三层有三个佛堂及达赖的住室。第四层是僧房之类。大殿前边是两层高的僧舍楼房，东边僧房前后两层保存得完好无缺，僧房即是两根柱子之间的面积，前面有回廊。大经堂前为广场，两旁设有煨桑台。贡嘎曲德寺现有僧人六十多人，“文革”时由于该寺作仓库使用，故保存得比较完好，受损失较小。1996年，西藏自治区人民政府公布贡嘎曲德寺为西藏自治区文物保护单位。

曲德寺是萨迦派在西藏最著名的四大寺庙之一，是宗巴道果及二次第无边金刚法舞之地，也是《六部律教佛典释论》等宗巴独特教义之产生地。殿堂左右分别是曼堆·龙树嘉措所建的贡桑孜僧院，查钦·罗色嘉措所建的仁钦岗僧院，德顿·扎巴沃西建造的贡唐僧院和贡钦·才旺扎西所建的哲蚌僧院等。该寺正如先辈们所赞，称为“南赡部一殿”，在藏南地区没有比该寺更

---

① 关于贡噶曲德寺的创立，还有一个小的传说：贡噶朗杰有一天在贡噶宗府屋顶阅读“持金刚”典籍时，突然几页经书被风吹到空中，一直吹到现在贡噶曲德寺所在地，当时有一只乌鸦将几页经文保存了下来，他看到这种奇特的现象后，认为是佛菩萨的启示，于是决定在此地修建寺庙。

大并且拥有如此众多璀璨文物的佛殿[①]。寺院殿堂内保留有五百年前由西藏著名画家贡噶钦则大师亲自绘制的大量钦则画派壁画。寺内还藏有大修行者嘎亚达热圣者的头骨，大译师阿底峡尊者所加持的佛像和佛塔，元明时期的金粉卷轴唐卡画像、织布卷轴唐卡画像、铜制佛像和钦则画派卷轴唐卡画以及西藏和天竺众多高僧大德的造像约500多尊等珍贵佛教文物。此寺主供有宗喀巴师徒三尊，另有三世佛和八大弟子、白度母和无量寿佛等。寺内大殿及多处殿堂里都有钦则钦莫画师的画迹，但至2000年底保存状态最好的是二层一间秘密堂里的壁画。这间密宗殿堂的平面基本为方形，四壁绘满壁画，所绘内容均为密宗神祇，且大多为双身尊像，或多头多臂，或兽首人身，他们手持诸如骷髅项链、颅碗、金刚橛、金刚杵、金刚剑等密宗法器，身着用人皮或兽皮做成的服饰，怀抱明妃，跃然舞姿，背光多为燃烧着的红色火焰光环，画面热烈，富于动感，充满了神秘而又鲜活的生命力。

岗堆村的藏民虽然大多并不懂得宗教教义，但内心都充满了对藏传佛教虔诚的信仰。曲德寺的住持格桑群培便是如此。他从小在村里浓厚的宗教文化氛围中长大，小时候经常跟随家里人去曲德寺做礼拜，再加上自己的舅舅阿旺旦达当时是曲德寺的住持，格桑群培从小耳濡目染，对于佛教有着超过同龄孩子的理解，所以他决定剃发为僧。在接受了活佛大师江央落色桑布的灌顶、受比丘戒等仪式后，格桑群培先成为曲德寺的一名僧人，后被推举为寺庙的新一任住持，他带领众僧用创新的方式宣扬佛法，从此贡嘎曲德寺进入了一个新的发展阶段。他不仅去内地学习了汉语，还在全国各地广交朋友，为寺庙拉来了很多赞助，更资助了岗堆村教育事业发展和村庄建设。

格桑群培说，寺庙目前的收入主要有两部分。一是游客们来贡嘎曲德寺的门票收入，为20元/张。每年的夏天是游客来西藏的高峰季节，这段时间来曲德寺朝拜的海内外香客也络绎不绝，有专程来拜佛的，也有来欣赏曲德寺享誉盛名的壁画艺术的，在旅游旺季这些游客都能给寺庙带来不少的收入。二是寺庙围墙里面种的榆树。此榆树非常特殊，不同于我们常见的榆树，即便是在整个西藏，贡嘎曲德寺的榆树也是独一无二的。相传很久以前有个大活佛在此寺剃度出家，他的头发散落到了寺庙的四周，后来就变成了现在的

---

① 格桑群培，王丹炜．贡噶曲德寺的历史与壁画艺术法音［J］.2007（10）：50－52.

榆树。榆树的树皮是做藏香的主要原料，还可以做成呵嘎土，很多西藏的古建筑修复都要用到这里的榆树皮。由于此榆树皮质地优良，夯打出来的呵嘎土比水泥还硬，各种文物修复保护专家也经常光顾这里找寻这种榆树。除了这些收入来源，寺庙还在岗堆本地开了一家饭店和两个商店，由于日常事务过于繁忙，这几家店铺也都租给了别人。贡嘎曲德寺在拉萨还有分管的寺庙兼办事处木如寺，距今有一千多年历史，是在五世达赖洛桑嘉措执政时期划拨给贡嘎曲德寺管辖的。

曲德寺在一些特定的日子会举办以说法、供佛、施僧为主要内容的法会。法会逐渐形成了大型的宗教活动，并演变成为宗教节日。每年藏历元月十五，曲德寺便会举行盛大的“阿羌”活动。阿羌藏语意为“大鼓舞”，是具有浓厚宗教色彩的宗教舞蹈。它融合了喇嘛寺院的跳神舞蹈和民间的卓舞，逐步演变而成。一般遇有重大宗教节日就由寺院组织喇嘛跳“阿羌”。艺人都是喇嘛，身着僧侣服，肩背大鼓，手持鼓槌，边敲边跳，分段跳唱，每段舞蹈都有宗教情节。前来观看的岗堆村村民人数众多。

到西藏民主改革之前，藏传佛教在历代中央政府及西藏地方政府的大力支持下，不断在岗堆村得到发展，最终取得统治地位，在政治上形成完整的“政教合一”制度。寺庙成为三大领主之一，实际上控制了文化和社会。宗教作为一种意识形态，渗透到了岗堆村村民社会生活的各个角落，束缚了人们的精神世界，给社会道德、风尚、习俗带来重大的影响。宗教的传播，尤其是佛教在民众中的传播，是采用极其简化的方式，并联系群众衣食住行等日常活动来进行的。这就是宗教极其容易地普及到民间，深入到一切生活领域的原因。村里不少村民成天手不闲（摇转经筒）、口不住（念六字真言），成为普遍的生活习惯。在历史上，岗堆村内民众以宗教为根本，形成了一整套的人生观、社会观和道德规范，构成人们一种特殊的思想行为准则和社会风尚。民主改革之后，党贯彻了“宗教信仰自由”政策。1966 年“文化大革命”开始后，受“左”的错误思想影响，党的宗教政策受到严重的破坏，岗堆村里的寺庙曾被关闭，僧人回家参加劳动。中共十一届三中全会进行拨乱反正后，落实党的民族、宗教政策，村里寺庙和宗教场所得以修复并开放，藏传佛教再度在岗堆村兴起。而岗堆村村民对藏传佛教的信仰却悄然发生了变化。如今虽然在村民们对于佛教的信仰还是非常虔诚的，但不会像以前事无巨细都去请教活佛，大部分村民会发挥主观能动性，自己想办法解决。生病会到卫生所或医院治疗；考学更加依靠自己的努力；种庄稼寻求科学的农田改良方式。这些表明，绝大部分村民对藏传佛教逐步生发出一种理性化的倾向。

（七）岗堆村的文娱活动

1. 歌舞

有人说，西藏是“歌舞的海洋”，藏族舞蹈和藏族歌曲是孪生兄弟，歌与舞几乎不能分离，歌则必舞，舞中有歌。我们在岗堆村便真切地感受到了这一点。岗堆村的藏民们，不论男女老少，各个能歌善舞。

岗堆村的民歌内容非常丰富，大都是体现藏族劳动人民对整个社会的立场和态度，反映劳动人民对黑暗的不满与反抗，对新生活的渴望与歌颂。在传统民歌中，情歌占很大比重，情歌的主题主要是反映男女青年自由爱慕，争取婚姻自由和个性解放，反抗统治阶级的斗争，揭露封建农奴制度礼教对婚姻自由的羁勒的。西藏和平解放后，岗堆村产生了一种新颖而热烈、反映时代内容和风格的新民歌，新民歌以歌颂为主，用丰富而生动的语言、热烈而朴实的感情歌颂共产党毛主席和中国人民解放军，歌颂新社会和人民的幸福生活，歌颂平叛改革和社会主义改造所取得的伟大胜利。新民歌也开始运用了比喻、拟人、夸张等艺术手法，流传的主要有《家乡变换新颜》、《北斗星光辉照高原》、《犹如甘露滴心窝》、《唱不完心中的美意》等。

除了民歌以外，岗堆村还有生活歌、酒歌、对歌、劳动歌、果谐、仪式歌等广为流传。一般来说，这些歌谣的曲调大同小异。果谐、仪式歌“达通”是该村具有特色的歌舞，在表演形式上有自己的特点。一套完整的果谐，分为慢板和舞蹈（歌词相同），舞蹈开始前有对白，然后是歌尾，对白和歌尾的曲调、歌词、表演形式各不同。生活歌、情歌、对歌没有固定的演唱地点和时间。一般情况下都在劳动之余演唱，或者相爱的青年男女在幽静无人的地方演唱。

岗堆村的藏族舞蹈可以分为表演性舞蹈和自娱性舞蹈，表演性舞蹈有阿羌姆舞、昂强、卓舞、郭尔孜，自娱性舞蹈主要是果谐。表演性舞蹈中的阿羌姆舞和昂强又属于宗教舞蹈，由该村曲德寺的僧人表演。其中，数曲德寺的阿羌姆舞最有名，该舞已被申请为国家级非物质文化遗产名录项目。

藏语中“阿”指鼓，“羌姆”指舞，因此，阿羌姆舞用汉语翻译过来也叫“鼓舞”，是由岗堆村曲德寺僧人表演的一种舞蹈。阿羌姆舞具有5000多年的历史，于1464年由宗巴·贡嘎朗杰所开创。它具有独特的跳法，对演员的选择也有严格的要求，要选出体魄高大粗壮的年轻扎巴（僧人），这与表演时用的鼓和服饰有很大的关系。阿羌姆的鼓比寺院里念经时用的鼓大一倍，演员还要将鼓竖背在背上边敲边舞。不管此舞跳得气势有多么庞大，舞者姿势有多大方，多热情沸腾，它始终要按照其主奏曲“布加”节奏的速度变化而变化，也是阿羌的主导。在民主改革以前，每年藏历正月十五，该寺都要举行非常隆重的宗教仪式，前来观看的农牧民群众多达千人以上，在仪式上僧人们要跳阿羌姆舞给前来观看的人们。后来，该寺阿羌姆舞还要在自治区及地区重大节庆日上进行表演，人数达到二百多，当时在整个西藏影响非常之大，受到西藏地方政府的重视。特别是每年藏历二月份，该寺还要组织70到80人的阿羌姆舞队赴拉萨演出，同时在贡嘎机场迎中央等区外贵宾时，也常被邀请演出。1995年，曲德寺参加了布达拉宫维修落成典礼和西藏自治区成立三十周年大庆活动节目表演。

跳阿羌姆舞有着一种说法，就是跳此舞一方面可以预祝在新的一年里风调雨顺，阖家吉祥，另一方面可以预防和抵制各种天灾、人祸，最主要就是求平安幸福。据说，此舞不能随意跳，必须有一定知识内涵和精通经意的舞者按照寺庙的相关议程和前期的经意精神跳此舞，也不能模仿性地试图学习。

由于历史的原因，该寺阿羌姆舞曾濒临失传，20世纪80年代，在贡嘎县人民政府和县文化部门的高度重视下，才逐步得以恢复。目前，贡嘎县政府每年投入1万元，寺庙出资3万元，自治区非物质文化遗产投入项目经费2万元，用于阿羌姆舞服装道具的更新。通过山南地区非物质文化遗产保护工作领导小组和贡嘎县文广局的共同努力，阿羌姆舞获得了更进一步的发掘、抢救和继承，该舞也被申请为国家级非物质文化遗产名录项目。

果谐是藏语音译，“果”意为圆圈，“谐”意为舞。果谐是岗堆村村民们都非常喜爱的一种自娱性集体歌舞，不用乐器伴奏，拉手成圈，分班唱和，载歌载舞，顿地为节，连臂踏歌。在岗堆村长大的人，从小在果谐的歌声和舞步的熏陶下，人人都能跳果谐。一般在藏历新年、节日、众人相聚或欢度喜庆日子时，人们都会表演果谐。到了盛大的旺果节和春耕节，人们更是穿上盛装，到村里的广场或打麦场上，男女分组一唱一和，此起彼落，载歌载舞。

果谐对表演者没有特殊要求，一般来说，不管什么人，只要想唱歌跳舞，就可以自行加入舞场，没有什么严格的组织性。它的舞蹈结构和完整的表现形式大体是这样的：节日里，场地上摆着一缸青稞酒，人们围着酒缸拉圈起舞，男女各站一边，分班歌唱，从左到右沿圈踏步走动。当唱词告一段落之后，由“谐本”（歌舞队的组织者）带头发出“休休休休”的叫声，称为“谐个”，就是歌头。开头舞步以“休休休”或“次次次”的叫声，或一齐拉手叫“阿甲嘿！当下次仁，宋甲月拉”，和着节奏，踏地舞蹈。这种叫声有如汉语中喊“一、二、三、四，一齐跳”。“果谐”的跳法是重拍起步、三步一变、顿地为节；跳时膝盖到脚掌硬直落地，结实稳扎，节奏鲜明，以抒发集体的热烈情绪为其基本特征。春播节和望果节，岗堆村的村民都会集体跳起果谐，尽情沉浸在喜悦的气氛之中。

2. 巴拉秀

掷骰是岗堆村里大多数藏族人节假日及平常休闲时玩的一种古老而较为普遍的娱乐性比赛活动，藏语称“巴拉秀”。主要工具有一对骰子、一个掷骰圆形木碗、一个牛皮制成的圆形小垫子、54 至 60 个贝壳或白石头子、三种不同形状的 9 套手子等用具。一般 2 至 4 人，随地铺垫，席地而坐就可以玩，2 至 3 人玩时各掷各的，4 人玩时 2 人可结成一对，只用两种手子，比赛时谁将手中的子下放得多，对方手子被杀得多，合得快，走完石子，谁就算取胜。

玩掷骰有一种一成不变的规矩，那就是开始玩时，按上午大、下午小的顺序开始，也就是说如果上午开始玩时由年龄大的开头，下午玩时必须由年龄小的开头，后轮流掷。

每逢过节、过年，或是休息的时候，村里三三两两的村民就会围坐在一起兴致勃勃地玩儿“巴拉秀”。为了给我们讲解“巴拉秀”的玩法，拉巴叫来村主任巴桑带着我们一起玩了几局。村民们在玩儿“巴拉秀”时，为了增强游戏的娱乐性还采取奖惩措施，输家需要付给赢家几块钱至十几块钱不等，根据输赢的情况而定。拉巴说玩儿“巴拉秀”输赢都要看运气，他有时赢有时输，但总体来说输的多一些，平均每月会输 300 元钱。不过，现在年龄大了，就图个开心，输点儿钱也还是愿意玩儿。

（八）岗堆村的民居风俗

民主改革之前，岗堆村内房舍多为土木结构，平顶挟窗。一般平民居住一层建筑，结构简单，土石围墙，架木方于上，覆以泥土。内室居人，外院围圈牲口。中等生活水平的人家建四层，用石头砌，墙上面用土坯垒，上层住人，下层作库室和圈牲口之用。

到了20世纪70年代，村内多数居民建起了土木结构的平房。20世纪80年代至90年代初，建石木结构两层楼房的越来越多，室内装饰也开始讲究，普通居民在住房的柱头、房梁上绘画以装饰，一般藏式房为四方形平顶，分内外两院，四室一厅或三室一厅，房屋朝阳，有阳台，开梯形落地式窗户，门窗及柱梁上有绘画，门窗仍用铁皮制作，并雕花以装饰和保护门窗。

20世纪90年代后期，村内部分条件较好的居民住房的外表造型采用藏式，用石头砌成，屋内装修全用汉式或藏汉结合方法，门窗等用铝合金、钢筋、水泥、石丝砖等现代材料。除此之外，村内藏族居民在房屋修建上仍沿袭传统习惯，建房时四角的墙上建比房墙高1米宽2米左右的三角形立墙和在房顶前立一个白色香炉。这种三角形墙藏语称之为“拉秀”（神住的地方），立的白色香炉做煨桑用。室内家具电器除主要用藏式立柜、方桌、雕画床外，新式的藏式组合柜、衣柜、写字台、沙发、席梦思床垫、电视机、洗衣机等现代家具电器也开始进入岗堆村的普通居民家。走进扎桑家的客厅，我们就看到了精美的藏式组合柜、沙发、茶几和电冰箱等现代家具及电器。

藏被是岗堆村藏族人民生活中不可缺少的物品，是传统性的家产，用羊毛织成。藏被一般分为4种规格，即两股线、三股线、四股线织成的和高级藏被。重量一般在五六公斤到十余公斤，最普通的也能使用8年左右，好的能使用30至40年。高级藏被的用料为纯细羊毛，特别柔软，保湿性很强。一般说来藏被编织方法独特，具有细洁、平整柔软、密度大、质地厚、经久耐用等特点。

过去岗堆村藏族家庭很少用椅凳，一般是用垫子。垫子每块长90厘米，宽40厘米，高30厘米，一般总是两块连在一起，既可铺平，又能折叠，也有四联的。面料采用金丝绒、牛皮、帆布或平布，内放獐子毛或山羊绒、羊毛、牛毛或青稞秸秆。用时为防潮，底下放木框架或其他东西。垫子之所以受村里藏族群众喜爱，是因其简便、实用，既是椅凳更是现代样式的“沙发”，还可以当床，舒适程度不逊于席梦思床垫。卡垫用羊毛织成，色泽鲜丽、图案多样，富丽唐皇，一般作为家里的装饰品。

岗堆村村民家中的藏式木器家具品种繁多，最具特点的是藏柜和藏桌。藏柜和藏桌造型独特，实用性强，而且均以雕刻和绘画做装饰。一般在框架部位，雕有玲珑精致的花卉、龙凤、虎、狮或回纹、竹节纹等图案。在平面部分，绘以花草、人物、禽兽，特别是象征吉祥长寿的图案，画面细腻，色彩鲜艳。

木碗是深受岗堆村藏族群众喜爱的生活用品。在卓玛家喝酥油茶时，我们用的便是木碗。木碗质地结实，不易破裂，光华、细致、美观、实用，不烫嘴，不变味，携带方便。有的还配上银盖或包上银皮，既美观、珍贵，又可饮酒。

酥油桶是岗堆村藏族家庭必备之物，每天都要使用。酥油桶分两种：一种是从牛奶中提取酥油的桶，藏语称“雪董”，这种桶较大，高约4尺，口径近1尺，简参家用的就是这种桶；另一种是家庭日用的酥油茶桶，藏语称“甲董”，这种桶较小，高2尺左右，直径约0.5尺，巴果家用的则是这种桶。有的酥油桶更小，只有1尺多高，适合出门携带。

岗堆村的部分村民家中，悬挂着唐卡。唐卡也叫唐嘎、唐喀，系藏文音译，是彩缎装裱后悬挂供奉的宗教卷轴画，在藏族文化中是一种独具特色的绘画艺术形式，题材内容涉及藏族的历史、政治、文化和社会生活等诸多领域。岗堆村的村民家中悬挂的唐卡分为印刷唐卡与绘制唐卡，这两种唐卡也是当地销售最多的唐卡种类。克热旺久为我们展示他家的唐卡，唐卡上端横轴有细绳便于悬挂，下轴两端饰有精美轴头，画面上覆有薄丝绢及双条彩带。克热旺久告诉我们，涉及佛教的唐卡画成装裱后，一般还要请喇嘛念经加持，并在背面盖上喇嘛的金汁或朱砂手印。唐卡具有鲜明的民族特点、浓郁的宗教色彩和独特的艺术风格，绘制极为复杂，用料极其考究，颜料全为天然矿植物原料，色泽艳丽，经久不退，具有浓郁的雪域风格。唐卡在内容上多为西藏宗教、历史、文化艺术和科学技术等，凝聚着藏族人民的信仰和智慧，记载着西藏的文明、历史和发展。岗堆村村民家中悬挂唐卡则寄托了该村村民对佛祖无可比拟的情感和对雪域家乡的无限热爱。

岗堆村村民家中也无处不表现着木雕艺术：藏式居民建筑装饰和日常器物装饰，如房屋的门楼、梁、柱、檐边的各式檐雕和屋内的藏桌、藏柜、神龛、器皿，都装饰有色彩艳丽、花纹复杂、带有藏传佛教或者吉祥八宝的图案等，各具特色。其题材广泛、内容丰富，人物、花卉、虫鱼、禽兽、花纹、图案等等，无所不包。诸如菩提翠竹、莲台金座、红莲怒放、吉祥八宝、龙凤呈祥、野云卷彩、白鹤寒松等，都是木雕艺人表现的传统主题。

壁画是岗堆村村民家中必不可少的艺术作品。与内地不同，岗堆村每家每户盖新房或者装修房子都需要请专业的画师来作画，因此走进每个村民家，都可以看到墙壁、天花板、橱柜和屋檐上面画满了各种各样的壁画。壁画多描绘的是宗教题材，描绘神灵和其他一些精灵、宗教故事等等。岗堆村目前的绘画艺人有米玛次仁、益西旺久、普布次仁等，他们不仅为村民的房屋内作装饰画，也为寺庙中作壁画。米玛次仁说，他带着徒弟们不仅为岗堆村的村民们作画，也一直在山南地区为各村新建房屋需要绘制壁画的村民们服务。他的收费标准根据壁画的复杂程度和房屋的大小而定。如果房主要求绘制的壁画较为简单，则米玛次仁收取的费用为每16平方米600元，如果壁画较为复杂，则为每16平方米800元，按照这个标准再乘以房屋的大小，就是整个房屋的绘画费用了。白马群培告诉我们，他家2010年请村里壁画师益西旺久来家里画壁画花共用去5500元，大致也是按照这个收费标准计算的。米玛次仁说他刚开始作画时速度比较慢，如在泽当给人家家里画壁画时，他和其他两三个人一起画要花一个月的时间。后来慢慢画熟练了，一个星期就能画完。

据米玛次仁介绍，完成壁画的程序分为三部分。第一步是准备工作。在绘制壁画之前，先要把作画的墙面准备好，在墙上刷一层淡红色的胶水，再根据墙壁的高低宽窄按比例留出作画的位置，画好壁画的四面边框。第二步是绘制壁画。先用炭条或铅笔勾勒出主要人物及与主要人物相联系的陪衬人物和云雾山水、楼台亭阁、飞禽走兽、花草树木，再用毛笔在草图上根据已确定的炭笔或铅笔线条来勾勒墨线。在线描的基础上再敷颜色，敷色的顺序是第一步染天空，第二步染地，第三步染云雾，第四步染主佛像头和背后的佛光，第五步染人物衣服的深色部分和其他景物的深色部分，第六步染人体的肉色和其他浅色部分。接着，要对画面的色彩团块进一步渲染加工，以丰富画面的色彩层次，加强艺术效果。然后，用彩色线条勾勒轮廓线和衣纹，以达到线描与色块和谐统一的效果。此外，金银粉的运用，是西藏壁画不可缺少的一部分。某些部位经金银粉一提，整铺壁画便显得雍容华贵，富丽堂皇。上完金后，需要用一种特制的笔将画面上用金用银的部位抹平打光。开眉眼是绘制一铺壁画的重要步骤，因为人物传神主要靠面部特别是眉眼，画好了就能生动感人，否则会平板乏味。第三个步骤是收尾工作，为保护壁画，最后还要在完成的壁画上刷上胶和清漆。

第二部分　农户

十二、各种农业专业户

（一）农田示范户边巴家

一到边巴家，我们就被边巴和他的妻子尼玛曲吉的热情所感染了。尼玛曲吉首先为我们献上了洁白的哈达，表达了对我们的特别欢迎，并希望我们以后还会经常到她家做客。采访过程中，尼玛曲吉不停地为我们倒酥油茶。临走时，边巴和尼玛曲吉还带着我们参观了他家的田地和蔬菜温室大棚。

1. 家庭情况介绍

边巴，男，1949 年出生，23 岁时和与自己同岁的尼玛曲吉结婚。尼玛曲吉也是岗堆村人，在岗堆村中心完小小学毕业后，被村里派去学习会计知识。回村后，曾在生产队当过两年会计。现在，她和边巴有四个儿子和三个女儿。大儿子扎西曲培 27 岁，和妻子达娃一起在家务农，他们有两个儿子——九岁的江白和四岁的达瓦罗布。二儿子达瓦 26 岁，是村里有名的羊倌儿。达瓦从 13 岁便开始放羊，当时他连学都不愿意上，每天就跟着村里一位叫普布扎西的老人放羊。妈妈尼玛曲吉曾把他背到学校让他去上学，他都不愿意在学校停留。他说自己的理想就是放羊，他也不打算结婚，只要能让他放羊他就很开心了。刚开始放羊时，达瓦只有自己家的十几只羊。后来，一直陪伴在达瓦身边的普布扎西觉得自己年龄大了，便把经常找自己放羊的村民介绍给了达瓦，使得达瓦放羊的数目一下增加到了 100 多只。渐渐地，随着达瓦年龄的增长和经验的增加，找达瓦放羊的人越来越多。现在，达瓦放羊的数目增加到了 600 多只，其中包括自己家的 100 多只。达瓦的弟弟普布次仁 22 岁，初中毕业后由于没有考上高中，便去拉萨某酒店当起了保安。当时酒店里经常打架闹事，家里人都觉得普布次仁在那儿工作很不安全，就让他去考军校。普布次仁当时各项条件都已达标，最终却因为名额的原因没有去成。现在，他在拉萨的一个建筑工地看管东西。小儿子布琼18岁，刚刚初中毕业参加了中考，成绩还没有出来。但据边巴介绍，布琼学习十分刻苦，成绩也一直很好。我们访谈时，看到房间的墙壁上还贴着布琼2009年参加学校科技竞赛获得一等奖的荣誉证书。大女儿拉巴33岁，现已嫁到浪卡子县，和丈夫罗布一起在家务农，他们现有两个女儿——九岁的达珍和两岁的尼玛卓嘎。二女儿米玛24岁，已嫁到曲水县桔村，一年前生下一对双胞胎女儿。小女儿益西卓嘎15岁，在贡嘎县实验中学上初中一年级。

边巴家有21亩土地，种有5亩小麦、13亩青稞，其余的是荒地。小麦和青稞都用于自家食用，青稞一般会磨成糌粑或酿成青稞酒。边巴家一周会酿一次青稞酒，通常14斤青稞可以酿出20斤青稞酒。他家的蔬菜温室大棚是2007年在县里领导和村干部的指导下自己修建的，建大棚的材料全部都由政府提供，技术也有专人指导。大棚占地面积约为30平方米，种有白菜、黄瓜、青椒、西红柿等蔬菜。蔬菜的种子由自家购买，边巴家第一次撒播的种子是由普布次仁从拉萨买了带回来的，当时买种子共花去70元钱。后来的蔬菜种子就由村里的转业军人拉巴去乃东县领取工资时，每次带六七元钱的回来。他家还有26棵苹果树和3棵桃树，果实都用于自家食用。

边巴家现有两头奶牛、两头牦牛、两头公牛、两头小牛、100多只羊和20只藏鸡。两头牦牛是前几天刚刚以4000元/头的价格购买的。家里原先就有两头牦牛，是于20年前分别花2000元和1300元够买的，除用于给自家耕地外，还租用给其他农户耕地。后来，两头牦牛年龄都大了，耕不动地了，便以10500元的价格卖出，买了这两头新的。家里其他的牛都是由边巴结婚时购买的一只母牛繁殖出来的。100多只羊中，大约有70只绵羊和30只山羊。20只藏鸡中，有公鸡5只，母鸡15只。母鸡每天共能下出7~8个鸡蛋，这些鸡蛋除自家食用外，每年还能卖出200个。

边巴家住着200平方米的砖瓦石房，分楼上、楼下两层。我们采访时所在的客厅里摆放着一台电视机、一个电冰箱、一部DVD和一个固定电话。电视机和DVD是2000年花1000多元钱购置的；电冰箱是在贡嘎县城花1600元钱新买的；固定电话是预存话费后移动公司给统一安装的。除此之外，边巴家还有一个于2001年花8000元购置的手扶拖拉机和2010年花13000元购置的双缸180拖拉机。

2. **家庭收支状况**

边巴家2010年的总收入为26730元。其中，达瓦给别人放羊，按每只羊每年的看管费用为15元计算，看管500只羊一年的收入为7500元。普布次仁在拉萨打工一个月的工资为1200元，一年的收入为14400元。家里的两头牦牛租用出去耕地，每天收入为50元，一年收入大约为4000元。出售鸡蛋的收入为200元。农业补贴为30元/亩，21亩共补贴630元。

他家2010年的总支出为10180元。其中，农业生产性支出为1000元，包括购买化肥和种子。交通费600元，主要是尼玛曲吉去拉萨看望儿子普布次仁以及外出给孩子们购买衣服、零食的花费。通信费为1600元，包括固定电话费600元和手机话费1000元。红白喜事支出为900元，包括给米玛的双胞胎女儿过生日花费100元，欢送村里的两个孩子去西藏班上学随礼200元，以及给村里结婚的三对新人随礼600元。购买衣服花费2200元，主要是过藏历新年和望果节时，尼玛曲吉给自己和儿子、女儿买新衣服花去了2000元；过六一儿童节时，给达珍和江白买童装花去200元。食品支出方面，由于家里平时吃糌粑多一些，蔬菜基本不用购买，每年又会杀一头牛和七只羊供自家食用，因此主要是买米、猪肉和零食的开销。购买米一年大约花费600元，买猪肉花费1000元，给布琼、益西卓嘎和达珍的零食费用分别为100元/月、60元/月和30元/月，即购买零食的花费一年为2280元。食品方面一年的花费共为3880元。

3. **勤劳善良的农田示范户**

在2010年村里组织的土地改良比赛中，边巴家获得了全村第一名的好成绩。土地改良比赛是村里为农户改良质量较差的三等土地所举办的。由于三等土地大部分都处于闲置状态，村里便举办此项活动，旨在鼓励大家将雅鲁藏布江边江水退去后的肥沃土壤运回自家闲置的三等地里，改善土地质量，变荒地为良田。比赛最终会按照规定时间内填加新土的厚度和质量进行评分，评出一、二、三等奖各一户。据边巴介绍，改良一亩土地，需要开着拖拉机来回去雅鲁藏布江边运七趟新土。参加比赛时，边巴马不停蹄地往自家的三等地里运回新土，又将新土翻整、填平，最终获得了比赛第一名的好成绩，得到了土地改良比赛一等奖的荣誉证书和一个电汽锅作为奖励。

其实，在没有参加土地改良比赛之前，边巴家就是村里公认的“农田示范户”。边巴一心就是种好自己家的农田，平时他哪儿也不去，就在自家的田地里松土、加土、浇水、加肥料，把自己家的土地管理得特别好，引来村里很多人效仿他、向他学习经验。边巴家里的两头牦牛也成了村民们眼中的“宝贝”，一年到头不断地会有村民到边巴家来，请边巴赶着他的两头牦牛去自家的地里耕田，并付给他 50 元/天的费用。

边巴家原本种有 36 棵苹果树，是 2004 年政府到村里统一发放树苗时领取的。当时，工作人员考察边巴家的土地时发现他家土地面积较大，并且土地管理得不错，便给了他家 36 棵树苗。边巴原本打算待到苹果树长大后将果实用于出售，但后来由于村里缺水，自家又没有资金购买抽水机，只能从雅鲁藏布江挑水来浇苹果树，最终有 10 棵苹果树枯死了。2006 年，边巴家终于攒够钱买了一台抽水机。又过了两年，村里家家户户都有了自来水，苹果树缺水的问题也就得到了解决。在边巴一家的辛勤努力下，剩余的 26 棵苹果树到 2008 年时都成功地结出果实，边巴此时却改变了原本想要出售苹果的想法，而是将苹果分给邻居和亲戚朋友共享。

此外，边巴家还有三棵桃树。这三棵桃树的来历十分特别：1998 年，普布次仁特地从拉萨买回三斤桃子给妈妈尼玛曲吉吃。桃子个儿大、肉甜，妈妈吃了特别开心。可是三斤桃子也就八个，妈妈吃完后就想，如果把桃核儿种下去能够长出桃树来，即使自己等不到吃桃子的那一天，儿子、孙子也能吃得到这又大又甜的桃子。于是，尼玛曲吉便试着把三棵桃核儿种在了地里。也许是尼玛曲吉用心的经营，也许是普布次仁的孝心感动了上天，三颗桃树全部成活，并且长得特别好，三年后尼玛曲吉就再次吃到了口味和当年一模一样的桃子。尼玛曲吉说到这里时非常高兴，她说自己后来还尝试把一粒苹果籽儿种在花盆里，也成活了，现在苹果树苗已经被移到了地里。

4. 未来的期望

边巴说，他和妻子就想着踏踏实实地把农田管理好，把自己家的地种好，让子孙们衣食无忧。说到农田管理的经验，边巴说也没有什么特别的，就是要勤劳，多去田间松土、翻土，适时填加新土和肥料，保证土壤的活力。他希望通过自己的努力，使自己家里剩余的荒地全部变成良田，也希望大家都一起努力，使村里的荒地全部都变为良田！

（二）渔民扎桑家

由于扎桑打鱼是晚出早归，我们去扎桑家时，他正在睡觉，为了不打扰他的正常休息，我们先邀请扎桑的妻子巴果接受我们的采访，巴果欣然地接受了。她特别热情，招呼我们进屋后，忙着给我们倒酥油茶。采访进行时，巴果还不停地想着给我们添茶倒水。后来扎桑醒了，他便来到客厅兴致勃勃地给我们讲起了他打鱼的经历。

1. 家庭基本情况

扎桑，男，1961 年出生，初中文化水平，1978 年毕业于贡嘎县中学，原为伦巴村人。初中毕业之后，扎桑先是在家务农两年，后来村里选拔赤脚医生时，扎桑由于是当时村里为数不多的初中毕业生，便被选拔到县卫生学校接受了三年的医务知识培训。结业后，扎桑拿着《基层医务人员工作证》回到村里，成了赤脚医生。1984 年，扎桑与巴果结婚，巴果比扎桑小 3 岁，是岗堆村人。结婚后又过了 10 年，扎桑随妻子来到岗堆村，以打鱼为生。扎桑夫妇现有两儿一女。大儿子益西 27 岁，2010 年和 26 岁的德吉结婚，现有一个 4 岁的女儿。益西夫妇于 2007 年开始在拉萨做生意，德吉开了一家缝纫店，负责缝制衣服，有时也会制作一些佛像带的布条进行出售。而益西则开了一家服装店，卖德吉缝纫店里缝制好的衣服，两个人一个做、一个卖，配合得十分默契。二儿子洛追 25 岁，2007 年开始在供电所做电工，和达瓦曲珍结婚后，现有一个两岁的儿子。扎桑的女儿白宗 21 岁，在家务农，丈夫普布扎西农忙时节和白宗一起忙农活儿，农闲时则外出打工建房。白宗和普布扎西现有一个 3 岁的儿子和一个 4 个月大的女儿。

扎桑家有 13 亩地，主要由巴果和白宗负责管理。其中有 7 亩地原本是巴果父母家的，还有 3 亩是承包的水浇地。13 亩地上一半种着小麦，一半种着青稞，主要用于自己家食用和喂牲畜。此外，还有零星的几分地种着油菜、萝卜、土豆等。扎桑家有一棵桃树，是 2004 年政府到村里发放树苗时栽的。当时扎桑家买了 4 棵桃树、4 棵苹果树，后来由于干旱，4 棵苹果树和 3 棵桃树都旱死了。

扎桑家现有 3 头奶牛、2 头公牛、3 头小牛和 12 只绵羊。奶牛主要用于繁衍后代和产奶，产的奶除部分用于早上喝外，其余的都由巴果用来做酥油供自家食用。据巴果介绍，她家三头奶牛两天产的牛奶可以做出1.5斤的酥油，到冬天奶牛产奶量最大的时候，可做出2斤酥油。扎桑家原本有五头公牛，都打算卖掉，不料其中有两头不慎丢失，损失了5000元。还有一头在2010年以2500元的价格卖出，剩余的两头公牛计划于2011年10月份卖掉，到时预计每头可以卖出3000元钱。三头小牛中，有一头是2010年出生的，还有两头是2011年出生的。

扎桑一家住着192平方米的砖瓦石房，房子是2005年盖的，当时盖房加装修共花去7万元钱。我们采访扎桑时所在的客厅布置得十分漂亮，打扫得也特别干净。房屋里摆放着一台电视机、一台影碟机、一对音箱、一部座机电话和一个电冰箱。电视和电冰箱是2010年10月份分别花2200元和2000元买的，影碟机和音响是大儿子益西买的，固定电话是预存话费后移动公司给统一安装的。除此之外，家里还有一台旧电视机、两辆自行车和一辆拖拉机。拖拉机是四年前购置的，家里原本有一辆旧的，卖了1000多元后，又花6000元买了这辆新的。

特别的是，扎桑家还有一只牛皮船，是扎桑买来牛皮自己制作的，用于去雅鲁藏布江打鱼使用，牛皮船每年都会更换新的。据扎桑介绍，牛皮船通常是用四张整牛皮缝制而成的，一只船可以承载七八个人。制作牛皮船的材料有木料、牛皮、绳子和藏油。木头主要选用韧性较好的树木做骨架，把经过浸泡后较软的四张牛皮缝合在一起，并将湿牛皮包在木骨架上绷好，用牛皮绳子捆紧、晒干、擦油定型就好了。完成后还要在牛皮缝合处擦抹大量的牛、羊油脂，这样做主要是起到密封和防止进水的作用。最后再配上一对桨，牛皮船就可以下水了。制作一只牛皮船需要两天的时间，每张牛皮花费200多元，请一个人来帮忙每天100元，再加上木料、绳子、藏油，成本大约为2000元。

2. 打鱼经历

扎桑原来生活的伦巴村是一个以渔业为主的村庄，大部分村民都以打鱼为生。扎桑耳濡目染，自然而然地掌握了一些打鱼的技巧和制作牛皮船的方法。随妻子来到岗堆村后，扎桑想到岗堆村也在雅鲁藏布江边上，江中富产拉萨鱼，自己又会做牛皮船，于是便有了打鱼为生的想法。

刚开始打鱼时，扎桑是早出晚归，但他后来逐渐发现，由于白天水温较高，鱼被网出来后特别容易死，而晚上水温低，鱼不容易死，于是扎桑便改为晚上打鱼。由于在藏族的习俗中，藏历四月不能杀生，只能吃素，因此除去藏历四月外，其他月份扎桑都会在夜里划着自己制作的牛皮船在雅鲁藏布江里打鱼。现在，扎桑和其他村的两个渔民一同结伴出江打鱼，每天晚上打七八个小时，每天能打到二三十斤拉萨鱼。据扎桑介绍，最大的拉萨鱼能有七八斤重，但只能是在藏历一二月份打得到，一般的拉萨鱼重量也就在两三斤。打到鱼后，扎桑通常是先把鱼网起来存放在江边比较隐蔽的地方，待两三天后再把网到的鱼集中在一起，租车运到拉萨卖给专门收鱼的人，一般一斤鱼能卖六七元钱，来回的运费为两百元。除去车费，一次下来能赚三四百元。

每年七八月份，是西藏的旅游旺季，会有很多外国人来西藏旅游，他们对乘坐牛皮船特别感兴趣，因此每到这一时期，拉萨的旅游公司都会联系到像扎桑这样会划牛皮船的渔民，让他们划着自己的牛皮船把前来西藏旅游的外国人从拉萨送到位于西藏山南地区扎囊县桑耶镇境内的桑耶寺。划牛皮船从拉萨到桑耶寺需要七天的时间，包括路途中停留欣赏沿途的风景。每天傍晚，扎桑则会把牛皮船停靠在江边，和外国旅客住在旅游公司提前准备好的帐篷里。一只牛皮船最多能够乘坐七到八人，除去扎桑和翻译，能够乘坐的游客也就是五六位。旅游公司付给扎桑的运费是 150 元/天，因此，每运一次游客到桑耶寺，扎桑则会有 1050 元的收入。

2009 年，扎桑还靠制作牛皮船做成了一笔小生意。当时，一位香港的老板来贡嘎县找会做牛皮船的渔民，在当地人的帮助下，他找到了扎桑，订制了 4 只能够乘坐一人的牛皮船和 30 只用于各个博物馆陈列、摆设的羊皮船（模型）。由于牛皮船的制作成本相对较高，乘坐一人的牛皮船需一张牛皮，因此香港老板付给扎桑制作牛皮船的费用是 1000 元/只，而羊皮船的制作成本极低，因此羊皮船付费为 50 元/只。本来香港老板答应扎桑以后每年都会来订制牛皮船和羊皮船，但 2010 年却没有任何消息。因此，到目前为至，扎桑只做了一笔这样的生意，收益约为 4500 元。

3. 家庭收支情况

扎桑家的收入来源主要是靠打鱼、做服装生意、在供电所工作，以及外出打工建房。2010 年扎桑靠打鱼获得的收入约为 15000 元，益西和德吉在拉萨开服装店和缝纫店的收入约为 10000 元，洛追在供电所一年的工资约为 5000 元，普布扎西外出打工建房的收入为 10000 元左右。2010 年扎桑家收入共计40000元。

扎桑家2010年的支出包括4700元的通信费，其中座机一年话费是700元，扎桑、益西、洛追、白宗一人一部手机，平均每人每年花费1000元话费。红白喜事花费700元，其中村里有三对新人结婚，每对随礼200元，另外，欢送村里孩子去西藏班上学花费100元。看病花费4000元，主要是巴果犯肠胃病在拉萨人民医院住院十几天的支出。买衣服大约花费8000元，即每个大人平均每人每年1000元。生产性支出大约1700元，其中购买农药、化肥花去500元，种田时雇用拖拉机和牦牛花费1200元（每天雇用拖拉机和牦牛的费用分别为100元和50元，播种3亩地需雇用两天，扎桑家13亩地大约需雇用8天）。交通费大约为4000元，其中雇用收割机和拖拉机把秸秆从农田运回家里喂牛用，一天需花费200元。巴果、扎桑、白宗每次去拉萨购物、看望益西和德吉花费交通费50元。食品方面支出较大，一年花费约为1.5万元。其中，家里买菜和肉平均每天花费15元；给白宗的孩子买零食平均每天花费5元；扎桑很喜欢喝酒，平均每天5瓶啤酒，每两天1瓶白酒，按照当地啤酒每瓶4元、白酒每瓶7元的价格，扎桑每年喝酒就会花去8000多元。2010年支出共计38100元。

4. **未来期望**

扎桑说，在雅鲁藏布江打鱼还是很辛苦的，每天晚上打鱼，白天睡觉，作息时间和家人都相反，也照顾不到妻子和孩子。并且打鱼还有一定的危险性，如果遇到暗礁，就会翻船。自己也曾经遇到过几次船碰暗礁，差点儿翻船的情况。好在自己比较有经验，都没有出事。但是现在年龄越来越大了，家里也攒了几万块钱，就希望以后和妻子巴果一起开个小商店，过上轻轻松松、安安稳稳的生活，这样也可以边照看孙子、孙女儿，边陪着妻子了。

（三）养鸡专业户普吉家

岗堆村村委会是我们每天调研生活的第一站，也是我们的根据地。我们每天先去那里，再根据自己负责的工作，分散做采访，中午回村委集体吃午饭，下午再各自出发，完成任务之后再聚集在这里。当天我跟村委领导咨询之后，发现我要找的养鸡大户就在村委会的隔壁。从村委会的墙边望过去，这是家格外漂亮、精美的二层小楼，充满吉祥的气氛；正房旁边的院子种满了开白色小花的土豆，北侧有一个网罩的隔断，想必就是我要找这家的关键原因：有藏白鸡。我和翻译迫不及待地过去敲门，结果没人响应，最后在巴桑主任的带领下拜访了普吉家。

一进去，笔者就惊呆了，院落是那么整洁亮丽。从一楼正门的两侧沿着墙角再到二楼台上摆满了盆栽，五颜六色的花儿夺目缤纷。尤其是正门旁的两盆植物，开满了粉色花朵，紧紧缠绕着支架，蜿蜒曲折爬上门梁，似乎在欢迎我们的到来。这时我在心里默默感叹，这家的女主人真了不得，肯定是位勤劳贤惠的妻子时。女主人出现了。她热情地将我们迎进屋，把我们带到二楼客厅做客。她很羞涩，话语不多，但能感觉出她的善良与好客，一进屋她就去别的房间拿来了几个精致的杯子，给我们倒甜茶，一杯接一杯。巴桑主任给她说明了情况之后，我们开始了今天的采访。

1. 家庭基本情况

普吉，藏族，1969 年出生，今年 42 岁，以养鸡专业户出名。她小学学历，结婚较早，丈夫叫次仁，1961 年出生，比她大 8 岁，为人很好，也非常能干。两个人结婚后有三个孩子，一儿两女。儿子叫索朗仁青，今年 26 岁，常年跟着父亲在外面工作，在家的时间比较少，基本两个月才能回来一次；大女儿叫卓玛次仁，15 岁，在贡嘎县中学读初一，成绩还算可以；小女儿益西参珍，11 岁，在岗堆中心小学读四年级，也非常乖巧。两个孩子平时都在学校寄宿，两个星期才回家一次，所以平时都是普吉一个人在家。有两条狗和几十只藏白鸡陪着她。她平时除了养这些鸡和狗，就是为家人织点氆氇或去寺里帮忙，做点力所能及的事情。

当我很好奇地问到你们家养殖了多少只鸡时，她摇着头告诉我们："现在大的小的加起来也只有 50 只白鸡，其中公鸡 11 个，母鸡 39 个。"那"养鸡大户"怎么得来的呢？我就更加好奇了，接着追问才知道这中间发生了那么多事情。

2. 养鸡经历

普吉家真正大规模养鸡是从 2004 年开始的。2004 年，藏区引进了大量的内地肉鸡种鸡，鼓励农民养鸡致富。她一看是好机会，就与家里人商量开了个养鸡场。第一次办养鸡场，她在村的北边租了间房子，约 300 平方米，每年租金为 3600 元，还购买了专门养鸡的架子，大概花费 2 万元钱。综合场子的容量，她一口气买了 3 万只小鸡，属于内地肉鸡，可由于种种原因，没有享受到国家的政策补贴，所以小鸡崽都是自己花钱买的，大概1万元。为了更好地经营养鸡场，当时还雇了两个人，一年支付工钱14400元。养鸡不同于养牛羊，养牛羊可以以青稞和小麦秸秆当做饲料，养鸡的饲料要花钱买，如玉米、小麦、咸鱼和豌豆，每天消耗大概800斤，一年下来饲料费大概花费7万元。所以，2004年办养鸡场的投入约12万元。普吉想既然钱已经砸进去了，就要好好干，她每天7点就起床，去养殖场检查小鸡的成长状况。9点给鸡喂早饭，早餐之后就把不卖的鸡放出来，让鸡晒太阳；午饭是下午3点，与早饭方法雷同；晚饭是19点。就这样每天喂养小鸡三次。至于防疫工作，她丝毫没有疏忽，她自己购买了消毒水，定期为养鸡场消毒。做好一切工作后，就等着小鸡快快长大，给她带来回报。其实肉鸡的成长速度是相当快的，一只肉鸡从小鸡崽到成年肉鸡只需短短4个月的时间，所以一年12个月，可以养殖三轮，理论上这个利润是相当可以的。据普吉透漏，她第一年的收入有25万元。减去之前的投入，那么2004年的毛利润达13万元。但好景不长，之后的两年，不知道是小鸡崽的问题，还是其他什么问题，那些鸡开始陆续地死亡，到2007年，实在没办法，把剩下的所有鸡处理了，自然养鸡场也就这样关门了。她感叹道："其实三年下来，我基本没赚到钱，反而赔了不少。我反思这次的失败，原因主要是很多内地的品种到我们这高原是无法适应的，就像人一样，内地人来到西藏会有高原反应，也许那些鸡也是吧。"

2008年，岗堆村掀起一股养藏白鸡热，这种鸡与西藏当地的藏鸡有点相似，只是羽毛是纯白色，有着红色的鸡冠，饲料好的话6个月之后就可以产蛋，产的蛋也类似藏鸡蛋，营养价值高且味道好，也能很好地适应高原生活。当时政府鼓励村民养白鸡，并提出一系列优惠政策，如一个鸡苗以1.5元的优惠价格卖给农民（原价是12.5元），并以一只鸡半斤饲料的量发放免费饲料，与鸡苗一起发放，还给养鸡户免费配送喂水和喂饲料的桶各一个，当鸡发病时县里免费诊断并配药等等，吸引了一大批人养白鸡。普吉一想，当初自己办养鸡场，也没有享受到什么优惠，既然这次成本这么低，就以尝试的态度申报了1000只。当时那些鸡都在村里的养鸡场养殖，每天要跑过去照料，一是可能有上次事情的阴影，二是觉得太累，普吉决定卖掉这些白鸡，她基本以15元一只的价格卖掉了大部分的白鸡，留下一部分，拿到自己家养殖，但后来还是死了一些，就只剩下现在的50只白鸡。她在房子的左侧搭了网，将大鸡和小鸡分开，大鸡就在一个30平方米的院子里养殖，小鸡在房子的右侧一个空房间里养殖。跟往常一样，普吉每天大早收拾这些场地，保持环境卫生，早中晚喂三次，主要以小麦为主，平时再喂些水，每天定时去捡蛋。她告诉我们："现在比以前轻松多了，因为现在养这些不是为了能有多少回报，而且数量又不大，主要是能给家里供应吃的鸡蛋就行，假如鸡蛋产量多点的话，再拿去卖点钱补充生活费。"

3. **家庭收支情况**

现在她们家的经济收入已不是以养鸡为主，主要是靠她先生和儿子在外面工作。她们家很早就不种地了，家里的2.75亩地转给了老乡，她先生就买了长安车跑运输，后来又买了一个可以运载5吨货物的大卡车。现在她先生和儿子常年在拉萨或那曲承包工程，还雇了几个工人和车，盖房和运输一起做，每年收入也有5万元左右。她们家又把家园前面的公建房出租出去，每年有2400元的收入，加上她零零散散地卖些鸡和鸡蛋的1000元收入，一年家庭总收入有5万多元。但支出也不少，因为她们家先生和儿子都在外地，所以每年的生活费也非常高，加上家这边的开支，每年买衣服、孩子上学、看病、交通、通信费等等加起来也得3万多元钱，所以一年下来也存不了多少钱。

之后我们参观了一下普吉家，普吉家住房面积有230平方米，加上院子可能有350平方米。房子的装修是传统与现代的完美结合。房子属砖瓦石房，房檐全部由藏族典型的吉祥图装饰，十分别致。主厅在二楼，客厅摆放着富有典型藏家风格的家具，沙发、茶几与柜子都是木制的，上面的图案色泽鲜亮、精美。屋内家电齐全，有两台电视、两个影碟机、一个组合音响、两个电冰箱、一台洗衣机、一个照相机和两部手机等。尤其意外的是家里的卫生间，与城里没有区别，是我在村里见过条件最好的卫生间。院子前端还设置了两个车棚，刚好满足家里两个大车的车位需要。在普吉的介绍下，我们知道了房子是前几年她先生和儿子亲自设计施工建的，毕竟他们在外面工作了这么多年，也见了不少世面，尤其在盖房方面积累了不少经验，所以比别的家好一些。

关于对未来的打算，普吉没有讲多少，但我们相信只要勤劳的普吉在，她们家就会井井有条，相信以后她的两个女儿也会传承妈妈的这些优良作风，也会是非常朴实贤惠的女子。最后，希望普吉一家生活和和美美、越来越好。

（四）养牦牛户简参家

一提到牦牛，大家就知道这是只有藏区高原才有的畜牧品种，但我们在调查过程中发现，岗堆村养殖牦牛的家庭非常少，简参家是目前村里唯一一个仍在坚持传统牧业的家庭。就因为这样，简参家与坐落在交通便利的省道旁边的其他农户不同，独自生活在偏远的南山脚下。2011 年 7 月 12 日上午，村委的车刚好要去南山那边的苜蓿地，所以在巴桑主任的带领下我们一同上了车。经过十几分钟的颠簸，轧过小溪，车终于开到了一片开满黄花的苜蓿地，有几个村民正在除草，远处次仁多吉先生看到我们，急忙挥手与我们打招呼。下车之后，巴桑副主任指着南面山的半山腰的一座建筑，介绍说那里是村里唯一的尼姑庵唯色林寺，寺庙的左前方有一户人家，就是我们今天要去的养牦牛户简参家。

1. 家院环境

我们沿着已经枯竭的河滩，踩着鹅卵石，渐渐走近简参家。简参家的围墙由石头垒叠而成，石头上面放置了诸多干柴，院旁有一处草地，已被铁丝网圈了起来，想必是为防盗所制。简参家的房子周围种植了很多杨树，还有一棵年老的桃树。正惊叹着原来西藏的桃树都与内地的不一样，我们已来到了简参家门口。第一个映入眼帘的就是家门前的一条黑狗，见到我们几个陌生人，那狗就狠劲地叫，屋里急急忙忙出来一位大叔给我们挡狗，那就是我们今天要采访的主人翁简参。他推开了一个有暗扣的简易木门后带我们进院，结果院墙角落又蹲着一只小狗，这狗非常漂亮，几乎全身纯黑，只有胸前一道白色。巴桑主任告诉我，这是纯种藏獒。我这才明白为什么这么小的狗还用铁链拴着，并且旁边放了一个那么大的食桶。给狗拍照之后，映入眼帘的是简参家的羊圈，羊圈大概 150 平方米大，用石头砌成，墙壁上贴满了正在暴晒的牛粪，羊圈的门梁上放置着三只带有长角的公羊颅骨，作为辟邪之用。由于简参家的羊已送到村里统一养羊的牧羊人那里，所以闲置的羊圈里圈养着几头牛，母牛为他们家提供每天所需的酥油和奶渣，公牛是为了配种，而牦牛都被赶到山上放牧去了，他儿子和儿媳已经去了有一个多月了。参观完简参家的牛，就随他到了一楼客厅开始了今天的采访。

2. **家庭基本情况**

简参，男，藏族，1944 年出生在岗堆雪村（现在名为岗堆村）一个农民家庭。他是八个兄弟姐妹中的老大，当时家里条件算中等，有 16 亩地。他从来没有上过学，20 岁结婚之后有了六个孩子，两个儿子和四个女儿。大儿子叫普布次仁，现年 40 岁，是地道的农民，现住在岗堆镇托嘎村；四个女儿都已长大嫁人，有了自己的家庭；唯有小儿子巴桑与简参一起生活，并且继承了父亲的传统牧牦牛的工作。小儿子巴桑结婚后有了两个孩子，也就是简参的孙子孙女。孙子扎西次仁，今年 14 岁，现在贡嘎县实验中学读初中二年级；孙女边巴苍决，今年 10 岁，在岗堆中心小学读四年级。两个孩子都非常乖巧孝顺，他们平时都寄宿学校，半个月回家一次，一回家还帮爷爷干活，所以简参非常喜爱自己的孙子孙女。

3. **养殖经历**

简参家是从 20 世纪 60 年代开始养牦牛的。土地改革之后，公社小组为了补偿他两个孩子的土地，给他们家分了 32 头牦牛，之后简参家就一直保留着养牦牛的传统。由于简参已经年迈，儿子巴桑和儿媳接替了他的工作。他们家目前总共有 91 头牦牛，其中大牛有 80 头，新生牛犊 11 头，基本实行常年在外放养的模式饲养。目前岗堆村的草场都是开放式的，所以放牧不受什么限制。他们一般有夏季和冬季两个牧场。每年 6 月份到 10 月底，他儿子和儿媳就把牦牛赶到夏季草场吃新鲜嫩草，他们每隔一周回来取干粮如糌粑、奶渣，来回都是步行，有时需要的东西多，就牵头牦牛回来驮东西。11 月份，再把牦牛赶到离家近点的冬季牧场，每周去看看它们的动态，假如下大雪就再把它们赶到山上的大牛棚，大概 450 平方米，躲避那可怕的白灾。

除此之外，每年七月份，还要给牦牛剪毛。一般一个牦牛身上可以出一斤左右的牦牛毛和绒，拿回来就在家做纺织，如牦牛垫子、毯子、拴牛的绳子、赶牛的鞭子、搭毡房的布和牦牛身上的一些装饰物。他给我们展示了自己做的绳子、垫子等，都非常漂亮，且告诉我们这些牦牛绒制成品非常结实，又防潮，是他生活中的必需品。牦牛的防疫工作是由村里的兽医完成的。兽医在每年的春季 2 月份和秋季 10 月份去给每个牦牛接种防疫疫苗，防止口蹄疫和其他一些病，疫苗也不用花钱，是政府免费提供的。

牦牛像黄牛一样，从出生到长成需要 3～4 年的时间，但与一般奶牛不同的是，两年才生一次小牦牛，而且生小公牛的概率高，所以在牦牛群中，一般都是公牦牛数量大于母牦牛数量，大概是5∶3的比例。因为公的多，所以出售时，以公牦牛为主，母牦牛则被留下来继续繁殖。

4. 家庭收支状况

除了放养的牦牛，简参家里还养殖了很多别的牲畜。比如有花白奶牛4头，牛犊1头，公牛3头，夏天偶尔到隔壁山上放牧，但大多时间都在家舍饲养，每天能吃100斤的饲料；羊36只，其中山羊16只，绵羊20只，村里统一放养，每只羊每年交15元的费用。除此之外，还有16只能下蛋的白鸡。由于简参家以畜牧为主，所以家里的8亩田现在除了种植青稞、小麦外还种植玉米，但玉米地是今年刚开始种的试验田，因为不知道这个品种适不适合当地环境，所以种植面积很小，只有0.7亩。如果种好了可以减轻简参家每年牛羊饲料不够的压力，减少从外面购买的数量。简参家每年因为饲料不够，需购买至少50袋饲料，一袋大约60~70斤。

如果按去年的市场价值计算，简参家所有牲畜和农产品大概值467535元，但他认为，无论是农业还是牧业，都具有相当大的风险，一个冰雹，可能使种植的青稞、小麦颗粒无收；一场大雪，可能会损失好几头甚至几十头牦牛。2010年，简参家没有卖任何牲畜，所以只有种植业的收入近16000元和低保150元。而总支出远远超过了收入，去年盖房花了11万，加上买饲料和其他生产性支出4860元、食物支出5000元、买衣服做衣服5000元、看病1300元、孙子的生活费2000元加上通信费720元，总计128880元。

5. 生活作息

自儿子接了他的活之后，简参老人每天就在家经营牲畜和磨房。他每天早上7点起床，先去羊圈检查牛，并打扫羊圈，把牛粪打到墙上，好晒干了冬天烧，之后喂牛、鸡和狗，再回屋做饭。早上他一般喝点酥油茶，吃点糌粑，就去磨房磨糌粑，磨房还是水力的磨房；午饭有时就在磨房解决了，但经常还是回家吃的，因为牲畜还等着他喂养。家里平时也会从外面买米、蔬菜（白菜、土豆、白萝卜和青椒）和猪肉，因为牙口不太好，中午做些软的稀的吃，下午再去磨房工作。

6. 住宅格局

之后，我们参观了一下简参家的房子。房子上下两层，总面积达384平方米，具有非常典型的藏家特点，房梁以藏木支起，房檐勾勒着精美的藏族图文，墙壁以石头水泥和土建构，屋内装修非常简易。一楼正门门口处墙壁上挂着一个特大的公牦牛头颅，从牦牛角处缠绕着洁白的哈达，非常壮观；门旁有一个银色的大桶，上面写着“金牛王不锈钢牛奶分离器”，是每天打酥油的机器；一楼客厅，简单摆设了日常生活用的家具、一台电视、一个影碟机、一个红色冰箱和电话，光线比较暗。二楼装修比较现代，铝合金的大窗、水泥地面与藏式精美的壁画结合，显得大气又漂亮。二楼一间房内悬挂着老人用牦牛绒做的十几米长的黑色织物，据说是放牧时搭毡房用的纺织品。沿着楼梯上到房顶，可以看见周边的所有美景。不远处的尼姑庵庄严肃立在那山脚下，远处的山和苜蓿地连成一片，美不胜收。

7. 未来的期望

最后简参告诉我们，现在家里一切都挺好，就是他的身体不是很好。2010 年，出现了气管炎症状，看病吃药花了大概 1300 元。简参在 1973 年生过一场大病，被诊断出胃和肾都有问题，他就去拉萨人民医院住院治疗 8 个月，之后又去住了 3 个月，病才痊愈。他夸赞当时国家政策好，医疗费、住院费全免。1995 年时，简参又被查出阑尾炎，要求做手术，他觉得切除阑尾是很平常的小手术，所以就去贡嘎县医院做，结果主刀医生失手，误将他的肠子划破。所以请山南地区医院专家来重新给他做手术，又住院 3 个月，总共花费 9700 元。之后身体一直比较硬朗，结果这两年又出现问题。这也是目前他们家最担忧的事情，所以他说以后一定得好好注意身体。我想这也是他孩子们的希望，也是我们的希望。希望简参家的牦牛越来越多，生活越来越好。

十三、以商业和手工业为主业的家庭

（一）菜店女老板万昭芬家

岗堆村是个以种植青稞和冬小麦等农作物为主的半农半牧的村落，少数村民家的田地会用来种植马铃薯、胡萝卜、油菜等，个别村户会在自家的院落里侍弄一个小型的温室大棚，使得村民们在冬天也能吃到自家种植的蔬菜。对于大多数村民来说，自家种植的蔬菜通常难以满足其日常生活所需，平时，村民们若想要吃到新鲜的蔬菜只能到商店购买，村民万昭芬家的蔬菜店作为本村唯一的一家蔬菜店，为村民提供了很多便利，也因其所售蔬菜价格公道、质量较好而得到村民的喜爱。据调查，岗堆村村民日常吃到的蔬菜至少有半成是在万昭芬家的蔬菜店购买的。

1. 家庭基本情况

万昭芬，女，汉族，现年44岁，祖籍四川。万昭芬家是岗堆村为数不多的汉族家庭之一，夫妻二人与长子于2008年来到岗堆村居住。提起早年持家的情况，万昭芬有许多感慨。万昭芬家原来是在四川的农村，生活一直不是很富裕，七八年前开始在老家以卖菜为生，由于当地种植蔬菜的人比较多，因此既辛苦，收入又少。恰逢当时大儿子辍学出去学手艺，不小心摔断了腿，为了避免孩子留下残疾，夫妻二人花费了上万元。值得庆幸的是，孩子身体没有留下什么残疾。欣慰之余，夫妻二人又不禁有些发愁，儿子的医药费几乎花掉了这个本不富裕的家庭的大部分积蓄。为了能赚得多一些，夫妻二人在一个老乡的建议下决定承包土地种植蘑菇，结果因不懂得种植技术，再加上不了解市场行情，当年基本上没有赚到钱。后来在其他老乡的建议下，夫妻二人决定和老乡一起来西藏做生意，在当地村民和老乡的帮助下开办了现在的蔬菜店。万昭芬在老家还有一个8岁的上小学的小儿子，由爷爷奶奶抚养。提起孩子，万昭芬整个人都开心了一些，她说孩子很聪明、伶俐，很受亲戚朋友的喜爱，曾经有一个朋友见她家庭条件非常困难，想领养孩子。一想到儿子如果被领养，那么就要到遥远的山东去生活，母子很可能再也见不了面，她咬咬牙拒绝了，她说再难都要自己把孩子养大，不让孩子缺少亲生父母的疼爱。

来到岗堆村后，生意比以前要好了许多，平时夫妻二人都节衣缩食，日子现在已经有了较大的起色，手里也略有一部分积蓄。尽管这样，生活还是不算太富裕。万昭芬家现在的房子是向藏族村民租住的，房子一共有两间，其中一间是夫妻及长子三人居住的，另一间就是蔬菜门市。进入他们居住的那间房屋，我们都不禁有些恻然。屋子门口并排放着平时做饭的两个煤气炉，屋内靠里的位置摆放着一张老乡送的双人床，另外，靠近门口的地方摆着一张单人床，是刚来到岗堆村的时候花18元钱从老乡那里买来给儿子用的，两张床之间用帘子隔开，这就是这个三口之家现在居住的地方。万昭芬说她已经很满足了，村民、老乡都帮了她很多，她相信生活会慢慢改善的。

万昭芬一家和房东的关系很好，如果有多余的蔬菜，万昭芬也会不时地送一些给房东。有的时候，如果有个别村民在买菜的时候过于斤斤计较，房东还会出面帮助她讲道理。对于其他村民也同样如此，周围的小孩都愿意到她家里来玩，这对于思念孩子的万昭芬来说也是一种安慰，她会热情地招待孩子们，偶尔还会切个西瓜和村民们一起品尝。因此，村民们闲暇的时候也很喜欢来她家做客，万昭芬家以实际行动显示了友好、热情，也因此得到了村民们的喜爱。

2. 万昭芬家的蔬菜店

现在的岗堆村是由原岗堆村与原雪村合并而成的。万昭芬家的蔬菜店位于原岗堆村村口，距离雪村略微远一些。店里主要出售蔬菜、鸡蛋及少量的烹调调料。家里现在有一辆旧面包车及一辆摩托车。平时夫妻及儿子三人各司其职，万昭芬负责在店里照看，丈夫负责开着面包车进货及到其他相邻村庄卖菜，而儿子主要负责骑着摩托车到雪村为村民配送和出售蔬菜。平均每隔一两天丈夫都要到拉萨去进货一次。在平时，夫妻二人两点多就起床，万昭芬帮助丈夫装好蔬菜，快天亮的时候就可以运送至其他村庄了，这样其他村庄的村民清晨就可以买到新鲜蔬菜了。她的儿子两三天会去雪村一次，每次还会在雪村内的观音寺旁边兜售一阵，平时这个地方村民比较多，很多村民都有他的电话号码，如果临时有需要给他打电话，他也会到村里来送菜。

店里的蔬菜大多来自拉萨的蔬菜大棚，有的蔬菜来自其他省市，如四川、湖南等地，价格比本地的同种蔬菜要偏贵，但是店里通常很少采购来自内地的蔬菜，如土豆等，进价本来就高，售价又不能比普通土豆价格高出太多，因此每次店里只采购少量的内地蔬菜以供有需要的村民购买。万昭芬家的蔬菜价格相比县城的平均要便宜0.5~1元/公斤。如：黄瓜5元/公斤（如果买的比较多可以是3.5元/公斤），土豆3元/公斤，青椒4元/公斤，胡萝卜4元/公斤，西红柿6元/公斤，花菜4元/公斤，鸡蛋19元30个（单个0.7元/个）。而县城的价格大致为：黄瓜6元/公斤，西红柿6元/公斤，土豆4元/公斤，胡萝卜6元/公斤，油菜4元/公斤，莴笋6元/公斤，大白菜3元/公斤，豇豆角10元/公斤。由于价格低廉，质量过关，因此村民都愿意买她家的蔬菜，而她在卖菜的时候在价格上通常都很公道，村民暂时没带钱也可以赊账，买得比较多还可以便宜更多钱，除此以外，无论冬夏，万昭芬在卖菜的时候都会送给村民一些葱让村民当佐料用。万昭芬家的菜店通常每年盈利两万元左右，如果遇到时令不太好，蔬菜进货价格比较贵，则收益就会大大缩水，一年只能赚到大约一万元。

3. 家庭主要支出

万昭芬家平时主要以卖蔬菜所得作为收入来源。相比其他家庭，她家日常的消费支出也比较少。万昭芬初次见到是一个身材矮小、看起来很操劳的女人，穿着孩子以前的校服。她告诉我们自己平时很少外出，一年去拉萨最多两次，平时基本不买衣服。家里三个人每个人都有一部手机，万昭芬的主要是用于联系老家的孩子和父母，丈夫和儿子的手机则主要是用于平时和村民、朋友们联络，每个月三人的话费总计约为 150 元，全年大约 2000 元。租住房屋的支出也是家里的一项比较重要的支出，现在家里租住的房子是 200 元/月，全年租房的支出为 2400 元。像很多南方的家庭一样，万昭芬家平时主要以米饭作为主食，平均每一两个月都要购买一袋大米，全年买米的支出就要一千多。此外，还有许多额外的支出，比如去年光面包车维修费用就好几百元。平时吃的蔬菜就是在自家店里取用，万昭芬的手艺很好，烧得一手好菜，我们去调研的时候她正在收拾莴笋，准备做晚饭用，我们注意到，莴笋已经被去叶、去皮、去根，收拾得干干净净，放在盆里，这个平时衣着甚至可以说是简陋的女人在处理生活琐事上却可以做到井井有条。

4. 未来畅想

关于未来，万昭芬说暂时还没想那么多，只希望现在所有家人都能平安健康。来岗堆村三年了，家人们都很喜欢这个村的氛围，希望以后一直可以在这里安居下去，等到小儿子长大了，可以把他接到这边来居住。大儿子在村里也很受欢迎，夫妻两个商量，准备再过几年，就帮助大儿子在这里成家。我们也希望这个四口之家可以在岗堆村拥有一片心灵的热土，生活可以越来越好。

（二）粮油店老板安嘎查家

在岗堆村，坐落着几个零散的商店、饭店，经营者大都是从其他省市来的。安嘎查就是这样一位从青海过来的、本村唯一一家粮油加工店的老板。

1. 家庭基本情况

安嘎查，男，35 岁，汉族，初中学历，祖籍青海。安嘎查是一个比较善于交际的人，据悉，在贡嘎县及其他县城，他都有很多熟人，既有汉族的老乡，也有藏族的朋友，每逢空闲时间，他经常会和三五好友聚在一起热闹一下，有时候会在自己家里由妻子亲自下厨做几个小菜，有时候会去朋友家里，偶尔也会去饭店。安嘎查说，自己在老家的时候做生意很辛苦，而且赚得并不多，生活过得很艰苦，当初决定来西藏，其中一部分原因就是因为青海的许多老乡都来到西藏做生意，而且生活得很好。在这些亲戚朋友的鼓励下，他也决定尝试一下新的环境。刚来到西藏的时候，因为语言不通，有种种的不适应，一些懂汉语的热心村民给了他很多帮助，比如帮助他安置家里、收拾房屋及介绍村里的情况等，村民们互相之间很少斤斤计较，都很懂得谦让，因此初来的种种不适应和孤单也都在村民们朴实的话语和热情的关照之中烟消云散。

安嘎查的妻子也是汉族人，当时双方家里都是在青海的农村，生活都不是很好，年纪还很小的时候父母就为她定下了这门亲事。安嘎查说，尽管他和妻子包办婚姻，但是并不是所有的包办婚姻都是不幸的，起码对于自己的妻子来说，他是有着很深的感情的。他和妻子第一次见面就彼此看中了对方，妻子看中他踏实肯干的精神和英俊的外形，他则对这个话语不多、性情温柔贤淑的女子一见钟情，见面后不久两人就成婚了。婚后的生活虽然依然艰苦，但是有了女主人的操持，家庭慢慢有了起色。随着外出务工人员的增多，安嘎查和妻子商议了一下，决定也要到西藏做点事，妻子无条件地支持了他，并随他来到了西藏，而两个女儿则交由妻子的父母代为抚养。安嘎查告诉我们，他们自从来了岗堆村以后，一共只回过两次家，上次回家已经是两年前的事情了。

2. 安嘎查家的粮油加工店

安嘎查家现在居住的房子是一位曾经在岗堆中心小学教书的退休老教师的房子，房租每年 1500 元，不包括水电费。房子毗邻 101 省道，左边是村里的唯一一家银行——中国农业银行前进营业所，右边是镇里的医院，并且距离镇政府仅有 200 多米，地理位置很好。家里没有院墙，一共有四间房屋，最左边的一间是夫妻俩居住的地方，屋内有一台电视机、一个影碟机、一台洗衣机，夫妻俩冬天的时候都比较忙，前来加工粮食的村民也比较多，因此虽然比较寒冷，但是屋内并没有取暖设施。相邻的一间是厨房，做饭主要是用煤气。剩下两间都是粮油加工店，其中一间是储物间，一间是加工车间。房子的前面有一片空地，供前来加工的村民停放车辆所用。

安嘎查家的粮油加工店开办于2007年，通常不直接出售粮油，主要是加工面粉、油及牛羊的饲料等。通常情况下是由村民把小麦、菜籽等运送到这里来进行加工，如果加工的数量比较多，则由粮油店负责运送。

加工面粉的设备主要是一台磨粉机。由小麦加工面粉后筛下的种皮就是小麦麸，可以作为牲畜的饲料使用。加工小麦是按照重量收取加工费，一公斤小麦可以生产0.6公斤面粉，一般需要经过除杂、润麦、磨粉、筛理等几个步骤，加工费通常是1元/公斤。由于油菜并不是岗堆村的主要作物，因此加工菜籽油的村民并不像加工粮食的那样多，每次加工的数量也比较少，通常只有十几升。

粮油店开办初期设备投资大约是3万元。由于小麦、油菜等是村里的主要作物，且附近只有安嘎查家一家粮油加工店，因此粮油加工店的生意还算兴隆，主要以加工粮食为主，旺季主要是在冬季，每天可以加工七八户，总重量最多能达到500公斤；淡季主要是在夏季，粮食还未丰收，正是青黄不接的时候，一天只能加工一两户，总重量一两百公斤。据安嘎查介绍，每年粮油加工店的总收入大约3万元，也就是说，安嘎查开办粮油店一年的时间基本上就可以收回购买设备的成本了。

粮油店平时的生意主要由夫妻二人一起照看，夏天的时候生意比较清闲，通常由妻子照看，到了冬天比较忙，夫妻二人一起干还不够。安嘎查说，在汉族欢庆春节的时候，通常恰逢岗堆村村民迎接藏历新年，村民们都在准备过年时所需的面粉、油类等，在这个时候粮油店是一年中生意最忙的。等到村民们欢庆藏历新年的时候，通常这时候春节已过。因此，基本上就错过了回老家探望的时机。所以，夫妻二人已经差不多两年没有回老家了，但二十多天前，妻子怀孕回老家待产了。安嘎查说，妻子怀孕，本应该回去照顾妻子，可是即使是淡季的时候，粮油店依然需要有人照看着，因此妻子就只能拜托给父母亲代为照看了。

3. **家庭支出**

出乎我们预料的是，占据安嘎查家主要消费支出的并不是衣食住行等日常消费，而是手机通信费。夫妻二人每个月的通信费能达到500元，全年单通信费一项支出就是6000元。除了平时的日常交际需要打电话，打回老家的长途电话费支出则占据了很大的比例。安嘎查说，家乡的父母已经年迈，孩子最大的也才十岁，这一直都是夫妻二人的牵挂，但是为了多赚些钱养家，也只能维持现状了。另一项支出是食品支出，由于安嘎查家平时的米、面、蔬菜等均需要购买，因此这项支出的金额也不小，基本约等于岗堆村一家四口全年的食品支出，全年大约需要支出5000元。像很多藏族村民一样，安嘎查家夫妻二人买衣服主要是到拉萨购买，全年大约花费2000元。至于每年的交通费，则数额并不多，主要是安嘎查在外应酬时的坐车支出，全年大约400元。夫妻二人身体都很好，医疗费支出很少，每年不超过500元。再加上全年1500元的房租，安嘎查家平均每年的消费大约是15000元。

4. 未来畅想

关于未来，安嘎查已经做好了比较充分的打算。安嘎查说，待到妻子从老家回来后，夫妻俩计划盖一座漂亮的大房子。现在夫妻二人居住的房屋过于简陋，作为粮油加工店的那两间房屋面积也略微有些偏小。近些年，安嘎查家也储存了几万元钱，再向亲戚朋友借一部分，盖房的资金就算有了着落，如果审批顺利的话预计明年就可以动工了，明年年底即可盖成。

孩子的教育问题一直是安嘎查夫妻二人的心病。安嘎查说，很想把孩子接到身边来亲自照顾。但是由于很多因素，现在还无法实现。首先是孩子们上学的问题。在青海，毕竟还是以教授汉语课程为主，而在岗堆的小学、县里的初中，有很多课程都是以藏语授课，这对于孩子接受系统的汉语教学是很不利的。其次，现在夫妻二人在这边的住房条件等还比较差，对于孩子的生活居住等问题暂时也无法满足。还有，孩子们年龄还太小，夫妻二人也不敢冒险让孩子尝试适应高原地区的气候。因此，这件事只能先搁置在一边了。安嘎查说，自己小时候读的书太少，孩子们决不能像他一样，否则会在未来的社会中难以走得顺畅，起码要让孩子读完高中，如果孩子们能考上大学他将更欣慰。等孩子再大一些、房子建好以后，会把孩子们接过来住，一家人也可以从此聚在一起享受天伦之乐。

（三）泥瓦匠扎西家

在岗堆村调研的时候，我们发现有几户人家的房子格外宽敞明亮，其中就包括泥瓦匠扎西家。扎西家的房子是由父子二人设计的，这是个“心灵手巧”的家庭，有善于纺织的妈妈、勤于盖房的爸爸、精于绘画的儿子以及乐于学习的女儿。

1. **家庭基本情况**

扎西，男，藏族，44岁，小学学历，平时主要以做泥瓦匠为生。扎西每年在本村干泥瓦匠的时间并不长，只有在天气寒冷的冬季，会待在家里两三个月，一般是从十一月底持续到来年的三月初。其余大部分时间，他会组织其他村民一起外出打工，主要是到拉萨、日喀则等地，他还是以做泥瓦匠为业。通常是他牵头由十几个村民合伙承包下一个小项目，其中有三四个人负责房屋的主体部分，其余几个人辅助给砌墙的工人提供沙子、水泥等。房屋主体建好以后，由泥瓦匠把地板和墙壁抹上水泥、进行粉刷。还有一到两人是画师，负责在木质的房屋的檩子和柱子上画上图案。扎西既可以做砌墙工人也可以做泥瓦匠，通常每天的工资是60~70元，客户比较豪爽的时候，他的最高工资可以提高到80~90元/天。待到房屋建好以后，扎西会将拿到的收入按照工作性质和工作时间分给工人们，他并不会因为是自己牵头就多领一分钱。

央金，女，藏族，42岁，性格腼腆，话不多，但是纺织手艺很好。初见到央金，她正在织氆氇，知晓我们的来意后，她给我们端上酥油茶坐了下来。央金织氆氇很快，通常一对2平方米的氆氇做的毯子10天左右就可以织出来。提起织氆氇，央金的话语明显要多一些。她向我们介绍说，第一步，将羊毛用纺锤捻成线，借助简单纺架手工操作。第二步，将羊毛用纺车纺成线，再用梯形木结构织机纺织。织氆氇用的是老式木棱织机，织好以后是白色的，宽24厘米左右，可以做男式服装，但一般都要染成黑色，也有染成红、绿等色彩。氆氇制成以后，只需要再花费五六十元手工费就可以交由村里的裁缝制作一套普通的藏装，不过，通常自己还要购买一些丝绸、饰物等用于装饰，大致花费100元。按照编织的复杂程度，织氆氇的时间从15天到35天不等，无论是毯子还是藏装都是自家穿用，通常不会出售。央金是个勤劳的母亲，闲暇时间较少，平常不太喜欢出去和其他村民们聊天，也不太喜欢看电视等，因此我们在调研的时候见到的是一个整洁、漂亮的院子，这都得益于女主人的细心布置。

扎西多杰，男，今年19岁，从小就比较聪明，上学期间成绩一直是班里的前几名，在他16岁的时候，由于家庭经济困难，不得已兄妹两人只能留下一人继续读书，他便主动辍学，将机会让给了妹妹。刚开始的时候，他和村里比较有名的油画家学习作画，第一年是没有工资的。他初学作画的时候主要是由师傅带领着，不断地观察、模仿师傅所做的画，看不懂的、不太容易画的主动请教师傅。一年后他就基本掌握了作画的全部要领。第二年的时候他开始辅助师傅画一些比较简单的图案，每天可以赚到40元。第三年以后他就可以自己揽活，而不必非得师傅带着了。他外出绘画去过最远的地方是兰州。扎西多杰还是个很有思想的男孩子，平时，他也会买些精美的图片或者有用的书籍自己琢磨练习作画。到客户家的时候，就按照客户的意愿和要求来做。为了满足我们的好奇心，他拿起铅笔，不到几分钟，一幅蓝天、白云、绿草如茵的简笔画就跃然纸上。他说，在藏族文化中，有五种基本的颜色各自代表不同的含义。其中，蓝色代表蓝天，白色代表白云，黄色代表土地，红色代表火焰，绿色代表湖水，这五种颜色共同代表藏族人对这片高原土地的热爱，每次作画他都会有一种很神圣、很安宁的感觉。除此以外，还有许多其他的颜色，他现在作画用的颜料有40种，画笔有50多支。

白玛卓嘎，女，15岁，现在在贡嘎县中学读书，开学后上初二。初次见到白玛卓嘎，她表现得并没有哥哥健谈，看起来很文静。提起她的学习成绩，家里人都很自豪，妈妈说她现在在班里当班长，成绩一直名列前茅，在县里排名一般都是前十名。她告诉我们，学校对学生要求比较严格，每天上晚自习要到9点半，不过她不觉得辛苦，她很感恩自己有学习的机会，将来还要到内地的高中班读书、考大学。放暑假12天，她已经写完了老师布置的全部作业，开始为新学期做准备了。

2. 家庭收入

扎西家有5亩田地，今年全部种了青稞，平时主要是女主人央金管理，预计年收入5000元左右。扎西做泥瓦匠每年收入1.5万元左右，扎西多杰做画师每年收入1万元左右。全部收入都是由扎西统一管理支配。

3. 家庭支出

扎西家每年使用的种子都是由镇里统一发放的优良品种，今年由镇里补贴费用的20%，其余80%由自己家里支出。今年扎西家共领用84斤青稞种子，每斤按1.1元支付，共支出种子费92.4元。化肥要分尿素和复合肥，政府补贴价格的50%左右。80斤一袋的尿素市场价是100元左右，自己只需要支出42元，100斤一袋的复合肥市价160元左右，自己需要按照85元的价钱购买。去年扎西家一共领用了一袋半尿素和15公斤的复合肥，共花费110元左右。扎西家去年还向村主任巴桑领用了一袋免费农药，另外从市场上自家购买了一袋。

每逢比较重要的节日比如望果节和藏历新年，扎西都要给孩子们购买衣服，通常每个孩子每个节日要花费 1000 元左右。此外，每隔六七年每个人都要做一套藏装，大概花费 10000 元，包括帽子、坎肩、外套、袍子、裤子、靴子等，一般主要是重大节日的时候或者办喜事的时候才会穿，通常每年只穿一两次。在平时，扎西还会去拉萨购买一些休闲的衣物，通常一件普通的男士外套花费 100 元左右，裤子 80 元左右，稍微中等一点的一两百元，孩子们的要稍微好一些，大概三四百元一件。除去每隔几年做藏装的支出，正常情况下每年要花费 8000 元左右。扎西说，希望孩子们都可以开开心心地生活，自己还要努力赚更多的钱，让孩子们的生活更幸福。

扎西家平均每一两个月就要购买一袋面和一袋米，通常每次花费三四百元。平时去商店购买蔬菜每天花费 10 元左右，每年在吃饭上的支出总计 5000 元左右。此外，西藏的九年义务教育实行“三包”政策，即包吃、包住、包学费，因此，对白玛卓嘎在教育上的支出主要是供其平时生活所需的零用钱，每月 150 元左右。

我们对扎西家漂亮的房子印象深刻。扎西家位于村里比较中心的位置，房屋占地面积 200 平方米左右，一进院子，首先映入眼帘的是一片比较开阔的水泥空地，这片空地地势比较高，主要是为了防范雨水。空地的东边是四间房屋，其中有三间是卧室，一间是厨房。空地的西边对称建着两间面积稍微大些的房屋，其中一间是储物室，主要存放粮食及器具等，另一间是客厅，主要供平时招待客人所用。在空地上还摆放着几盆姹紫嫣红的鲜花，为院落增色不少。扎西告诉我们，他们前年完成了房子的主体部分，去年完成了装修，主要包括抹墙和铺地以及由扎西多杰完成的绘画部分。因为自己家里有会盖房子和装修的人，再加上朋友们的帮忙，扎西家的房子比其他人家要少花费许多，整个房子建好并装修总计花费大约 10 万元。

4. 未来畅想

“心灵手巧”的扎西家对于未来也有自己的打算，尤其是在子女的教育上，全家现在都很重视白玛卓嘎的学习，希望她能考到内地的大学。哥哥有的时候跟着师傅出去作画，都会把自己的所见所闻讲给妹妹，善良的哥哥用自己的行动诠释了兄妹情义，我们也希望她能不辜负哥哥的用心，以自己的行动交上一份满意的答卷。

（四）商店女老板达娃家

如果说在调研期间有哪些让参与调研的人员记忆犹新，那一定不可以忽略美丽的藏族女老板达娃以及她家商店的凉粉。在达娃的讲述中，我们了解到她有着宽松教育环境的大家庭，每个人都可以按照自己的想法在家人的帮助下自由地达成愿望。温暖的家庭氛围让我们欣羡不已。

1. 家庭情况

达娃家现在是一个有八口人的大家庭。家里房子是石木的，一共有12间，像这里的大多数家庭一样，每间房有16平方米，其中达娃一家三口占一间，拉巴文堆老两口占一间，两个弟弟、一个妹妹各占一间，虽然房子比较多，但是除去各自占去的休息的房间以外，其余的房间不分彼此，一家八口每天围坐在饭桌前一起吃饭，听着孩子讲述学校的趣事，饭后大家围坐在电视机旁，整个家里经常是歌声阵阵，笑语声声。

达娃的父亲拉巴文堆今年50多岁，尤其善于做藏装，平时比较忙，每天都很晚才会回家，他是这个村比较有名的裁缝之一，通常都会免费或者收取很少的费用帮村民们或者寺庙的僧人们做衣服，通常村民们用自家的羊毛纺成氆氇后交到他手里，他用一个星期左右的时间就可以做成一套普通的藏装了。我们去做调研的时候，他正忙于为山上寺庙里的僧人们缝制衣服，据达娃讲，父亲每天都要天黑了才回家。因为乐于助人，他在岗堆村有很好的人缘，村民们在平时都很愿意到他家里做客，逢年过节的时候也会送些吃的用的东西以表心意。拉巴文堆除了是一个热情的老人外，还是一个有头脑、慈爱的父亲，对于女儿和儿子都一视同仁。他很懂得因材施教，而且在决定孩子们未来人生方向的大事上都会很耐心地听取孩子们的意见，再结合自身的人生阅历帮助孩子们分析、设计。比如，虽然自己裁缝手艺很好，孩子们小时候那些漂亮的衣服都是他亲自做的，但他没有勉强孩子们学他们不喜欢做的裁缝手艺。达娃的母亲也是一个心灵手巧的人，我们采访时吃到的凉粉就是她亲手做的，如果有多余的也会卖，大概一元钱一份，拌上辣椒的凉粉更加爽口。家里的农活通常都是由达娃的父母来做。

达娃的丈夫普琼也是本村人，普琼的父亲白马多杰是这个村沙石厂的老板，未结成亲家以前就与拉巴文堆关系很好，经常一起喝酒聊天。普琼也是个勤劳的小伙子，平时主要是在拉萨、日喀则等地跑运输，今年主要就在本村拉沙赚钱养家，他现在与达娃共同生活在岳父母家里，八岁的儿子现在在岗堆中心小学上一年级，每天和其他小朋友一起上下学，性格活泼开朗，平时就是家里的活宝，常常惹得家人们开怀大笑。

达娃在兄弟姊妹中排行老大，下面还有一个妹妹、三个弟弟。妹妹名字叫做甭多，今年26岁，现在在邻近的一个叫错美县的小学教书。甭多是一个腼腆的姑娘，在错美县主要教授数学，平时放假的时候会回到家里和兄弟姊妹聚在一起。大弟弟今年29岁，已经在拉萨成家，不常回家。二弟弟普次今年25岁，最小的弟弟桑珠今年24岁，平时主要是在村里做一些建筑零活赚钱，村里没活的时候也会去拉萨打工。

2. 达娃的商店

十三年前，达娃有意愿经营一家商店，拉巴文堆就自己投资一万元钱帮女儿达成了心愿，这个不足20平方米的小店使得女儿可以自食其力。两年左右的时间商店就大概收回了本钱，现在这个店还是一直由达娃经营着。拉萨的商品价格相对低廉，因此达娃主要是去拉萨进货，偶尔也会到县里进货，平均每半个月需要去拉萨进货一次，往返需要三四个小时。

达娃家的商店位于岗堆村内的观音寺旁边，平时在寺庙旁边活动的村民比较多，因此地理位置相对比较好。商店面积有10平方米左右，不是很宽敞的小商店却为村民们提供了不小的便利，店里经营的主要是日常生活必需品。走进商店，迎面的柜台上摆着制好的凉粉以及拌凉粉需要的佐料，柜台里面是一个两层的货架，货架下面一层的左边主要是油盐酱醋，右边是平时喝的啤酒饮料等；货架上面一层的左边是平时用的卫生纸、砖茶等，而右边对着门口摆放一些其他日用品。与柜台平行、远离门口的地方有一个1.5米左右见方的空间，摆放着供达娃平时休息的桌子、椅子，在桌子上面还有一台电视机。柜台对着的一面靠墙摆放着新进的两箱商品。我们去采访的时间是在上午11点左右，这时候村民们差不多刚吃过早饭，属于客流量比较多的时间，在我们采访的一个小时过程中，有十几位村民来购买日常用的消费品，都是平时做饭用的油盐酱醋茶等。

3. 家庭收入

达娃家有8.5亩水浇地，其中冬小麦2亩，青稞5亩，油菜一亩，土豆0.5亩。镇里每年会发放粮食直补，平均一亩地15元钱，每年有127.5元。

家里牲畜比较多，一共有60只羊和7头牛，没有家禽。一般种地和饲养牲畜都是达娃的父亲和母亲来完成。达娃自己主要是经营商店，现在每年能赚一万多元。达娃的老公普琼主要是在拉萨和日喀则等地跑运输，往年一年能赚到4万元左右，今年主要在沙石厂拉沙，预计收入可能与在外跑运输的收入持平，不过由于离家里比较近，相对轻松一些，这些收入除去日常伙食费等几乎全部上交家里，由拉巴文堆统一支配。达娃的两个弟弟在外打工赚的钱比较少，仅够维持生活所需，而且做建筑类的零工也很辛苦，因此几乎不会往家里交钱。妹妹在错美县教书的收入大部分也由自己管理，不再上交家里，为以后成家做着准备。

4. **家庭支出**

达娃家的田地相对较多，每年庄稼都是由自家人一起收割，用自家的拖拉机运送到家里，省去了雇人的花费。家里也有耕牛，因此每年播种的时候同样省去了一笔花销。除此以外，家里每年在田地上的花费主要就集中在购买化肥以及灌溉等，化肥是由镇里按人口统一发放，除享受50%的费用补贴外，自己每年需要支出800元。另外，青稞、冬小麦等种子是自留的，而油菜、马铃薯等种子则需要购买，每年需要花费100元左右。家里的衣服除了藏装由拉巴文堆自己制作外，其余平时穿的衣服等则需要到拉萨或者贡嘎县县城购买，每年支出3500元左右。每年除去自家生产的青稞和面粉以及马铃薯等，家里在吃饭上的花销主要集中在买米和买菜上，除了自家酿制的青稞酒，也会买些啤酒等，通常这项支出每年为2000元左右。另外，达娃每次去拉萨进货花费50元左右，去县里则仅需要7元钱，每年花费在交通上的支出为1000元左右。拉巴文堆在岗堆村有良好的人际关系，因此每年在红白喜事上的支出也比较多，一般有1000元左右，2010年相对较少，花费仅为800元。达娃、普琼、拉巴文堆、普次、桑珠每人各有一部手机，平均每个人每个月的话费在150元左右，还有一部座机，每月通信费50元左右。达娃家最近一次翻修房屋是在2004年，粗略地算一下，共花费2.5万元。家里有三台电视，一个冰箱，一个洗衣机，两个影碟机，商店内有一个冰柜，每月电费总计大约200元。

家里平时的收支主要是由大家长——拉巴文堆统一管理，他不会苛求子女，子女们有了多余的钱就会自觉交给家里，子女们有什么支出不足的也会问拉巴文堆要钱，兄弟姊妹性格都比较温和，子女之间从未因为分配不均而争吵过。

5. **未来畅想**

这个大家庭现在的主要任务是帮助普次和桑珠成家立业，对此，家长们没有过多的要求，孩子们喜欢怎样做，都会尽量去满足。两个年轻人都表示会继续留在岗堆村成家，可以就近孝顺父母。对于下一代的教育，家人们还是比较重视的，都期盼孩子可以多学到一些知识。这个知足常乐的大家庭让每个人都感受到了家庭的温暖、和睦。

此外，村民们都希望可以有更多的年轻人来学习拉巴文堆的手艺，同时更要学习他热心为村民服务的精神，以便未来可以为更多的村民服务。

（五）铁匠旺堆罗布家

从村口走了将近十五分钟的路程后，我们远远地看到了一座灰白色崭新的二层小楼，一米多高的院墙上摆满了牛粪。一进院门，就看到房门上用实木搭建的门廊，门廊上系着洁白的哈达，房门左侧的窗台上摆满了盆栽，每一盆都开着娇艳的小花。迎面趴着两只小牛犊，院子的一角有三头稍大的牛正在悠闲地吃着草。我们走进院门询问主人是否在家，屋门是敞开的，应声出来一名年龄略长的女性，还有两个漂亮的藏族女孩。

年长者是这家的女主人仓决，她穿了一身浅灰色的藏袍，腰上系了一个围裙，长长的辫子盘在头上。两个女儿藏在母亲身后，有些好奇又有些害羞。仓决听我们说明来意之后，就热情地把我们请到屋里。

1. **家庭基本情况**

仓决家的房子是去年盖的，门口的大铁门非常新，表面装饰着花纹。铁门以鲜艳的红色为主，四周是黑色的宽边，门身的中间部位也画有三个黑色的宽带，顶端呈现莲花状，所有黑色的部分内都用金色的颜料画上精致的藤和花的图案，非常漂亮。我们跟随着仓决进了她家的客厅，家里的家电一应俱全，26 寸的彩电正播着湖南电视台的节目，电视旁边放置了一台红色的三星电冰箱。屋里面的一些家具还没有完全打理好，客厅里的桌子就只画了一半。仓决招呼我们坐下，从墙边的柜子里拿出茶碗招待我们。实木的长凳上铺着各式各样的毯子，颜色鲜艳图案复杂，这些毯子都是仓决自己织的。长两米、宽一米的毯子，仓决一个星期就能织出一块来。两姐妹则在屋外静静地看着我们，我们招呼她们进来，她们却害羞地摇摇头，只是用水灵灵的大眼睛看着我们，摆弄着自己乌黑的长发。

仓决的丈夫旺堆罗布是村子里唯一的铁匠，因为其手艺精湛，附近村子里的人都会来找他做铁匠活。我们询问她丈夫是否在家，她说丈夫和儿子都到夏珠林寺里去工作了。最近夏珠林寺在进行整修，所以村里大部分工匠都到寺里面去帮忙，工匠们干活都是义务的，不收取任何报酬。没能看到旺堆罗布本人，我们感到非常遗憾，本来想到寺庙里去找他，后来考虑到寺庙里的工作非常紧张，我们放弃了去寺庙的想法。

2. **家庭收支情况**

仓决了解到我们的心意，就拿出了家里用的铁盆、水桶以及铁罐让我们看，这些都是她丈夫自己做的。水桶没有任何装饰，但是做工非常精巧，表面打磨得非常光亮，就连铁皮接口的地方也被打磨得难以找到。这样一个水桶，旺堆罗布基本上大半天就能做一个，如果不算原材料的费用，手工费大概 30 多元。仓决还说，家里的铁门也是丈夫亲手做的，很多村民建房的时候都会找旺堆罗布为自己家里做一扇铁门，一般要收取 3000 元的手工费和材料费。

仓决向我们介绍说，旺堆罗布以前不是一名铁匠，而是一名货车司机。后来家里多了 3 个孩子，开销增大，旺堆罗布才跟随自己的父亲学习了铁匠手艺来贴补家用。以前，旺堆罗布经常要到其他村子里或其他镇上去做铁匠活，仓决说以前非常担心丈夫外出，而现在就不太担心了，由于当时通信不方便而且大多数时间丈夫一走就是一个星期。而现在儿子益西次仁也跟着父亲学铁匠的手艺，旺堆罗布去其他地方干活都会带上儿子。除此之外，现在家里富裕了，旺堆罗布买了手机，方便与家里联系了。

现在家里还买了一辆大卡车，铁匠活不忙的时候，旺堆罗布就会开车去送货，大部分是把村里生产的沙石运到日喀则，或者是把沙石、钢筋、木材从拉萨运到日喀则。到日喀则一次可以赚 700 元，到拉萨能赚 400 元。仓决希望丈夫能多跑运输的工作，因为这样丈夫每天可以轻松点。因为去的地方都不是很远，丈夫当天就能回来，可以吃上家里做的饭。有的时候仓决还跟丈夫一起到拉萨去买一些东西，或者去布达拉宫或者是大昭寺、小昭寺拜佛。

3. **勤奋上进的孩子们**

经过一段时间的交谈，两个小女儿终于不那么羞怯了，坐到了我们旁边。

经过交谈，我们了解到，益西次仁是家里最小的孩子，今年只有15岁。他在学校的时候比较调皮不爱学习，到了六年级还不会说汉语，所以就辍学跟爸爸学铁匠手艺。在西藏，小学阶段是用藏语授课的，而到了初中就要开始用汉语授课。所以如果一个孩子在小学最后两年不能很好地掌握汉语，那么就很难完成初中的课程。两姐妹说弟弟当时无心上学，一心想学开车，但是现在年龄不够，所以就先跟着爸爸干活。弟弟工作十分认真，从不觉得辛苦，对于爸爸交代的工作都尽力完成。

两姐妹的学习成绩都非常优秀，大女儿央金拉姆今年19岁，在泽当上高中一年级，一个月才能回来一次。班上一共有56名同学，央金拉姆的成绩一直名列前茅，她说到高中阶段同学们都非常努力，希望能考到一个自己喜欢的大学。央金拉姆说，每天在学校时间比较紧张，连课间都不能浪费，努力读书。央金拉姆想考西藏大学，希望自己以后能到拉萨工作。她说。上学虽然辛苦，但是和同学们在一起很开心，老师们也非常关心自己的生活。而且国家每月还给每个同学180元的食宿补助，这些钱都在自己的饭卡里。央金拉姆一个学期能省下300元，她说这些钱等毕业的时候就能拿到了，到时候都给妈妈。央金拉姆说，在西藏读小学和初中是免费的，但自己上高中需要爸妈负担学费和生活费，所以自己要节省，给家里减轻负担。二女儿卓玛今年18岁，刚结束了紧张的初三生活，虽然分数线还没有出来，但是卓玛已经有了心仪的学校，就是姐姐就读的泽当一中。卓玛今年的成绩很好，央金拉姆说妹妹的成绩肯定没有问题，两姐妹马上就能一起去上学了。

4. 和谐的家庭生活

当问起她们父母谁更严厉时，她们说父亲非常和蔼，从来没有打骂过她们两姐妹，但是父亲对弟弟就比较严厉。以前弟弟不好好学习的时候，爸爸总是非常严厉地呵斥弟弟，但是从来也没有打过他。现在弟弟跟着爸爸干活，爸爸教弟弟非常有耐心，很少呵斥他了。姐妹俩说爸爸特别喜欢打麻将，冬天闲下来的时候爸爸就会去打，往往十二点才回家。由于两姐妹经常住校很难回趟家，所以一家人在一起的时间比较少。只有藏历新年、藏历四月还有“沙卡达瓦”节的时候，全家人才能聚在一起聊天、打牌、玩耍。

两姐妹夸赞她们的妈妈是最能干的妈妈，仓决每天要自己照料家里5.2亩的田地，家里吃的东西全都是靠妈妈一个人辛勤的劳动换来的。她早上六点就要起床，照顾家里5头牛和9只羊，给它们喂草料，打扫牛棚、捡牛粪，然后给爸爸和弟弟做早饭，照顾爷俩出门去干活。她还要一个人走很长的路去地里干活，除草施肥，回来的时候还要把草料背回家。除此之外，还挤奶，做酥油和奶渣。下午打扫屋子和织毯子或氆氇，妈妈的手艺非常好，家里用的各种织物都是她一个人做的。邻居们都说妈妈的手艺好，小姐妹带到学校用的毯子同学们也非常羡慕。妈妈平时非常爱种花，院里窗台上开的花都是妈妈种的，颜色十分好看。

两姐妹非常心疼妈妈，只要在家就会帮忙做家事。两姐妹也非常能干，田里的活、挤牛奶、喂牲口样样都非常精通。仓決说，女儿在家不仅多了很多乐趣，而且生活也轻松了很多。走之前我们还让仓決展示一下如何织毯子，仓決在织布机前坐了下来。从下面的线桶里拽了一根粉红色的线上来在织布机上绕了一圈，脚踩了一下踏板，然后拿了一条深褐色的线熟练地又绕了几圈，几个动作下来毯子就织好了一行。央金拉姆用汉语告诉我们，以后一定要把全家接到拉萨去住，不让妈妈这么辛苦。妈妈专心地织着毯子，没有注意到我们之间的谈话，她要是知道了，心里一定非常开心。最后，我们提议让全家人一起在新房子门口合影，希望她们能心想事成，合家欢乐。

十四、以就业工资为主要收入来源的家庭

（一）教师家庭巴桑家

为了了解岗堆村的学校教育，笔者在大学生尼珍的帮助下，前往岗堆中心校做了一些调研，其间认识了学校的教务主任巴桑。初次见巴桑是在他的办公室里，他有着一张宽厚的圆脸，脸上挂着温暖的笑容。巴桑是一个很和善的人，在访谈中，他很热情地帮我翻找所需资料，耐心向我解释学校的情况。当我提出想了解他的家庭时，他也欣然同意。在与他的交谈中，笔者了解到，巴桑家是个名副其实的教师家庭。巴桑本人是一位年轻有为的教育工作者，除了担任教务主任，还担任藏文教师。他的妻子央珍也是一名优秀的人民教师，在岗堆中心校担任语文教师兼班主任。

1. 家庭基本情况

巴桑家是一个简单而幸福的三口之家。除了巴桑和妻子央珍在岗堆中心

校任教，巴桑的儿子也在岗堆中心校上小学。他们一家住在岗堆中心校的教工宿舍中，在学校氛围的熏陶下养成了喜爱阅读的好习惯。巴桑一家有着这样的理念：阅读可以启迪智慧，腹有诗书气自华。他们坚信“书籍是进步的阶梯”，空余时间一家人最大的乐趣就是静下心来读书。巴桑一家人感悟到阅读可以近距离地接触不同人的思想，产生心灵的碰撞，让人明理、明事，教会人做人。于是，更增加了他们对于读书的兴趣。“书看得越多，与人交流起来，也更有话题。”巴桑笑着说。巴桑在岗堆村工作的第二年认识了他的妻子央珍。据巴桑介绍，央珍是一位勤奋踏实的女性。她从小学习刻苦，在西藏山南一小就读时就很出类拔萃，并以优异的学习成绩升入辽宁中学西藏班，高中毕业后考上安徽肥西师范学校。1996 年，她从安徽肥西师范学校数学专业毕业，并从 1999 年开始担任岗堆中心校的语文老师。数学专业毕业却讲授语文课程很让人疑惑。巴桑解释道，这是因为岗堆中心校的师资比较缺乏，尤其是语文老师奇缺，一般只有英语专业毕业的教师是学以致用的，其他教师都不一定是什么专业出身就教授什么课程。毕业于内地的央珍不仅在所修专业上深入钻研，在教学的其他科目也有所涉猎，各方面知识比较扎实，有着胜任其他各科目教学的能力，所以央珍服从学校安排担任语文教师。从教后，央珍突出的教学成绩、较强的组织管理能力得到了领导、同事和学生的一致认可，于 2000 年起开始担任班主任。参加工作后，央珍参加了西藏大学大专和本科阶段的函授学习。能有机会在工作之余，重返校园学习，央珍特别珍惜。在聆听教授的“传道、授业、解惑”中，央珍特别注重捕捉思想方法的火花，让自己从思考方法上得到启迪，并努力通过与老师、同学的交流中探索出解决工作中疑惑的办法。函授学习使得央珍在知识体系架构上更为系统和深入，更帮助央珍养成了勤于思考的好习惯。自身的不断学习加上丰富的教学经验，使得央珍备受学生尊敬。央珍的教学水平是有目共睹的，山南地区的小学统考状元布琼就是央珍的学生。

在与巴桑的交谈中，笔者了解到巴桑和央珍从相识、相知到相爱的过程。巴桑比央珍更早一年进入岗堆中心校工作，在工作上给予了央珍不少帮助，就是在这样的互帮互助中，他俩逐渐产生了感情。因为都喜欢阅读，他们有了更多的共同语言，也促进了感情的增温。他们于 2001 年成婚，婚后两年诞下一子。结婚十年来，夫妻俩感情一直很融洽，他们共同经营着他们的小家庭，碰到困难一起想办法解决，有快乐一起分享。

2. 个人经历

巴桑出生于1976年，现年35岁。他从山南师范学院中专毕业后，于1997年在岗堆中心校担任藏文老师。一年后，因为工作踏实肯干，他被提拔为教务主任，辅助副校长管理学校的教学工作。

2001—2003年，他赴贡嘎县昌果中心校支教，担任校长一职。昌果地理位置偏僻，人烟稀少，生活条件很艰苦。地处昌果的昌果中心校也面临着师资力量匮乏、教学设施不齐全的尴尬。据巴桑介绍，当时昌果中心校是岗堆镇最薄弱的村级教学点，当巴桑来到昌果中心校，看到朴实的孩子们闪烁着强烈求知欲的眼睛，他深深感受到了自己的责任和担子。要提升中心校的教学水平，首先要摸清问题的症结所在。巴桑在对中心校进行了深入和全面的了解后，发现该校不仅在教学设备、教学经费、师资条件等方面相对不足，还存在一个严重的问题，即教育教学的信息相对匮乏。于是，巴桑向教师们传授教改信息，指导教师对课堂教学进行改革，开展好教学和科研活动。为了不负众望，他采取了以下四项措施：一是向全校师生上教学示范课，毫无保留地将新的教学理念与方法展示出来；二是把所有教师的课都认真听一遍，找出其中普遍存在的问题；三是对存在的问题进行分析，并提出解决办法，和教师们交流沟通；四是随堂听课，进行评课和指导。巴桑为中心校的教学起到了模范带头作用，也帮助提高了教师的课堂教学水平。经过巴桑的教学改良，三年下来，昌果中心校的教学质量综合排名提前到全镇第八名。在巴桑支教期间，昌果中心校向西藏内地班输送了2名学生（现在这两名学生在内地读高中）。看到这些成绩，巴桑感到很欣慰。

三年的支教经历帮助巴桑积累了丰富的教学和管理经验，为他出色的藏文教学打下了基础。在采访中，笔者了解到巴桑的藏文教学在贡嘎县小有名气，他教授的班级在县级统考中几乎都能获得前三名的好成绩。2006年，他所教授的班级在贡嘎县小教优质课比赛中获得藏文组第三名，2007—2010年，他所教授的班级每年都在全县统考中获得藏文科目第一名的好成绩。面对这些成绩，巴桑也很谦虚，他觉得主要还是由于学生们都很上进、努力。

3. 教子经

巴桑家的儿子名叫赤列贡秋，今年8岁，在岗堆中心校上小学三年级。俗话说，一个好家庭就是一个好学校，赤列贡秋在父母的影响下也喜欢上了看书。放学后，他最大的乐趣就是待在书房看书。一本本上至天文下至地理的书点燃了赤列贡秋的求知欲。赤列贡秋最喜欢看插画类的书籍，比如《80天环游地球》的插画版、《变形金刚》等。在对赤列贡秋的教育上，巴桑家秉持“自由发展为主，引导为辅”的理念。“孩子感兴趣的事情都鼓励他去做，只要是在允许的范围之内。”巴桑说道。在发现赤列贡秋对英语逐渐显出兴趣后，巴桑家就陆续为赤列贡秋购买英文词典和各种英文书、英文碟片等，还专门为他报了个周末的英语兴趣班。除了喜欢看书和学英语，赤列贡秋也喜欢上网看新闻。对此，巴桑也不会强行阻止，而是给他定一个时间上限，每天上网时间不能超过一个小时，这样既能扩大孩子的知识面，也能避免孩子因为过分沉溺网络而影响身心发展。赤列贡秋也是个热爱运动的孩子，尤其对球类运动“一往情深”，课后和小朋友们一起打羽毛球、乒乓球是他释放一天学习压力的最好途径。巴桑家目前最大的愿望是赤列贡秋长大后能成才。据巴桑说，赤列贡秋现在最大的梦想就是长大后当个赛车手，驰骋在赛场上。

4. 家庭经济情况

据巴桑介绍，他们家的主要经济收入来源是夫妻二人在岗堆中心校获得的工资，巴桑的月工资5000元，央珍的月工资4000元。2010年，巴桑一家总收入为108000元。拥有固定的收入来源也是巴桑家家庭和谐稳定的基础和保障。2010年，巴桑家的总支出为43700元，其中大部分花费在住房上。除了岗堆中心校专门为教师分配的教师宿舍（68平方米，两室一厅）外，巴桑一家在拉萨市还拥有一套100平方米的商品房。2010年巴桑家在装修新房上支出了20000元。交通费用的支出也是一笔不小的数目（9600元），主要是往返于岗堆镇和拉萨之间的车费，平时，巴桑一家人基本在学校的宿舍住，每周回一次拉萨的家看望父母。巴桑家的日常开支还包括购买食品、衣物(8100元)，通信费（2400元），孩子教育上的支出包括购买学习机、图书、词典等等。赤列贡秋处于义务教育阶段，他的学费和书费都不用家里负担。赤列贡秋在拉萨市参加暑期英语补习班的花费是360元。巴桑一家的生活很简单也很幸福。一个有梦想、懂上进并进步着的家庭是温馨的。这个家庭良好的书香氛围也在潜移默化地影响着其他家庭。

（二）用知识改变了命运的家庭卓玛拉玛家

在村里的大学生尼珍的带领下，我们对卓玛拉玛一家进行了采访。当时，家里只有他们夫妇两个和三儿子巴珠在家。卓玛拉玛不会讲普通话，在尼珍的翻译下，我对她进行了采访；巴珠是公务员，说着一口流利的普通话，对他的采访则顺利很多；在采访过程中，落桑赤勒时常端酥油茶过来，很是好客。

1. 家庭基本情况

卓玛拉玛家位于岗堆村的中心位置，遥对求日山。他们家有两层楼，是由钢筋水泥搭建的，建筑面积共750平方米。平时，卓玛拉玛家里只有三人，卓玛拉玛、落桑赤勒和二儿子布琼。逢年过节的时候，卓玛拉玛的其他儿子们回家团圆，全家围绕院子中央的石桌而坐，闲话家常，其乐融融。

卓玛拉玛一家一共六口人，其中有两名人民教师，两名政府公务员，而卓玛拉玛本人曾经是教师，现任村妇联主任。在岗堆村，卓玛拉玛一家可以算是平均文化水平最高的家庭了。

卓玛拉玛在21岁那年与落桑赤勒成婚，组建了家庭。落桑赤勒出生于1945年，现年67岁，曾在山南地区交通局当养路工人，现在退休在家，平时干点农活。卓玛拉玛家有四个儿子：老大米玛扎西、老二布琼、老三巴珠和小儿子落次。我们入户采访时四个儿子中只有巴珠在家。巴珠今年35岁，毕业于成都信息工程学院，现在在地区人民银行从事系统维护工作，职务为副科长。巴珠的妻子是日喀则人，毕业于山东的一所大学，现就职于山南地区法院。当问到对岗堆村发展的看法，巴珠认为，村里的干部领导有方，这几年岗堆村的发展速度很快，村里的水泥路也在去年修建了，各家各户的厕所可能在今年会盖起棚。但在产业发展上，岗堆村基本没有特色产业可言。岗堆村的农业、畜牧业和手工业目前基本还处于自给自足的状态，村民的主要经济来源还是外出打工。当问到限制岗堆村发展的因素，巴珠认为，岗堆村的地理位置不佳，自然资源也不多，村里还没有工业，引进藏鸡养殖项目也许可以带动岗堆村的发展。巴珠建议村里可以开建家庭藏式旅馆，以及建立农牧民文艺队来促进本村经济发展和丰富村文化，开创自己的特色。

巴珠透露，因为其他兄弟都在外工作，这个大家庭以后的所有家业都会交由他的二哥继承，但是二哥布琼一直在不同行业中游走，没有找到合适的职业方向，现在收入不稳定。巴珠希望二哥能尽快承担起责任，为这个大家庭尽力，为以后继承家业打好基础。

2. **个人经历**

卓玛拉玛出生于1951年，现年60岁，在村里颇有威望。小学毕业后的三年里，她在人民公社担任会计，之后她在岗堆中心校担任藏语教师和数学教师，任教期长达16年。兢兢业业的教学为卓玛拉玛赢得了很好的口碑，学生很喜欢她，村民也很尊敬她。为了减轻家庭负担，卓玛拉玛不得已告别了心爱的教育事业回家务农。“如果不是因为孩子一个个入学加上家里耕地面积多且劳动力不够，我现在可能还在岗堆中心校，我实在是舍不得学生们”。卓玛拉玛说道。

从教学岗位下来后，她被民主推选为妇联主任，负责岗堆村的妇联工作和卫生工作，为岗堆村做了很多公益之事。2004—2008年，她以一次15元的劳务费请村里有拖拉机的村民定期清理垃圾，这四年间，一共进行了20次垃圾清理。2010年在她的带领下，全村每家每户15天大扫除一次，岗堆村的村容村貌好了很多。2011年6月份，卓玛拉玛带领6位村民无偿集中处理村中的垃圾，包括打扫、搬运与烧灭垃圾。因为常年处理垃圾，卓玛拉玛的脸颊经常发肿。“这是职业病，也懒得上医院就诊，一般就用珍珠七十丸[①]来医治。”卓玛拉玛笑着说。卓玛拉玛对村里的卫生状况很是担忧，希望上级领导和村委会能够重视这个事情，督促村民搞好卫生。

当问及对岗堆村发展的看法时，卓玛拉玛说道，在西藏解放之前，岗堆村很贫困，随着1959年解放，岗堆村的发展迎来了新的天地，在党的第十六次全国代表大会上，国家对西藏有了政策倾斜，岗堆村也慢慢地发展了，富裕了很多。如果这些政策不变，岗堆村将来会发展得越来越好。卓玛拉玛对于国家允许的宗教信仰自由很是赞许。

3. **知识改变命运**

在卓玛拉玛年轻时，她就深刻地明白知识改变命运的道理，在“再穷不能苦了孩子，孩子要读书，才能有出息”的观念指导下，她节衣缩食，克服困难，硬是把孩子们上学的学费凑齐了，把孩子们都送进了学堂。由于长年

① 珍珠七十丸是藏药的一种，岗堆村基本每家每户都有该种药，据藏民说，可以治理百病。

从事基础教育工作，卓玛拉玛对儿子们的家庭教育培养上也颇有心得。儿子们经过良好家庭教育和学校教育后，走上了“以知识改变命运”的道路，经过不断的奋斗和拼搏，赢来了今天令人羡慕的事业和家庭。老大米玛扎西从小就天资聪颖，学习努力刻苦，成绩优异，考上西藏大学地理系，不负众望成为岗堆村的第一名大学生，毕业后在山南地区二高担任地理老师，月工资5000元。米玛扎西现已组建了自己的家庭，并有一个13岁的儿子。老二布琼，小学毕业后做过木匠，后转行从商，现在是一名农民工。布琼有两个儿子，大儿子15岁，在辽宁中学上学，小儿子13岁，在县上陵中学就读。老三巴珠毕业于成都信息工程学院，现在在地区人民银行工作，月工资7000元。小儿子落次，毕业于咸阳民族学院涉外文秘专业，现在在浪卡孜县教育局工作，担任教研室秘书一职，月工资5000元。落次有个4岁的儿子，在上幼儿园。现在，卓玛拉玛自己也生活得很好，在经济上没有困难。逢年过节，儿子们回家看望她，是她觉得最幸福的时刻。在自己家庭得到良好发展的同时，卓玛拉玛也很关心村里的教育事业。看到岗堆中心校发展得越来越好，办学条件、教学质量也越来越高，卓玛拉玛显得很欣慰，她对岗堆村的教育事业发展前景充满期望。

4. 家庭经济情况

卓玛拉玛一家在岗堆村算是比较富裕的家庭。由于他们家的儿子常年在外，我们只调查到了卓玛拉玛和其爱人在2010年的收入和支出情况。这一年，卓玛拉玛和他爱人总收入有5万余元，主要来源是退休工资、在本村工作的工资以及务农的收入。因为在非正常年龄离职，卓玛拉玛没有教师的退休金，只有担任妇联主任的月工资3000元。落桑赤勒每月可以获得山南地区交通局的退休工资3000元。退休后，他在家里的10亩田地上种植青稞和油菜，一年下来，给家里能带来7000元的收入。除了在家务农，落桑赤勒有时候也外出打工，去年外出打工获得6000元的收入。此外，去年卓玛拉玛家还获得政府补贴共计500元。2010年卓玛拉玛家的总支出为7500元，只占了收入的四分之一，可见两位老人还是比较节俭的。总支出中包括农业生产支出800元，购买衣服和食品支出3000元，治疗疾病支出800元，对村中其他家户婚丧事的礼金支出700元，交通费用200元，通信费2000元。

2010年时，卓玛拉玛家拥有1台电视机、1台电冰箱、1台洗衣机、3辆小轿车、1辆自行车、2台影碟机，2套组合音响以及2部手机等。这在岗堆村算得上是家庭用品比较齐全和富有的家庭了。电视机放在侧厅，是儿子们买来孝敬父母的。空闲的时候，卓玛拉玛和落桑赤勒喜欢看电视。自行车是落桑赤勒自己买的，每次去干农活时，他都戴着草帽，骑着自行车去地里。在我们与岗堆村其他村民的交谈中，村民们都很称赞卓玛拉玛家对教育的重视。这个家庭为村里其他家庭树立了很好的榜样，让村民感受到了知识的力量和“知识改变命运”的意义。

（三）银行职员巴桑家

早上九点二十分，我们来到贡嘎县前进营业所，它坐落在镇政府旁边的一座小院里，面向101省道。规定的营业时间还没到，但是营业大厅里面已经挤满了办业务的村民，营业员们已经开始了一天紧张的工作。这与我们第一次拜访的时候看到的情景相似，当时巴桑正在营业厅里给要申请贷款的村民讲解贷款的流程和如何填写申请表。他现在给村民办理存取款业务，看到巴桑这么繁忙，我们本想悄悄离开以免耽误他的工作。巴桑见状，急忙招呼我们留下联系方式，说等不忙的时候给我们打电话。

1. 家庭基本情况

离开了营业所，我们步行至位于营业所旁边的小餐厅，见到了他的妻子噶多。她的餐厅占地约20平方米，里面坐了不少吃饭、聊天的客人。柜台擦拭得非常干净，上面摆满了各种饮料，旁边还摆放了一个冰柜。抬头墙上贴着的菜单，上面写着藏面3元钱，其他盖饭都是8元，还真是物美价廉。噶多穿了一件藏蓝色的西装外套，绿色绸缎的衬衣领子翻在外面，腰上系了一条蓝白灰条的围裙。噶多正和客人们聊家常，看到我们走进来，就起身欢迎我们，以为我们是来就餐的客人。

在我们说明来意之后，噶多热情地将我们带到她家参观，她家就在营业大厅的旁边。噶多拿出牛奶款待我们，她说院子里除营业大厅那几间，其余的都是职工宿舍。她家里的摆设和其他藏民家里不太一样。房间里光线十分充足，窗明几净、井井有条。大理石的桌面上有一个暖瓶、一个盛糌粑的小罐子和电视的遥控器。家具款式新颖、做工精细，应该不是像其他家庭那样手工制作的。沙发上铺着花纹繁复的靠垫和毯子，这个在其他人家很少见。电视柜上摆着一台29寸的纯平电视机和影碟机、组合音响、照片夹。我们提出想看一看她和家人的照片，噶多把照片递给我们说，这是全家以前出去玩的时候照的。照片多数是她和儿子女儿一起照的，很少看到巴桑的身影，她说一般出去都是她和儿子女儿，巴桑工作非常忙，基本上没有时间。

2. 家庭收支情况

噶多说全家是2008年才回到岗堆村的。起初噶多和巴桑在岗堆村生活，当时噶多主要依靠种地、养羊维持生活。后来因为巴桑的工作调动，噶多跟随巴桑到了杰德秀镇，那时候自己没有地，就只能靠帮别人种地来贴补家用。随后巴桑调到朗杰学乡，噶多没有找到种地的工作，她就向当地人学习织氆氇的手艺，靠织氆氇贴补家用。噶多说自己一个人半年能织一卷氆氇，一卷氆氇一般会给她带来1000元的收入。她说自己现在老了，织氆氇总会看错，所以就只好开饭馆维持生计。待到镇上开会的时候，家里的饭馆生意会有所好转。她平时还会去田里种地，生意好的时候自己一个人忙不过来，所以饭馆还雇了一个服务员。服务员负责做饭采购，噶多负责收钱、清扫和洗餐具。由于餐厅晚上要开到十点多，所以服务员吃、住都在她家里。幸亏餐馆有服务员帮忙，不然噶多根本忙不过来，她每个月给服务员800元工资。噶多说现在家里日子好了，家用电器基本上都齐全，比起其他家庭他家还用上了洗衣机。家里除了已有一辆电动车和四辆自行车外，2006年家里还添置了一辆菲亚特牌的小轿车，花了将近10万元。今年饭店的生意较好，家里又买了一辆二手的福特车，也将近10万元。巴桑和儿子赤烈多吉都会开车，去哪里都很方便。

儿子赤烈多吉今年23岁，就读于林芝农牧学院农牧专业。今年毕业后报考西藏地区的公务员，可惜落榜了，现在正在准备事业单位的考试。我问噶多儿子有没有特别想去的部门，噶多笑着说先就业后择业吧。女儿噶桑今年25岁，参加工作已有一年，是岗堆镇中心小学的英语老师，学校离家很近，女儿每天都会回家，她的工资可以养活自己，很多时候还能贴补家用。噶多说自己对于儿女在学习方面管教很少，都是巴桑负责小孩子的学习情况。巴桑不会太过严厉地对待孩子们，孩子们完全是出于自己的爱好选择自己的学业或者生活的方向。噶多和巴桑都很喜欢打牌，所以只要是孩子们在家，一家人饭后都会一起打打牌。所以，以前孩子们都在学校，现在孩子们回来了，餐馆的生意又很忙。

3. 繁忙的银行工作

时间已经接近中午了，我们怕耽误噶多的生意，就从噶多家里出来，正巧巴桑给我们打电话。来到营业厅，还是有少量的村民在办理业务，巴桑看我们来了，就从柜台里面走出来。我们在他接待贷款客户的大桌子旁边坐下。巴桑带着歉意告诉我们，营业所只有3名工作人员，所以客户一多他们就会忙不过来。巴桑是营业所的主任，也是营业所里年龄最长的一位。1978年开始，巴桑就到在农业银行信用社[1]工作了，当时的办公地点在离现在营业所不到300米的曲德寺内。巴桑回忆起自己以前的工作，觉得和现在相比真可谓是天壤之别。他说当时自己的办公设施就是一张桌子和一个小保险箱，由于村民们都很贫困，一年内存钱的人只有30到50人。绝大多数人都是来贷款的，当时基本不需要抵押物，只要凭村里面的领导开证明就可以来信用社贷款了。

后来，银行业务慢慢发展起来，但是银行的办公人员不是很多。巴桑在杰德秀镇做过银行的会计、出纳和信贷员，当时一个营业所一般是3个人，最多时达到5个人。后来到了朗杰学营业所只有两个人，自己2008年回到贡嘎县前进营业所做主任。巴桑说现在银行业务发展很好，不仅贷款人数增加了，存款人数也大大增加。

巴桑所在的前进营业所是贡嘎县经营情况最好的营业所，但是巴桑说回收贷款也是非常困难的。遇到个别难以还款的村民，经常要去他家里了解情况，催促还款。所里的工作忙经常抽不开身，所以只能休息日去或者下班之后去。一个月至少要去三次，这样工作就更加繁忙了。去年前进所开展了办公自动化培训，为期15天。培训期间，所里只能留一个人值班，剩下的人去参加培训，三个人轮流留守。那段时间非常忙，白天不是培训就是办理业务，晚上还要学习培训的内容。学习使用电脑和相关的办公软件对于年轻人来说比较容易，对于巴桑来说可不是件简单的事情。巴桑说当时可把他难住了：总是记不住，而且之前自己也没有接触过类似的东西，所以总是要回过头重新学习。当时他总到其他职员那里去请教。巴桑说现在好了，每天工作都能用到，久了也就熟练了。巴桑是一个非常认真的人，他对于我的记录也是一字一句地看着，他看到我没记全还会重复说一遍。我们离开的时候营业所里已经没有人了，其他职员也都回去吃饭了。巴桑把我们送出去，跟我说有什么需要深入了解的可以随时再来。

---

① 当时的农村信用社归农业银行管理。

（四）养路工人普布次仁家

普布次仁是一个刚满40岁的养路工人，他所在的单位是山南地区交通运输局扎朗养护段。岗堆村依山傍水，交通十分便利，101省道从村庄北部贯穿而过，是连接山南地区到日喀则、东到林芝、北到拉萨的重要公路。山南地区交通运输局扎朗养护段属独立区级事业单位，位于岗堆村委会旁的省道路北，此养护段虽然不归村庄管辖，但不论从其工作人员还是地理位置的角度来看都同村庄的发展有着密切的联系。

1. 家庭基本情况

普布次仁全家有六口人，包括他们夫妻俩，还有两个儿子和两个女儿。妻子卓嘎今年37岁，岗堆村本地人，在家务农。普布次仁不是本地人，他是从岗堆村西边的曲水县过来的，养路段大院里经常会放映电影供职工和村民消遣，卓嘎闲时也会去看电影，于是就和在养路段工作的普布次仁相遇相识了，放电影的地方成了两人约会的地点，养路段的大院成了见证两人爱情的地方。

老大次仁顿珠今年18岁，刚刚初中毕业，准备继续在县里上高中，他从小学到初中一直是班长，在学校里是一个很负责任的班干部。在初中大约半个月能回家一次，回到家也不闲着，因为自己是家中老大，经常帮母亲洗衣做饭，帮父亲做零活。老二桑杰意西年龄比较小，11岁的他过了暑假就升小学四年级了。大女儿仓木14岁，本应上六年级，却因生病而卧床在家。据母亲卓嘎回忆，仓木有次在学校上体育课，不小心摔倒了，后来查出女儿得了肾结石，在贡嘎县医院住院治疗了一段时间后还不见好转，想带女儿去内地看病，但是没有足够的积蓄，只好先在家中静养一段时间再想办法。小女儿尼拉最小，只有10岁，在岗堆中心小学读二年级，非常聪明，学习成绩很好。学校离家不远，尼拉每天回家吃饭。年龄虽然小，但尼拉字写得很好，得过一些奖状。

2. 普布次仁的工作

普布次仁今年40岁，在他21岁和卓嘎结婚以前，就已经在公路段工作了。那时西藏的公路网还没有现在这么健全，他参与重建了从曲水县的曲水大桥到贡嘎县甲竹林镇的拉萨贡嘎机场的道路工程。曲水大桥是重要的交通枢纽，极具战略地位，著名的318国道从桥北穿过，东段直通川藏公路和滇藏公路，西经日喀则，南下樟木口岸，东达尼泊尔的加德满都，北经堆龙德庆县连接青藏公路。可以说，西藏境内所有重要的公路干线都要通过曲水大桥。而拉萨贡嘎机场是西藏最大最重要的机场和战略要塞，坐落在壮丽的雅鲁藏布江南岸，是世界上海拔最高的民用机场之一。作为连接这两个关键地方的路段其重要性可想而知，普布次仁将青春献给了这段重要的公路。

工程完工之后，他们的主要任务就成了养路、护路。普布次仁夏天几乎每天都要去上班，他的职责主要是扫路，保持101省道路面整洁，有时也会对道路的排水系统进行清理。西藏的冬天气候恶劣，但是他们还是得坚持上岗。普布次仁虽然年纪不大，却也是扎朗养护段的老员工了，在这段省道上风吹日晒了二十年，因为他兢兢业业地工作，每年都能得到山南地区交通运输局的奖励。据他的妻子卓嘎说，每年年底丈夫都会去泽当开职工大会，每次都能带回来各种荣誉证书，总部颁发的"优秀员工"称号是最多的，有时还会发几百元的奖金。

3. **家庭经济情况**

家中的收入主要依靠普布次仁每月三千多元的工资，虽说这是个有固定收入的家庭，但是家里的条件并不宽裕。妻子卓嘎主要在家务农，种植六亩土地，其中有一半都是旱地，水浇地主要种植小麦、青稞等粮食作物，有时也会种一些油菜，收获的庄稼主要供家里自用。去年闹旱灾，庄稼几乎没有什么收成。他们家不同于其他藏族农民家庭，村里大部分农家都养有牦牛、奶牛、山羊、绵羊等多种牲畜，但是普布次仁家住在职工大院里，养路段的职工普遍不养这些牲畜，所以没有畜牧业方面的收入。

关于家庭开支方面，妻子卓嘎坦言，这两年家里最大的支出就是看病得医药费。卓嘎身患车祸后遗症，每年看病吃药需要不少支出，再加上女儿仓木突如其来的大病，更让这个原本并不宽裕的家庭入不敷出。在访谈中，卓嘎表示，如果没有政府的救济和补贴，家庭生活会很困难。2010年，夫妻二人带女儿仓木去医院检查，得知女儿病的较重需要住院，在公立医院里花掉两万元。从去年到现在，女儿的病再加上自己吃药，总共花了家里将近三万元，虽说公费医疗部分医疗保险可以报销70%，但是钱还没有拿到手，对家庭来说也是个不小的负担。孩子们的教育花费都比较少，大部分处于义务教育阶段，所以一年下来几个孩子学杂费和书费不过几百元。普布次仁和卓嘎每人都有一部手机，家里之前还安装了座机，这样下来一年的通信费在2500元左右。村里的红白喜事基本都要随礼，一年下来也要花近千元钱。由于家里人口多，生活开支也比较多，食品、衣服等日常开支在两万元左右。

虽然普布次仁的家庭因为生病而拖累不少，但是一家人还是对未来的生活充满信心，在谈到几个孩子的教育时，母亲卓嘎说，再苦再穷也不能连累了孩子们上学，她说只有上了大学才能有出息，如果孩子们可以的话，她要努力让四个孩子都上大学。听到她说的这一席话，我感到很欣慰，西藏的变化真的很大，这里的人民如此重视教育，我相信随着孩子们逐渐长大成人，普布次仁一家的生活会越来越好，让我们在心里祝福这个养路工人之家！

（五）培养了多个大学生的家庭尼玛家

1. 家境贫寒

尼玛，女，52岁，小学文化。十几岁就已经开始参加劳动，丈夫是她19岁那一年在村子里修水坝时认识的，没过多久两人就结了婚。结婚时，两人各自的家庭都没给什么钱，他们只能吃力地经营着这个新家，丈夫为新家盖了个几十平方米的小土房。不久后大女儿、二女儿出生，在20世纪80年代初家庭联产承包生产改革时，他们以四口之家分得八亩农田。当时夫妻俩年富力强，勤劳耕作，一家的温饱倒是不用愁，但也一直没能有剩余的积蓄。后来，三女儿拉姆和小儿子多吉次仁出生，家里多了人丁，饭饱之余的穿着、教育方面的开销渐渐多了起来，年幼的孩子们还不能为家里分担，所有的重担都落在夫妻二人的肩上，家里的生活渐入困境。多吉次仁记得很清楚，那时候他6岁，刚上小学一年级，他的大姐和二姐上初中，三姐读小学四年级，家里在整个村里算是最贫困的。大姐二姐虽然相差两岁，但却是同一年级，读书学习向来很刻苦，成绩也一直很好。高中三年需要到县里的中学去念，后来两姐妹同时考上了山南地区第一高级中学。几个孩子漫长的读书路，让尼玛夫妇俩肩上的包袱愈来愈沉，简直压弯了腰。那时候，家里只有两张小床，女儿们从县中学回家，没有地方睡觉，丈夫只能在他工作的工地上捡来砖头，然后用砖头垒起，在上面铺上木板，这就算多出一张床。家里来了重要的客人时，他们才想起需要做酥油茶来招待客人，但是家里没有制作酥油茶的机器（藏式），于是就用一个大木桶，在里面放上酥油、茶、盐巴、开水之后盖上盖子，两人合力同摇木桶，通过这种方式做出酥油茶来招待客人。此外，每每做饭的时候也是最让多吉次仁心酸的，家里没有炒菜的锅，他需要到邻居家里去借。家里最好的东西就是高压锅了，那年多吉次仁读三年级，爸爸在拉萨打工，过年回家前买的，而且还买了一些骨头，因为骨头比肉便宜很多。那一个年夜饭就是骨头汤和糌粑，多吉次仁回忆说那可真好吃。他笑笑说，如果现在同样的东西在他面前，怎么会不想吃。

“穷人的孩子早当家”，家里的困境让几个孩子比别人更早懂事。多吉次仁说：“暑假寒假期间我们兄弟姐妹们基本上没时间看书，都到山上去捡牛粪，帮妈妈干家务，到田里去拔草、放牛、收割等等。”“我觉得我是个很懂事的小孩，过藏历新年、望果节和其他一些节日时，我骑着自行车到处去捡易拉罐卖钱，运气好的话，一天能有十几块钱收入，真的很高兴。我挣的钱都给妈妈，一块钱都没留给自己。”他也羡慕其他小朋友手里的玩具枪、嘴边的冰棒，但最后还是没给自己留下一块钱。上初中以后，他每年寒暑假都去打工，去过工地里搬砖头。

2. 全家的大学梦

村里大部分二十岁左右的年轻人都外出打工赚钱，这是村里人增加收入的唯一途径，很多家庭也因此经济条件得到了改善。但执著的父母一直咬牙坚持让孩子们读书，多吉次仁的大姐二姐向来成绩优秀，汉语又学得很好，父母怎么也不舍得让两个女孩辍学，外出打工。就在父母进退两难、拿不定主意的时候，村子里传来了好消息，村里某户人家的孩子大学毕业后分配到山南地区行署工作。这一情况让父母拿定主意，再苦也要让孩子们读书上大学。在多吉次仁读六年级的时候，大姐二姐没有令父母失望，一同考上了西藏地区的最高学府——西藏大学，当时不少邻居都来登门道贺。可欢喜背后却是沉重的负担，父亲一个人打工的收入无力支付两人大学的学费和生活费。那时，父亲到银行去借了5000元钱，给家里买了个磨粉机，让妈妈用磨粉机增加点收入，父亲继续到外面去打工。但这样也只是能勉强解决姐妹两个的学杂费和部分生活费用。正当家里为姐妹俩筹集生活费发愁，想让没考上重点高中的三女儿外出打工时，一个从拉萨打工回来的人向他们介绍说，拉萨有一户有钱人家需要找一个年轻的家庭保姆，如果拉姆愿意去的话，不单单包吃，每月还有一定的工资，此外，过几年再给拉姆介绍户城里的好人家。初始，尼玛夫妇是拒绝的，但是懂事的小拉姆却劝父母同意让她外出当保姆。

小拉姆长得很瘦，即使怀胎十月也看不出一点丰满的样子（我们入户采访时，拉姆正在家里养胎），但她也长了一米六五的个头，从小就帮妈妈做家务活，干活麻利。她面容淳朴和善，特别是那双眼睛，很慈善。多年来，她为父母的劳累心酸，为贫困的家庭担忧，她一直谨记父母“认真读书”的要求，也一直比其他同学努力，为的是不辜负父母的期望。但是一场升学考试没发挥好，没能考进重点高中。在她看来，唯一可以补救的方法就是外出打工为家里多赚点收入。看到小拉姆决心已定，为了边珍和索朗卓嘎能顺利念大学，为了这个家，最后父母也只能忍痛割爱，让小拉姆进城里当了保姆。

三姐当保姆的事情使幼小的多吉次仁久久不能平静。她不再像其他孩子那般开朗活泼，而变得沉默寡言，总让人觉得心事重重。在他的心里只有一件事，就是发奋读书，像大姐二姐一样考上大学。这种想法跟父母平时对他的要求不无关系，小的时候也不知道读书是为了什么，只知道父母想让自己读好书，他见到父母每天都很辛苦，就想着不让父母担心。后来到了初二时两个姐姐毕业工作后让一家的生活开始有所改变，他也明白了好好读书的意义。他说：“我知道我们的生活那么苦，我也决定好好读书考上大学，找到一份好的工作，报答父母。”他从县中学念完初中后考上山南地区第二高级中学，高考考上了林芝的农牧学院。多吉次仁的用功是别人的几倍。备考公务员期间，其他同学只看一两本书，他拉了整整一小拉车的书籍到学校学习，如今功夫不负有心人，他考上了山南地区的公务员了。但遗憾的是在他大二那年，爸爸去世。他说：“虽然我很高兴考上公务员，但是我的心还是空荡荡的，因为我的爸爸不在这世界上，我无法报答他的养育之恩。”

多吉次仁皮肤黝黑，瘦，但看上去很结实，是一个身体素质很棒的小伙。他喜欢运动，特别是打篮球，也喜欢 NBA 的篮球明星，QQ 用的是科比的头像。在大学期间，多吉次仁的成绩进入班级前百分之三里面，并且担任体育委员。学费、生活费虽然得到两个姐姐支持，但也只是勉强应付，他就在学校做了一份勤工助学的工作，每月有一百多元的补助；再者，他能获得学校评选的“优秀学生干部”，每年能得到三百元的奖励；此外，优秀的体育表现也得到五十元奖金。他的篮球打得特别好，一米七五的身高，身体柔韧性很突出，强烈的得分欲望很具有冲击性，是打二三号位再合适不过的人选，回到村子里，在球场上能与之对抗的几乎没有。看到儿子的好身板，尼玛也很欣喜。

3. 家境好转

尼玛家的情况慢慢得到好转，这是在两个女儿大学毕业工作后才开始的。边珍毕业后分配到洛扎县人民政府工作，索朗卓嘎则到日喀则地区的南木林县任小学教师。小时候一家人的艰辛也让他们更加感受亲情比山大，工作后她们源源不断地往家里寄钱。几年前家里得以盖了新房子。最近，尼玛家喜事连连，在 7 月 15 日这天，三女儿拉姆刚刚生下了孩子，前不久小儿子多吉次仁大学毕业顺利考上山南地区的公务员，正等着报到。这些年来，家里能劳动的人口少，一直是让他们家经济状况不能好转的最重要原因，没过多久，三女婿将会搬到家里来住，一来是可以照顾妻儿和岳母，二是可以为他们家几亩农田耕作。多吉次仁工作后会有稳定的收入可以寄回家，妈妈尼玛也不用担心了。

十五、贫困家庭

（一）无男劳力的家庭达瓦家

1. 家庭基本情况

这个贫困的家庭由四个女性成员组成，除了 72 岁的老人达瓦之外，还有 47 岁的大女儿拉巴、23 岁的二女儿德吉以及 16 岁的外孙女罗宗。罗宗是拉巴的女儿，罗宗的血亲父亲在名分上并不承认她们母女，也未提供任何抚养上的帮助。这种不负责任的行为虽在当地也会受人鄙视，但也没有相关强制的措施要求他必须履行照顾她们母女的义务。德吉并非达瓦老人的亲生女儿，而是达瓦一个姐妹的孩子。达瓦的丈夫在十几年前生病去世，从那时起，家里开始过没有男丁的日子。本来人丁稀少，劳动力不足已经严重阻碍到她们脱离贫困，丈夫的去世更是雪上加霜。

长期的劳累过度和营养不良，使得达瓦的身体每况愈下，三年前一场严重的胃病，平时服用村里赤脚医生开出的药已经不管用了，后来去了曲水县医院治病，因为有一个远房亲戚在这家医院供职。当时花了四千多元钱，这大约是她们家一年的收入。这场大病持续了三个多月，她没法劳动，此后田地里的活就干不动了，现在只能干些简单的家务活。此后也是大病不断，小病连连。现在她的心脏、脾胃都出现严重衰退，时不时作痛，牙齿所剩无几，只能吃些糊状的食物，消化能力也不行，整个人消瘦得似一阵风吹过会倒下的样子。视力也下降得很厉害，右眼完全看不见，左眼勉强看得清。但由于经济条件有限，加之身体承受不了远途的颠簸，她没法到医疗条件更好的地方接受治疗。即使现在参加了医疗保险，就医成本降低了，她也没能外出就医。

达瓦和女儿拉巴常住家中，达瓦现在只能料理些家务活，家里 8 亩田地主要由拉巴负责。但两人都骨瘦如柴，看上去并不能承担沉重的农活，田里的活常常需要靠其他村民来帮助。能为家里提供收入的只有养女德吉，因家里贫困需要有人挑起重担，她在 18 岁读初中时就退学到拉萨打工，现在每月能赚 1000 元的收入，并把大部分钱都寄回家里。去年寄回家里 8000 多元钱，仅为母亲治病一项的医药费就花去四千多。孙女罗宗，黝黑黝黑的，胖乎乎的小个子，现在在贡嘎县试验中学读书，过了这个暑假就上初二，平时住在学校，每两个星期回家一次，往返的 12 元车费得从家里“挤”出来。从家里回到学校后的第一个周末，母亲拉巴会去学校给她送些馒头、面包和干净的衣服，有时也给几块钱的零花钱。她说经常饿肚子，所以零花钱都买了方便面。

从屋外看，达瓦的房子与周围村民们两三层的砖石房形成了鲜明的对比。她的房子是个一层的土砖房，房子是十五年前盖的，居住面积大概 80 平方米，隔成三间：卧室、厨房、杂物房。盖房子时花了 3 万多元，其中向银行借了 2 万元。跨进家门，养牛的院子不到 20 平方米大，却挤着 6 头牛，由于地方太小，喂牛的草料也只能铺在门前。房子的支柱并不是在其他村民家里常见的砖石柱或水泥柱，而是未加修整且毫无装饰的圆木，像刚从林里砍回来的树干。地板凸凹不平，布满小坑，家徒四壁，连墙也没有磨平，更谈不上雕梁画栋，而藏民的居家风俗是会在墙上、柱子、房梁画上各种象征吉祥的彩绘和图案。照明设备只有靠几个四十瓦的灯泡。

2006 年，国家一个旧房改造的项目落实到了岗堆村，几年间，整个村焕然一新，大部分人家都盖了新房。达瓦老人最大的愿望是能住上新房子，尽管国家补助不少，银行贷款也方便，但是家里并没有足够的劳动力，也就不能有足够的收入来支付盖新房子的费用。况且，家中没有男丁，盖房子也就无从说起了。

2. **家庭经济状况**

从掌握的经济资源来看，达瓦一家现所承包的土地面积共8亩，另有2.5亩的荒地。8亩土地均需人工灌溉，但其中5亩地是旱地，长年干旱，难以灌溉，只有3亩属于良田。尽管达瓦家所承包的土地面积并不少，但没有任何辅助性生产工具。

在8亩农田上辛勤劳动，达瓦家基本上解决一家3口人的吃粮问题。2010年，她们种了7亩小麦，但收成并不好，产出约1800斤，一亩土豆，产出300斤。此外，圈养奶牛6头，绵羊6只，山羊4只。

据达瓦介绍，全家2010年的经济收入总共8900元，其中8000元由养女德吉外出务工所得，其他来自政府补贴和社会救济。从家庭的消费方面看，达娃家的耐用消费品只有一台电视机和一部固定电话，另有手机一部。

下表是2010年达瓦一家消费支出的大体情况。全家总支出在8000元左右，其中占最大比重的是达瓦的医疗费用，这部分超过4000元。值得注意的是家庭花费在穿着上的费用很少，只有1000元，如果按一件女式藏冬服600元来计算，达瓦家去年一家添得的新衣服不到两件。

表15－1　**达瓦家2010年支出情况**　单位：元

总支出	生产性	衣服	食品	看病	教育	娱乐	红白喜事	交通	通信	住房
8000	0	1000	720	4500	180	0	200	438	300	0

3. **经济贫困带来的影响**

在这个贫困的家庭，会给罗宗带来怎么样的影响呢？我们特地来到贡嘎县实验中学看望了她。她能听懂我们的问题，但说的汉语却只能是一个词一个词地蹦出。因为陌生，她过分地害羞，总是低着头说话。她告诉我们她喜欢数学，因为数学不需要用到汉语，她还喜欢跳舞。当我们问及家庭情况时，她哽咽了起来，渐渐地泪流满面。一番安抚过后，她才慢慢冷静下来道出缘由。她不能用连贯的句子，但我们听到她反复强调：家里穷，妈妈没有工作，奶奶生病了，爸爸死了，我们不能盖新房子……因为这些，她有很多的伤感、自卑和困扰；因为这些，她表示应该不会上高中了，她要去打工，为家里分忧。我们对于罗宗的升学问题比较担忧，她的学习成绩不好，在班里排名靠后。班主任向我们解释，由于汉语基础不好，其他科目都是用汉语来学习，所以各门科目也就很难学好。班主任还说，罗宗平时是个开朗活泼的女生。

（二）缺少专业技术的家庭达娃家

1. 家庭基本情况

达娃，女，1961 年出生，小学一年级就辍学务农，不识字，20 岁时与大她 10 岁的卓嘎结婚，生下了 5 个孩子。丈夫卓嘎以前当过司机，现在在家务农。

在访谈过程中问及达娃的基本情况时，达娃对自己缺乏文化教育表示自己很“没用”。但据我们了解到的情况，达娃并不像她所说的“没用”。几年前，村干部组织村民们学习温室种植的技术，每家每户都参加了培训项目，但成功的却没几个，她是其中的一个。她在自家院子里一块不到 30 平方米的地方搭起了棚子，种起了温室蔬菜。她种过的蔬菜有大白菜、黄瓜、西红柿、青椒、花菜、南瓜等。这些蔬菜能在村子里种植，是一件很新奇的事情。虽然她种植出来的蔬菜很少，不足以到市场上出售来增加收入，但也改善了一家人的营养状况。相比大部分村民每天都只以糌粑、酥油茶、牛奶为食物来说，这些蔬菜具有很高的营养价值。她说，她能成功种植这些蔬菜让她很欣慰，家人也很喜欢这些蔬菜，以后还会购买一些新种子，种植新品种。

大女儿普吉，今年 31 岁，也在家里干农活，有两个孩子，一个 12 周岁，一个 6 周岁，两个孩子都在男方家中抚养。普吉的丈夫是司机，在贡嘎和阿里地区间跑运输。达娃的第二个孩子普琼，29 岁，在琼洁县成了家，平时工作忙碌，与家里的联系不多。达娃的三女儿叫达嘎，27 岁，是一个性格坚强的女性。达嘎历经了坎坷，去年才考上拉萨某财经院校，现在是一名大学生了。达娃说，达嘎因为汉语学得不好，小学六年级读了四年才考上中学，但初中才上了一个学期就让家里人给送到拉萨当保姆。当时雇主说，只要达嘎到家里做保姆，不仅负责达嘎的一切生活费用，每月还会给她工资。达嘎虽然不情愿，但这一去就是三年，后来自己坚持要回来，完成自己的梦想。她又从初一开始学起，六年之后，终于考入了大学。回想当初，达娃内心也愧疚，现在最关心的就是达嘎的前程，她每天都与达嘎通电话，了解和关心她的生活、学习情况。

达娃的第四个孩子次旦，男，今年 22 岁，聪慧机灵，很富有生意头脑，他现在在山南行署的市中心经营一家食品商店，但是见到近几年运输行业兴旺，他也打算改行，买辆面包车跑运输。

小女儿决珍，14岁，刚刚小学毕业，升学考试成绩在班里排名第十三，准备到县实验中学上初中。决珍是个懂事勤快的孩子，平时放学回家就帮母亲干家务，做饭、洗碗、喂养牲畜、挤牛奶、到田里拔草，样样干得利索。她喜欢唱歌，但性格腼腆，几番邀请也没在我们面前表现。决珍说，她想当一名老师，因为家里穷，看到爸爸妈妈都很辛苦，她平时也不乱花钱，决心要好好学习，将来和三姐一样考上大学，毕业后好好赚钱报答父母。

达娃家的房子是2007年建成的，花了八九万元，其中向银行借款3.5万元，今年五月份才把全部贷款都还清。房子是砖石瓦房，居住面积156平方米，室内装饰几乎没有。与同村其他村民相比，居住条件属于中下水平。家里做饭主要的燃料依然是原始的木柴。

2. 家庭经济状况

达娃一家现所承包的土地面积总共8亩，拥有农用拖拉机一台。去年种了5亩青稞，产出约1400斤，两亩土豆，产出800斤，一亩油菜，产出200斤；此外还有奶牛4头，绵羊25头，鸡20只。2010年家庭的现金收入全部由外出务工所得，总共大约一万元。

从家庭的消费方面看，达娃家的耐用消费品有电视机、洗衣机、影碟机各一台，固定电话一部，手机3部。下表是2010年达娃一家消费支出方面的大体情况，家庭总支出在12000元左右，其中占最大比重的是支付三女儿达嘎上大学的学费和生活费，分别是4200元和3000元。值得注意的是家庭花费在穿着上的费用很少。

表15－2 **达娃家2010年家庭支出情况** 单位：元

总支出	生产性	衣服	食品	看病	教育	娱乐	红白喜事	交通	通信	住房
12000	0	1000	3000	1500	4200	200	800	250	600	0

此外，我们还了解到，卓嘎的腿有伤，行走不方便，不仅让他不能外出务工，而且对自己田地里的工作也力不从心。达娃一家至今未能脱贫的主要原因在于没有充足的劳动力，特别是缺乏年富力强的男性成员充当顶梁柱。

而且，两个女儿的教育费用还需长期支付。达娃只能盼望两个女儿早日学业有成。

尽管家庭的经济状况并不乐观，但在与她交谈的过程中，我们能够感觉到她对目前自己的生活比较满意，但对村里的事务似乎并不是十分关心，因为他觉得那些事情对他来说并没有多大关系。当问起他对村里干部的工作感觉怎么样时，她说对村干部的工作非常满意，村干部和党员经常来关心和慰问她，逢年过节会带来一些粮油。与其他村民的关系方面，她多次表达感激之情，因为家里地多人少，又是老弱妇孺，平日田里的劳作多亏邻里乡亲的帮扶。

（三）空巢家庭其美家

其美老人今年78岁，世代居住在岗堆。第十三世达赖喇嘛执政期间，设噶厦为最高政府，下设基巧，基巧下设宗。岗堆村当时隶属于洛卡基巧（即山南地区，共有30个宗谿）的贡嘎宗。解放以前，贡嘎宗驻地仍设立在贡嘎雪村（即今岗堆村），其美老人一家在当时是处于贡嘎宗统治下的一户普通农奴家庭。

1. 往事的回忆

提起50年前的往事，今年78岁的其美仍然记忆犹新。她世代生活在西藏山南贡嘎县岗堆镇雪村，据其美老人回忆，当时贡嘎雪有两个大农牧主：香叠和尼藏尼（音译），他们掌握有雪村的大片土地，其美老人一家是给他们做工的农奴。当年的农奴不仅没有人身自由，而且还要向农奴主交纳沉重的租税。其美家每年要给庄园主交25如克（约400公斤）上等青稞、10多只羊、18藏斤干草（1藏斤=3.5公斤），每天要有一个壮劳力到庄园支差。此外，还要给宗政府交150多两藏银、10如克（约160公斤）的饲料豌豆，要给贡嘎曲德寺交15如克（约240公斤）青稞。沉重的负担使其美家境每况愈下，不得不四处借债。

1959年，其美的命运发生了变化。解放军平息叛乱时，其美老人一家在和解放军接触的日子里，真正感到了做人的尊严。通过和解放军的接触，其美一家明白了，农奴要想翻身得解放，就得推翻压迫人、剥削人的旧制度。她回到村里，在党组织和解放军的支持下，参加了由农奴搞起的民主改革，两个大农牧主的土地都被没收平均分给了原来的农奴们。其美一家过去做梦也没有想到的事情出现了：过去被人随意踩躏的农奴不仅有了自己的土地、牛羊和房子，居然成了当家的主人，可以发表自己的意见，行使正当的权利。

2. **家庭概况**

其美老人一共育有6个儿子和3个女儿。现在老伴已经去世，5个儿子和3个女儿已经成家。其中4个儿子一开始都在本村盖房子的包工队里打工，后来随着经验技能的不断丰富，他们开始去城市里打拼，并渐渐在拉萨站稳了脚跟，成了家。另一个儿子去了同属于贡嘎的另一个乡镇成家。她的这五个儿子常年在外，回家的次数很少。其美老人主要靠在拉萨工作的儿子巴桑赡养，巴桑会经常回来看望她，并时常往家里寄钱，捎一些食品衣服回来。老人的三个女儿都嫁给了本村人，也都定居在岗堆村。大女儿嫁给了位于岗堆村扎朗养护段的一名养路工人，但是不幸的是前些年她的丈夫生病去世，她一时受不了打击再加上长期劳累不久后也过世了，留下了未成年的两个女儿和一个儿子，后来老大被石家庄的一个富商领养了，老二被送到了位于山南地区首府泽当的福利院，最小的儿子现在跟其美老人住在一起。老人也想把那两个孩子都接到她这里来，但是心有余而力不足，不过扎朗养护段每年给这三个孩子抚养费，一直负责到他们18岁为止。其美老人的二女儿卓玛次仁在岗堆村开商店，刚开业四个月，小店铺就在101省道旁边，叫卓玛商店，经营一些食品饮料等日常百货，买主主要是本村人，偶尔也有路过的司机光顾。最小的女儿尼玛在本村务农，嫁给了同在本村种地的普布次仁，尼玛的儿子普布多吉是清华大学的高才生，每年放假回来他都会在姥姥家住，陪姥姥聊聊天，帮她料理一些家务。

现在跟其美老人长期居住在一起的是她身患残疾的五儿子。他并不是天生残疾，据老人回忆说，因为她这个儿子小的时候生活条件很苦，有一年家里吃不到饭，他饿的不行，就独自离家在外面找吃的，可能是因为吃了一些不干净的东西，所以导致他害了这个聋哑病。由于生活不能自理，只能跟老人相依为命。

3. **家庭经济情况**

其美老人的生活来源主要是靠她的儿子巴桑在外面工作寄回来的钱，不过老人自己还有村里给60岁以上老人发的每月55元的补贴。家里有12亩地，耕地由她的三女儿尼玛负责，主要种植青稞，一亩产500斤，青稞的价格约为1.5元/斤，由于近三年连续天灾，粮食减产了很多，实际上每亩地并不能收到500斤。家里还有6头牛，其中4头公牛用来耕地，市场价值在每头3000元左右，奶牛2头，产出的牛奶主要是家中自用。

家里最大的开支是食品和衣服，每年的花销约7500元，老人的生活简单，主要是要照顾自己的外孙和她的聋哑儿子。外孙现在在贡嘎县中学读初三，每月需要100元左右的零花钱。

老人家中刚盖了新房，主要是三女儿尼玛帮她建的，尼玛家对老人很孝顺，自己家里至今还住的土坯房，建好了新房子先给老人住。尼玛一家是村里的贫困低保户，但是他们一家人穷志不穷，儿子普布多吉考上了清华大学，现在生活已经完全独立，每年还往家里寄钱，而且又很孝敬老人，他们家的事迹在村子里传成美谈。

如今，其美老人儿孙满堂，生活幸福，做饭还用上了沼气，虽然说儿子大多不在身边，但是自己也并不觉得有多孤单，毕竟还有一个儿子和外孙在家里陪着她。谈到西藏50多年的变化，老人感触颇深："共产党给我们争来的民主权利，今天得到进一步发展和完善。我们相信有党的领导，有解放军的支持和帮助，我们的生活会越来越好。"

十六、以种植业为主业的家庭

（一）原生产队队长白马群培家

见到白马群培时，他正在屋外整理木柴，一进他家的庭院便可以看到一栋新盖好的二层楼。白马群培招呼我们进屋后，我们看到他家的摆设很简单，客厅里只有一台电视机、一部DVD、一张桌子和一排沙发，但是房屋粉饰一新，墙的四周都是精美的壁画。

1. 家庭基本情况

白马群培，男，1942年出生，20岁时与年仅16岁的巴桑乔布结婚，婚后两年生下大儿子尼玛。尼玛中专毕业后原在供电所工作，结婚后入赘到泽当地区。二儿子旺堆39岁，是村里的铁匠，和仓决结婚后，入赘到了女方家。小儿子普琼27岁，原来在拉萨、日喀则等地跑运输，后来村里开了沙石厂后就在本村拉石块、沙子、水泥等，他的妻子是岗堆村商店的女老板达娃。白马群培的大女儿白马央金，36岁，在家务农，丈夫布琼以前跑过运输，后来由于家里盖房用钱，将面包车卖了，现在在外打工搞建筑。他们生有两儿两女：大女儿德吉辍学后便在拉萨某酒店当服务员；小女儿卓玛在陕西临潼的西藏中学读书；大儿子巴桑次仁刚刚小学毕业；小儿子江洋在上小学二年级。白马群培的二女儿边巴33岁，一直在亲戚家当保姆。三女儿扎西拉姆31岁，在上海某会计学校大专毕业后回到阿里地区当小学教师，供妹妹罗珍上学。罗珍21岁，在贡嘎县实验中学初中毕业后以优异的成绩考入山南第二高级中学，高考时又以高出本科线100多分的成绩进入了西藏大学，现在在读大学二年级。

白马群培家有16.3亩地，种着2亩小麦、12.5亩青稞和4分地的土豆，其余均为荒地。小麦和土豆主要用于自家食用，由于去年缺水，青稞基本没有收成。他家有3头奶牛、1头公牛、2头牦牛、4头小牛、2头猪和1只绵羊。奶牛产的奶除部分用于早饮外，其余的都由巴桑乔布做成酥油存放在家中。牦牛用于耕地，公牛、猪和羊都供自家食用。白马群培家原本有6只绵羊，不幸的是，其中5只都被野狗咬死了，现在只剩下了1只。

他家新盖的二层楼建筑面积有336平方米。客厅里摆放的电视机是15年前尼玛花1000多元钱买回来的。DVD则是新买的，花去了300元钱。固定电话是三年前预存150元话费后由移动公司统一安装的。十几年前，白马群培家曾花十万多元买了一辆东风车，由旺堆和普琼合伙经营，主要在拉萨、日喀则等地跑货物运输。旺堆结婚之后，由普琼单独经营。2009年，家里将东风车卖了53000元，又分别花去23000元和8000元买了一辆面包车和一个手扶拖拉机。面包车交由布琼在拉萨市和贡嘎县之间跑客运，但由于布琼没有驾照，经常被交警罚款，并没有赚到钱，又考虑到家里还欠款，便于2011年2月将面包车卖掉。手扶拖拉机至今仍在使用，家里盖房时，主要用它来运水泥和石块，平时则用于农耕。

2. 家庭收支情况

白马群培家从2009年8月份开始盖房后，基本上家里所有的人力、财力、物力都投入到了这栋房子上。村里的习惯是，每当村里有人家盖房，关系好的亲朋好友每家都会出一人去帮忙。于是，从2009年8月开始，白马群培家每天都会有三四十人过来帮忙盖房，此外，还有雇用的两个木匠、六个建筑工人和一个设计人员，雇用费为每人 60 元/天。两个月后，房子基本盖好。在这期间，40 多人的每日三餐都由白马群培的妻子巴桑乔布和女儿白马央金来负责。她们每两天就要去贡嘎县买一次蔬菜，每次来回的交通费为 10 元。家里还杀了一头公牛、两头猪，再加上给大家买酒和酥油茶的花费，食品费支出每天大约为 500 元钱。建房时，买了 21 根房柱，每根 300 元；房梁花去 15000 元；横梁买了 564 根，每根 25 元，花去 14100 元，水泥花费 7000 元。2010 年 1 月份家里装修，又购置家具和门花费了 5000 元；6 月份，请村里壁画家益西旺久来家里画壁画花去 5500 元。从盖房到装修，整个房子共花费了 15 万元，这其中有一部分是白马群培夫妇多年的积蓄；有一部分是儿女们给家里凑的——扎西拉姆前前后后给家里寄来 50000 元，尼玛送来 10000 元，旺堆给了 1000 元；还有 35000 元是从岗堆镇农业银行借来的。为了还借款和利息，2011 年 2 月，家里原来由布琼经营的面包车被卖掉了，卖了 22000 元。扎西拉姆又给家里寄来了 10000 元。另外，还借了亲戚 2000 元，至今未还。

2010 年，白马群培家的生产性支出为 350 元，主要为购买化肥的支出。红白喜事方面，欢送去西藏中学上学的孩子，以及给村里结婚的新人随礼花去 300 元。教育费用为 19800 元，其中：卓玛在陕西临潼上中学每月的生活费为 400 元；罗珍在西藏大学一年的学费为 4000 元，生活费为 11000 元。全家买衣服共花去 2300 元，包括过“六一”儿童节给巴桑次仁和江洋买童装花去 300 元，以及过藏历新年和望果节大人们买衣服花去 2000 元。通信费方面，家里的固定电话费为 25 元/月，一年花去 300 元。

3. 家庭经济问题

1973 年，白马群培被选举为贡嘎雪村第一组[①]农业生产队队长。那时村里种植的农作物主要是青稞和小麦。当时雪村的三个组中，一组有 240 人，二组有 215 人，三组有 180 人。一组的人最多，农田也最多，有 777 亩。白马群培就每天带领着大家在这 777 亩地上耕田、浇水、锄草、施肥。除此之外，我们现在在村里田间和村路边看到的树木也都是当时白马群培带领大家一起种植的。鉴于白马群培领导能力强，工作积极，任劳任怨，1975 年岗堆镇支

---

① 2008 年之前，贡嘎雪村和岗堆村还没有合并，雪村共分三组。

部书记扎桑推荐他加入了中国共产党。从此，白马群培便成为了一名光荣的中共党员，他对待工作也更加积极了。由于当时是国家收购粮食，实行多劳多得的政策，白马群培便一直鼓励大家以积极的劳动状态投入到生产当中。虽然是生产队队长，但是白马群培和大家拿到的工资都是一样多。收成好的时候一天能拿到一元钱，一般一天能有七角钱。然而，白马群培家的孩子较多，妻子巴桑乔布还要照看孩子、做家务，光靠他在生产队的收入还不能够维持家里的开支。于是，白马群培便决定雇人在家做氆氇，将做好的氆氇卖了之后再买粮食给孩子们吃。氆氇为藏族手工生产的一种羊毛织品，将羊毛用纺锤捻成线，借助简单纺架手工操作即可织出，是加工藏装、藏靴、金花帽等的主要材料。雇一个人来家里做氆氇，每天需付一元钱的工钱。大约一个星期能做出长 10 米、宽 30 厘米的氆氇，卖出 10 元钱，赚三四元钱填补家用。农闲时，妻子会先把羊毛纺成线，做好制作氆氇的准备，由白马群培来制作氆氇。到 1981 年，家里经济状况有所好转之后，制作出的氆氇便会拿去缝纫店给孩子们做新衣服穿。渐渐地，随着大儿子尼玛、二儿子旺堆长大成人，白马群培家的经济压力也逐渐减小了。

不料 1999 年，一场车祸不幸地降临在了白马群培的身上。那年 6 月 1 日，他像往常一样到村里各家各户安排农业生产工作。在过马路时，突然被一辆疾驰而过的小轿车撞出了一米多，白马群培当场昏迷，头部和身上血流不止。司机见状立刻和在马路边的村民巴桑等人一起把他送到了县医院，县医院了解情况后又即刻让司机把白马群培送到了拉萨市人民医院抢救治疗。医院当时诊断白马群培头部有积水可能会导致记忆丧失，肋骨撞断了六根，当即给他做了手术。好在手术成功，头部积水去除后，白马群培逐渐恢复了记忆，但他至今却仍然无法回忆起当时被撞及被送到医院的过程。在住院期间，巴桑乔布、尼玛和旺堆一直精心照顾着白马群培。司机的哥哥由于在拉萨工作，也曾带着水果和酥油来看望白马群培，还答应他即使出院后身体有什么不适，也会带着他到拉萨继续看病。一个月后，白马群培的身体基本恢复了正常。同年 7 月 3 日，在妻子和儿子的陪伴下，白马群培回到了家中。在家休养了两个月后，他又经人介绍去朗杰学镇岗则乡找了一位有名的藏医为自己检查身体，医生诊断后发现白马群培除肩部还有一些问题外，其他部位都已恢复正常。于是，在藏医的治疗下，白马群培又花一周时间医好了自己的肩膀。目前，他的身体已经完全恢复了。

虽然司机在整个过程中承担了大部分的费用，但白马群培家也因这次车祸花费了六千多元。

突如其来的车祸打破了白马群培家的宁静，白马群培也因此离开了生产队长的职位。家里新盖的二层楼又花费了家中所有的积蓄，至今仍有部分借款未还。但我们可以看到，白马群培家的孩子们工作都十分努力，也都很孝敬老人。白马群培和妻子也很勤劳，虽然年岁已高，但每日仍辛勤劳作。相信，在白马群培全家的努力下，借款很快就能还完，他们也终将会过上宽裕的生活。

（二）巴桑的大家庭

1. 基本情况

巴桑今年66岁，出生在三大领主统治时代，父母都是农奴。回忆起小时候生活的贫困艰苦，他总感叹今天的日子太好了。20世纪60年代，他就开始到田里干活，每天能赚上五毛钱的收入。后来西藏各地搞建设，需要大量的修路工、建筑工，他就去了。那时候才18岁，一开始他在山南地区，后来还去了林芝、加查、朗县等不少地方，只要有拌水泥的、铺路的、盖房子的……他都做过，那时每天能赚一块钱，多的时候能挣一块半，在当时是很不错的收入了，虽然工作比较辛苦。

相比他的父辈来说，收入可以归自己自由支配，他那时也已经很满足了。21岁时他认识了仁珍曲吉，巴桑说喜欢仁珍曲吉是因为她心地善良、劳动积极。两人情投意合，不久就成了家。接连好几个孩子出世，家里又有双亲需要照顾，仁珍曲吉一个人照料不过来，巴桑放弃了外出打工，在家安定下来。当时，田里的活很辛苦，没有钱买牛来耕地，全都靠人力。而且，大部分田地靠山上的泉水和雨水灌溉，有些年份天公不作美，闹干旱，一家十几口人的温饱问题都没法解决。到了人民公社化时期，生活的各个方面更捉襟见肘。公社依照国家的标准以每人每月28斤粮食的标准供应，其他的柴米油盐少之又少，使家里人很少能吃饱饭；最艰难的时期，13口人住三个小房间，几个人得挤在一张床上，所穿的衣服、鞋子是补了又补。

老巴桑总用苦不堪言来形容当时的艰苦生活，不过他倒是蛮开朗的，总是笑眯眯地诉说。他有8个孩子，当我称赞他多子多福时，他笑开了。孩子们都健康地成长，也都很懂事，有出息，这是他最大的满足。

前两个孩子都是女儿，达瓦卓玛 43 岁，米玛 41 岁。两人现在也都住在村子里，离父母近，经常回家陪父母聊聊天，有时带上一些糌粑、奶渣、酥油等孝敬父母。老三比老二小两岁，叫巴卓，老三是妈妈仁珍曲吉最感到骄傲的孩子。大概 20 年前，老三高中毕业，本已考上大学，但因为家里贫寒急需他赚钱养家，所以他就到了拉萨打工。工作一段时间后，他看准了会计行业的前景，自己找来书籍，下班时间自己钻研。两年后，拉萨市大型国企达氏集团招聘会计职位，他应聘成功。至今，他仍在该企业供职，基本的工资收入是每月两千多元。由于他的工作出色，其间得到上级主管的重用，被公司派到内地学习和考察矿泉水生产流水线工艺。不久后，他帮助达氏集团成功建立西藏珠峰冰川水资源开发有限公司，“珠峰冰川”矿泉水问世。现在，巴卓的妻子和两个孩子都在岗堆村，只有巴卓一个人在拉萨上班，公司为其安排了房子，他每两个星期回家一次。他的妻子昌都也很能干，不仅带两个孩子，还在村子里经营了一家便利店。老大上了三年级。二儿子强巴，4 岁，强巴喜欢跟在他爷爷身边。爷爷疼爱有加，还常给他买糖吃。比巴卓小两岁的旦巴，现在也在拉萨，是建筑工人，每月也能有 2000 元的收入，家里农田忙的季节他就回家帮忙。旦巴是最孝顺的孩子，每个月的收入基本上都带回家里。旦巴今年已经 37 岁了，还没有结婚，但巴桑和仁珍曲吉都表示并不担心，说现在很自由，随孩子的意愿。最小的儿子布琼 21 岁，跟旦巴的情况基本一样，每年也能往家里寄回一万块钱以上，但工作地点则在离家远一些的那曲。老五是女孩，叫多吉卓嘎，前些年也是到外地打工，后来嫁给了异乡郎，现在定居在四川省，每年也往家里寄回来一两千元，但就很少有机会回家看望家人了。老六索朗是电工，一个月能赚 1500 元，在外面成了家，生活勉强应付，也就没有多余的钱寄回家了。老七白马卓嘎在家里，主要负责田里的农活，有一个 3 岁的孩子。

2. 家庭经济状况

从掌握的经济资源来看，巴桑一家现所承包的土地面积总共 10 亩，拥有农用拖拉机 2 台。其中，10 亩土地中有 6 亩均需人工灌溉，其余 4 亩由山上泉水自然浇灌。15% 的土地面积属于旱地，长年干旱、难以灌溉；只有 10% 的土地面积产量高于全村每亩产量的平均水平，属于良田。

表 16－1　**达瓦家承包土地情况**　单位：亩

总面积	水浇地面积	旱地面积	良田面积	荒地面积
10	5.5	1.5	1	1.5

巴桑一家利用10亩农田和2台拖拉机，通过辛勤劳动，基本上解决一家12口人吃粮问题。去年全家种了9亩青稞和小麦，产出折算价值约7000元，1亩土豆，产出400斤，此外还有奶牛6头，猪1头。

除了粮食方面能自给自足外，巴桑家的经济收入还算不错。据巴桑介绍，全家去年的经济收入25800元，其中18800元是从外出务工带来的，7000元是凭借家里2台拖拉机搞运输赚得的。

从家庭的消费方面看，巴桑家的耐用消费品有电视机2台、洗衣机、影碟机、音响组合、电冰箱、照相机各1台，固定电话1部，移动手机3部，除2台农用拖拉机外，没有其他交通工具。

表16－2是去年巴桑一家消费支出方面的大体情况，全家总支出在30000元左右，其中占最大比重的是支付巴桑看病的医疗费用，几乎是整个家庭支出的三分之二。值得注意的是，一个12口的家庭花费在穿着上的费用很少，只有2000元。

表 16－2　**达瓦家2010年家庭支出情况**　单位：元

总支出	生产性	衣服	食品	看病	教育	娱乐	红白喜事	交通	通信	住房
30000	2700	2000	4000	20000	4200	200	500	500	300	0

3. 多子多福

在一个自然经济的村庄里，失业是不能想象的，家庭里的成员自然而然地形成一种家庭内部的分工结构。在巴桑家，年轻力壮的男性基本都外出务工了。在家里住的成员也有分工，清晨六七点起床，妈妈仁珍曲吉就开始做饭。大家吃完早饭，就开始了一天的工作：巴卓的老婆要到村头经营便利店，白马卓嘎则到田里忙农活，巴桑和仁珍曲吉则在家里做些家务活，如喂牛、挤牛奶、做酥油茶等等，另外还要照顾几个小孙子。到了田里忙的季节，比如收割的时候，布琼、旦巴都回来帮忙。

“多子多福”是中华民族的传统观念。巴桑的大家庭从经济的角度来看，劳动力丰富，给家庭的收入提供多个来源，提高抵抗风险的能力。这一点，从农田耕作、住房建造、医疗保障等几个方面最能体现。在住房上，巴桑家现在居住的这幢有十三个房间的大房子是2006年建的，当时花了将近9万元钱，其中向银行借了5万，到目前为止，贷款还了一半，剩下的贷款还有三年的期限。建房子的钱和还贷的款项主要都是由他几个孩子外出打工赚的。我们从老巴桑的口中得知，对于还款的期限，他们并不担忧，也就是说还贷压力有限。另一方面，巴桑这几年体弱多病，去年花在看病上的费用就将近2万元。在农村，每家每户都怕生病，因为一旦生病，除了要支付大量的医疗费之外，还减少了家里的劳动力，这往往成为家庭贫困的一个原因。2008年农村医疗保险的政策落实到了岗堆村，全村基本上都参加了，巴桑也参加了。新型农村合作医疗保险制度在岗堆村才刚刚起步，难免有不尽如人意的地方，我们也期待越来越完善，越来越惠民。

（三）三组组长普布次林家

岗堆村一共分为五个小组，这五个小组是由原来雪村的三个小组和原岗堆居委会的两个小组合并而来。每个小组都有组长和副组长。普布次林是村里的第一小组的组长，他的小组原来也是雪村的第一组。初次见到他是在岗堆村委会的大院里，他的眉间透着几分刚毅和帅气，同时给人第一眼的感觉就是朴实厚重、沉稳。我们在村委会对他进行了采访，他虽然不太爱说话，知道我们的来意后，他还是很高兴地接受了我们的专访。

1. 家庭基本情况

普布次林家中一共有五口人，包括自己的妻子、母亲和两个女儿。妻子拉巴卓玛，今年45岁，是岗堆村本地人，在家务农。母亲纳杰措姆今年已经88岁高龄了，村子里对60岁以上老人都有补助，到了80岁以上所给的补助更多，老人现在每年可以拿到600元。纳杰措姆虽然年事已高，但是看起来精神很好，普布次林介绍说，他的母亲年轻的时候是个精明能干的女强人，在村子中妇女圈子里口碑很好，颇有影响力，所以在20世纪70年代的时候曾经做过镇里的妇联主任，并在这个岗位上一干就是十多年。

普布次林的大女儿次林拉姆今年20岁，刚刚从贡嘎中学高三毕业，他告诉我说女儿的学习成绩一直很好，高中三年都是班长，还获得了很多奖项，既有学习上的如“学习优秀奖”，也有表彰她工作的“优秀干部奖”。她高考结束后填报的第一志愿是西藏大学，能够去拉萨上大学一直是她心中的一个愿望。此外次林拉姆从小就很崇拜当兵的人，所以她在志愿上还填报了西藏的军校和警校。她的妹妹米玛卓嘎今年才 15 岁，在县里上初中二年级。她和姐姐暑期放假回家后也不闲着，在家里帮忙干活，洗衣做饭打扫院子，让妈妈拉巴卓玛的负担减轻了不少，有时候还帮爸爸做农活，放羊、喂奶牛、挤牛奶。

2. 担任村民小组长

普布次林从 2000 年开始当上一组组长，他说村里每三年会重新选一次组长，一般是在第三年的八九月份换届。村民小组一般由四人组成，即组长、副组长、会计和出纳，是村委会下设的最基层的管理和协调机构，村民们有什么事情一般都通过组长同村委会联系。

自从担任小组长以来，普布次林做了好多工作，请技术人员为村民安装沼气就是其中之一。以前烧水做饭都是用劈柴，非常不方便，而且每个月村子里每户人家至少要有一个人上山砍柴，对自然环境有很大的破坏。现在村民家里用上了沼气，轻轻一拧开关，做什么都方便。当我们调研组初入岗堆村时，大家都惊喜于整洁漂亮的村容，村道两旁都是怒放的鲜花，还有长势良好的小灌木，环绕村庄的山坡也都披着绿色的外套。普布次林告诉我，户用沼气建成后，为岗堆村的农户提供了环保、安全、清洁的生活燃料，有效遏制了乱砍滥伐、铲挖草皮等行为，保护了当地的生态环境。据统计，一座沼气池的使用每年可保护 5～6 亩森林。在普布次林家中我们看到，灶间洁净，畜棚明亮，空气清新。“以前在过藏历年前大扫除，家里都会扫出大量的烟尘，现在再也看不到了。”普布次林对现在生活的幸福之感水瓶座溢于言表。

谈到第一组的基本情况，普布次林可以说是如数家珍，毕竟做了十一年的小组组长。第一组共有家庭 95 户，村民 462 人，是整个岗堆村人数最多的组。这 462 人中，成年劳动力有 340 人，耕地 709 亩，基本上都是水浇地和良田，没有什么荒地。他告诉我说，自己虽然只是一个普通的小组组长，但是村民经常会有一些家长里短的琐事，他都事必躬亲，鉴于他的出色表现，村委会在 2008 年推荐他入党，之后他郑重向党组织递交了入党申请书，2009 年普布次林成为了一名中国共产党正式党员。

3. **家庭经济情况**

普布次林家是一个传统的务农家庭，他自己在村里做小组长每月能拿到五六百元的工资，家里还是以务农为主，一共有13亩耕地，其中10.5亩地种了青稞和冬小麦，剩余的土地种植了油菜，按正常的情况算，青稞每亩地能产500斤，小麦每亩地能产800斤，但是这两年的收成不太好，综合算下来，种地一年能收入一万元。同时按国家规定，他家种的每亩地还有15元的粮食补贴和35元的种子补贴。他的母亲享受村里的老年补贴，每年600元。除此以外，家中还养了3头奶牛、5头牦牛和8只绵羊，为了响应贡嘎县向农户推广养殖藏鸡的号召，他还花钱买了5只藏鸡。

普布次林家居住的是近些年才盖好的新房，藏族传统风格木石结构的二层小楼，这样的民居在岗堆村随处可见，楼上住人，楼下主要是放养牲畜和当作仓库使用。家中有一台电视机，还有冰箱，洗衣机等家用电器，为了自己和小组的村民耕作方便，他还购置了一辆农用拖拉机，平时也可以当作交通工具使用。除了家中的一部电话座机外，他和妻子为了联络方便，每人都有一部手机，一年下来通信费约为1500元。花得最多的还是在食品和衣服上，一年的支出在7000元左右。除此以外，两个孩子上学吃穿用的花费一年能用到3600元。

在问到之后他还会不会继续当一组组长时，普布次林说，只要村民们支持我，我就会继续做下去。经过十几年的奔波，他已经对这个职位有了深厚的感情，让我们祝愿他和一组的岗堆村民未来的生活更美好！

（四）甜蜜的三口之家洛桑家

洛桑是一个年轻乐观的小伙子，浓眉大眼的他，脸上时常挂着微笑。他的家乡在离岗堆村不远的浪卡子县，为了追求爱情，年轻的洛桑来到了岗堆村扎根落户。

1. **来自美丽的浪卡子**

谈起他的家乡，洛桑开始滔滔不绝。他的家乡浪卡子县位于岗堆村的西南方向，海拔比岗堆要高出将近1000米，平均海拔4454米，境内山峰众多，海拔6000米以上的就有6座。最高海拔为7206米。他的家乡以畜牧业为主要产业，兼有农业和以畜产品加工业，为山南地区的重点畜牧业生产县之一，牲畜种类有牦牛、犏牛、黄牛、马、骡、驴、绵羊、山羊、猪等。洛桑来贡嘎之前，就在浪卡子县从事贩卖羊毛的生意，他解释说，浪卡子县虽然离贡嘎县不远，可是由于海拔比较高，生活条件没有这里好，不过，家乡的风景非常优美，被称为西藏三大圣湖之一的羊卓雍措就坐落在他的家乡。

洛桑的老家就在离羊卓雍错不远的地方。羊卓雍措，简称为“羊湖”，按藏文意译，“羊”指“上面”，“卓”指“牧区”，“雍”指“碧玉”，“措”指“湖”，连起来便是“上面牧区的碧玉一样的湖”。湖面海拔4441米，是喜马拉雅山北麓最大的内陆湖。羊湖汊口较多，像珊瑚枝一般，因此它在藏语中又被称为“上面的珊瑚湖”。它与藏北的纳木措和阿里的玛旁雍措齐名，被尊称为青藏高原上的“三大圣湖”。

2. **家庭构成**

洛桑出生于1977年，老家中有8个兄弟姐妹，除了他来到贡嘎岗堆村外，还有几个兄弟去了位于唐古拉山与念青唐古拉山之间的嘉黎县，其余的都在老家务农。妻子益西卓玛，出生于1968年，在家中务农。两人育有一个女儿，刚三个月大，取名卓玛央宗，“卓玛”是藏族对女子的称呼，它的意思是“度母”，一个很美丽的女神，是度脱和拯救苦难众生的一族女神，同时也是藏传佛教诸宗派崇奉的女性本尊群。而“央宗”在藏语里是有灵气的意思，这是他们夫妻二人对女儿寄予的美好期盼吧？

3. **夫妻的工作**

虽然洛桑是个外乡人，但是由于性格开朗、随和，易于与他人相处，具有亲和力，所以很快赢取了村民们的信任，当上第三组组长。除此之外，他还有一个副职，那就是雅鲁藏布江水文情况的记录员。距离岗堆村北边雅鲁藏布江岸边的不远处有一个水文情况监测台，主要是记录雅江水流变化情况，他每天早中晚都要去监测台记录水文情况，然后通过打电话的形式汇报给自治区水文站。这样的工作对于普通人来说可能显得非常枯燥无味，但是洛桑却不这么看，他觉得村里把这份差事让他做是对他的信任和肯定，况且每月还有400元的工资，这对于一个主要靠务农为收入来源的家庭来说，也是一个不小的补贴。

妻子益西卓玛是一个岗堆村的普通妇女，同洛桑相识以前曾去浪卡子县贩羊毛。岗堆是以种植业为主的村庄，畜牧业在村子里占比重很小，所以村民需要一些羊毛布料做衣服时，就会去附近的浪卡子县进行采购，由于益西卓玛经常去浪卡子县，所以渐渐就结识了洛桑，两人结婚后，小伙子就随妻子来到了岗堆村。益西卓玛平时在家里主要种植土地，顺便打理一些家务。

4. 家庭经济情况

洛桑家的收入来源主要是靠洛桑的工资和家里种的几亩耕地。洛桑担任第三组组长，一年可以拿到6000元左右的工资，担任雅鲁藏布江水文站的监测员一年下来又是4800元的收入。村里事情比较少的时候他还会去外地打工，主要是给别人盖房子，当泥瓦匠，这样偶尔打点零工，平均每年能赚到3000多元。家里有两亩四分地，全是种的青稞，一年下来能收入一千多斤粮食，都做成糌粑供自家人餐用。除此以外，家中还有一头奶牛，产出来的牛奶打成酥油也是供家人饮用。

支出方面，去年家中盖了新房子，这是小两口的一件大事，同时也是一年最大的支出项，一栋两层楼的藏式建筑，一共8个16平方米的房间，房屋外面的廊檐墙壁上都画上了美丽的壁画，还购置了几件简单的家具。这些下来一共花了家中7.6万元。从2009年开始，国家对这一带的居民建造房屋给予补贴，盖新房能够补贴一万元，旧房翻修补贴5000元。所以洛桑家的新房一共花了6万多元。购置衣服和食品是通常年份里支出最多的，一年7000元左右，结婚花费并不多，由于还收了不少彩礼，所以结婚只花费了3000元。洛桑自己有一部手机，平时的交通工具就是一辆普通的单车，他有时候也会骑车带上妻子在村子附近的雅江旁转转，还像初恋的情人一样，很浪漫的一对夫妻。

洛桑的妻子虽然比他大几岁，但他非常疼爱自己的老婆。采访结束后的一天，我们在江边又见到二人有说有笑地走在马路上，洛桑怀里抱着他的宝贝女儿，两人脸上都荡漾着幸福的微笑，这就是岗堆村普通而又平凡的一家人的幸福生活。

第三部分　村民

十七、勇于奉献的干部

（一）村委会主任桑旦

桑旦面色黝黑，眼睛稍显灰蒙，眼角的皱纹一直延伸到太阳穴，高鼻子大耳朵，格外引人注目。在岗堆村的党员活动室，桑旦头戴一顶毡帽，深灰色的外套搭配简单的深蓝色毛衫和白衬衣，墨绿色的灯芯绒裤子，脚踩一双有些泛旧的皮鞋，面带微笑而又若有所思地接受着我们的采访。

1. 认真负责的村会计

桑旦今年61岁，虽然于1972年，也就是他22岁时起就没有离开过岗堆村，但他丰富的经历还是让我们钦佩。

1972年，只有小学文化水平、缺乏基本的数学知识和运算能力的桑旦被村民推举为村会计。他既欣喜，同时也感到肩上的责任。他暗自发誓：绝对不能辜负村民对自己的信任。为此，他每天努力工作。由于自己不会算账，所以每天他把所有的票据整理和保存妥当，每隔一段时间，他会把积累的票据拿到村里懂数学的人家，让人家帮忙清算，自己也趁机在一旁学习。为了尽快适应工作，桑旦自己还购买了一些关于数学和会计方面的书，每天工作一结束，就抱着算盘和书跑去向老师们请教。功夫不负有心人，不到一年的时间，桑旦就可以自己完成会计的工作了。就这样，他在这个岗位上一直工作到1983年。在桑旦担任村会计的11年间，村里从来没有出现过财务问题，每一笔支出收入都记载得非常清楚明了。

2. 无私奉献的经营者

1983年，村里为了方便村民的日常生活，决定建立私人商店。大家一致推选桑旦来负责私人商店的筹建和管理工作。当时桑旦家并不富裕，没有开店的启动资金，他一个人步行到镇里的银行贷款5000元，并带领村民自己动手盖房。房屋建好了，有商品出售才行。当时西藏物资贫乏，他就尽自己所能为乡亲们多进些生活用品。乡亲们无论要买什么东西，都到桑旦的私人商店里来，大家认为商店的商品不仅质量有保障，而且价钱公道合理。如果在商店里没有选购到自己想要的东西，只要告诉桑旦，他马上积极地为乡亲们筹备。当时由于商店的生意好，桑旦还雇了5个村民在商店工作，他和其他5个人工资一样，都是每人每天1.9元。桑旦说，虽然商店是我开的，但这是为大家服务的地方，没有理由给自己搞特殊，反而应该更加严格地要求自己。商店的收益都用在村集体活动中，是村里评选先进发放奖金、庆祝节日花费和集体生产费用的主要来源。

3. **任劳任怨的村委会主任**

商店经营步入正轨后的1999年，桑旦经过村民选举，成了村委会主任兼支部副书记，负责全村的农业生产、治安工作、党员培养、节日庆典以及民事调解工作等。说到工作原则，桑旦边点头边认真地说："我们工作得从百姓的角度看问题，办什么事宁可自己吃亏，也不能让百姓吃亏"。

当时，村里虽然已经实施了农田分包政策，但由于自然条件的限制，生产活动还需要集体统一安排，以便提高生产效率。每年播种前，桑旦都要召集全村村民开会，讨论那些离灌溉渠较远的田地的种植问题。一般情况是，离水源近的田地可以由所有者自行决定种植的作物，但离水源远的田地要由全村开会讨论种植哪种作物。虽然会议流程是固定的，但是会议的过程还是很繁杂的。毕竟众口难调，村民们基于自己情况总会有不同的意见。每当这个时候，难题都推给了桑旦，每个村民都希望能受到公平的对待，更希望能维护自身的利益。桑旦必须顾全大局，解决个别村民心中的不满。他说，如果有个别人意见不一致，他会先单独了解他不同意的原因，然后帮他分析集体选择的好处。如果遇到有大批人不同意的情况，他就会组织群众进行讨论。之后，桑旦还会组织村干部开会商讨，择日再组织村民进一步开会决定。经过他耐心的劝导、细心的工作，每年村里的春播工作都能顺利进行，久而久之，春播工作的问题也越来越少，现在基本形成了两年播种小麦，一年播种青稞的不成文的规定。春播对于当地村民就像节日一样，他们会组织起来举行庆祝播种的仪式。每当这个时候，桑旦不仅要维护村里的治安，还要负责把全村的人都叫出来一起耕作，因为他相信，只有劳动才能创造财富，他绝对不允许有人浪费大好的时光、丧失致富的好时机。春播过后，他还要组织集体耕作的村民们轮流浇水施肥，他每天都会到田里查看进度，甚至亲自动手。

除了管理农事，桑旦还要负责组织党员学习党的文件，观看党和国家重要的会议。桑旦说，党员的学习工作每个月至少要组织两次。他还给我们展示了他们平时学习用的资料，他拿着资料略微有点羞涩地说，自己文化水平不高，好多文件有看不懂的地方，还得请教镇上派来的秘书。除了抓好党员干部的学习工作，桑旦还不忘将党和国家的政策向村里的群众宣传。农闲时，村里的人都会来村委会坐一坐，桑旦也会把这些资料拿出来给村民讲讲，如果有人想借走看看，桑旦都会热情地借给他。正是由于桑旦不懈的宣传，每年村里都新发展党员 4 至 5 人。

每年的藏历新年、藏历四月和望果节，桑旦就更加忙碌了。既要组织村民们搞大型的庆祝活动，包括安排庆祝活动的节目、时间、场地，又要维护好村里的治安。村里的治安小组只有 7 个人，桑旦是其中一员，全村的日常治安就落在他们 7 个人的头上。平日里，7 个人要轮流执勤，每年节日期间，村民们都集中到一起观看节目，治安小组的工作压力就更大了。而且每到节日，因喝酒引起的打架事件会激增，桑旦还要负责调解工作。平日里村民不管有什么大事小情都会到村委会找桑旦解决，他说："村民找我是相信我，我得尽力给人家办好。"采访中，桑旦表示，他觉得自己工作以来最难的就是调解工作。尤其是节日期间双方都喝了酒，都比较难以克制。桑旦处理这些事件会先把两方劝开，然后分头了解情况，最后帮助双方和解。村民们都很淳朴，而且平时在村里关系都非常好，偶尔有拌嘴打架的事情，只要双方平静下来，基本上没有解决不了的。

除了这些基本的日常工作，桑旦还要负责村里三所寺庙一所尼姑庵的管理工作。他每隔几天就要到寺庙里去走访一次，了解寺里喇嘛的日常生活，还要对外出的喇嘛进行登记。除此之外，还要向寺庙里面的人宣传法律法规、防火防盗的知识等等。桑旦为人热心，工作兢兢业业。尽管他每年的工资只有 5740 元，但当村里有人需要帮助时，他都会毫不犹豫地伸出援手。他还带头为灾区捐款捐物。正是由于无私的奉献，他曾三次获得镇里颁发的先进个人奖，两次获得地区先进个人奖。

4. **桑旦的家庭**

当提及他的家人时，刚刚桑旦介绍工作时脸上散发的光辉暗淡下来。桑旦有五个孩子，其中两个女儿已经出嫁，一个儿子到县里教育局工作，一个月才能回来一次。家里就剩下他、老伴、一个儿子和最小的女儿。桑旦每天工作很忙，家里的农活基本都交给妻子和儿子打理。由于自己村委会的工作工资不高，而家庭日常开销比较大，家里直到2005年才购买了拖拉机。他说自己每天工作太忙了，不能帮家里分担，唯一能干的就是每天出门前帮妻子喂一喂家里的牲畜。当提到他小女儿时，他的嘴角又泛出些许微笑，他说自己最喜欢小女儿嘎珍了，小女儿在拉萨农牧学校学习旅游管理专业。他从小就教育女儿为人要正直、乐于助人、知恩图报。嘎珍是个非常孝顺的孩子，家里给她的生活费她都存下来，给家里买一些生活用品和营养品。当问到桑旦对女儿有什么期望的时候，他的回答让我感受到父爱的纯净，他希望嘎珍以后不靠国家救济能够饭饱衣暖、不偷不抢、多帮助别人、做自己喜欢做的事情。

采访结束后，我们跟着桑旦去参观村子里举行的望果节庆祝活动。走进村民们观看表演的院子，迎面走来的村民都纷纷和桑旦打招呼或者拥抱，原本坐着非常专注地观看演出的村民听到桑旦的名字，纷纷回头招呼他坐在自己身边。正是桑旦对村民真心诚意地付出，才换来大家对他的爱戴，他真是一名为村民奉献的好干部。

（二）派出所所长拉琼

见到拉琼的时候，他正准备到寺庙里去执行任务，但当听说我们是从北京过来做村庄调研的时候，他很热心地接待了我们。他表示，在不耽误出勤的情况下，可以为我们简要地介绍他的工作，我们都十分感激。岗堆镇派出所的工作非常繁忙，早上我们去派出所采访的时候就扑了个空，当时派出所只有一名留守的警员，其他人员都出去执勤了。

1. **个人志向**

拉琼1976年出生于拉萨，小的时候跟随他的父亲桑杰次仁到过很多地方。他的父亲是一名有着25年军龄的老军人，所以自打他降生，就一直生活在军营里。随军的生活对他影响很大，父亲的一言一行他都看在眼里。父亲平时说话严谨，对自己要求非常严格，办事雷厉风行。部队的环境也让他觉得很温暖，虽然少了些许柔情，但是兄弟之间的推心置腹、简单纯粹让他觉得非常安心。而且他从小就体会到百姓对军人的热爱和崇敬，他深深感受到军民之间的鱼水情深。所以，他从小就以父亲为榜样，立志成为一名军人或人民警察。拉琼成绩一直非常优异，初中毕业考取了山南地区第一中学，那是一个人才辈出的学校，在校期间还获得“三好学生”称号。1994 年，他以优异的成绩考取了西藏民族学院，到了古都咸阳学习。正是由于儿时的梦想，他毅然决然地报考了政法系行政管理专业。

2. **工作经历**

1997 年拉琼毕业后，选择了服从分配回到生他养他的青藏高原，进入一直向往的公安系统工作。后来，他又被分配到贡嘎县公安局，做一名普通的警员。当时公安局有 30 人，领导班子只有 4 人，分别为局长、副局长、政委和副政委。由局长主抓社会治安综合治理的工作，普通警员负责执行基本任务。拉琼说当时社会十分稳定，一年下来仅有十几起偷盗案件、民事纠纷和草场纠纷。这些都是群众事件，很少有恶性案件，所以处理起来比较简单。

拉琼说民事纠纷处理起来相对比较容易，案件往往以打架斗殴居多，只要把双方叫到一起来谈谈心，问题自然就解决了。因为双方本来就相互熟识，事件的起因也不过是一些邻里琐事，所以处理这类案件时，如果能打消当事人双方的怨气就好办了。赔偿问题解决起来也比较简单，两方相互了解，邻里乡亲低头不见抬头见，所以有关赔偿的问题，两家可以达成一致。草场纠纷涉及的范围会比较大，需要将纠纷双方草场所在地的村干部召集在一起，听取多方的意见，才能提出和解的方案。一般偷窃案件处理起来比较困难，当时派出所硬件设施薄弱，侦破案件的办法基本是靠不断地走访群众。从群众提供的信息中提炼出有价值的部分，所以必须依靠警员们共同分析案情，借鉴以往的经验做出判断。然后根据分析得到的线索追查被盗物品或者嫌疑人，一般破案周期稍长，抓捕完成后移交刑警处理。如果遇到涉及两个县的纠纷，还要通报另外一个县的派出所，两个派出所共同解决。

在贡嘎县公安局工作的三年，拉琼成长非常快，他非常善于解决各类民事纠纷。他待人和气，善解人意，在他眼里群众问题没有小事。解决民事纠纷，他总是提前将时间安排好，再把问题双方叫到派出所里，为他们倒水、详细询问双方问题的起因、两方的诉求。他从来都不会只听取一方意见，遇到棘手的问题，他还会亲自深入事发地了解实际情况。经过他调解的案件，双方都觉得自己受到了公平的待遇，都很满意拉琼提出的解决方案。

由于拉琼突出的工作表现，他于2000年被调往机场派出所当代理所长。他说那是他人生中十分宝贵的经验，因为这是他第一次要独立承担起领导团队的责任。而且机场地区是每一个到西藏的旅客最先接触的地方，也是拉萨周边的重点安保区域。这个地方的治安情况是否好，会极大地影响各地朋友对于西藏的第一印象。他觉得自己的工作十分光荣而又非常艰巨，所以在职期间，他每天都坚守岗位，全力保障好机场的安全和机场周围地区的安定团结。他每日都会带着警员到机场周围的商店做例行检查和询问，向他们细心宣讲法制常识和防盗技巧，每月还要配合消防部门进行火灾知识宣讲以及防火演习等等，工作量非常大。经过了5年代理所长的锻炼，拉琼已经成为一名合格老练的警察，他各项技术过硬，侦查经验老道。因此，他被抽调执行刑警工作。

3. 踏实肯干的派出所所长

2009年，拉琼调回了贡嘎县，成为2008年刚成立的岗堆镇派出所所长。岗堆镇派出所管辖面积约245平方公里，共辖10个村委会，27个自然村，约有6900人。派出所有7名成员，包括4名警员和3名协警，他们7个人都住在派出所里。派出所是一幢两层高的小楼，一楼是办公区域，二楼则是7名警员的家。他们平时十分忙碌，只有周末才能轮休回家，基本上每隔两个月才能回家一次。说到这里，拉琼的语气柔和了很多，他自己很久没回家了，女儿在拉萨学习很忙，也没有时间过来。作为一名警察，拉琼做到了恪尽职守，履行了一个警察的义务和责任。我轻轻地问了一句，你希望女儿以后做什么。他看了看我自豪地说，当然是警察。我很感动，他深知这份工作的辛苦和不易，但是出于对工作的热爱，他还是希望女儿也能成为一名优秀的警察。

拉琼说，他们每天工作任务都很重，因为刚刚接手，所以要挨家挨户进行走访，熟悉辖区内常驻人口的基本情况，切实掌握人口变动的情况，还要对外出务工、外来者和房屋出租情况进行登记，要对辖区内所有的商店、饭店、工厂等营利性场所进行登记和彻查，还要定期到每个村庄的治保机构进行防火、防盗、防破坏、防灾害事故的“四防”措施的宣讲。日常还要对辖区内的五所寺庙进行管理。

岗堆镇派出所所辖的地区民风淳朴，派出所处理的案件基本上都是基础业务，去年一年，移交刑警办理的案件只有四起，而且并非恶性案件。用拉琼的话说，岗堆镇派出所的工作比较基础，较为烦琐，但是非常重要。因为岗堆镇是通往拉萨、贡嘎机场、浪卡子、日喀则、洛扎、措美等地的重要交通要道。

派出所每天都要留一个人值班，接待来派出所报案或者登记的居民以及任何寻求帮助的人。剩下的人则由拉琼带领，下到村子里面去进行例行检查或者治安宣传。拉琼的工作重点主要放在寺庙管理上，他定期会到辖区内的五个寺庙，向庙里的喇嘛宣讲法律法规，进行爱国主义教育，传达大政方针，定期检查寺庙中的文物，宣传文物保护的知识。拉琼说，他们派出所还要协助消防局进行灭火设施的更换工作以及配合消防队开展消防模拟演习。工作量大的时候，6个人要分成好几组才能完成任务。派出所只有一辆警车，所以很多时候他们都得步行，远的地方就得自己花钱租车去执行任务。由于警力有限，所以村里治安主要是由村镇共同维护，警员们会帮助每个村里建立起自己的两防队。两防队归村里自行管理，拉琼负责对两防队的队员进行培训，对两防队的工作进行审核。每到村里有大型的集会活动，拉琼都要到场为村民们宣讲防火、防盗、防破坏、防灾害事故的知识，或者通报村里最近的治安大事件。拉琼还要带领他的同事定期到村庄里去访问贫困户，发放宣传册，了解情况等等。我们采访时拉琼正要到夏珠林寺执行宣讲任务，为完成采访，他特别热心地介绍留守的警员刘金都给我们继续介绍情况，拉琼戴好警帽转身上了车。

刘金都警员介绍说派出所的工作十分忙碌，但所长也不忘监督所里警员的学习生活。他每周一的下午都会组织警员开会，一起学习执法考试的复习资料。大家一起交流学习经验，说一说学习进度，这样对于考试内容的理解就变得容易了，而且还能起到相互监督的作用。派出所里窗明几净，刘金都说这都是所长下班后带着大家一起打扫的。所长平时非常照顾警员们的生活，不管谁生病了，或者是工作忙没有顾上吃饭，所长都会帮忙买药买饭，照顾生病的警员，分担他的工作。

（三）退休干部阿旺旦巴

一走进村子就看到阿旺旦巴，前任岗堆村人民代表大会常设主席和镇党委副书记，当时他正在和路边的一个孩子玩耍。他体形略微有些发胖，皮肤黝黑，眼睛细长，鼻子不是很挺，天生一副大耳朵，看起来比较年轻，并不像之前介绍的58岁的年纪。我迎面走上去，他亲切地和我握手，问我在哪儿采访好，一时间我也不知道该去哪里。这时阿旺旦巴看到路边的大台阶，他指了指说，就在这吧。我们和阿旺旦巴就在村边的石阶上坐下了，不多一会儿就有村民围上来问主席在干什么，大家你一句我一句，说了好久才散去，我们的采访才正式开始。

1. **个人基本情况**

阿旺旦巴现在已经退休在家，他说是由于自己身体不好，去年做了胆结石的手术。阿旺旦巴说，胆结石的手术在岗堆村里做不了，必须到拉萨接受治疗，光手术费就花了一万两千多元。说到这里，阿旺旦巴非常感激现在推行的医保制度："我的医保卡可以报销百分之九十。"由于阿旺旦巴身体不好，家里的地基本不种了，都转让给了自己家的亲戚种。收成好的年景，亲戚们会给他家一些粮食、蔬菜，年景不好时就什么也不要了。他说退休在家的生活比较清闲，而且可以去很多自己想去的地方。儿子和孙子都在家里住，儿子在山南地区的一个单位工作，工资可以自给自足，孙子明年要考大学了，基本都是住校。自己的工资基本上都用来和妻子、朋友出去旅行。他回忆说，他去过林芝、日喀则、山南、拉萨。为了出行方便，阿旺旦巴还给家里添置了一辆小轿车，他说自己开车去哪里都方便。远的地方他和妻子就在那边住几天。阿旺旦巴喜欢拍照，家里有很多他拍的风景照，村里的人有时候也来找他帮自己拍张照片。除了旅游，阿旺旦巴平时最喜欢和村里的人聊天、打牌了。他说自己现在十分享受退休后的生活，每天帮老婆收拾一下家里，还有闲钱可以出去旅游。

2. **工作经历**

阿旺旦巴1972年参加工作，当时他只有19岁，初中毕业就被分配到东拉乡担任村干部。当时阿旺旦巴负责统计工作，由于分工不明确，工作很难进行。1973年，他被调回到岗堆村（当时叫前进区）工作，由于人手不够，阿旺旦巴身兼数职：保管员、会计、伙食。那时候村委会只有十几个人，负责全村的工作，根本没有休息的时候。每天早上很早就要投入到工作中去，有的时候都顾不上吃中午饭，工作完成后才能下班。他说做保管员和会计一定要细心，不能出一点问题。如果自己保管的物品和票据丢了，不仅给自己的工作带来麻烦，也会给集体带来损失。

由于工作表现突出，1979 年，阿旺旦巴就被选派到山南地区党校进修，他在那里学习使用拼音和汉字。经过九个月的学习，阿旺旦巴基本可以用汉语进行交流了。1980 年，阿旺旦巴被派到中央民族学院干修部的农牧学院班进行为期一年的学习。他说那是他人生中第一次离开西藏到其他地方去，心情非常激动。由于交通不便，他花了一个多月的时间才到达北京，他说刚到北京的时候觉得一切都非常新奇，第一次见到天安门和长安街真的感觉和西藏有很大的差别。但是由于学习任务繁重，阿旺旦巴很少有机会走出校园。阿旺旦巴回忆说，当时由民族学院的老师教他们汉语，北京农业大学的教授教他们播种和防虫防病的农牧知识。那时候西藏地区农耕落后，靠天吃饭，不懂得科学技术。经过学习，阿旺旦巴明白了播种不是撒下的种子越多产量越高，必须根据作物的特点找到适当的播种量，除此之外，作物的行间距也很重要。通过学习，阿旺旦巴还掌握了化肥农药的使用方法。当我问他在北京学习时有没有留下什么遗憾时，阿旺旦巴遗憾地说，当时没能把那些高产的种子带回西藏。因为北京的高产种子不能适应高原上的气候，无法种植，这成了阿旺旦巴北京之行最大的遗憾。

阿旺旦巴回到家乡，就把自己在北京所学的一切都教给乡里的技术员，他自己学习认真，教技术员更加认真。他会先教技术员一遍，再让技术员复述一遍，生怕自己不能正确地表达，给村里带来损失。每次技术员到田间指导农民生产，只要阿旺旦巴有时间，他就会跟着一起去，他还经常深入每家每户询问学习的情况和产量情况。正是由于阿旺旦巴认真负责的精神，1982 年他被县里评选为优秀干部，并被任命为前进区的副区长。在他担任副区长的四年里，带领村民组成建筑队到各地方去搞建筑，鼓励村民们创收。他带领的工作队规模最大的时候达到了一千多人，他们所负责的羊湖电厂道路建设工程是一个国家项目。阿旺旦巴笑着说，我们当时既支援了国家建设，又帮助村民解决了收入低的问题，百姓们可开心了。这四年间他一直与修路的村民生活在工地，一个工程接一个工程，很少有时间回家。

1987 年，国家实施撤区并乡的政策，阿旺旦巴的工作又一次变动，他被派到达然多乡担任乡长一职。他觉得这三年的乡长工作让他充分发挥了自己在北京学习的作用。在他的带领下，全乡村民普遍采用了高产种子和化肥。当时买化肥国家只补贴 3%，剩下的钱要村民自己想办法。阿旺旦巴就主动拿出自己的工资，并且说服当时村里比较富裕的人家购买种子，而且还为其他村民提供担保向银行筹集资金。他说当时的压力很大，因为所有的借款都依靠当年丰收之后的粮食来偿还。如果在生产过程中出现任何天灾或者是村民没有掌握好施肥的技术，就很可能不能获得预想的产量，甚至造成减产。但是阿旺旦巴已经不能考虑这么多了，他一定要让村民们用上良种，施上化肥。终于功夫不负有心人，在他的带领下，全村耕地每亩增产 15 斤。他还鼓励村民们在荒地上种植牧草，手把手地教村民如何管理草场。他还动员全村修建羊圈，当时村里几乎没有羊圈，村民们也很不理解修羊圈的做法。阿旺旦巴就挨家挨户地跟村民们解释为什么要建羊圈，让大家了解建羊圈的好处。经过阿旺旦巴的劝说，全村基本都建起了羊圈，当年全村的牲畜增长率达到了 12%。通过种植高产种子和提高牲畜产量，当年全村人均收入增长了近 8%。

由于阿旺旦巴的成绩突出，1990 年，他被调回岗堆村担任人民代表大会常设主席和镇党委副书记。他在任期间，主要负责政府监督工作，接待反映问题的群众。阿旺旦巴每半年会组织政府领导深入各个村进行走访，了解村民的疾苦，倾听大家的呼声。他还定期组织人员检查村里的财务状况。如果遇到缺少资金或者技术的村民，他都会认真调查，组织相关人员进行讨论，为群众申请资金，帮他们解决资金和技术的问题。每年年底，他还会带人调查资金的落实情况，以及群众使用资金的情况。他在任的八年期间，了解到村里水利设施薄弱，缺水成了制约粮食增产的主要原因。于是他一次又一次地往镇人大、县人大、县委、水利局递交资金申请材料，帮村民们筹集资金修水渠，挖机井，建灌溉站。岗堆村家家通了自来水，田间地头的灌溉也不再成为一大难题，解决了村民和牲畜的日常饮水问题。阿旺旦巴还将改良种子引进了岗堆村。他专门代表村民向农牧局申请资金，亲自对西藏良种市场进行考察，最终选定了气候与岗堆村比较相近的日喀则地区的良种引入岗堆村。良种的引入和农田水利的建设大大提高了岗堆村的粮食亩产量。

阿旺旦巴从不计较个人得失，他就是一门心思地为村民服务，这就是他退休后大家还是亲切地称呼他为主席的原因。村民不会忘记阿旺旦巴为村里所做的一切，看着村里人脸上幸福的微笑，让我不禁想到许许多多像阿旺旦巴这样无私奉献的干部。

（四）朴实肯干的村委会副主任巴桑

入村调研的时候，村委会是调研小组的“根据地”。在村委会，我们几乎每天都能看见村委会副主任巴桑。他戴着一顶棕色的圆檐帽子，穿着一身深蓝色西装。皮肤黝黑的他手上青筋暴突，不太爱说话。有时候，可以看到他坐在凳子上安静地抽烟。不过，巴桑很热情，他总是尽最大努力为我们提供所需资料和引见相关人员，并为调研小组安排了一个村委会办公室以开展调研工作，给予我们很大的帮助。

在大学生索朗次仁的帮助下，笔者对巴桑进行了采访。巴桑出生于1960年。他有两个儿子，分别叫次仁和久关仁增，次仁现年28岁，久关仁增现年26岁，他俩都是拉萨市的建筑工人。巴桑还有两个在上小学的孙子。对巴桑的采访持续了三个小时，采访中，他给我最深的印象就是——朴实肯干。

1. 兢兢业业的技术指导员

巴桑是一名优秀的农业技术指导员。他年轻的时候就对农业技术有着很强烈的兴趣，从1979年开始他在拉萨、日喀则、泽当和贡嘎等地接受科技培训，在理论学习与工作实践中掌握了比较丰富的科技知识和应用方法，并开始以自己所能帮助村民。他从受到的科技培训中得知，在农业作业中引进农机可以大大提高农业生产效率，于是他购买了播种机和拖拉机，成为村里第一个使用农机的村民。由于播种机和拖拉机的使用大大提高了生产效率，其他村民也纷纷仿效，这时，巴桑转而负责教村民使用和修理农机。2000年巴桑开始正式负责岗堆村的农技推广工作，并于2005年开始担任科技指导员，成为岗堆村的第一位技术指导员。担任科技指导员之后，巴桑每年会为全体村民开展一次历时两个小时的科技知识培训，并为部分村民开展实地培训项目，有力地推动了岗堆村科普宣传工作的开展。他还负责从日喀则买进农作物的种子，购买、安装和修理农机，修理自来水管道和天然气设施。

因为工作踏实，农技推广工作成绩卓著，巴桑经常获得上级部门的表扬和奖励。他于2004年获得了“农业改革奖”，2011年，他又获得了由贡嘎县颁发的“科学技术奖”。巴桑是岗堆村唯一一个获得这些殊荣的村民。据巴桑介绍，他能获得“农业改革奖”是因为他成功地将岗堆村传统的混合种植方式改良为分类种植方式，有力地促进了岗堆村的农业发展。1999年以前，村里的农田种植属于分散种植，不同种类的农作物杂乱无章地混种在一起，农田单位亩产量很低。1999 年，恰逢县里和地区为广大科技工作者开展科技培训，巴桑借此机会学习到了分类、集中种植的方法（将不同种类的农作物分开种植、一块地专门种植某一类农作物）。巴桑在培训中还了解到混种带来的弊端：混种条件下，不同作物很难得到适宜的水量和肥力，会影响农作物的健康生长，导致农业亩产量很低；同时，混种也增加了播种、灌溉和收获时的人力和物力投入；而且，混种还使得农作物患传染病的概率增加。而分类种植可以很好地解决混种条件下产生的这些问题，并提高种植效率和单位亩产量。所以，巴桑觉得很有必要将岗堆村的农田混种方式改良为分类种植方式，于是他向村民指出混种的弊端和分类种植的好处并引得村民改良种植方法。巴桑坦言，将岗堆村农业混种方式改良为分类、集中种植方式不是件简单的事，前后大概经历了三年的时间。改良中碰到很多阻碍，毕竟村民已经习惯混种，他们对于分类种植方法存在担忧和疑惑，要让村民接受新的种植方式有一定困难。鉴于此，巴桑以身作则，首先在自家田里实行，再慢慢鼓励部分村民参与。经过巴桑和村民的共同努力，到 2004 年，岗堆村终于成功实现了从传统的混种到分类种植方式的转变。据巴桑介绍，自岗堆村实施分类种植以来，幼苗良苗率达到 95%，产量也提升了不少。所以说，这次农田改良对于岗堆村的农业发展意义重大，使得岗堆村的农业发展有了一个质的飞跃。

2. 一心为民的村干部

据巴桑介绍，他能当上村干部主要是由于有比较丰富的工作经验、有较长的党龄以及很受村民的信任。巴桑小学毕业后，在村里当了三年医生，为村民医治一些日常疾病。之后，他通过了会计从业资格考试，并于 1977 年开始在生产队里担任专职会计。担任会计期间，巴桑细心地整理各种原始会计票据，并按时登记记账凭证和账簿，核对账本。因为工作认真负责，他经常受到表彰，很受村民的认可。另外，巴桑也是一名老党员。他于 1992 年加入中国共产党，至今已有 19 年党龄。作为一名共产党员，他处处以党员的标准严格要求自己，在理论学习、联系群众和遵纪守法等各方面都较好地发挥了共产党员的先锋模范作用。值得一提的是，他曾获得过“优秀党员”荣誉称号两次，也是岗堆村唯一获得“优秀党员”称号的村民。

巴桑于 1999 年被推选担任村支部书记。在担任支部书记之后，巴桑带动村民一起在岗堆村深入地开展基层党建工作，定期（每月三次）在党员活动室开展党员活动，组织村民观看远程教育视频，视频内容涵盖了党的知识、最新文件精神、社会经济、政治和文化等方面的内容。村民观看完后，在巴桑的组织下就所学开展讨论，并撰写学习心得，优秀作品将被张贴在会议室墙上。如有贡嘎县政府下发重要文件，则要组织 3 至 4 天这样的党员活动。在巴桑担任支部书记期间，岗堆村的基层党建工作获得了很大的成功。2002 年，岗堆村在山南地区农牧区“三个代表”重要思想学习教育活动中被西藏山南地委评为“先进村居党支部”；2004 年，在“三八”造林活动中被贡嘎县妇联授予岗堆村“三八”造林先进集体奖荣誉称号；2005 年，岗堆村被评为“先进基层党组织”，同年，巴桑组织岗堆村参与山南地区农牧区党员“双带”活动，岗堆村被中共山南地区委员会评为“先进集体”。2006 年，他从支部书记岗位上退下来，担任村委会副主任，协助村委会主任负责村里的大小事宜。该年，岗堆村党支部被中共贡嘎县委员会评为“先进党支部”；2009 年，岗堆村党支部被中共贡嘎县县委评为“先进基层村党支部”。除了尽心尽力开展党员活动，他也身体力行地为岗堆村村民谋福利。岗堆村的第一个水库、第一条水渠就是在他的组织和带领下修建的。巴桑做事踏实、负责，在每件事情上都力求做到最好。到 2011 年 7 月，岗堆村共获得 50 个奖项，他自己也经常受到上级领导的口头表扬，这些成绩是巴桑辛苦努力的最好见证。

3. **关注村庄的未来**

巴桑很关注岗堆村的发展前景。针对岗堆村的发展现状，他提出了自己的一些想法。第一，他对岗堆村目前的环境卫生状况不满意，认为村里的垃圾必须实施统一分类处理；第二，针对目前农田人机混作的情况，他希望以后大型机器可以像内地一样直接引入农田作业中，实现全自动和全部机械化；第三，他认为农田要平整，这样才可以使得灌溉更方便，使用机器耕作也方便；第四，在产业发展上，他计划在 2012 年引入饲养“藏鸡”项目，因为藏鸡蛋和普通鸡蛋相比，口味独特，拥有更广的销售渠道；最后，他希望岗堆村可以以绿色食品、西藏食品为特色创造自己的农产品品牌。他说，岗堆村计划在 5 年以后在农田中不再施用化肥，改用“农家肥”（农家肥是指由人、牲畜、树叶、秸秆等构成的肥料），在农田作业中引进循环经济的思想。不过，巴桑坦言，这个想法还仅仅是想法，就目前状况来看，还不是很实际。

关于制约岗堆村的发展因素，巴桑认为，可以归纳为三个方面：一是岗堆村农田面积很大，农田需水量很大，而岗堆村水源不够，农业应对缺水的能力很差；二是油价涨得很快，农田全机械化有困难；三是资金短缺，比如岗堆村农田没有足够的资金建立温室大棚，目前，农田都是村里分组轮流手工灌溉，效率很低。

当问及和村民的关系，巴桑笑了，他说他和村民的关系非常融洽，他经常挨家挨户去和村民聊家常以及农业生产问题，和村民一起讨论解决方法，关心农户生活，而且对于村里的困难群众，他会及时向上级申请给予捐助。在访谈中，巴桑坦言“付出就是快乐”，他觉得能为村里村民办事本身就是一件很快乐的事情。为了处理村里的事情，他一直都很忙，基本没有闲暇时间。巴桑的朴实肯干，使人不禁对他产生一种敬佩之情，相信岗堆村在巴桑的领导下，将会变得越来越美好。

（五）爱岗敬业的岗堆中心校书记普琼

为了了解岗堆中心校的情况，笔者对学校书记普琼进行了采访。第一次见普琼是在他的办公室，采访因为华东师范大学支教团的前来而中断，我们只能第二天继续。第二天，普琼向我们详细介绍了他自己以及学校的情况。从谈话中，我们深深感受到一名教育工作者对学生和学校以及教育事业的关心和热爱，和他告别后我们突然想到有关图书馆的问题还没有详细询问，再回去的时候，他已在操场上和教师们讨论教学进展情况。第三次见普琼可以说是机缘巧合，我们在贡嘎县国检办搜集一些关于教育的资料，恰巧碰上来国检办参加会议的他，由于工作忙碌，他头上还在冒汗，但还是很耐心地向我们解释了有关“爱心 100”在岗堆中心校的具体落实情况。

1. 个人基本情况

普琼，1975 年出生，现年 36 岁，在岗堆中心校担任书记兼藏文教师。他的爱人在岗堆中心校任语文和英语教师，他还有个刚满 1 岁的女儿。普琼于 1997 年毕业于山南师范学校。毕业后，他在扎朗县小学担任实习教师，教授数学，后被分配到岗堆中心校担任藏文教师。因为工作踏实，教学成绩不俗，有较强的管理能力，他很快被聘任为岗堆中心校校长。工作之余，普琼仍不忘提升自身水平和修养，坚持进修和学习。1999—2002 年，他在西藏大学攻读了历史专业的大专函授；2002—2007 年，他又在西藏民族学院进行了汉语言文学专业的本科函授学习。在学习中，普琼拓宽了思路，开阔了知识面，也提高了自己的教学水平和文化素养。这些学习经历为他后来优异的教学和管理工作奠定了扎实的基础。2010年，普琼被任命担任学校党委书记一职，主要负责学校的安全事宜。

2. 勤勤恳恳的校领导

普琼工作认真，作风严谨，看起来一副很干练的样子，一心扑在学校教育和管理工作上，学校里总看得到他忙碌的身影。在他任职期间，岗堆中心校培养了大批优秀学生。1997年至今，岗堆中心校已向内地西藏班输送了100多名学生。2002—2009年，岗堆中心校在贡嘎县小学统考中，四、五、六三个年级每年都获得前三名的好成绩。2003年，岗堆中心校四、五、六年级在贡嘎县第一次小学统考中都获得第一名。另外，山南地区的小学统考状元也诞生在岗堆中心校，这名小学统考状元名叫布琼，现在拉萨高级中学就读。普琼认为，岗堆中心校优质的教学质量，全得归功于学校教师的工作责任心强，教师都把学校当作自己的家庭来建设，把学生当作自己孩子来培养，关注学生的成长和进步。不俗的教学成绩也让普琼获得“贡嘎县优秀教育工作者”和“贡嘎县优秀校长”荣誉称号。

普琼是位勤勤恳恳、兢兢业业的校长。在他的领导下，岗堆中心校的信息化教育和电教工作也比较成功。岗堆中心校每年都被评为教研教改先进学校、教学质量先进学校。2004年，岗堆中心校获得“西藏自治区教育信息化先进集体”荣誉称号。目前，学校有两个远程教育项目，一个是由香港商人李嘉诚于2002年投资建成的，一个是由国家三部委（教育部、财政部和发改委）于2005年投资建设的。远程教育项目包括教案和视频等，信息每天更新，老师和学生们可以通过远程教育设施来学习内地先进的教学理念、模式和方法，远程教育项目有助于更新教育理念，提高教育质量，实现资源共享，这样的信息化教育很受师生欢迎。

除了教学和管理之外，普琼狠抓学校的安全工作，尤其是交通安全和饮食安全，他进一步完善了学校安全规章制度，建立了在书记的直接领导下，以专职安全员为轴心，以学校各部门为主线，横向到边，纵向到底的安全工作网络。从他任职至今，学校没有发生过一起安全事故。“学生的安全是比学习更重要的事情，学校必须担负起保证在读学生安全的责任。”普琼说道。2004年，岗堆中心校被贡嘎县综治委评为“平安学校”。

3. **富有创新精神的藏文教师**

普琼不仅是位领导有方的书记，更是一名优秀的藏文教师。他从 1997 年开始担任藏文教师，至 2011 年已有 14 年教龄。他为岗堆中心校的藏文教育做出的最突出贡献就是引入了藏文名词解释教学的新思想。之前，学生在学习藏文时，往往只知道藏文单词的内容，而不懂活学活用，学生学起来很困惑，教师也对藏文教学很发愁。“学生很容易混淆正字，”普琼向我介绍道，“正字，即藏文中的同音异义字。”要正确识别正字，必须要使学生深刻地理解藏文单词的真正含义和具体用法。鉴于此，普琼在岗堆中心校开创了藏文名词解释教学的先河。此教学不仅要求学生掌握藏文单词的正确写法，还要求学生理解藏文单词的真正含义和应用，明白在不同语境下如何正确使用它们，而不仅仅是单纯地记忆。普琼通过多年的教学探索，总结归纳出了自己的一套藏文名词解释教学方法，让学生在熟悉的生活学习场景中学习藏文单词。普琼寓教于乐，他的讲课总是深刻全面而不失生动活泼，受到广大学生喜爱。2006 年，普琼针对自己的这套教学理念和方法撰写了名为《在新课改要求下如何进行藏文名词教学》的文章，被刊登在《山南教育》上。藏文名词解释教学在岗堆中心校收到了很大的成效，不仅让学生深入理解了藏文单词，而且帮助学生对新课程有了进一步的了解，这对于全面提高藏语言的教学水平意义重大。同时，这套新的教学理念也有助于继承和发展民族语言文学。

4. **有眼光的教育工作者**

作为一名负责的教育工作者，普琼很关注岗堆镇教育存在的问题和教育事业的发展。在访谈中，普琼针对这些问题提出了几点自己的看法。首先，他认为学前教育是教育的一块重要领域，规范的幼儿园亟待建立。岗堆镇里尚未有规范的幼儿园，目前只有在岗堆中心校里兼设了一个小规模的幼儿园，只有一名专职教师，远远达不到学前教育办学的基本要求。其次，他觉得家庭教育应做好学校教育的辅助，一方面家长应该督促好孩子在家的学习，主动与学校和班主任进行沟通，及时反映孩子的情况和问题。学生的假期作业不理想是个很普遍的现象，大部分学生对于假期的时间安排很不合理。鉴于此，巴桑建议家长要在家里担当起老师的职责并督促孩子制定假期时间安排表，帮助孩子合理安排好学习、娱乐与做家务的时间。另一方面，家长要保证孩子的假期安全。暑假期间，在马路边上玩耍、骑自行车的孩子特别多，存在严重的交通隐患，他希望家长在这方面对孩子严加管束，加强孩子的安全意识，避免酿成悲剧。再次，他指出岗堆中心校图书室的资源还相对匮乏，一个图书室远远不能满足学生的需求。他认为应该修建3~4个图书室，一个图书室面向两个年级，这样可以根据不同年龄段学生的思维和学习需求对各个图书室的图书进行不同的配置，更方便学生的阅读与学习。最后，鉴于岗堆中心校的英语、音乐、美术和体育教学是岗堆中心校教学的最薄弱环节，他希望可以引进这些教学领域的优秀教师为岗堆中心校的教育事业添砖加瓦。总之，普琼对于岗堆镇的总体教学水平还比较满意。他觉得在不久的将来，乡里可能会建立中学，岗堆村的孩子们上中学就方便多了。

（六）热情活泼的岗堆镇政府秘书张涛

初见张涛，是在岗堆镇镇政府办公室里。他个子不高，但很精神，在我们调研的半个月中，他不厌其烦地帮助我们搜集关于岗堆村的文字和电子资料。张涛很谦虚，当我们提出要对他个人进行采访时，他显得有点不好意思：“我来这儿才一年，很多都不懂，我们这里很多人比我优秀的，你采访他们吧。”

1. 基本情况

张涛，男，汉族，是一名预备党员。他于1988年出生在四川省南步县，后因考取西藏公务员而落户在岗堆镇。张涛的父母和妹妹都在陕西，父母在经商，妹妹在理发店打工。张涛和家人关系很好，提到父母和妹妹，张涛脸上露出了开心的笑容。因为与家人分隔两地，刚来岗堆镇的时候，张涛很想念父母和妹妹，不过随着对工作环境的适应，他也渐渐把思念化为奋斗和前进的动力了。

说到学习经历，张涛沉思起来，然后说：“因为父母四处奔波，所以在大学以前在很多学校学习过，经常是在一个学校还没待多久就马上要转到另一个学校读书。”一直到2006年10月，张涛考入西藏大学农牧学院，他的转校旅程才得以结束。张涛在大学期间学习努力，成绩优异，表现良好，大三时荣获了学业奖学金。

大学毕业后，张涛参加了2009年第一批西藏公务员考试，但是落榜了。不过凭着对基层工作的热爱，他并没有放弃，而是继续努力复习准备第二次考试。功夫不负有心人，他终于顺利通过了第二批西藏公务员考试，并于2009年11月11日正式入职，开始了在岗堆镇政府从政的历程。

2. 在工作中成长

当我们问到他在岗堆镇政府的具体工作时，张涛笑言，他的工作比较杂，主要是撰写一些小材料，如简报、报告、总结汇报等等。没有工作经验的他刚接手镇政府的秘书工作一职时，碰到了不少困难，比如不适应单位的工作环境，不会写公文，后面经过领导提点，以及向同事请教和学习，进步了很多。2009年，他负责了学习科学发展观和创先争优活动等项目相关文件的起草，得到了领导的认可。他刚来时，岗堆镇政府有4个秘书一起负责撰写稿子，今年只有张涛一人，他的工作任务更重了。他觉得这是压力也是动力，在不断的磨炼中要争取做到更好。张涛认为，他的工作还是挺充实的，一年的工作经历让他成长了许多，在为人处世上也更成熟稳重了。他也体会到说话也是一门艺术和技巧，需要在平时工作和生活中慢慢体会和领悟。

工作一年以来，张涛记忆最深刻的事情就是在寺庙蹲点。2011年3月份，张涛跟随着驻寺工作组前往次久朱德寺开展工作，在进行维稳工作的同时，协同寺庙10名僧人在次久朱德寺进行植树工作，三天之内在次久朱德寺周围植树3000棵，绿化了寺庙环境，也受到了寺庙僧尼的赞许。驻寺工作期间，张涛和寺庙僧人同吃同住。起初张涛因为与僧人的生活习惯不同，有点不适应寺庙生活，不过随着与僧人逐渐熟悉，也就慢慢融入到寺庙生活中了。在工作期间，张涛发现寺庙的水质不好，人们饮用后容易患肠胃病，经过观察，他认为问题出在寺庙的水池太脏，于是和寺庙的一名负责炊事的僧人一起进行了清理。赠人玫瑰，手有余香，能够为寺庙做一些力所能及的事情，张涛也觉得很开心。

张涛认为自己最大的优点就是时间观念比较强，上班从不迟到或早退。他很懂得管理和经营自己的时间，坚信一日之计在于晨，每天都坚持早起，锻炼身体或是看看书，整理一天的工作思路。张涛认为时间是挤出来的，他努力地抓住能利用的每一分钟来学习和工作。

3. 展望未来

在工作之余，张涛喜欢看书，他一般阅读有关动物检疫方面的专业书籍，目前他有进一步深造的想法，并正在复习准备。说到业余爱好，张涛提起了兴致："我喜欢上网看看新闻、时事等，自己虽然在小乡镇里，也要培养自己的全球视野，多关注国家大事，多浏览实用的网页，拓宽自己的知识面。”他也是个登山发烧友，他觉得爬山既可以锻炼身体，还可以观赏美景，不仅能让自己贴近自然，更可以让自己活跃思维。打球也是他的兴趣之一，在休息时间，他经常约上几个要好的同事一起去打球，既可以锻炼身体，也促进了同事间的感情交流。另外，他同大多数这样年纪的年轻人一样喜欢看电影。

采访到晚上的时候，听到有人叫道：“张涛，吃饭了。”张涛笑言，在单位，他有时自己做饭炒菜给同事吃。“这段时间天天都是我做饭。”张涛显得很开心。“他最拿手的一道菜是青椒肉丝。”张涛的同事在旁拍了拍张涛。“同事们喜欢吃我炒的菜，也是我的荣幸啊！”张涛不好意思地摸了摸头。

张涛，一名非藏区本地人，在他最好的年华来到西藏基层工作。他没有多少豪言壮语，有的只是一颗踏踏实实、勤勤恳恳为藏区人民服务的心。一张淳朴而年轻的脸和偶尔调皮的笑是他的标志，也是他对自己工作发自内心喜爱的表现。他对西藏基层工作的热爱深深地让人感动。

（七）村支部书记罗布次仁

罗布次仁是岗堆村的大管家。在村里，他有着常人所没有的声望，他已经为岗堆村服务了40年。

1. 基本情况

罗布次仁，男，今年66岁，党员，小学文化程度。他从1961年开始工作，并担任村共青团主要领导直到1963年，1964年到1979年担任生产队队长，其间于1973年加入中国共产党，1980年到今担任岗堆村党支部书记、村委会主任。2002年，罗布次仁被自治区党委评为全区优秀共产党员，2004年荣获第二届全区村民自治工作先进个人奖，2006年被贡嘎县县委评为十佳党务工作者。

罗布次仁是一位非常热情、非常有阅历的老人，依稀记得调研初期，第一次在村委会见到他，他亲切地与我们每个人握手，对于我们有关岗堆村村庄的历史及现状进行的询问，他都不厌其烦地给予了解答。这是一个胸有成竹的老人，对于村里的各方面情况都能做到心中有数，对答自如。我们调研即将结束时，他亲自为我们送上了哈达，以表达对我们的祝愿，这个老人的智慧和热情都给调研老师和同学们留下了深刻的印象。

老支书的妻子身体不是很好，每年家里光医药费就要花掉两万余元。老支书一共有9个子女，现在只有两个女儿还在与两位老人一起生活，其余的7个儿女都已经成家或者外出打工。两个未成家的女儿也已经可以自食其力了，其中，大女儿在岗堆村村口开了一家餐馆，每年收入在3万元左右。小女儿去年考上了县里的公务员，在县公安局当协警。老人平时穿着很体面，衣帽都很整洁。

由于家里人口比较多，因此罗布次仁家里的田地也比别家的多些，一共有25亩，最近几年基本上全部种植青稞和冬小麦。家里有11只羊和5头牛，其中有2头牛是奶牛，没有汽车和拖拉机。由于老人年纪大了，平时村里事情也比较多，老伴身体又不好，因此家里的田地大多都是要雇用村民帮助耕种和收割。每次大概雇用7个人，每天每人工资是30~40元，耕种和收割至少需要7天时间。

2. 为民奉献的村干部

罗布次仁自从工作以来一直都在为岗堆村的建设贡献着自己的力量。可以说，他自己本身的人生轨迹也见证了岗堆村的发展历程。

西藏的人民公社从60年代开始试办，罗布次仁从1961年到1963年担任岗堆村共青团的主要领导。当时，村内自发成立了一个青年小队，这个小队主要是由共青团员和民兵组成，人员有十多个。由于非常能吃苦而且组织能力比较好，16岁的罗布次仁被村委会干部任命为青年小队的领导。他主要负责带领青年小队，组织村民搞好村里的卫生，维持村庄治安，维护村民之间的团结。

60年代中期至70年代，正值岗堆镇的人民公社化运动如火如荼展开的时期。1964年，罗布次仁被村民们推举为岗堆村的村生产队队长，管理40多户农民的生产活动。在此期间，他负责组织生产队的生产活动，统计粮食产量并按工分向社员分配粮食，同时罗布次仁也要参与生产劳动。

80年代初，35岁的罗布次仁被推举为村主任，开始了长达12年的村委会主任历程。值得一提的是当时的选举过程，基层民主的影子可见一斑。由于识字的人还不多，因此选举的时候，有资格参选的人员站成一排，每个人面前摆个帽子，全村人坐在一起进行投票，村民们认可谁当村主任就向谁的帽子里投一颗石子，最终得到石子最多者获胜。结果，罗布次仁“高票”当选。就任村主任以后，罗布次仁的工作更忙了：他既要继续负责村里的维稳工作，保持村里的和睦团结并解决纠纷，同时还要组织村民学习上级下发的文件，向村民介绍上级政策；既要读报纸给村民听，对村民进行教育，又要组织村委进行几乎每日例行的集中开会；既要帮助解决村民日常生活中的特殊困难，又要组织村民们一起看电影。

1992 年，罗布次仁被推选为村支部书记，并一直连任至今。这段时期，他主要带领村民解决现实的生产和生活困难，使生产和生活质量得到了明显提高。1996 年，为了解决村里的人畜饮水问题，他四处奔波，找遍自己认识的所有老乡和熟人，筹措到了 40 多万元，用于兴修水利设施，解决了一共 2776 亩农田的灌溉问题。同时，他还带领村民修建了机井，并通过自来水管道输送到每家每户，农牧民的饮水困难也得到了解决。以前村里没有通电，他就带领村民挖坑埋杆，并与电力部门合作，把电通到了每家每户。同时他还组织成立了村广播台，每天都要通过广播向村民们通知村里的大事小情。他还组织村民建电视信号发射塔，使每户村民都看上了电视，丰富了业余生活。他还组织村民修建了公路、太阳能路灯、沼气池等。

2007 年，为了解决孤寡老人的生活困难问题，罗布次仁多方筹措资金终于在该村修建了全镇第一所敬老院——“岗堆寿星敬老院”。目前该敬老院收纳孤寡老人 20 余人。与此同时，为了增加村民的收入，他还亲自组织带领村里的 40 多人外出打工。

在“3·14”期间，罗布次仁还组织民兵及村民进行 24 小时值班巡逻，深入各家各户及寺庙了解农牧民群众和僧尼的思想动态，尽最大努力解决农牧民群众的困难，确保了岗堆村社会局势稳定。他时常同村民讲：“我经历了西藏新旧两个时代的变迁，没有共产党就没有新中国、新西藏，我们的生活来之不易，少数分裂分子分裂祖国，破坏我们的幸福生活，让我们回到罪恶的农奴社会，然后他们作威作福让我们做牛做马，我们决不能答应，西藏的天永远变不了，我们只有跟着共产党才会有更加幸福美好的明天。”在他的带领下，岗堆村村民一起保局势、抓生产，经济社会各项事业全面发展，没有发生一起刑事案件，受到了上级部门的好评。

2008 年岗堆镇举行换届选举，镇党委、镇政府决定对原岗堆村和雪村两个村委会进行合并，这对于两个村委会来说是一个不小的挑战。村民对于村委会的合并，特别是合并后资产、人事问题如何分配等有所顾虑，这些问题压在了罗布次仁的心头。他召集村委会领导、各小组组长开会讲解政策，向广大农牧民群众通报文件讲解道理，对那些不能理解的农牧民群众，他还亲自带领工作人员进行苦口婆心的解释，终于使岗堆村和雪村的合并顺利完成。合并前是两个村委会，合并后就是一家人了。为了让这个合并后的大村委会能有一个新的面貌，罗布次仁首先召集了全村村民大会，通报情况部署工作，在此基础上，他带领工作人员利用5天时间走村入户，了解原雪村农牧民的生产生活情况，力所能及地解决一些农牧民群众的问题和困难，使他对原雪村有了一个全面深入的了解。在此基础上，他积极争取项目，使位于原雪村的截潜流项目得到立项。

3. 个人经验

被问到几十年工作的体会时，老人深思了一下，然后笑着告诉我们："有四点经验。第一，思考。作为一个党员干部，要时刻思考导致群众贫困的直接原因，并尽己所能服务群众，增加农民的收入。第二，教育。对于村民不理解的问题要耐心解答，进行思想教育，同时在经济上要进行帮助。第三，换位。什么情况都有可能遇到，急群众之所急，同时运用智慧，得到声望。第四，做表率。时刻发挥带头作用，威信要树立，但是要注意以理、以德服人。"

"人生的价值在于奉献，把有限的生命投入到无限的为人民服务"是罗布次仁实践人生的永恒主题，他的全心全意为人民服务的观念，持之以恒的奉献精神，为他赢得了所有村民的信赖和支持。这个优秀的基层党员干部为我们参与调研的人员上了生动的一课。

（八）大学生村官索朗

岗堆村村民的朴实善良给大家留下了深刻印象，调研的时候，村民为大家提供了很多帮助。藏族姑娘索朗是我们调研时候的其中一个翻译，虽然已经过去一段时间了，这个热情的大学生村官仍然让我记忆犹新。

1. 个人基本情况

索朗，女，藏族，现年25岁。索朗出生在拉萨市的尼木县，有兄弟姊妹四个，她排行第三。小学、初中在尼木县就读，因为成绩优异，考取了拉萨市的北京中学。在学校期间她一直努力学习，并立志考取内地的大学。2005年，她考取了位于陕西省咸阳市的西藏民族学院，主攻金融学。索朗告诉我们，语言不通是很大的障碍，虽然在高中期间她就学习了汉语课程，但相对于其他汉族学生，理解学术问题仍有一定的困难。她希望能学好语言、学好知识去见识外面的世界，了解更多其他地区、民族的生活状态。

2009年7月份毕业后，她参加了西藏自治区组织的公务员统一考试，并如愿考取了山南地区岗堆镇岗堆村的一名大学生村官，主要职责是作为村支部书记助理，协助村支部书记以及完成镇里的工作。

2. 热情的大学生村官

提起在岗堆村担任大学生村官的两年时间，索朗感慨万千。一个刚走出校门的学生来到岗堆村任村支部书记助理，新的工作，新的环境，对于她来说是一次新的考验。索朗笑着说，当时的心情是既兴奋又紧张：兴奋的是自己即将在现实生活中去实现梦想，为建设社会主义新农村奉献自己的一份绵薄之力；忧的是自己去了能否适应，能否顺利地开展工作。她暗下决心：在岗堆村展现自己的才华，将自己所学运用到发展农村经济之中，踏踏实实做好老百姓期盼的事，努力为他们营造一个生产发展、生活幸福的和谐环境，为农村致富奔小康奠定较好的基础。

带着信心和愿望，索朗来到了岗堆村。罗布次仁、巴桑等村委会干部给予了非常真诚的欢迎和帮助，向她一一介绍了每家每户的具体情况及本村的风俗习惯等。索朗平时的主要任务是协助村委会搞好村里的日常工作，处理好对档案的整理及相关材料的编写，统计相关数据，对村民们宣传镇政府下发的文件，向村民们普及法律法规常识等。为了做好工作，她定期对村民进行家访，了解他们在生活上的困难，努力与村民结成亲如一家的情谊。她还积极地协助妇联主任向全村的妇女宣传自我保护的意义及措施，带领村里的其他党员通过远程教育平台一起学习党的历史和经验等。

刚进村的那段日子，索朗尚有些不适。但是淳朴的民风、朴实的村民，使她很快地适应了这里的生活，融入了村委的工作。经过两年的锻炼，她惊喜地发现，自己的知识面广了，待人接物更加成熟了，解决问题的思路也更开阔了。

由于镇政府就在岗堆村内，这为索朗联系镇与村之间的工作提供了很大的便利。镇长和书记对她的帮助也很大，整个岗堆是全县的团结典型，干部、职工、群众上下一家，因此索朗自豪地告诉我们，在贡嘎县，岗堆就是“团结”的代名词。同事们还会经常一起自费聚餐，大家在热闹的环境中交换彼此的看法，老同事还会对她进行贴心的指导。在岗堆的将近两年的时间里，索朗学到了很多东西。她说人要懂得感恩，她很感谢来自朋友、同事们的指导和帮助，使她学会了与人沟通的方式，了解到了村民的现实生活状态，这些都是她在书本中无法学到的。

3. **工作体会及未来设想**

索朗告诉我们，在基层农村工作要做到“三勤”。一是口勤，放下架子，甘当学生，不懂多问，虚心请教，认真学习别人先进的工作经验，熟悉掌握村情民意。多请示、多汇报，多交流，多接触。二是脑勤，勤动脑多思考，对问题多角度多方位思考，总结经验，发扬成绩，改正不足。三是腿勤，对于领导交办的事，做实做好。做实事做好事，多了解群众的实际情况，倾听群众意见，解决群众困难。另外，在日常工作中要保持平常心，在琐碎小事中熟悉工作，锻炼自己。大学生村官同时也是村支部书记助理，担负协助村支部书记工作的任务。因此村官除了在开村委会、支委会时准备策划好会议外，其他任务都是一些琐碎的小事，可能仅仅是帮村民讲解一个法律条文，协调解决一些鸡毛蒜皮的小纠纷，但这些小事却关乎村民的利益。群众利益无小事，一丝一毫总关情。所以在工作中最忌好高骛远，不求实际，自己应从点滴小事做起，踏踏实实做事、老老实实做人。最后，当好村官要有丰富的知识。平时就要积极学习法律、法规及国家的路线方针政策，不断充实自己，提升工作水平。索朗笑言，刚到工作岗位时，总感觉无从下手，打算、计划很好就是没有突破口，所学专业看似很广泛，在用的时候就十分有限了。比如她大学所学专业是金融学，对经济原理都有了解，但是具体到关乎村民利益的商业等经济问题，有时候总会感到无所适从。

索朗说，如果没有什么特殊情况，自己准备一直为岗堆村服务。岗堆村建设需要一些懂得农业技术知识、计算机知识、法律知识等的专业人才。而这些方面的知识，她自认为掌握得不是很充足，所以她认为要想当好岗堆村村官，就要不断地学习新知识，尽最大努力为村民服务。此外，对于一些现实问题，如村里的文化建设问题、法制建设问题等，她已向上级领导进行了反映，她期盼这些问题在不久的未来能够得到解决。对于岗堆村的未来，索朗充满了信心，我们也希望她在以后的工作生活中能够一展所长，为自己的人生、为村民的生活增添更多的色彩。

（九）聘用干部次仁多吉

在本次调研过程中，岗堆村村委会的两位干部给我们提供了很大的帮助。他们不辞辛苦，忙里忙外，不仅天天陪同着我们，而且凭借着他们的阅历，给我们本次调研提供了丰富的信息材料。他们中的一位是村委会副主任巴桑，另一位就是我下面要介绍的次仁多吉先生。

次仁多吉，男，藏族，中共党员，现任岗堆村村委会聘用干部，至今已有44年的工作经历。他几十年如一日，兢兢业业，任劳任怨，听从组织安排，经历过多次岗位调动，但他无论身在何处，都不忘自己是一位共产党员，时时刻刻想着为民谋利。

当我问到他的工作经历的时候，次仁多吉老人从钱夹里拿出一张八开大的纸张，上面写满了漂亮的藏文，原来这是老人自己总结的个人履历表，上面写有时间、地点和内容，十分详细，而且也很整齐，如同打印体。他就对照着这张表，用他那淳朴的语言给我讲述了他的人生经历与起伏。

1. 人生起步

次仁多吉，1952年出生在现在的岗堆村（原雪村），隶属于贡嘎县曲德区（现在的岗堆镇），1962年曲德改名为前进区，所辖乡不变。1959—1967年，他就读于岗堆小学。1968年3月，去贡嘎县参加了为期三个月的会计培训，从此开始了他的会计生涯。同年5月，经西藏自治区革委会批准，成立了贡嘎县革命委员会。1969年2月，贡嘎县人民公社成立，贡嘎县与其他县形成工作小组，他很荣幸成为工作小组中的一员，积极主动参加各项活动和会议。1970年2月，不到20岁的他担任了当时岗堆村三队的会计。由于工作认真负责，1971年2月，他被聘为县干部，也是从这一年开始享受国家福利，当时每月工资9元左右。

2. 进步与收获

1972年，风华正茂的年轻小伙次仁多吉（20岁）“三喜临门”，第一次感受到了成功的喜悦。第一件事情是他脚踏实地地工作得到了认可，在当年5月份，他被提拔为贡嘎县岗堆镇会计师兼岗堆镇党委副书记，不仅管理整个镇的财政收支、账户结算等，还负责党建等方面的工作。第二件事就是认识了美丽的藏族姑娘卓嘎，并与心爱的她走入婚姻殿堂，组建了自己温暖的家，这让他感受到了生活的幸福美满。第三件事是他被批准加入共产党，光荣地成为一名共产党员。这不仅是一次思想上的进步，也对以后的发展奠定了很好的基础。工作5年之后，到1977年7月，他的月工资涨到15元人民币；1978年，他在这些工作的基础上又担任了团支部副书记的职务，这段时间的工资是每月25元。

1987年撤区建乡过程中，撤销前进区，原前进区所辖的贡堆、托嘎、乃萨3个乡改为行政村，组建贡堆乡（也就是现在的岗堆镇）。贡堆乡成立人民政府之后，1988年5月，他成为贡堆乡人民政府的聘用干部，主管民政和团支部方面的工作，之后又增加了治安管理工作，当时工资是每月60元；1990年7月，他被提拔为贡堆乡人民政府副乡长，成为副科级干部，此时的工资涨了10元，每月70元。在此期间，由于突出的表现，他被评为“先进工作者”，还得到500元的现金奖励。1991年3月，上级政府决定在山南贡嘎地区修建机场，指挥部将此项重要的任务交给了他，于是他带着300名民工、58辆拖拉机去建设贡嘎机场，经过一年多的时间，终于建成这海拔最高的贡嘎机场。竣工后，指挥部颁发奖项，次仁多吉获得二等奖，他一脸满足地告诉我们：“当时奖励了一个高压锅和一百元现金，但是这些不重要，关键是机场的成功建设，打开了我们西藏的大门，不仅我们可以走出去了，也可以有更多的人来看我们的家园。每次经过机场，就像看着自己的孩子，有一份喜悦在心头。”

3. 培训经历

之后的5年，次仁多吉忙于参加各项培训学习。1992年7月，贡嘎县抽取15名干部去山南地区的浪卡子县考察学习，他有幸被选中。1993年10月到12月，作为老党员干部，他被派到山南地区党校进行了为期3个月的学习。1997年4月，又被派到德庆曲果寺学习8个月。几次培训，使他的业务水平和工作能力得到进一步提高，工作也更加积极、努力。

4. 工作调动

1996年，贡堆乡改为岗堆镇。1997年成为次仁多吉工作的一个重要转折点，因为从这一年开始，他的工作进入频繁调动期。1997年12月到1999年7月，他离开岗堆镇，去江唐镇担任副书记。在此期间，他的工资也连续上涨，从原来的每月160元到1997年7月涨到412元，而到1998年则涨到1428元，这对他们家庭可谓是天大的喜讯。1999年7月到2002年6月，开始实行包村干部，那年他被调到岗堆镇下的森布日村当包村干部，即村委会主任；2002年6月，他又被调往岗堆镇多丁村当包村干部；2004年6月开始，他又到了岗堆镇的普雄村担任包村干部，一直到2008年10月，终于被调回自己的家乡岗堆镇岗堆村村委会工作，成了岗堆村党支部成员和调解委员会主任，直至现在。从2008年10月开始，他的工资又上涨了500元，增加到每月1928元。当他讲完自己的经历，从他的眼睛里，可以看出一种自豪感，对自己人生的一种满足。

5. **家庭生活**

次仁多吉老人不仅在工作上硕果累累，在生活上也收获多多。1972年结婚后，他与爱妻卓嘎感情一直很好，上苍赐予他们六个孩子。长子已过而立之年，在山南任教，有着自己的幸福家庭与生活；老二次仁，今年29岁，小学毕业之后就开始工作，常年在外做驾驶车辆或建筑房屋的工作；三儿子达瓦扎西，26岁，初中学历，从事驾驶或营销类的工作；而老四叫索纳木，25岁，大专学历，学的是电路专业，但由于目前没有特别适合的、与专业对口的工作，所以就临时留在家中从事农业生产；老五是个女孩，叫登吉玛，今年21岁，在拉萨上大学，9月份就上二年级了；最小的丫头叫拉珍，15岁，非常乖巧，经常帮家里干家务或农活。父母的一言一行在无意中影响着孩子的成长，次仁多吉老人在无形中教授了孩子们做人的真谛。孩子们都非常孝顺，家庭和睦，目前他的三个儿子已成家，除了老大在山南地区工作生活，其他的都在一起，生活十分融洽与热闹，这也同样成为他幸福的源泉。

次仁多吉老人对自己目前的生活状况非常满意。他说："现在我们的生活条件改善了，土房不见了，现在建的都是砖瓦石房，各家各户二层小楼住得真叫舒坦；原来的泥泞的土路被修成白水泥路，下雨天也可以照样穿漂亮的衣服；每家每户都通了自来水，再不用跑出去打水了；电话几乎家家有，电视也越来越多；政府的支农惠农政策，不仅降低了农民的生产成本，也保障了粮食供应，他们不仅种青稞、小麦和土豆，也种起了油菜花；每家的牛羊每年都打免费的防疫针，让村民门可以放心打酥油、做奶渣，每天喝我们最喜爱的酥油茶。这些都离不开国家的投资和支持，所以感谢党和国家对我们的照顾，给我们这些好的政策，让身处高原的我们过上这么好的生活。"虽然他也知道，与内地相比这些条件算不上什么，但是与他们以前的生活水平相比，已经是天壤之别，因此他倍加珍惜现在的幸福生活。我们也相信，有他这样的领导在，岗堆村的未来也一片光明。

（十）老一辈的村干部尼玛

尼玛老人以前是村子小组的组长，从解放后就开始做这个职务，一直干到2004年退休。初次见到尼玛老人是在村里的杰列森拉康里，这是一个附属于谢珠林寺的观音殿，村里的老人空闲的时候大多会来这里静心朝拜，聊聊天，喝点酥油茶，这里成了老人们休闲的一个好去处。当天尼玛老人便在这里休憩纳凉，我们在这里采访了他。

1. 生在旧西藏

尼玛老人今年73岁，生于原贡嘎雪村，那时贡嘎宗（相当于现在贡嘎县政府）的驻地便在这里。西藏在当时是农奴制社会，尼玛一家都是普通的农奴。据尼玛老人回忆，他们当时是给贡嘎宗打工，属于条件比较好的，贡嘎宗的下一级还有喜噶（音译），相当于现在的乡镇一级政府。他的父母并不是纯失地的农奴，还是有自己的一点土地的，也有自己的房子，西藏当时高达90%的农奴都没有住房，由此可见尼玛一家属于条件较好的农奴家庭。解放前，他年龄还小，但到有劳动能力后也开始给贡嘎宗打工，直到西藏和平解放的那一天，他的命运也随之开始转变。

2. 年轻有为

说起西藏和平解放，尼玛老人还清晰地记得那年他刚21岁，正值青春年少。当时村里民主选举小组组长，所有的藏族成年人都具备被选举的条件。民主选举大会开始的时候，村子里所有的人都围坐在一起，有被选举条件的人把自己的帽子放在身子后面。选举开始后每个人按规定捡一块石头，轮流放到自己想选的那个人的帽子里，当时有选举权的人一共有180人，100多人都选了尼玛，他成了得到选票最多的人。最后尼玛光荣地竞选上了贡嘎雪村村委会第五组的组长，得到选票第二多的人当上了副组长。

当上组长后，尼玛老人的主要工作是为村民们分田地，慰问农户。当时的贡嘎雪村一共有大约480人，而第五组经过调整是人数最少的，有80多人，虽说人数少，但是麻烦也不少，小组中的大小事务他都得管好。由于尼玛性情温和谦逊，待人热情，所以受到了村民们的一致好评。大约在1964

年，由于工作表现出色，尼玛被上级领导和村干部推荐入党，并学习了党章等入党知识。由于尼玛不识字，入党申请书是贡嘎县委的一个藏族女干部次卓嘎代他写的，由他自己来口述。其间他还写了很多篇思想汇报，不过也是由村里领导帮他写的。经过了两年时间的考察，最后尼玛被正式接纳入党，成为一名光荣的中国共产党党员。之后，上级对行政村各单位进行重组，包括村小组也有较大变动，据尼玛老人回忆，1965 年以前岗堆和雪村是一个行政单位，村子划分了三个小组，由于他的口碑好，有群众基础，所以尼玛这时又继续当上了第三组的组长，这样一做就是二十年。农业集体化以后小组改称为大队，组长也改称为大队长。由于当时响应国家号召成立农业生产合作社，按上级的要求，刚分下去不久的土地又重新收回来，还有一些农业生产资料如牦牛等也都要收回来，当时这些事情具体执行起来都由尼玛全权负责。重分后的小组（大队）人数比较多，再加上收地的任务比较重，所以每个大队都组建了一个十人左右的工作组，其中大队长一人，副大队长二至三人，会计一人，财政一人，还有管农产品和牲畜的管家各一人。在收获季节，正副大队长带领工作组从各家收上来粮食以后，由会计核算物品，财政负责掌管应该上交给国家的那一部分，最终由管家在工作组的监督下来分给每家每户粮食。当时尼玛所负责的第三组每年收获的粮食要上交国家 30%，这其中的三分之一是以粮食实物上交，剩下的三分之二是卖给国家，国家按一定的价钱进行收购，农民可以拿到钱；余下的 70% 粮食中，再拿出其中的五分之一做来年耕种的种子，三分之一左右作为喂牲畜的饲料，剩下的不到 30% 的粮食是分给百姓的口粮，这样下来村里的村民每人每年最多能分到 100 斤的粮食。

到 1958 年以后，全国范围内开展了大跃进和人民公社化运动，尼玛所在的小组也没能幸免。当时的岗堆镇也改名叫前进区，每年的收获季节，前进区政府会派会计和督察组过来监督核实收获情况。卖给国家的 20% 的粮食分为好、中、差三个档次，好的能卖到 1 角 5 分钱一斤，中的卖 1 角 3 分钱，差的卖 1 角钱。农民嫌给的钱太少，因为上交之后自己吃不饱，所以老百姓都不想卖，但是上级派来的农业督查组会强制把粮食征收上来。到了“文革”时候，村民的生活变得更加困难，尤其到每年春天青黄不接的时候，所有的人都吃不到饭，村民不断地向他们这些大队长反映情况，他们只好向上级如实汇报，上级财政也很困难，解释说给各级干部的工资都发不下去。有一年收成比较好的时候，麦子、大米给他们每人多发了五十几斤，但是这样的好日子并不多，西藏各地的藏民同全国其他地方的老百姓一样度过了这段艰苦的时间。

3. 幸福的时代

1978年改革开放以后，前进区重新改称为岗堆乡，尼玛还是继续做着村小组组长的工作，这时国家下令开展土地联产承包责任制，尼玛又带领大家把土地以承包的形式重新分下来。按照当时的实际情况，每个人平均可以分到3.3亩土地，这其中有良田，也有荒地，所有的土地被分为好、中、差三个档次，好地能分1.5亩，中地能分0.5亩，其余是差一点的土地。原来收归集体的牲畜也都分给了各家各户。分地分牲畜的整个过程十分公平公正，所以大家都很高兴。中央政府重点照顾西藏地区，尽管内地一开始还需要继续缴纳农业税，但是据尼玛老人说，他们从那以后收获的粮食都是自己的，再也不用上交了。谈及此事，尼玛老人脸上洋溢着幸福的表情，他说，现在的日子比过去好过千百倍，简直是天壤之别，现在即便是村里遇到旱灾或洪灾，收成不好都一点不用担心，国家会给各种补贴保证每个人都能吃饱饭，村民们的生活都很悠闲惬意，年轻人都倾向于外出打工，去打拼出一片天地，但是像他们这样经历过无数风霜的老年人能够在太平盛世中安心度过晚年就很知足了。

由于老党员和老干部的身份，尼玛老人近两年拿到的补助从700元提升到2200元，此外，从今年开始他还可以拿到480元的养老补助。自己的儿孙大部分都在拉萨等城市打工，经常会给他寄钱回来，老人自己感觉他的日子过得很宽裕，一家人都过得很幸福。

尼玛老人安详地坐在观音殿外的院子里，村里的老年人一到下午大多聚集在这里，我们在采访的时候，热情好客的藏族大妈时不时地端来煮好的藏土豆和各式各样的油炸点心给我们吃，老人围坐在树荫下一边唠家常一边喝着酥油茶，看着他们悠闲的生活，我们在心里祝福所有像尼玛一样的藏族老人能够乐享天伦。

十八、各行各业的专业人士

（一）年轻的壁画师益西旺久

来到西藏之后，当我们走在寺庙、府第、宫殿、民宅、驿站、旅店等地方之时，我们发现，在这些场所的墙壁上画满了各式各样以佛教为主题的壁画。而寺院则为壁画聚集之所。大寺院往往有数十个甚至上百个殿堂，各个殿堂及其周围走廊的墙壁、天花板等处均绘满了壁画，估计寺庙壁画在10万幅以上，如果把这些壁画一幅幅地排列起来，那确实是延绵不断、绚丽多姿、色彩缤纷的美丽画廊。难怪西藏自治区美协名誉主席、曾任十四世达赖喇嘛首席画师的安多强巴有一次在北京对记者说："全世界每三张佛画，就有一张出自西藏。"

岗堆村是一个有着悠久历史和佛教传统的村庄，走在岗堆的民宅、寺庙里，你可以看到无数绚丽多姿的花纹和画像，村子里当然少不了会此绘画技艺之人，年轻的画家益西旺久便是这传统技艺的传承人之一。

1. 家庭概况

走进益西旺久家，就可以看到家里的墙壁、天花板、橱柜、屋檐上面画满了各种各样的画。由于益西旺久在外工作繁忙，这一段时间回不了家，所以我们采访了他的母亲次仁措姆，他的母亲热情地接待了我们。他们家的条件在岗堆算是比较宽裕的，因为在家里不仅儿子益西旺久是有一技之长之人，她的丈夫克热旺久也是个手工业者——制作藏族传统服饰的裁缝。

谈起益西旺久，次仁措姆的脸上洋溢着自豪之情。益西旺久还有四个弟弟和两个妹妹，他是家里的老大哥。其中三弟和四弟都是二十岁出头，由于大哥的手艺已经很精湛，工作也稳定，所以这两个弟弟正跟着益西旺久学手艺；而二弟也是以大哥为榜样，在外面打工学了手艺，不过和大哥画壁画不同，他学了建筑，现在是一个泥瓦匠，有时候也会做木工活；五弟索朗次仁今年19岁，是在上学的这几个兄弟姐妹中最大的一个，今年在贡嘎中学读高一，父母对他寄予重望，希望他能考上好大学；两个妹妹米米和央金还在上学，米米学习成绩非常好，现在广东佛山中学西藏班读初二，最小的妹妹央金今年13岁，刚刚从岗堆中心小学毕业，准备在本地继续读初中。多亏了益西旺久在外地做工的收入，给他的这些弟妹顺利读书提供了坚实的经济基础。

益西旺久的妻子名叫次丹，今年25岁，也是岗堆本村人，娘家是岗堆村一个普通的务农家庭，就住在贡嘎曲德寺旁，她能嫁给益西旺久感到很幸福，因为自己的丈夫在村里同龄人中是比较能干的。两人育有一个小女儿，今年才刚满一岁。丈夫常年在外做工赚钱，妻子次丹就在家中照顾老人、孩子。虽然家里主要靠做手艺挣钱，但也承包有两亩田地，种的是青稞和小麦，收下来的粮食就供家中食用。小两口一个主外一个主内，日子过得其乐融融。

2. 个人经历

益西旺久在岗堆中心小学毕业时刚14岁，从那时起他就跟随同在本村的壁画师傅米玛次仁学画了。在西藏，佛教绘画和佛教寺庙是同时出现的。据五世达赖喇嘛撰写的《释迦佛像记·水晶宝镜》记载："法王（松赞干布）用自己的鼻血画了一幅白拉姆女神的唐卡。"藏文古籍也有松赞干布指示画师在大昭寺墙上绘制各种壁画的记载。可见一千三百年前，西藏便有了唐卡和壁画这两种最主要的绘画形式。而山南地区就是西藏文明的发源地，西藏的第一座宫殿也是松赞干布统一吐蕃前的居所——雍布拉康就在离贡嘎不远的扎西次日山上。

位于岗堆村的贡嘎曲德寺就因其珍贵的壁画而享誉全藏。洛扎地方的门拉·顿珠嘉措是门唐派的开山祖师，他的学生贡噶县的岗堆·钦孜钦莫在师承的基础上又创立了青孜画派。而贡嘎曲德寺的壁画就是由钦孜钦莫亲自主笔画的。西藏壁画的另一主要门派门唐派以画静相神为主，数百年来一直是西藏画派的主流；青孜派以画怒相神见长，与门唐派相辅相成、各具特色。

可以说岗堆村便是这古老的青孜画派的发源地，采访中我们虽然不能确定益西旺久的壁画是否就是青孜派的遗风，但是可以肯定的是益西旺久一定受到了这种传统画法的影响。

益西旺久到17岁时已经比较系统地掌握了各种绘画手法，包括壁画、油画和唐卡。跟师傅学成之后，一开始是随着师傅做工，一天能挣到70元左右，后来他便开始独立到外面揽活自己做。开始主要是给岗堆村村民的新居绘画，随着自己的绘画技法成熟之后，名声也渐渐响亮起来。位于原贡嘎雪村的重要寺庙谢珠林寺要大规模翻修，便邀请了益西旺久为寺庙画佛教壁画，从这时开始，益西旺久已经是一个成熟的画师了。西藏不同于内地，每家每户盖新房或者装修房子都需要请专业的画师来作画。前些年“文革”破四旧，唐卡、壁画都成了大毒草，画师们不敢画了。粉碎了“四人帮”后，国家实行拨乱反正、改革开放，宗教活动重新恢复，寺庙大量维修，需要绘制的唐卡、壁画比历史上任何一个时期都多。藏族风俗习惯得到尊重，很多人家都设了小经堂，还恢复了为死者转生绘制神佛的习俗，像益西旺久这样精力充沛的年轻画师更是忙得不可开交。

现在益西旺久已经带起了徒弟，多的时候能带五六个。刚学的时候跟随画师做工是不给工资的，只是管伙食和住宿。益西旺久做得比较多的就是给村民盖的新房画壁画，现在名气大了，通过人们介绍，口口相传，小小的岗堆村已经“容”不下益西旺久，他经常被邀请到外地干活，一栋房子包工可以得到5000元的收入。带上徒弟做活，画完一栋普通村民的民居大概需要8至10天，大部分徒弟都是不给工资的，一些技术水平较高、跟随他作画较久的徒弟每天给50至60元的工费，一年下来这样的包工能做30多户。除了给房屋画壁画，他还给诸如衣柜、壁橱等家具的外表作画，平均每天的收入有100元。

3. **名扬藏内外**

除了在西藏山南、拉萨等地的寺庙中留下他的作品外，益西旺久还曾到过著名的兰州石佛沟灵岩禅寺作画。谈到这里时，他的母亲次仁措姆起身进屋拿出了一些照片和资料，那是她儿子在那里工作的照片。兰州石佛沟灵岩禅寺位于兰州市区南16公里处的石佛沟国家森林公园内，坐落在石佛沟腹地，是藏传佛教黄教（格鲁派）寺院。此寺在2008年进行翻修时邀请了大量藏族的画家到寺中绘制壁画，益西旺久能够被邀请在此作画，显示出其高超的画风和不俗的技法。

益西旺久虽然还很年轻，但是已经在当地小有名气，在壁画界闯出了一片天地，除了去过兰州，忙里偷闲，他还去过北京等一些大城市旅游。虽然自己大部分时间在外地工作不能回家，但是妻子很支持他的工作，这个幸福之家在益西旺久一家人的努力下定会更加幸福。

（二）赤脚医生扎西达杰

在岗堆村，尤其是在未合并前的贡嘎雪村，提起赤脚医生扎西达杰，每个村民都不会感到陌生。岗堆村现在仅有一个诊所，扎西达杰就是这个卫生所一直以来唯一的一名工作人员，2008 年原岗堆村和贡嘎雪村合并成一个村以来，扎西达杰开始为更多的村民服务。

1. 性情温和的赤脚医生

扎西达杰，男，藏族，小学学历，现年 55 岁，岗堆镇森布日村人氏。由于卫生所建在岗堆村，为了方便医治病人，他长期居住于岗堆村，与妹妹、妹夫及妹妹的五个儿女一起生活，每隔几个月会回家看望妻子和儿子。

扎西达杰的普通话很好，他笑着告诉我们他平时的爱好比较多，尽管在我们看来这些"爱好"并不都健康。他很喜欢饮酒，但是每次喝酒都会很有节制。提起喝酒，扎西达杰笑着说起自己的一个"怪癖"，那就是他只和关系亲密的人一起饮酒，也许这就是人们常说的"酒逢知己千杯少"吧。扎西达杰的另一个爱好是吸烟，他说："吸着烟想想发生的事情和自己走过的路，每次体会都不一样。"在他的诊所的窗台上摆放着三盆花，藏族人称其为"卓玛花"，在藏语里，"卓玛"是"月亮"的意思，是一切美好和纯洁的化身，因此这种花也被藏族人认为是代表西藏文化的花草之一。除此以外，他闲暇时也会到村口的商店与村民们聚在一起打牌，喜欢和村民们聚在一起的气氛和感觉，也因此与村民维持了很好的人际关系，和我们一起参与调研的藏族女孩尼珍的名字就是他帮忙取的。也许是身为医生的职业习惯，扎西达杰的穿着通常都会很整洁。他告诉我们在藏历新年的时候每个村民都要买一顶帽子，去年过年的时候他还亲自到拉萨选了一顶纯皮的帽子，虽然花去一千元，但这是他仅有的比较奢侈的一次采购。

2. 个人从医经历

20 世纪 70 年代的时候，岗堆村还很贫困，识文断字的村民还很少，因此当时虽然仅有小学学历的扎西达杰被村民们称为"秀才"。那个时候，有很多村民生病了却得不到及时医治，一些比如感冒、痢疾等小毛病就要到县里或者镇里就医，十分不便。鉴于此，在 1973 年的时候，乡领导就委派扎西达杰到县里的医疗培训班学习，在那里他学习了一些简单的基础医疗知识，三个月后回到村里开了诊所，当时村里还没有固定的医疗点，因此只能在自己家里给人治病。虽然他当时学到的医疗知识还非常有限，但对于医疗长期匮乏的岗堆村，无异于带来了福音和希望。后来，鉴于村民越来越多的医疗诉求，镇领导又安排他到镇里的医院继续学习。在这里他通过临床实习，更进一步地提高了自己的医疗技术，学会了打针、开药、输液、量体温等。20 世纪 70 年代，正值国家开始大规模支援西藏建设的时机，国家从内陆地区向西藏各县市派遣了很多支医疗队。1975 年，北京的一个医疗队来到贡嘎县城，这也为扎西达杰掌握更高水平的医疗技术提供了机会。在县领导的委派下，扎西达杰开始了向这支北京医疗队学习的一年。扎西达杰告诉我们，由于贡嘎县当时医疗服务还很匮乏，因此在这几次学习经历中，北京医疗队的医生们对他的帮助是最大的。当时北京医疗队有几位年龄比较大的老医生，医疗经验很丰富，这些老先生们对这个聪明、勤快的小伙子很是喜爱。最初，扎西达杰只是辅助老师做些基本的工作，后来老师开始亲自教导他，甚至到他家的简易卫生所来查看，向他提出改进建议等。而扎西达杰也会利用自己的闲暇时间帮助老师们值班，遇到感冒等比较轻微的病症能解决的就自己解决，遇到重病人再去请老师们帮忙，然后向老师讨教学习。就这样从 1975 年以后，扎西达杰才在真正意义上走上了乡村医生的道路。在这些老医生的帮助下，扎西达杰学会了辨识许多草药。在藏族的山区，也许最不缺的就是草药了，有那么一段时间，村民们经常看见他背着药篓、拿着药铲上山采药的身影。他最常去的是贡嘎县境内的昌果山以及朗杰学乡的山上。他把采回来的药材交给县里的医院，供县里的医生们制药用。

根据扎西达杰的回忆，在他刚开始给村民们看病的时候还是遇到了很多困难，一方面是由于当时的医疗设施还不健全，另一方面则是因为自己的医疗经验还有很多不足。一次，森布日村有一名孕妇难产，已经来不及送往医院救治，她的家人在凌晨一点钟的时候敲响了扎西达杰的家门。一听到这个消息，扎西达杰立刻赶往病人家中。当时交通非常不便，有一段路程甚至要划船才能通过。好不容易赶到孕妇家中以后，发现胎儿由于胎位不正，虽然一只胳膊已经出来，但是已经浑身发紫，死去多时了，当务之急必须要马上取出孕妇腹中的胎儿，拯救面临生命危险的孕妇。扎西达杰笑着说，那时候自己还年轻，医疗技术还不成熟，在病人家属们的殷殷期盼下，也只能尽力一试，他小心翼翼地扭转了胎儿，再慢慢地将其从母体中取出，总算有惊无险，这名孕妇终于得救了。许多年过去了，这位妇女又有了自己的孩子，但她依然不忘扎西达杰当年的救命之恩。提起这些过往的经历，扎西达杰似乎感慨良多，尤其是医疗技术慢慢提高以后，回想起这些经历，他笑言总是有些惶恐，也因此更加感受到了身为一名医生的使命感和责任感。因此，很多年来，扎西达杰都有一个读书的习惯，他经常利用自己的闲暇时间多读一些医疗方面的书籍，不断丰富和完善自身的医疗技术水平，避免再遇到类似的紧急病情时手忙脚乱、辜负病人及家属的信任。

新的时期，国家推出了新型农村合作医疗制度。村民最初并不理解，扎西达杰就利用自己所掌握的知识向村民们讲述参加“新农合”的益处，并率先带头参加，现在的岗堆村村民基本上都参加了新型农村合作医疗。他平时为村民看病不收诊疗费，日常生活来源主要是县政府每个月发放的720元工资。由于工作表现突出，扎西达杰多次被评为优秀乡村医生和防疫工作先进个人，在由原村委会改建的简易诊所里，我们看到，墙壁上贴满了奖状，柜子上也摆了好几个奖杯。扎西达杰自豪地告诉我们，自治区卫生厅的厅长、地区卫生局的局长都曾经到他的诊所视察过，并对他的工作给予了肯定，鼓励他继续为村民服务。

随着医疗技术水平的提高，扎西达杰现在已经能够诊断很多病症。他告诉我们，村里的诊所不像医院那样分为外科、内科、儿科、妇产科等，但是依然可以对疾病做简单的预防和处理，来找他诊治的病人不仅包括本村村民，还包括森布日村等其他邻近村庄的村民。一些相对轻微的病症，如感冒、发烧、痢疾等都可以在他这里得到医治，稍微严重的外伤也可以在诊所先做一些简单的处理后再送往医院救治，但是对于妇产科的病人则只能送往县医院等比较大型的医院进行诊治。除此以外，对于一些流行性疾病，他还可以预先做一些简单的处理。2008年的时候山南地区有很多人得了一种罕见的流行病，当时只有国外有过类似的病症，得病初期病人都是浑身发热、高烧不退，扎西达杰当时不辞辛劳地组织全村村民测量体温，并提醒大家这种病的严重性，嘱托村民一经发现类似高烧不退等症状的病人，要立即送往县医院隔离救治，这对于疾病的蔓延起到了一定的预防作用。

3. 未来展望

作为本村唯一的一名乡村医生，扎西达杰曾先后三次被提名为村支部书记，但是他都向镇领导婉言谢绝了。他告诉我们，在村里找到一个比他合适的村支部书记人选也许并不难，但是岗堆村的乡村医生却仅有自己一个人，他很喜欢治病救人的工作。扎西达杰还向上级领导积极反映在工作中遇到的问题，比如由于习俗和医疗水平的限制，他并不能诊治妇产科病人及帮助孕妇生产等。目前镇领导已经委派村干部在村里推荐合适的女孩子去县里学习，预计不久后岗堆村也会有属于自己的妇产科医生。这个普通的乡村医生用自己的亲身经历向我们诠释了怎么样让自己的人生在应有的位置上发挥作用，怎样踏踏实实地做好自己的本职工作，更好地贡献自己的力量。

（三）旅游车司机永珠

岗堆村位于雅鲁藏布江畔、拉贡 101 省道中段，距岗堆县县城有 20 公里。考虑到我们高原作业，也为了整个调研工作顺利进行，我们调研组租了当地一辆有 11 个座位的旅游车作为每天的交通工具。旅游车的车主永珠先生是岗堆村第一个做旅游车生意的村民，他虽然很年轻，但已有 16 年的驾龄，是一个非常乐观且有想法的“老司机”。

1. 基本情况

永珠，男，藏族，于 1977 年 3 月 8 日出生在岗堆村一个农民家庭。他是家里的第二个孩子，除他之外家里还有兄弟姐妹六人。大哥次仁多吉，出家于夏珠林寺近 10 年；老三顿珠，现年 29 岁，是贡嘎县江唐镇中心小学的一名数学教师；老四丹增炽烈，26 岁，在贡嘎县县城湖南宾馆工作，主要负责收银结算及日常管理；老五平措卓玛和老六旺堆卓玛在家务农。

2. 学习经历

永珠在 1985—1991 年期间，就读于岗堆镇中心小学，学习成绩优异，但由于当时家里经济条件不好，除他之外还有弟弟妹妹等着上学，因此他刚小学毕业就被迫送到拉萨的姑姑家生活。他清楚地记得那一年是 1992 年，他还不到 15 岁。当时永珠的姑姑家有一个商店，他每天就在姑姑家商店帮忙，做些零碎的工作，后来渐渐熟悉店里的情况，就开始做些销售和柜台的工作。在此期间，他没有什么工资收入，但他所有的吃住等生活费用都由姑姑家承担，因此不仅自己衣食无忧，并且也减轻了家里的经济负担。在做了三年的商店服务生之后，他才开始接触与车有关的工作。

1995 年，永珠姑姑家买了一个可以承载 19 人的中巴车，他便转行从事售票员工作，沿途在车上卖一些小食品和水。从这时开始，永珠发现自己爱好驾驶车辆。他跟司机师傅一起休息时，经常询问关于开车方面的问题，最后司机看他如此上心，闲暇时间就教他开车。他在几次上手、练习和揣摩之后，很快就可以自己单独驾驶中巴车了。于是 1996 年，他在拉萨报考驾驶证，但当时因为他年纪小（未满18周岁），公安局不允许，最后经过一番努力，终于拿到了梦寐以求的驾驶证。他自豪地告诉我们："当时我都没有参加驾校培训，直接把证给考下来了。我拿到的是B本，相当于现在的A2本，从此开始了我的司机生涯。"

3. 工作经历

1996年，永珠正式成为中巴司机之后，就在拉萨客运站上班了。在此期间，他开过拉萨到日喀则、拉萨到那曲和拉萨到山南的长途客运车，每个月收入八九百元。有了收入的他非常开心，除了给自己留点生活费，剩下的都寄给家里。中巴司机的生活将近过了五年，他听到朋友们谈论，开出租车收入更丰厚，于是2000年，他离开了客运站，开始开出租车。驾驶出租车的报酬确实比之前的工作强，每个月能拿到1500~1800元的工资。不过毕竟他太年轻，而且开出租车的风险较大，因此在两年后，他又找了一份新工作，即大卡车运输。这个工作没有开出租车那么清闲，工作强度和体力消耗巨大，每天工作时间是从早上8点一直到下午6点半，而且工资报酬也与之前的出租车司机收入差不多，所以他没坚持两年又换岗位了。

2004年，来西藏旅游的游客逐渐多起来，旅游车的生意也逐渐兴起。驾车经验丰富的他得到一位老板的赏识，从此开始从事旅游车驾驶工作。第一辆旅游车的型号是"4500"越野车，三年后，换成了可以坐9个人的丰田62系列车。这个工作的收入比较可观，底薪1000元，加上平时省下的油钱和国外旅客给的小费，一个月能拿3000元左右。经过几年的历练，他不仅熟悉了川藏及整个旅游景点的路线，而且还比较熟练地掌握了接待外宾的礼仪，这些为他以后自己买车做旅游专线奠定了基础。

4. 自主经营

2010年，他用自己攒下的一点积蓄和银行贷款从拉萨购买了一辆11座的二手金杯面包车，买车总共花费10万多元，其中旅游车本身花费9万元、半年保险费1万多元、GPS定位导航1400元、公司管理费（车牌归属于拉萨圣地公司）2200元等。他还给我们算了一笔账：他买车从银行贷款9万元，要求三年内还完贷款，每年还款利息是400多元；公司要求每三个月审一次车，每次80元，一年下来320元；机动车行驶证每年审一次，其中灭火器100元、实验表150元和环保审查125元，总计375元；机动车年审一次200多元。再加上公司管理费2200元，每年的养车成本就达3500元。再看现在的油价，每公升汽油7.86元，据他介绍，旅游车不像小轿车，耗油很厉害，基本上每公里就能消耗1元钱的油。就以本次给我们调研组跑车算，从岗堆村到贡嘎县全程20公里（其中：岗堆村与岗堆镇政府距离3公里，岗堆镇与贡嘎县城约17公里），他每天接送我们两次，加上他自己空车来回两次，那么四趟单程共计80公里，油费近80元。因为知道我们是调研，非旅游团，所以他给我们一些折扣，按每公里2.3元收取包车费，则每天收取200元，那么他每天可以赚的纯利润为120元。假如每天早上来县城和下午回岗堆村时可以载到乘客，那么利润可以再高点。但是他要在这期间接待其他团，旅游旺季的包车收费标准一般都是3.5~4元/公里，最低也不会低过3元，那么每天包车费至少收取300元，每天至少挣220元。从一个生意人的角度讲，十天下来，他少赚了上千元。

永珠很坦诚地告诉我们，他的旅游车虽然属于圣地公司，但公司不负责给车主联系客户、旅游团这些事情，这些都需要自己搞定。他一般会跟拉萨的亲戚和朋友打好招呼，那边有人用车就会联系他；还有就是给湖南宾馆工作的弟弟留下名片，旅客需要车自然会给他打电话。所以交际较广、在旅游公司或旅行社有熟人的司机，收入自然更多些。但总体上，开自己的旅游车要比给别人打工好很多，平时吃住都在自己家里，不仅可以照顾家人，也节省去了一大笔开支。他说："买了旅游车之后，平时可以在村里服务，村里人去镇上，一般收10元，去夏珠林寺、县城等远点的每位20元，但这不是绝对的，有些认识的或关系好的经常就不收钱。而带旅行团的生意，只有旅游旺季的时候好做，大概一个月能跑三趟，如拉萨到纳木错、灵芝、日喀则、珠峰或山南，能挣个6000~7000元。比如从拉萨到纳木错450公里，有人包车或租车，按每公里3元收费标准计算，那么往返加起来旅客得付2700元，而每公里的油费按1元算，往返油费成本为900元，加上燃料、过路费及吃住等一些其他费用，总成本最高按1500元的话，此次服务也能净赚1200元。"我们按此估算，假定永珠去年开旅游车的年收入达5万元，油费和养车费至多2万元算起，那么保守估计的纯利润也有3万元。这样，他可以在三年内还完买车的贷款，第四年开始有盈余。

5. 家庭状况

其实除了开车，永珠的生活也在默默地发生变化。随着他跟兄弟姐妹的成长，家庭条件也渐渐好转起来。现在家里8口人中有5个劳动力，家里不仅从事农作物种植，也养殖各种牛羊。2003 年买的一头母牦牛，到现在已经壮大到 5 头牦牛的队伍；另有 4 头奶牛，其中 3 头都可以挤奶，为他们提供每天的酥油；还有 4 个新生的小牛犊。家里的 5 只山羊和 46 只绵羊与村里的羊群一起放养，每个小组雇佣了一位牧羊人，每户每只羊每年交 15 元的费用。2006 年，村里陆陆续续开始盖新房，他们家也不甘落后，盖上了新房，总花费达 7 万元。2009 年，家里买了第一辆小轿车，总共花费 5 万元。说到这，他感叹道："这车比我的金杯省油多了，大概 100 公里烧 4 公升油，冬天去机场拉客，一天也能挣个 70 元到 120 元，每天正常作息，一个月拿个 2000 多元没问题。"2009 年，家里的又一大喜事就是他自己成家了，娶了一个非常能干的妻子，2010 年年末，他的爱妻给他生下一个健康宝宝，他第一次当了幸福的爸爸。

6. **未来期望**

在成家前，他认为车就是他最好的"兄弟"，几乎每时每刻陪着他，但自从有了妻子和孩子，他意识到自己的责任不同了。当问到"你对于未来有什么规划"时，他静静地沉默了许久之后告诉我们，其实他不太想开车了。他希望在不久后的一天，在村里开一个服装店。目前，村里没有一家卖服装的店铺，村里人买衣服都十分不方便，需要坐车去县里或拉萨，这样不仅增加了买衣服的成本，而且十分浪费时间。所以他打算从拉萨进货，让妻子和妹妹在村里卖服装，这样既满足了村里的需求，也能给家里的妹妹提供一份工作。而且这已不是单纯的想法了，永珠早已默默地付诸行动。目前，他已经挑选好了店面，已跟房主谈好了价钱，打算等房子装修好就开始做这件事情。由此看出，永珠是一个纯朴却又不缺乏经济头脑的年轻人，相信他未来的生活会越来越好。

（四）勤恳的木匠扎西罗布

扎西罗布看上去身材并不高大，但结实干练。大概是长年劳作的缘故，他的双手厚实有力，结趼的手掌显得粗糙。与其粗犷的外貌相比，他的性格则温和得多，谈聊间语速不急不慢，平和自如。他说话的声音不大，即使谈到值得高兴的事情，笑声也是轻轻的。说话时，眼睛总是凝视远方，一副历尽沧桑的样子。从他一身朴实的装扮，特别是那双沾满土而显旧的布鞋上看，很难想象他有着很不错的经济收入。他老实，但不死板，低调，但也开朗。

他用平淡而笃定的语气，向我们口述了他的过往。

1. **拜师学艺**

出生于新中国成立初期的扎西罗布，今年 61 岁，小学文化程度。虽然赶上了西藏的民主改革，但他青少年时代都在贫困落后环境下生活。21 岁之前，扎西罗布与他的几个兄弟和村里大部分人一样，劳作在公社的田地里。21 岁那年，他与小他 5 岁的同村姑娘结了婚，因经济条件所限，扎西罗布并不能拥有自己的房子，而是住进了女方家里，贫困一直困扰着这个内心坚毅而朴实的青年。穷则思变，扎西罗布心里最强烈的愿望就是能够通过自身的努力，靠自己的劳动让家庭的生活状况有所改善。两年以后，他同家人商量决定拜师学艺，并且外出打工。他带上青稞酒来到当地木工技艺最高超的木匠师傅家中，表达了向师傅学习的决心。平时勤恳、憨厚的扎西罗布很自然地得到了木匠师傅的肯定，自此他开始了迄今 38 年的木工生涯。起初，他陪同师傅到拉萨干活，做学徒，一干就是 2 年。做学徒的日子只管吃住，没有工钱。他没有余钱寄回家里，心里非常忧虑。他只能一边完成师傅交给他的任务，一边刻苦学习手艺，以求技术长进，将来自己也能成为师傅。在访谈中，扎西罗布告诉我们，当学徒的这两年是他这一辈子过得最忧虑的两年，一方面发愁捉襟见肘的经济状况，一方面又被思乡的情绪困扰。扎西罗布在工作任务不紧的时候，还可以每两三个月回一趟家，要是赶任务的话，那就得大半年才能回一趟。

2. **木匠生涯**

两年之后情况慢慢有了好转。扎西罗布开始领工薪，5 块钱一个月。这时候他的第一个孩子出生了，家里的经济压力变得更大，他在外地省吃俭用，基本上把工资都拿回家里。两年后，第二个孩子出生，这时的月薪也从原来的五元涨到了十元。虽然经济压力不像几年前那么大，但是这段时间扎西罗布的工作任务多了，并且经常要到不同的地方去干活。落后的农村并没有大量的木具需求，木匠工人也没有丰厚的报酬。长年漂泊在外的扎西罗布居无定所，几年下来，除了贡嘎，他还跑遍了泽当、拉萨、林芝、阿里等地方，除了人口聚集的城镇，还跑了不少牧民区。10 元的月薪大概领了三年，期间生下了老三；之后又领了六七年 15 元的月薪，此间老四又出生了；再往后是 25 元的月薪，这时最小的孩子也是唯一的女儿出生了，大儿子与女儿相差 14 岁。他回想起这十几年要维持这一家人的经济来源，感叹非常不容易。

到了20世纪80年代，改革开放的和风细雨慢慢也惠及了扎西罗布。辛勤劳动的他收入有了很大的起色，收入是村子里其他人收入的两倍多。节俭的他和善于持家的妻子慢慢地攒下一笔钱，盖起了属于自己的房子。房子居住面积达300平方米，在当时可是村里头等的大房子，他也加入村子里第一批盖新房子的人的行列。

即使现在年纪大了，手脚没有以前利索了，村民们还总是找上门来，请扎西罗布帮忙做木工。给村里做一天木工活平均能得到六七十元的报酬。但是，在一个满是熟人的小村子，被别人请去做木工不仅是交易的关系，还意味着自己的工艺出众，人缘好。有时候他看人家囊中羞涩，便不收报酬，完工后主人家就置办些酒菜招待他，他也就很满足了。有时候，村子里的寺庙有需要，他也去帮寺庙做木工活，这个时候也是不收费用的，或者收得很少。村里人现在能称得上木匠的有十几个人，其中好几个是他带出来的徒弟，扎西罗布是最资深的老师傅了，年纪也最大。这一行他已经干了38年，可以说什么木具他都制作过，小到如木碗这些小器皿，大到木结构的房屋，藏柜和藏桌是做得最多的。他做的酥油桶密而不漏，并且外观平整好看。三年前村委会新盖了办公楼，里面的木桌椅子上也少不了留下他精湛工艺的痕迹。我们将好几张桌子一字排开，用尺子一量，结果几张桌子的长宽高相应的都是一样尺寸，每张桌子都平整美观，可见他工作的细致。即便如此，他始终还是个谦虚朴实的老者，在向我们展示他的精湛工艺的时候，他显得拘谨而谦虚。

他说佛告诫我们要帮助他人、与人为善，这也是为自己为家人修福。助人为善是他恪守一生的信条。谈到这方面，他回忆起22岁那年发生的事。有一天在池塘边劳作，突然听见有人喊救命，抬头看见有人在池塘里挣扎呼救，他立马跳下水救人，在水里他们两人险些都溺水。谈到这段经历，他仍心有余悸，脸上的神情显得忐忑。说话间，他在胸前双手合起，说这是佛在护佑他们两个。

3. 赋闲在家

三年前，58岁的扎西罗布选择了回到村子里，不再到外面去干活。在外面辛苦了大半辈子，现在是时候告老还乡，回家养老了；况且孩子们都已经长大，除了小女儿还在念大学，四个儿子也都能经济独立，所以他也有机会在家里过上清闲的晚年了。他告诉我们，现在年纪大了，不像年轻时干那么多体力活。现在每天早上起来就做点家务活，忙的时候做点轻点的农活，一到下午就和几个朋友玩骰子（当地成年男子的娱乐游戏）。要是村里人需要更新或维修家具、农具就会找扎西罗布去帮忙。

收入方面，我们给扎西罗布算了一笔账。去年总的收入是两万多一点，其中最主要的收入还是通过他和他的第四个孩子做木工带来的，这一部分有16000元左右，此外，家里17.5亩田地出产的粮食卖出一部分，收入将近5000元，国家发的农田补贴七八百元钱。而在开销方面，小女儿一年4000多元的学费和上万元的生活费是最主要的项目，其次是花费在穿戴方面大约4000元。此外，去年家里的通信费花了近3000元，如此可以算出每月花费200多元，可以想象他与几个孩子们的联系也很频繁。

现在，家里常住人口只有他和妻子两个人。老大和老三在拉萨定居了，老大在他的影响下也成了一名木工师傅，老三则是在邮政部门工作；老二在外地成了家，有两个孩子了；小女儿则是在内地上大学。他说他现在最疼爱老四了，跟他也最亲密，大概是因为老四经常回来照顾他们二老。老四也是木工，有时候到林芝、那曲去做活，家里田地忙的时候就回来帮忙种植劳作，也承担了照顾两位老人的责任。当我们问及他有什么期望的时候，扎西罗布脸泛笑容，美美地说希望最近能给老四买辆面包车。这样一来，老四可以不用到外地去做木活，而是在县里载客做运输，每天都可以回家。

（五）朴实的养路工人旦真贡布

旦真贡布，1962年出生，1995年被调到贡嘎雪村所在的一个养路所工作。时间如梭，16年就过去了，两个孩子也都长大了，他也把岗堆村当成第二故乡。

1. 痛苦的少年

旦真贡布的故乡在浪卡子县，他是家里七个兄弟姐妹中的大哥。赶上当时推广基础教育，旦真贡布8岁进了当地的小学读书，但由于家里经济条件差，家挺的重担落在他这个长子的肩上，小学二年级时就辍学。10岁时，他便跟同村的老牧羊人开始放牧，看管村里500多头牲畜。在这片广阔的高原山地里，每次放牧都要翻越几座山。他们出发时带上几天的干粮，晚上就睡在山脚下的小木屋里。那段时间，他每天可以得到 6 角钱的收入。16 岁那年，他参加了村里的工作队，工作的内容主要是挖水沟、修水渠、上山砍柴等等，工薪是每年年终结算一次，将年薪平均，每天也只有几角钱，效益好时，最高有一元钱。回忆过去，他感慨他的青少年时期真是不堪回首的苦日子。

2. 得到锻炼的青年

改革开放给西藏老百姓带来了福音，1980 年，他正式成为养路工人，被分配到山南边境地区，除了修建公路之外，也盖房子，这些房子主要是供单位办公和居住使用。他每个月可以领到 56 元的薪酬。由于聪敏能干，旦真贡布得到上级的器重，三年之后他成了单位里的会计。受当时管理水平的局限，会计、出纳和保管并没有完全分开，他不仅负责收付钱、记账、统计，还负责单位物资管理和发放，在这个职位上，他干了十年。1994 年，旦真贡布被调回了老家浪卡子参加住房建筑管理方面的工作，工资收入没有变化。次年，旦真贡布被调往贡嘎县，负责 101 省道岗堆镇路段的维护。从那时起，旦真贡布一家就都生活在岗堆村，但收入发生了很大的变化，从起初每月两百元上涨至现在的每月五千多元。

3. 养路工作

关于工作，旦真贡布侃侃而谈。他说，养路工人的工作很烦琐，很辛苦，还存在一定的危险性。平常主要干的工作是修理边坡、清理路边杂草、挖坑槽、掏涵洞等，冬天下雪的时候，开着机器清扫路面上的积雪并进行一些公路救援活动。他还说："很多不理解我们工作的人都认为养路工作很简单。拿除草来说，其实铲草并不简单，要是在雨水充沛的季节，路肩上的植物生命力特别顽强，它们有时长得比人都高，用铁锹也无法把它们铲除，我们只能蹲在地上，用手去拔那些植物。有些植物带刺，我们结束工作的时候，很多人的手都被刺得血淋淋的。"

然后他又站起来比画着向我们展示如何修理边坡。他教我怎么拉线定位，怎么下铲。他说，修理边坡也是需要技巧的，边坡要求平整顺滑，不能有洼坑，要用铁锹一铲到底。

20 世纪 90 年代，自治区开始推动黑色公路的修建和升级，这就是铺设柏油沥青路面。旦真贡布介绍，铺沥青的作业要求很正规，来不得一点马虎。路面沉陷、拥包、裂缝都得处理，只要裂缝超过 0.04 平方米就要挖坑槽修补。这是一个技术活，挖除旧的沥青路面时，要跟路中心线平行或垂直，一般挖成正方形，补的时候就跟着形状走。夏天时，沥青混合料有140摄氏度的高温，站在旁边铺沥青，他们的脚都会被热气烫得起泡。

旦真贡布所在养护路段几乎全程依江修筑，从雅鲁藏布江源头出发一直顺江延伸，路的另一边就贴着石头山。雅鲁藏布江是夹在山谷里的河流，那么这一路段就是夹在江与山之间的公路。可以想象修建该路的时候，从一座座山上凿出路来，工人们历尽何等的艰辛。而养护这种地形环境的路也非常辛苦，因为与雅鲁藏布江相伴而行，公路长期受流沙及水毁之害。新油路建成后，养护工人们把这条路视为安身立命之本，把它当作自己的后花园来进行建设。全段的养护工人、行政人员和机械设备悉数出动，开赴公路一线，在几十公里长的线路上加宽路基、种草种树。尽管狂风呼啸，烈日当头，养路工人们将一株株幼苗树立在公路两旁，把一粒粒深情的草籽播撒在雅鲁藏布江畔，在养路工人的手中逐渐变成了散布在青藏高原的一道道亮丽的风景线。车行高原，在不少路段人们欣喜地看到，护卫在公路两旁的绿树，像一道道绿色的屏障延伸在雅鲁藏布江江畔、后藏古城、藏南谷地。曾经的不毛之地，如今已铺展着令人心旷神怡的如茵绿草。

每到雪季，路面冰雪堆积，车辆受阻无法前行。老工人旦真贡布率领工人们日夜奋战在抢险保通工地上。看着飞转的车轮在积雪的公路上打滑，有的司机开始在路面上烧火加热油箱，旦真贡布的心跟针扎似的。他顾不上天寒地冻，脱下身上的大衣，就垫在了车轮底下，自己穿着单薄的标志服，跑到车尾："推！"看到老工人脱下衣服，工人们也纷纷把自己御寒的衣服垫在车轮下。这一举动，就连在场怨声不断的司机，也被深深地打动了。西藏的公路还是生死搏斗的战场，这里虽然没有硝烟，但随时都面临着生与死的考验。由于江水的冲刷切割，这一路段地质情况十分复杂。旱季，哪怕是一阵大风吹过，都可能引起巨石坠落；雨季，泥石流的发生更是家常便饭。旦真贡布向我们描述了他所看到的惊险场面，山上的巨石携裹着泥土飞坠而下，狠狠地砸在公路上，随即弹起，落入江水中，掀起了冲天水柱，幸好当时没有人员伤亡。每当山上有石头滑落都造成公路堵塞，养路工人们就一次次地疏通。艰苦环境是对养路工人坚强意志的最大考验；顽强拼搏是发自养路工人内心的永恒誓言。旦真贡布就是以这样的坚韧、毅力和勇气，与大自然顽强地抗争着，精心养护着"生命线"。

4. **家庭生活**

铮铮铁骨的旦真贡布，在家里又是一个充满爱的好儿子、好丈夫、好爸爸。女儿达瓦卓玛向我们介绍："一直以来，我爸爸最担心的是家里的人，因为家里条件很差，自己在异地工作只能一年回一次，那时也没通信工具，家里发生什么都无从得知。爸爸21岁那年，我奶奶去世，爸爸连奶奶的最后一面也没见着，那时候很伤心。那时候家里的四个弟弟妹妹都得靠爷爷维持生活，爸爸很不放心，可没办法，不去工作情况会更糟。那时候，他最大的心愿就是多赚点钱，让我爷爷晚年过上幸福的日子。"

旦真贡布和卓玛的妈妈米玛是在工作队里认识的。米玛相中了旦真贡布做人踏实，他们就这样走到了一起。那时候没隆重的结婚仪式，在单位里登记就算是结婚了。米玛喜欢听丈夫讲放牧时候的故事，也喜欢丈夫做的菜。在卓玛的记忆里，爸爸妈妈从没吵过架，是这世上最幸福最朴实的一对。米玛生完卓玛的哥哥后大病一场，从此身体变得很虚弱，容易生病，一年有好几个月住医院疗养。每一次，旦真贡布都到医院陪着米玛。为了照顾米玛，旦真贡布经常向单位请假。单位因此扣工资，而且让米玛提前退休。当时的小卓玛心理很为爸爸妈妈抱不平。

旦真贡布很疼爱卓玛，卓玛住校时，他每天中午骑着自行车给她送热腾腾的饭。那时候，同学都羡慕卓玛。有那么一回，在卓玛记忆中印象最为深刻。那时候，旦真贡布隔一天就去打麻将，平时跟家里人说几点回家，就会几点回到家。可那一晚旦真贡布很晚回家，晚饭也没吃，家里人给他打好多次电话，他都说马上回来，可就是没回来。这让苦等的卓玛很伤心。因为旦真贡布患有高血压，米玛和卓玛都很担心他会突然晕倒。平时小卓玛很相信爸爸说的话，但这一回对爸爸失望极了。她不想跟爸爸说话了。旦真贡布回来后，她一句话也没说，回到房间里暗自留下眼泪。第二天，爸爸起得很早，他问卓玛要不要倒酥油茶，卓玛没有回应就去刷牙洗脸了。他又跟上去问卓玛，早饭吃什么，要吃糌粑吗？然后给卓玛搅拌好，端到她面前，而平时都是米玛给卓玛拌好的。那一瞬间，卓玛被爸爸感动了，不由自主地流下眼泪。她看到爸爸的眼神是那么和蔼可亲，那么怕她伤心，她很想回应他一句，但又不知道怎么表达。中午，旦真贡布问卓玛想吃什么菜，她说想吃青椒肉丝。卓玛去洗了菜，爸爸开始做饭，卓玛更喜欢爸爸做的饭。卓玛从没跟爸爸冷战过，就是那一回，从此旦真贡布就再也没那么晚回家，都是早早地回家吃饭。

在卓玛眼里，她的爸妈很恩爱。爸爸每天早晨上班穿上妈妈已经准备好的鞋，下班回到家穿妈妈给他买的拖鞋，妈妈晚上给他做最喜欢的饭菜。爸爸偶尔给妈妈买一些水果、零食。有时爸爸会给妈妈念一些流行的歌词，让妈妈学。看电视时，妈妈喜欢看那种军事题材的电视剧，但汉语不好，不知道什么意思，爸爸就一直当她的翻译。有时候爸爸翻译得实在不靠谱，卓玛忍不住笑起来。爸妈都会跟着笑，爸爸就说她懂汉语的又不翻译，他只能就这样翻译给她的妈妈，妈妈也很同意爸爸这一说。调皮的卓玛就故意这样让爸爸给妈妈翻译，然后笑话爸爸的误导。旦真贡布的汉语说得还行，就是汉字写得不是很好。现在在北京念书的卓玛平日都会给爸爸发短信，以此让爸爸学汉字。慢慢地，旦真贡布也会给女儿回短信，不过错别字还是不少。卓玛说："我希望爸爸能写常用的字，我和哥哥就这样一直教他写字，爸爸也会给妈妈教一些简单的。"这就是旦真贡布的一家，很幸福，也很温暖。

（六）心灵手巧的裁缝师克热旺久

1. 迟来的姻缘

克热旺久，是村里的三个裁缝师之一。他的家乡在离岗堆村两公里外的另一个村庄，名为南沙村。1985 年，贡嘎县要建一个发电厂，各村的青年都踊跃报名参加，旺久就是其中的一个。在参加修建发电厂的过程中，他认识了年轻漂亮的措姆，两人有过几面之缘。虽然旺久当时就已经对措姆倾心了，但他们并没有单独相处、相互了解的机会。

缘分有时也会迟到，旺久在一次去往泽当的车上又遇见了措姆，这一回是他们彼此单独接触、相互了解的好机会。颠簸的山路很不好走，一百来公里的路程开了三四个小时，可对于旺久来说并不长。这一趟不单让他对措姆了解了很多，也让他决心追求她。那一年，旺久 35 岁，是当时的大龄未婚男青年，自己和父母都为娶媳妇的事着急。回去之后，旺久花了好几天的时间，到拉萨买了最漂亮的布，自己精心裁缝出一件漂亮的衣服，他到岗堆村把这件衣服亲手送给了措姆，并向她表达了爱意。措姆被感动了，不久后两人就结婚了。

2. 走向裁缝之路

结婚并不仅仅是两人的怦然心动，还意味着如何去经营一个家庭。初来乍到的旺久在岗堆并没有农田。措姆家一番商量之后，慷慨解囊，在措姆家的农田里划出一块两亩大小的田地给这对新婚夫妇。这两亩靠近河流的水浇地就成了这个新家庭的经济根基了。次年，两人有了第一个孩子，此后的十几年间，他们又生了五个孩子，最小的女儿今年15岁。人丁兴旺起来，但仅有的两亩农田没法供养这么多人口，唯有寻找别的出路。他曾到外地做建筑工人，当时一年能收入三千多元。这对他这个体格瘦小的人来说，实在是太辛苦了，可为了一家人的生活，他这一干足足有十五年。2005年，他体力下滑厉害，身体已经熬不住了，就决定回乡另图他路。

回到家，他还是想尝试下他的老本行——裁缝。说起做这一行，还是有家传的原因的。他告诉我们，他的母亲也是裁缝师，母亲的父辈们也是，他从小耳濡目染，喜欢上了裁缝，慢慢地也就学得这一技之长。现在虽说是重操旧业，但毕竟是荒废多年的手艺，他必须重新熟悉，重新学习。他在家自学了一段时间，将以前的功夫给练回来，还别出心裁地做了些新款式，自我感觉还不错。他用的工具很简单，几把不同尺寸的剪刀、软尺、硬尺，再加上一台缝纫机，各式的服装就都在他一双巧手下完成了。

他在心里盘算着，村里的经济状况逐渐变好，对服饰穿着的需求也会多起来。村里当时也没有会做衣服的裁缝师，要是每个人都来找他做衣服，收入肯定不错。不过，一开始并不像他想的那么顺利，因为大家对他的裁缝手艺并不了解。经过一番努力和挣扎，终于从2007年开始出现了转机。现在，他每年都有几百份订单，拿去年来说，就超过七百份，而且由于做不完，有些订单还不敢收。其中，最有利润的是做藏冬服，因为袖口、领子和胸前都要有花边，当然工序也复杂很多。一件冬天穿的藏式外衣完工后能收七百多元钱，除去成本后，每件大约有一百五十到两百元不等的工钱。一年会有几十份这样的订单，特别是集中在藏历新年前一两个月，村民们需要穿新衣服过新年。那段时间，他日夜加班，每天工作十个小时以上，甚至还需要妻子帮忙。

依靠这门手艺，旺久家的经济状况大大好转了，家里添了不少好电器，如长岭的大冰箱、25英寸的彩电、一整套的组合音响，甚至佛龛、唐卡的规模都快赶上寺庙里的水平了。此外，还新购买了一台拖拉机。他还供15岁的小女儿尼妮到广东惠州念书，这也是一笔不小的开销。

3. **幸福生活**

亲和善良的旺久也是虔诚的佛教徒，家里的佛龛和唐卡比其他村民家中的更多、更漂亮。每天晚上到村里的寺庙转，每逢宗教节日他也会去更远的寺庙参加朝拜、祈福等活动，像去桑耶寺就需要一天的时间，五个月会去一次。他深信善因善果，笃信做善事能得善果，好人终有好报。他的裁缝手艺带给他不少收入，但他也不把这门手艺纯粹用来赚钱，而是可以用来做善事。去年他接到不少寺院的僧袍订单，但是相对其他订单来说利润就少很多，每天做僧袍也就有 50 元的收入。即使在有更多高利润的订单的情况下，他也把全部僧袍都先完成了。他看到其他人家生活贫困，就观察人家缺些什么，自己就找机会给人家送过去，有时送些酥油、牛奶、衣服等等。现在，因为他的裁缝手艺和大儿子的彩妆手艺，他们家已经成了村里人羡慕的榜样了。他从一个异乡来的边缘人慢慢成了村里一个重要的人物，一个受人尊敬的长辈了。

家庭生活上，他与妻子这二十几年相亲相爱，基本没有什么矛盾，唯一有的就是关于孩子们的教育问题，但也只是小争执。他们为孩子的未来操心，妻子对孩子们的教育比旺久更加严格。有四个孩子现在已经到外地谋生了，但老三为人直爽，爱交朋友，经常把钱花在与朋友的交际上，自己赚的不够花，经常找家里要钱。对于这个问题，也是旺久现在比较担忧的。

平日，除了裁缝、佛事外，他还有一个养花的爱好。他的缝纫机前摆满了大大小小十几盆盆栽，红白粉各色的花正开着。他对目前的生活状况比较满意，但对村里的事务似乎并不是十分关心，因为他觉得那些事情对他来说并没有多大关系，即使去参加村干部选举也是因为大家都得过去才去的，他也没有想过要给村里提什么意见，更是从来没想过自己去当村干部。当问起他对村里干部的工作感觉怎么样时，他说对村干部的工作比较满意。

（七）壁画师米玛次仁

米玛次仁一般常年在外给寺庙里画壁画，都不在村里，大家很难见到他。但我们在调研期间却有幸得知，由于谢竹林寺最近在翻新装修，米玛次仁被请回村里为寺庙绘制壁画。于是，我们联系到米玛次仁，百忙中的他接受了我们的采访。与我们想象的有所不同，这位村里大名鼎鼎的壁画师非常年轻，长得也很英俊，他身穿黑色的运动式夹克，头戴红褐色的鸭舌帽，有些腼腆，眼神中透露着真诚的目光，周身散发出画家的气质。

1. 个人基本情况

米玛次仁，男，31 岁，原为岗堆镇乃赛村人，有两个妹妹。2000 年，米玛次仁在岗堆村的谢竹林寺绘制壁画时与旦增曲珍相识。旦增曲珍比米玛次仁小两岁，当时，她正在谢竹林寺打工，负责搬运石块。米玛次仁对旦增曲珍一见钟情，认为她是一个心地善良又能干的好姑娘。在米玛次仁的追求下，旦增曲珍在 2005 年与他结婚，米玛次仁也随之落户到了岗堆村。他们现有一个九岁的儿子布琼，在岗堆村中心小学读三年级。

2. 学艺经历

米玛次仁在乃赛村中心完小上三年级时，由于家里经济困难而辍学回家放羊。虽然他并不喜欢放羊，但却在放羊期间发现了自己的特长：画画，每当看到蓝天、白云、青山、碧水、花草树木，他都会画在石头上。那时，他就梦想着自己将来成为一名画家，能够随意挥洒画笔，画出自己看到的任何东西。在家务农两年之后，实现梦想的机会真的“从天而降”了。当时，贡嘎县政府决定在每个村里选派两个人去泽当某职业学校学习绘画，米玛次仁抓住了这梦寐以求的机会，成为村里被选派去的两人之一，开始了他为期两年的学习生涯。然而，米玛次仁对学校的教学方式并不满意，认为学校学生太多，老师不能够对每位学生进行一对一的指导，自己学不到什么东西，于是，一年后他便退学了。

退学后，米玛次仁曾尝试着去当地一家刚建好房的人家画壁画。不料，才画了一半，人家就嫌他手艺不好，把他辞退了。此时，米玛次仁认识到自己仍需要潜心学习，但他又认为学校并不能满足他对绘画学习的要求，不想回学校。正当他陷入迷茫的时候，机会再一次眷顾了他。米玛次仁的姨妈住在泽当，她家装修房屋时请的壁画师洛桑是当地有名的画师。姨妈得知米玛次仁退学的消息后，立即联系到了洛桑师傅，洛桑听说米玛次仁条件不错，便答应收他做徒弟。见到师傅洛桑后，米玛次仁诚恳地表达了自己愿拜师学艺的决心，洛桑也渐渐发现这个徒弟不一般。每逢有绘制壁画的生意时，洛桑会带着他的三四个徒弟一起去画，徒弟一边画，师傅一边在旁边指导，告诉他们要领和技巧。而其他徒弟跟着师傅洛桑两三年才学到的手艺，米玛次仁半年就学会了；其他徒弟三四年后才能自己出去找活儿干，米玛次仁一年就做到了。只不过刚开始时速度比较慢，如在泽当给人家家里画壁画时，米玛次仁和其他两三个人一起画要花一个月的时间。后来慢慢画熟练了，一个星期就能画完。

3. 由“学徒”变为“师傅”

迄今为止，米玛次仁已经收过十个徒弟，其中有两个是本村人，一个是他的第一位徒弟——益西旺久，另一个是普布次仁。其他徒弟都是外村的，如乃赛村的索朗和江洋、吉纳村的扎西次仁、江塘镇的尼玛等。一般米玛次仁的徒弟也是跟着他一起干三四年，学到技术后便可以自己接活儿。

米玛次仁从泽当镇回到岗堆村后，便被请去谢珠林寺参加该寺的翻新、扩建工作。此时的米玛次仁带着他的第一位徒弟益西旺久在谢珠林寺与其他五位画师一同绘制壁画。为每间翻新或者扩建的殿堂绘制壁画需要两三个月的时间，米玛次仁第一次为谢珠林寺绘制壁画大约用了一年的时间。当时该寺付给壁画师的费用为每人 15 元/天。以后每隔几年，谢珠林寺都会翻新、扩建一次，米玛次仁也都会去参加该寺壁画的绘制，付给他的费用则大概以 5 元/天的幅度增加。

由于米玛次仁在谢珠林寺绘制的壁画十分精美，2006 年吉林长春最大的佛教寺院——般若寺的僧侣们通过谢珠林寺相关人士的介绍联系到了米玛次仁，邀请他带着他的徒弟们一同前往该寺绘制壁画。于是，在般若寺两位工作人员的陪同下，米玛次仁带着自己的八位徒弟千里迢迢来到了吉林长春，花一个月的时间为般若寺绘制好了壁画。该寺的僧侣和工作人员对米玛次仁一行人绘制的壁画十分满意。为了表示感谢，工作人员们联系好在北京的寺庙负责人，于米玛次仁和他的徒弟们在北京转车期间，带他们去参观了著名的天安门、故宫、雍和宫、王府井等。说到这里，米玛次仁还兴奋地告诉我们，那是他第一次到首都北京，当时他还看到了在建之中的“鸟巢”体育馆。此行的所有车费、食宿费都由寺庙承担，寺庙付给画师们的费用是每人 80 元/天，米玛次仁则根据徒弟们绘画技术的高低和完成的工作量分给他们不同的报酬。

从长春回来后，米玛次仁带着他的徒弟一直在山南地区为各村新建房屋需要绘制壁画的村民们服务，他的收费标准根据壁画的复杂程度和房屋的大小而定。如果房主要求绘制的壁画较为简单，则米玛次仁收取的费用为每 16

平方米600元，如果壁画较为复杂，则为每16平方米800元，按照这个标准再乘以房屋的大小，就是整个房屋的绘画费用了。几年间，山南地区大部分村庄的村民都知道“米玛次仁”这个名字了。在村民们的口口相传下，找米玛次仁为自家绘制壁画的村民也越来越多了。

2009年，米玛次仁又被甘肃兰州石佛沟灵岩禅寺的僧侣们邀请前往该寺庙绘制壁画。自2009年至2011年，米玛次仁前后三次带着他的六个徒弟前往该寺。先是2009年，米玛次仁一行在那里绘制了六个月的壁画。2010年，又因灵岩禅寺扩建，去了六个月。2010年寺庙只是翻新，他们去的时间较短，只有4月和5月这两个月。寺庙付给他们的费用是每人150元/天。

4. 个人对家庭的看法

由于米玛次仁经常外出绘画，他和妻子总是聚少离多。他去一次外地，少则一个月，多则半年，和妻子只能靠打电话、发短信联系。只有在村附近绘画的时候，才能每天回家。说到这里，米玛次仁满脸愧色，他觉得自己没有照顾好妻子和孩子，家里大大小小的事情都得由妻子一个人来承担。但是，他作为家里的顶梁柱，又必须在外打拼、赚钱。妻子的两个妹妹——达真和白玛现在都在读书，需要大笔的教育费用。达真在西藏大学读三年级，每年的学费为4000元，每月的生活费为1000元；白玛在山南第二高级中学读高三，也即将跨入大学的校门了。看着这两个妹妹努力学习的劲头，米玛次仁就想着一定要把她们俩先供出来，再弥补自己对妻子和孩子的亏欠。

十九、特色人物

（一）雪域高原走出的清华学子普布多吉

岗堆村不仅是一个山清水秀的乡村，更是一个人杰地灵的地方，近年来，伴随着西藏教育事业的蓬勃发展，岗堆村里的孩子们已有不少考上了大学，其中不乏内地的著名高校。现在就读于清华大学土木水利学院水利水电工程系的大三学生普布多吉就是其中的杰出代表。

1. 出身贫寒

普布多吉出生在一个贫寒的家庭。在他很小的时候，父母就离婚了，生父去了拉萨。由于当时太小，对于生父已经没有什么印象了。从那以后，他便跟着母亲尼玛一起生活。他的母亲是一个善良慈祥的藏族传统妇女，由于自己没有什么手工技能，只能耕种家中的几亩土地，后来母亲又嫁给了同村务农的普布次仁。由于普布多吉的两个弟弟还太小，所以家中的日子仍然过得比较艰难，当时普布多吉正在岗堆中心小学上学，他的姨妈家里情况相对好一点，姨夫是养路工人，同时还承包了几亩温室种植一些经济作物，所以在他小学的时候就住在姨妈家，帮他们做饭，料理一些家务，还帮着姨夫做一些农活。姨妈一家人非常喜欢普布多吉，姨夫觉得他聪明，学习又好，当时就许诺说如果将来普布多吉能考上内地的中学，费用都由他来承担。普布多吉也很争气，当时小学六年级毕业班有两个班，他在学风比较好的六（二）班，他总能考到年级前几名，最后在小学升初中的考试中他考了全校第二名。当时整个学校有 6 个学生考上了内地的中学，这 6 个学生都出自六（二）班，其中有两个学生去了安徽，一个去了武汉，他和另外两个同学去了位于辽宁省辽阳市的省重点中学辽阳一中。

2. 内地拼搏

从此，普布多吉离开了家人，离开了这个西藏的小山村，奔赴祖国内地去追寻自己的理想，踏上了内地学习的艰苦历程。辽阳市第一中学（初级中学）始建于 1949 年 3 月，1985 年秋季创建内地西藏班，是一所汉藏合璧的省级模范学校。普布多吉刚到辽阳一中时，需要先在西藏预科班学习一年汉语和预备课程。由于初到内地，各方面都很不适应，再加上西藏班里的同学都是从西藏各地选拔出来的优秀学生，所以在预科阶段成绩不理想，但是随着对内地生活的逐渐适应，普布多吉开始找到了感觉，而且由于自己性格较好，跟班主任老师相处融洽，在学习上开始突飞猛进。到了初一下学期时，已经是稳居班级前几名。不仅在学习上优秀，他同时还担任了班里的副班长和生活委员等职务，在生活和学习上帮助同学们排忧解难。由于他的出色表现，在初中毕业时，他还获得了辽阳市共青团为他颁发的市级“优秀团干部”荣誉证书。在辽阳一中读初中虽然不用交学费，但是还需要交一定的学杂费，据普布多吉回忆说，在辽阳一中的四年时间里（包括一年的预科），一共交了各种费用大约 2700 元，这些费用都由他的姨夫一家承担。由于国家对于藏族学生有生活补贴，所以日常的生活费很少，基本上不要钱，但是他的姨夫考虑到普布多吉远在内地，家里人照顾不上，每年又额外给他寄 500 元的生活费。就这样，普布多吉顺利完成了初中学业，按照国家教育部门的规定，内地西藏班的藏族学生需要回到西藏参加统一的中考，于是他又回到家乡参加了中考，当时考了600分，是全校的第三名，在整个西藏排第32名。说到这点，普布多吉仍然记忆犹新，他说当时全国的很多高中他都可以去，包括北京和上海的许多著名中学，但是当时同处于辽宁省的盘锦高中给出了优厚的入学条件：学费全免，还有高达8000元的奖学金。考虑到家境比较贫寒，而且也不愿继续让姨夫一家出钱供自己上学，所以普布多吉在权衡再三后选择了同为辽宁省重点中学的盘锦高中，以继续他的学业。

3. 梦圆清华

到了盘锦高中之后，普布多吉开始为自己的梦想而拼搏：一定要考入自己心仪的学府清华大学。在辽阳一中时他是和藏族同学们在一个班上课，然而到了盘锦高中，情况有所转变，普布多吉散插在主要由汉族学生组成的班级中。这个班级是奥林匹克班，是盘锦高中冲击名牌大学的重点班级，也只有学习成绩拔尖的学生才能入选这个班级，班里只有5个藏族的同学，虽然一开始同汉族同学相比他们存在一定的劣势，但是普布多吉毫不气馁，更加刻苦努力地学习，在全校2000余名学生中排到200名左右。按照这样的成绩，当时他的老师就肯定他上清华没什么问题。盘锦高中对像普布多吉这样的藏族优秀学子还有很多照顾，如每月给200元的生活费，一些重大节日活动学校领导和老师都会宴请，还会赠送给他们精美礼品，过年的时候还发给他们“压岁钱”，再加上发奖学金。普布多吉从高中开始生活已完全可以自理，不但没向家里和姨夫要过任何钱，反而向远在西藏的家里寄了1000多元。由于在奥班学习成绩优秀，且各方面表现良好，自己申请入了党，且顺利地成为了一名预备党员。凭借着自己扎实的基础功底和不懈的努力，普布多吉终于如愿以偿，以优异的成绩考入清华大学土木水利学院水利水电工程系。当时他们班的5个藏族同学也都考上了其他的名牌大学：一个去了中国人民大学，一个考上了中央财经大学，还有两个同学去了南京的大学。

4. 新的里程

清华大学是中国最优秀的高等学府之一，普布多吉回忆说，自己在那年的8月23日去清华报到，他比其他学生要提前到几天，因为所有高中入党的预备党员要提前培训四天，当时参加培训的所有清华学生就他一个是藏族的。清华对于每个学生的学术要求是极其严格的，他的周围都是从全国各地选拔来的最优秀的学生，刚入清华时，整个学院这一届只有他一个藏族学生，普布多吉还不能完全适应清华的紧张学习和生活。大一的时候，尽管自己拼尽全力去学习，还是不幸有两门课程挂了红灯。从那以后，普布多吉开始更加努力地弥补自己和其他同学的差距，到了大二时，在班里排名已经到了中游水平。在清华，普布多吉同样也不需要担心学费和生活费的问题。虽然水利专业的学费是6500元/年，但是他根据自身的条件申请了助学贷款和国家助学金，每年的金额为12000元，除此以外，西藏自治区教育厅还给水利、地质、林业等专业的藏族学生每年5000元的补助，每年寒假回家的车费学校都会给予报销。普布多吉还参加了学校的勤工助学，职位是交通协管员，每月可以领到500多元的工资。这些钱不仅足以支撑其在清华的生活费用，还不断往贫困的家中寄钱以孝敬父母。

在生活中，他为人谦和，易与他人相处，在同学中赢得了不错的口碑。宿舍一共住了三个人，其他二人也都是少数民族：一个傣族，一个蒙古族，他和室友相处非常融洽。大一下学期的时候，普布多吉加入了校团委的一个下设组织：少数民族组，现在担任副组长，经常组织全校的少数民族举办各种活动；大二时，他又担任了水利系的足球队队长。除此以外，学校组织的各式各样的活动如文明交通宣传等都可以看到普布多吉忙碌的身影。由于他在学员中是较早入党的党员，所以院党委今年安排他带一个入党积极分子，这个男生和他是同一届的学生，平时关系相处得比较好，所以他做了这个男生的入党推荐人。

普布多吉爱好广泛，除了认真掌握好自己的专业知识外，平时空闲时会学习计算机技术，下一步准备进一步学习编程，还有更加熟练地掌握英语，除此以外，他还不断地在自学藏文，以期更好地掌握本民族语言，将来学成后为家乡建设服务。业余时间，他的体育活动也是丰富多彩的。平时很爱踢球，身为系里的足球队队长，自身技术自然不俗；除了足球，身材瘦高的普布多吉也爱好打篮球、轮滑等运动。他如此喜爱运动，跳锅庄自然也成了他业余时间一项必不可少的娱乐消遣活动。锅庄舞，又称为“果卓”、“歌庄”、“卓”等，藏语意为圆圈歌舞，是藏族三大民间舞蹈之一。舞蹈时，一般男女各排半圆拉手成圈，有一人领头，分男女一问一答，反复对唱，无乐器伴奏。整个舞蹈由先慢后快的两段舞组成，基本动作有“悠颤跨腿”、“趋步辗转”、“跨腿踏步蹲”等，舞者手臂以撩、甩、晃为主变换舞姿，队形按顺时针行进，圆圈有大有小，偶尔变换“龙摆尾”图案。在北京的大学里面，经常会举办学生之间的小规模的锅庄舞，中央民族大学就是经常举办锅庄舞的学校之一。普布多吉有时还专程到中央民族大学去跳锅庄舞，那里每周五晚上都有类似的活动，他想努力掌握好这门具有浓郁民族特色的舞蹈，因为这也是藏族和各民族同胞之间交流感情的一种方式。

2011 年暑期之后普布多吉就要上大三了，谈及未来的生活，他想毕业后回到拉萨工作。当问及他为什么不选择继续攻读研究生进一步深造时，他说因为家庭条件一直不是很好，想早日学成归来孝敬父母。他介绍说，每年水利系的毕业生的大致去向是：三分之一的毕业生保研，有二十几人选择在本系继续深造，出国留学的在十个左右，只有四五个选择直接工作。上一届毕业的有一个藏族师兄去了西藏自治区的人民银行。他说毕业后会去考公务员，或者进人民银行，或者是去他的老本行水利部门工作。有时也想去做一名老师，因为他觉得自己之所以有今天，是同老师们含辛茹苦的培养分不开的。他回想说自己小时候在西藏上小学时，老师有本地的，也有从内地来的，都很负责地教育他们，去了内地更是受到了无数老师的关怀和呵护，所以他有时候也想去做一名教师，从事这个伟大的职业。总之，他的愿望是毕业后能回到西藏的家乡，把自己的所学献给这片圣洁的土地，献给这片土地上辛勤劳作的人民。

（二）藏文化的传播者格桑群培

格桑群培先生是前藏著名的萨迦派寺庙——贡嘎曲德寺的住持，我们调研队来到岗堆村不久就在不少村民那里听说了这位年轻有为的曲德寺住持的事迹。他精通汉藏双语，并且游历过内地的很多地方，是个眼界开阔且胸怀韬略的藏传佛教文化传播者。岗堆村是一个藏族传统文化及宗教设施均保存相对完好的村落，村中仅寺庙就有 3 座，拉康 1 座。其中在山南地区乃至整个西藏影响较大的寺庙之一贡嘎曲德寺就坐落于此。贡嘎曲德寺，又称多吉丹寺（意为“金刚座寺”），为前藏影响最大的萨迦派寺庙之一。萨迦派还有众多门派，其中影响较大的宗巴系的主寺即是此寺。寺庙大殿四周墙壁上绘满佛本生故事，这些均为著名绘画大师、青孜画派的创始人钦孜钦莫（又称钦则钦莫）留下的手迹。由艺术大师钦孜钦莫于 15 世纪中叶创立的钦孜画派是西藏历史上重要的画派之一，其绘画风格对后世西藏艺术产生了极其广泛的影响。鉴于此寺庙及其壁画在西藏历史和艺术上的重要地位，其被列为自治区级重点文物保护单位。在一个风和日丽的上午，我们参观了这座著名的寺庙，并拜访了寺庙的年轻住持——格桑群培。

初见格桑群培先生时，他正在寺庙里为一群来访的客人讲解寺庙的历史和壁画，看着他操着一口流利的汉语侃侃而谈的身影，很难想象这个年轻的僧人就是掌管这座庞大寺庙的住持。随后我们向格桑群培先生说明了来意，他便热情地招待了我们，步履稳健的他还亲自带领我们游览了寺庙的主殿，并对寺庙的壁画内容进行了详细的讲解，之后，他答应接受我们的专访并回答了我们的一些问题。格桑群培先生说话有条不紊，逻辑严谨、思维敏捷，这些都给我留下了深刻的印象。

1. 出家的因缘

格桑群培先生于1974年出生在岗堆村的一个普通家庭之中，父母赐名拉珠，他是兄弟姐妹之中年龄最小的一个。由于岗堆深厚的文化底蕴，拉珠从小就处在西藏传统宗教文化氛围熏陶之中，村里的老百姓虽然大多并不懂得宗教教义，但内心都充满了对藏传佛教虔诚的信仰。他小时候也经常跟随家里人去曲德寺做礼拜，再加上自己的舅舅阿旺旦达当时是一个很有名望的高僧，并担任贡嘎曲德寺的住持，拉珠从小耳濡目染，对于佛教有着超过同龄孩子的理解。拉珠在上小学的时候便显现出聪慧的天赋，在岗堆中心小学念书的时候，学习成绩在班里能排到第二名。当时，学习成绩优异的学生能被送到内地西藏班上学，按照拉珠的成绩，去内地上学是没有问题的。正当他考虑去内地上学的问题时，已经在辽宁省读初中的一个朋友给他写的一封信改变了他的想法。朋友在信中写道很不适应内地生活，首先是吃饭不习惯，吃不到在家乡每天都吃的糌粑，而且语言交流障碍挺大的，感觉融入到内地生活挺困难的，当时电话还没有普及，与家乡亲朋好友联系起来也不方便。于是在拉珠的脑海里便对去内地上学产生了一些抵触情绪。在旧时的西藏，寺庙是一个教人识字、传播知识的地方，孩子们只有在寺里读书念经才有出息，寺庙里的僧人相对其他普通老百姓来说熟读经文，比较有知识有文化，再加上自己的舅舅阿旺旦达在贡嘎曲德寺做住持，所以心中便萌生了毕业后剃发为僧的想法。

自己虽然有出家的意向，但是父母、老师和周围的亲朋好友都不同意他这样做。因为家中他的几个长兄都已在外打工有了稳定的收入，家庭条件完全可以供他在内地上学。老师也觉得他聪明伶俐，学习天赋很好，再三劝说他一定要继续上学。但是拉珠虽小，内心已经有了想法，部分也是受他朋友的影响，怕去内地上学吃苦太多，不能适应，当时还是小孩子的他认为寺庙里的喇嘛生活挺悠闲的，再加上舅舅是寺庙住持，对他也有个照应，于是便坚定了出家为僧的信念。有一次，拉珠跟母亲去见在寺庙讲经的一个在当地影响很大的活佛江央落色桑布。他的佛教修养很深，“文革”期间西藏大量寺庙被毁，江央落色桑布便只身一人隐居深山闭关静修，20 世纪 80 年代才重新出山布道讲经普度众生，周围的百姓都慕名来到寺庙朝拜这位活佛。拉珠和母亲虔诚地等了四个小时才轮到他们。活佛一脸慈祥地在大殿里的宝座上坐着，用手碰了一下他的头，便问他的母亲孩子叫什么名字，他的母亲便回答说叫拉珠。活佛见拉珠容貌不凡有聪慧之相，认为其是一个可塑之才，便对他的母亲表示愿意收拉珠为徒，后来活佛给拉珠重新赐名叫格桑群培。家里父亲得知此事后，起初很不情愿，但是既然威望甚高的活佛愿意收他为徒，也就同意了此事，再三嘱咐他要好好学习佛法，千万不能半途而费。就这样，格桑群培在接受了活佛大师的灌顶、受比丘戒等仪式后，正式地成为贡嘎曲德寺的一名僧人。

2. 初入佛门

到了寺庙之后才发现，这里的生活远没有他想象的那么简单。舅舅对他管教非常严格，每天早上五点半必须起床。格桑群培回忆说，这比在学校里面要求严格多了，有时候犯了点小错误或是早上起床迟到了一会儿，舅舅就会抄起一块板子直接打。当时由于处在改革开放初期，寺庙的情况也不好，条件特别艰苦，包括衣服、伙食等大部分都是家里送的，如果父母不支持就难以继续生活下去。格桑群培觉得寺里的条件比在学校苦多了，自己从小也没受过这么多的苦，于是有次回到家就告诉父母说不愿意做了，结果招来父亲的一顿痛骂。后来寺里的经师开始教他们刚剃度的年轻僧人学习佛经，他们的经师名叫江白格顿，对佛经研学有着很高的造诣，“文革”时也曾隐居深山牧羊，同时继续钻研经书。在经师的指导下，格桑群培在寺里的学习渐渐进入了正轨，开始热爱上了在寺里的修习。经师从藏语的语法开始讲起，交给了他们很多知识和为僧之道。经过经师的悉心教导和自己的努力学习，他进步很快。

1998年格桑群培正式进入贡嘎曲德寺的佛学院继续进修。在这里对于学习要求更高，也更苦更累。每天早上六点到晚上十二点都是学习时间，中间除了吃饭外，都要上课，听经师讲经，之后是讨论课，课程安排非常紧凑，休息时间很少。由于格桑群培学习优秀，很快他就做上了经师助理，上午由经师进行授课，下午的课程全部由他来讲，就这样进行了三年多，格桑群培对佛经的理解不断深入，觉悟也不断提高，他的造诣已经远超于同在寺庙里的普通僧人。

在谈到自己的经师江白格顿时，格桑群培心中充满了尊敬和感恩之情。经师一天休息很少，以普度众生为念，白天做法会，晚上念经到很晚，晚饭的时候闭关清修，什么也不吃，彻底戒肉（藏传佛教不同于汉传佛教，吃肉是允许的），一点都不沾腥。2007年，经师自感身体不适。格桑群培当时已经是寺院的住持，就带着自己的恩师去拉萨最好的医院看病，但为时已晚，医院无能为力。经师回到贡嘎曲德寺后不久就去世了。格桑群培当时非常哀伤，并在寺庙里专门修建了恩师的佛像和灵骨塔，以缅怀这位对自己帮助极大的人生导师和佛教高僧。

3. 好学的住持

随着格桑群培的不断成长，舅舅阿旺旦达也逐渐衰老了，并于八十岁高龄时圆寂。2001年，寺庙开始准备换住持的事情。寺庙推选了包括格桑群培在内的七个人为贡嘎曲德寺寺庙管理委员会委员，简称寺管会，负责管理寺庙内部大小事务。当时寺院里共有五十余名僧侣，大家一致同意推举格桑群培为寺庙的新一任住持。就这样，格桑群培正式成为这一有着悠久历史的寺庙的新掌门，他带领众僧用创新的方式宣扬佛法，从此贡嘎曲德寺进入了一个新的发展阶段。

为了更好地发展寺院的文化、弘扬佛法，格桑群培开始加强同外界的交流，但遇到了语言上的障碍，于是在时隔多年之后，格桑群培下定决心要去内地学习语言。他于2004年将寺内各项事务安排好后请假去内地学习。刚开始去西宁学习了汉语的基础拼音和一些发音课程，经过两三个月的时间，已经具备了用汉语交流的基本能力。有了西宁的经历之后，又托好友介绍让他去杭州继续学习。在杭州信德广告有限公司老总周崇豪和他的夫人傅铃以及广东的曾焕贞老师的大力帮助下，格桑群培在汉语语言学习方面取得了很好的成绩，之后他毅然回到西藏继续自己未竟的事业。

4. **执掌全寺**

重新回到贡嘎曲德寺之后，他开始为寺庙的事情忙碌奔波。寺院的资金非常有限，如果没有一个好的住持，寺院的影响力很难进一步扩大。好在格桑群培精通汉语，熟悉内地事务，他在全国各地广交朋友，不仅为寺庙拉来了很多赞助，更资助了当地的教育事业发展和村庄建设。

寺庙的日常收入主要有两块。一是游客们来贡嘎曲德寺的门票收入，为20元/张。每年的夏天是游客来西藏的高峰季节，这段时间里来曲德寺朝拜的海内外香客也络绎不绝，有专程来拜佛的，也有来欣赏曲德寺享誉盛名的壁画艺术的，在旅游旺季这些游客都能给寺庙带来不少的收入。二是寺庙围墙里面种的榆树。此榆树非常特殊，不同于我们常见的榆树，而且即便是在整个西藏，贡嘎曲德寺的榆树也是独一无二的。相传很久以前有个大活佛在此寺剃度出家，他的头发散落到了寺庙的四周，后来就变成了现在的榆树。榆树的树皮是做藏香的主要原料，还可以做成呵嘎土，很多西藏的古建筑修复都要用到这里的榆树皮。由于此榆树皮质地优良，夯打出来的呵嘎土比水泥还硬，各种文物修复保护专家也经常光顾他们这里找寻这种榆树。除了这些收入来源，寺庙还在岗堆本地开了一家饭店和两个商店，由于日常事务过于繁忙，这几家店铺也都租给了别人。贡嘎曲德寺在拉萨还有分管的寺庙兼办事处木如寺，距今有一千多年历史，是在五世达赖洛桑嘉措执政时期划拨给贡嘎曲德寺管辖的。

格桑群培在谈及寺庙的日常经营时，笑称自己是“最难当的企业家”。寺中大小僧人的日常饮食起居都托付给他这个住持了。虽然说僧人的生活要求很低，但是他想每天都只吃糌粑也不行，自从他做了寺庙的住持之后，僧人的伙食质量都改善了，现在只有早饭吃糌粑，中午吃米饭还配上三四个热菜，晚上吃馒头面条之类。在2008年，寺庙管理委员会进行了新一轮的选举，结果他又一次被选为寺庙的住持。

谈及未来的发展，格桑群培说，他已经准备要在北京开一个佛堂兼贡嘎曲德寺的办事处，房屋地址已经选好了，就在朝阳区大望路附近，距离国贸很近，家具在西藏都已经准备好，8月底去北京处理具体事务。同时，他也对寺里的珍贵壁画做了专门的保护，在之后的几年内，他准备努力把在“文革”浩劫中遗失的关于宗巴的经书找回来，这是本应属于寺庙的一笔宝贵财富。采访结束后，临行时格桑群培先生送给我一本藏文版的《贡嘎朗杰传记》，这是介绍贡嘎曲德寺创始人吐敦·贡嘎朗杰事迹的一本书，之前已经被送往中央民族大学进行翻译。

格桑群培，这位贡嘎曲德寺的年轻住持，深知由戒律和经典共同架构起来的佛学系统，要“文明其行为，非常其思维”，这是佛教的根本。传统的寺院在保持其本分的前提下，如何得到现代社会人们更多的了解，这不仅是藏传佛教的问题，也是整个佛教界的任务。在社会飞速发展的今天，贡嘎曲德寺必将在格桑群培先生的经营下创造出更加辉煌的明天！

（三）传奇老人次仁央金

没见次仁央金之前，翻译卓玛就告诉我们次仁央金老人有着传奇的一生，她的经历丰富得都可以撰写一本长篇小说。所以带着一种好奇心和期待，于2011年7月10日下午，我们来到了次仁央金老人每天都来的观音寺。观音寺距101省道不远，规模不大，但有着当地寺庙的典型特色。寺的不远处安置了一个可以烧松柏枝的灶台，十分显眼。灶台后就是观音寺，刻有六字真经的金色转经筒紧紧围绕寺身，直到寺庙大门走廊的左右两边。转着六字真经，进入寺庙主院，眼前一亮：正门的佛堂大殿，僧侣齐声诵经；寺院其他格局类似北京四合院，但藏式的二层阁楼更加别致；院中的古树长青不衰，盆中的花朵格外艳丽；寺院中也热闹景天，妇女们行色匆匆，忙碌着准备僧侣们的茶点和晚饭。在寺院的北侧木椅上坐着一位老人，她身着洁净的藏袍，正在与妇女们交谈。卓玛告诉我们，那就是她的奶奶次仁央金老人。老人非常慈祥亲切，见到我们就急忙给我们找座椅，相互认识之后，她便告诉我们，寺里正在举行一年一度的玛尼丸大法会，然后开始讲述她曾经的光辉。

1. “牧羊女”生活

次仁央金老人出生于1936年，是家里的第二个孩子。她的兄弟姊妹很多，共十个。本来家庭条件不好，加上孩子又多，所以当她十岁时就被送到地主家当奴隶。当时地主家饲养了几头牛和羊，所以让她每天去山上给他们放牧牛羊。由于牧场比较远，一般一走就是好几天，所以自己带上一些干粮如糌粑、奶渣等，到山上，等饿的时候拿出来吃。她说，当时那户地主家人都不坏，对她也很好，从不打骂她。牧羊女的劳作虽然没有多少报酬，但在那个穷苦的年代，毕竟为家人省了一口饭，自己也不至于饿死，她从天真的十岁到清纯的二十岁，一直过着灰姑娘般的牧羊女的生活，与蓝天、白云、草原和羊群为伴，算是无忧无虑。

2. **出家当尼**

当次仁央金二十岁时，西藏已经和平解放，她不用再给地主家放牛羊了，但由于家里经济困难，她走上了另一条道路——出家。佛教作为藏族人民的宗教信仰，地位崇高，藏族百姓总是把最珍贵的东西献给最尊贵的佛祖以求风调雨顺和万事大吉。由此从事宗教工作的活佛、喇嘛及僧尼也同样得到百姓的尊重，衣食无忧。为了填饱自己的肚子，也给家里减轻负担，次仁央金选择去尼姑庵当尼姑。尼姑庵全称唯色林寺，坐落于山脚下，属格鲁派寺庙，当时有四十多个尼姑。在当尼姑的近三年时间里，她不仅学会了诵经，如《皈依发心伏规》、《白度母赞》、《智慧到彼岸佛母心经》、《释迦牟尼佛赞》、《圣十一面观世音》、《金刚经》、《坛经》、《忏悔文》、《圣普贤菩萨行愿品》、《初中后善愿》等，而且还亲身体会到了佛学的神秘与魅力，被其博大精深深深感染，开始更加崇拜和信奉佛法。懂事的她在学经书的同时不忘照顾家里，每天下午回家饲养牛羊，帮母亲料理家务，直到1959年民主改革后，她向住持道别还俗。

3. **养路工人**

1959年，次仁央金还俗之后，参加了养路工队伍，主要负责工人的伙食等后勤保障。关于当时的情况，她描述道："当时的养路工人比现在艰难多了，当年修路没有什么便利的交通工具，都是用马或牛运石头和沙子，没有这些牲畜就自己背，一走就是好几里地，那叫艰苦啊，假如不幸再碰上狂风暴雨什么的，那之前修的路就被冲毁，好几十天的作业毁于一旦，功亏一篑啊。"

参加养路工人的工作后，次仁央金的生活发生了重大变化。首先，值得庆幸的是，她在养路工的队伍中结识了生命中的伴侣，并与他结婚后生下三个孩子（两个儿子和一个女儿），并成为跨时代的养路工家族。除此之外，她终于有了自己的收入，虽然每月只有45元钱，但她心里很满足，毕竟这是她第一次付出劳动所得到的报酬。

4. **地道农民**

养路工的生活没持续多久，五年之后，也就是1964年，她被养路工队伍辞退，参加人民公社的集体生产活动，主要就是耕作劳动。当时主要种植青稞、小麦、土豆等农作物，收入集体所有，吃饭、买东西实行用票购买。到后来土地改革之后，集体所有的土地按每人 2.5 亩的标准分给每家每户，她得到了 2.5 亩地和一些补助。从此之后，她就成为了地地道道的农民，与其他人没什么区别，每天清晨起来挤牛奶、打酥油、做酥油茶，白天做农活、喂养牲畜、采苜蓿、织氆氇等，过着琐碎、平淡却真实的生活。可这种场景也没有持续多久，他和先生的感情因为一些原因破裂，最后一个人默默接受了离婚。作为三个孩子的母亲，她决定自己带孩子，当时的生活非常艰难，但她还是咬牙坚持了过来，把孩子一个个养大。上苍并没有可怜这位伟大的母亲，而是陆续夺走了他两个儿子的生命，这对她来说是天大的打击。还好，她还有个跟她一样纯朴善良的女儿——米玛。米玛把母亲接到自己家里一起生活，将母亲的两亩半地交给亲戚打理，村里的房子也租给了别人。女儿米玛和女婿旦真贡布都是养路工人，所以住在专门为养路工人建的小区，房子虽不大，生活却很幸福。米玛生下一儿一女，也非常争气。儿子已大学毕业，现在在日喀则教书；而女儿卓玛目前在中央民族大学经济学院读金融学专业，9 月份就读四年级。本次来岗堆村调研，卓玛不仅担任翻译的工作，还联系了县里、镇里及村里的领导；在调研过程中，她们家还每天给我们做各种饭菜，才使得我们的调研工作如此顺利地完成。

5. 幸福的晚年生活

次仁央金来到女儿米玛家之后，觉得很幸福。因为她不用再像年轻时一样为生活奔波，不用再那么辛苦。她现在每天清晨起来就去转寺，找一群朋友一起喝早茶；可以有大把的时间来寺里帮忙，她感觉很满足。老人告诉我们说："现在年纪大了，只能来离家最近的观音寺。以前身体好，村里的五个寺都会去。每个月的初八、十五、三十，我们藏族人都会去寺里朝拜、吃素。我们藏人相信有生死轮回，相信'善有善报、恶有恶报'的真理。年轻时学的佛经，对我影响很深，虽然我做农活的时候没有多少时间念经，但一旦有空暇，我还是会静下心来念经，还是坚持一有空就去寺里帮忙，做些力所能及的事。佛珠和转经筒是我们必备的，108 颗佛珠和转经筒上的六字真言，深深地刻在我们的心里，保佑我们吉祥如意。"

她给我们介绍了当天在观音寺举行的玛尼丸大法会，她说："观音寺每年 7 月份都会召开这样的一次玛尼丸大法会。玛尼丸，又叫观音甘露丸，它是以燃灯佛舍利等五圣物、黄金等五宝石、青稞等五种子、牛油等五甘露、苦参等五药草及藏红花等五香，混以炒过的青稞粉及牛乳，制成丸状而成。制造玛尼丸的人，必须是修行好的僧侣，并要每天持大乘八关斋戒，平常百姓不能参与制造过程。制造玛尼丸是藏传佛教格鲁派的传统，到现在为止从未中断过。玛尼丸造成小丸形状后，把它放入白棉布袋中滚动二至四天，让它们变得结实、干燥及光滑。这些小丸会被放入干净的瓷或银瓶中，顶上留五分之一空间，然后整个瓶被密封而放在殿中方丈桌前。寺僧轮班二十四小时不断持观音大明咒七天七夜（总集咒数不少于一亿遍），在此期间各人不可碰触瓶身，否则玛尼丸的力量会消失。加持期间，若修持及加持如法，瓶身会有热力及蒸汽散发出来。一周后，若一切如法，在密封瓶中的小丸会增多，甚至多至掉在瓶外。寺里把制作后的大颗的母丸留下，把那些由母丸长出来的子丸送给村里的百姓，使之保佑每个善良的人。玛尼丸有神奇的力量，人和畜服用或佩带玛尼丸，死后不堕地狱，并会得到观音的救助；而把玛尼丸放在死者口中，能净除其罪业，让死者即使在地府也不畏惧；放在家中，家宅即如同普陀一样洁净；放在山上，整座山的居民均会受到保护。所以玛尼丸作为神圣的物品，被我们备加珍惜，那些僧侣非常辛苦，所以我们尽可能做一些力所能及的事情，令僧侣们专心诵经，一起期盼功德圆满后的收获与喜悦。”

从农奴、尼姑、养路工人到农民，次仁央金经历了太多太多，就像她所坚信的“世间万物，皆有因果；善有善报，恶有恶报”一样，她现在终于有了一个幸福的晚年生活，能享受儿孙对她的关心与照顾，也可以如愿地转寺、朝拜、念经、祈福。我们相信，老人家祈福的愿望终有一天定会达成。

（四）转业军人拉巴

拉巴是此次调研中每天帮助我们进行翻译的村民之一。他今年 64 岁，看起来身体硬朗，精神矍铄，普通话讲得很标准。拉巴为人亲切，待人热情，村里的年轻人都叫他“拉巴老爷”。

1. 参军经历

拉巴 18 岁之前一直在家务农，18 岁时参军，成为西藏山南军分区部队拉郊边防队的一名边防战士。据拉巴介绍，拉郊属于边防高寒缺氧地区，工作环境较为艰苦。边防队每日早饭过后首先要接受一个小时的政治理论学习，接下来是一个小时的军事训练，主要训练内容为三大技术：射击、投弹、刺杀。除此之外，战士们还要24小时轮流站岗，守卫边疆。由于拉巴在政治思想、军事训练、三八作风、道德品质、部队纪律各方面都表现突出，还曾被评为拉郊边防队的“五好战士”。

1969年，边防队长和指导员一致认为拉巴坚决拥护党中央、中央军委的的重大决策，讲政治，顾大局，守纪律，勤奋工作，开拓进取，为边防部队建设做出了贡献，已经具备了成为中共党员的条件，于是将推荐拉巴入党的任务交给了支部成员。在支部成员的推荐和帮助下，拉巴递交了入党申请书，成为一名光荣的中国共产党员。入党之后，拉巴以更加严格的标准要求自己，不论在思想政治方面，还是军事训练方面都能起到积极的模范带头作用。为了更大限度地发挥拉巴在边防队的带头作用，拉巴先后被任命为副班长、班长和排长。

1972年，鉴于拉巴的出色表现，他被调到西藏山南军分区部队边巴边防队任副队长，负责军事、行政等各方面的工作。平时，拉巴需要带领战士们进行军事训练，监督、巡查战士们站岗的情况。当政治干部外出时，拉巴还需要组织战士们进行政治理论学习，带领大家学习毛主席语录，读报纸、看新闻，了解时事政治。

1974年，拉巴被调入西藏山南军分区后勤部生产科任助理员，兼任山南军分区牧场指导员。他与当时的牧场场长张德民一同管理牧场。牧场场长主要负责行政工作，而拉巴则负责政治思想工作，向牧场的牧民宣传党的政策和多劳多得的生产方针，带领大家学习毛主席语录和毛主席著作，调动牧民的生产积极性，鼓励大家多干活儿。在拉巴和张德民的相互配合下，牧场管理得非常好，牧民的思想政治水平也都得到了很大的提高。

1975年，拉巴又被调入西藏山南军分区农场任副场长。当时牧场有700多亩地，平时拉巴带领着20多人经营农场，另外还有部队派来的一个班专门为周边各边防部队种植小麦、蔬菜，多余的粮食则会运往地方做战略储备粮。生产季节，连长和指导员便会带人到农场帮忙，那时人数会增加到100多人。拉巴说，他对军分区农场有着特殊的情感，因为做好这份工作就等于为部队的用粮做好了保障。五年后，拉巴离开了农场，被调入西藏自治区措美县人民武装部军事科任副营参谋，负责对民兵进行军事训练、做政治思想工作等。

2. **转业之后**

1985年7月，因社会主义建设需要，拉巴转业至西藏山南地区乃东县昌珠镇任治保主任，主管昌珠镇11个村的治保工作。说到这里，拉巴还特意拿出自己的《转业军人证明书》给我们看。证明书中写着："拉巴同志，系西藏自治区贡嘎县人，于一九六五年参加中国人民解放军，原在西藏自治区措美县人民武装部军事科任副营参谋职务，现为加强国家社会主义建设，特准予转业。"证明书上贴着拉巴当时穿着军装的照片，照片中的他英俊威武、威严正直。

转业后，拉巴始终保持革命军人的本色，牢记中国共产党全心全意为人民服务的宗旨，坚持和发扬人民军队的优良传统，认真履行党员义务，充分发挥着共产党员的先锋模范作用，在全镇11个村庄宣传党的思想、政治路线方针，协助组织各个村庄的村民积极发展农业生产，教育群众增加法制观念和安全防范意识，及时向政府和公安机关反映敌对势力动态和有可能危害社会治安的民间纠纷和闹事苗头，并协助政府和有关部门做教育疏导工作。对有违法犯罪行为的村民，拉巴及时地进行帮助、教育、监督、考察，为维护农村社会稳定和发展农村经济创造了良好的治安秩序。在拉巴任职期间，昌珠镇的治保工作进行得十分顺利。

3. **退休生活**

2001年，拉巴正式退休。退休后的他依然关心时事政治，关心国家大事，不断进步，与时俱进，拥护党的路线方针，在村里全心全意地为大家做实事。自从岗堆村部分村民家里有了蔬菜大棚之后，外出购买蔬菜种子的任务都由拉巴自愿地承担了起来。由于拉巴的档案、组织关系还保留在乃东县昌珠镇，他每月都要去那里领取工资。于是每月领工资时，拉巴都会为大家买回蔬菜种子，为大家节省了出行的时间和经费。每当村里人提到拉巴时，都不住地点头，夸他是一位待人热情、和蔼可亲、让人尊重的老人。

拉巴刚退休时，会做做家务、种种地。他家共有10亩土地，其中有4亩小麦、3亩青稞、1亩豌豆和4分油菜，其余的都是蔬菜大棚，种有辣椒、西红柿、黄瓜等蔬菜。拉巴家还有2头黄牛、3头奶牛、1头猪、13只绵羊、5只公鸡和7只母鸡。2头黄牛主要用来耕地，奶牛中有两头分别是2010年和2009年人工配种成活的，每成活1头小牛政府还给补贴了5元钱。猪、羊、鸡则主要是用于自己家里食用。

现在拉巴年龄大了，由于左腿膝盖部位骨质增生，站立走路时间长一些就会感到腿部疼痛难忍，因此现在基本不干农活儿了，家务、做饭也主要由女儿负责，自己的闲暇时间也就是和村民们聊聊天、玩玩“巴拉秀”。“巴拉秀”是藏族的一种掷骰娱乐项目，一般 2 至 4 人席地而坐就可以玩。每逢过节、过年，或是休息的时候，村里三三两两的村民就会围坐在一起兴致勃勃地玩儿“巴拉秀”。为了给我们讲解“巴拉秀”的玩法，拉巴还叫来村主任巴桑带着我们一起玩了几局。村民们玩儿“巴拉秀”时，为了增强游戏的娱乐性还采取奖惩措施，输家需要付给赢家几元至十几元不等，根据输赢的情况而定。拉巴说玩儿“巴拉秀”输赢都要看运气，他有时赢，有时输，但总体来说输的多一些，平均每月会输 300 元。不过，现在年龄大了，就图个开心，输点儿钱也还是愿意的。

4. 家庭状况

拉巴是于 1969 年在拉郊边防队休假期间结的婚。一年后，他们的女儿尼玛出生。尼玛今年 41 岁，主要在家务农，平时给老人和孩子们做饭、干家务。尼玛的丈夫迷玛在外打工，修盖房屋。尼玛和丈夫现育有两儿一女：大儿子 21 岁，高中毕业后在家务农；小儿子 13 岁，在岗堆村中心完小上六年级；女儿 15 岁，在浙江上初中。1974 年，拉巴在军分区牧场工作时，妻子生下大儿子格桑多杰。格桑多杰今年 37 岁，在北京马术团当训练员，他的妻子在拉萨发展改革委员会工作，他们的女儿今年 3 岁。1975 年，拉巴的小儿子布琼出生，他现在在山南地区乃东县颇章乡工作，妻子在家务农，儿子今年 14 岁，在山南地区上小学。拉巴说，自己在部队期间，和妻子、孩子联系太少，主要的联系方式就是通信，见面也只能是在短暂的休假期间。说到对妻子和孩子照顾太少，拉巴感到十分内疚。现在，拉巴的两个儿子也都外出工作，女婿又在外打工，只剩大女儿和孙子、孙女儿在身边。

拉巴说，女婿每年外出打工也只能挣 5000 元，因此家里的主要开支还得靠自己每月 5400 元的退休工资。此外，由于拉巴家离公路很近，交通十分便利，还有两件房屋会用于出租，每月每间租金为 100 元。像 2010 年村里有人开小卖部就租用了其中一间；另外一间会租用给来雅鲁藏布江打鱼的渔民和铺路工人。渔民和铺路工人一般租用的时间较短，2010 年共租用了六个月。

2010 年拉巴家的支出包括农业生产性支出 300 元，食品支出 500 元，孙女儿在浙江上初中的生活费 3500 元，买衣服支出 1500 元，红白喜事支出

2000 元，通信费 1080 元，娱乐花费 3600 元，看病 100 元，以及交通费 400 元。其中，通信费包括自己每月 40 元的手机费和家里每月 50 元的座机费；交通费主要是去乃东县领退休工资和去拉萨、山南地区看儿子、儿媳妇儿、孙子、孙女儿时花费的。

从拉巴家的收支状况可以看出，由于拉巴退休工资较高，家里的生活还是比较宽裕的。拉巴说，这都是因为共产党的政策好，很多援藏项目都深入到了农村，像煤气管道、自来水管道、蔬菜大棚、公路的修建。他现在就希望自己的孙子、孙女能够长大成才，像他一样早日成为中国共产党中光荣的一员，为社会主义建设贡献自己的一份力量。

藏族老人拉巴始终以一名优秀共产党员的标准要求自己，保持着军人的本色，在自己的工作岗位上尽职尽责，对党忠诚、严于律己，不论从政治思想水平，还是工作态度方面，都为年轻人树立了良好的榜样，值得我们每个人学习。

附录

附录1：2009年岗堆村黄牛改良冻配情况统计表（共183头）

序号	畜主	人口	耕地面积	牲畜头数	黄牛头数		改良牛头数		胎次	代数	毛色
					公	母	公	母			
1	土旦	5	9.8	5	2	3	1	2	1	1	黑白
2	组绕	4	7.5	3	1	2		1	1	1	黑白
3	卓嘎	5	14.7	5	2	3	1	2	1	1	黑白
4	巴果	4	7.5	4	1	3		2	1	1	红白
5	边巴	5	10	5	2	3	1	2	1	1	红白
6	桑扎	7	12.5	3	1	2	1	1	1	1	黑白
7	次宗	7	17.5	6	2	4	1	2	1	1	黑白
8	仓决	5	7.35	4	1	3		2	1	1	黑白
9	吉宗	5	5	4	1	3	1	2	1	1	黑白
10	江白	6	14.7	5	1	4		2	1	1	黑白
11	顿珠	7	17.5	4	1	3	1	2	1	1	黑白
12	拉珍	3	7.35	4	2	2		1	1	1	黑白
13	巴桑央	3	2.5	5	2	3		2	1	1	黑白
14	仓决	5	7.35	4	1	3		1	1	1	红白
15	次拉宗	7	17.5	6	2	4	1	2	1	1	红白
16	罗曲	5	22.05	7	2	5	1	3	1	1	黑白
17	次珍	1	5.5	3	1	2	1	2	1	1	黑白
18	巴果	4	5.2	4	1	3		2	1	1	黑白
19	巴桑央	4	6.3	4	2	2	1	2	1	1	黑白
20	扎西	3	8.9	4	2	2		2	1	1	红白

续表

序号	畜主	人口	耕地面积	牲畜头数	黄牛头数		改良牛头数		胎次	代数	毛色
					公	母	公	母			
21	巴果	4	5.2	3	1	2		1	1	1	红白
22	尼玛	3	5.5	5	2	3	1	2	1	1	黑白
23	次珍	1	13.5	3	1	2		2	1	1	黑白
24	边巴	4	10.2	4	1	3		2	1	1	黑白
25	女拉果	3	6.7	4	2	2		1	1	1	黑白
26	巴桑	4	6.3	4	2	2		2	1	1	黑白
27	达瓦卓嘎	6	10.2	3	1	2	1		1	1	黑白
28	央宗	5	10.5	5	2	3	1	2	1	1	黑白
29	扎多	5	14.8	4	1	3		2	1	2	黑白
30	次旺	5	9.5	4	1	2		1	1	2	黑白
31	达多	4	6.5	3	1	2	1	1	1	2	黑白
32	普珍	4	7.5	4	1	3	1	2	1	2	红白
33	扎多	5	14.7	3	1	2	1	2	1	2	红白
34	顿珠	4	10.2	4	1	3	1	1	1	1	黑白
35	巴桑央宗	3	5.2	5	2	3	1	2	1	2	黑白
36	涂边	5	12.5	4	1	3		2	1	2	黑白
37	巴桑卓嘎	5	8.9	4	1	3		2	1	1	黑白
38	平曲	8	14.5	5	1	4	1	2	1	2	黑白
39	达瓦	6	10.1	4	1	3		1	3	2	黑白
40	拉姆	4	5.2	3		3		1	4	2	黑白
41	拉珍	3	6.2	4	2	2		1	4	2	黑白
42	次吉	4	10.2	5	2	3	1	2	3	2	红白
43	边巴	4	10.5	4	1	3		2	4	2	红白
44	扎西	6	16.7	3		3		2	3	2	黑白
45	尼玛	4	4.6	4	1	3	1		4	2	黑白
46	扎西	4	8.9	3	1	2		1	4	2	黑白
47	普尼玛	3	4.5	4	1	3	1	2	5	2	黑白
48	罗果	3	6.5	4	2	2	1	2	3	2	黑白

续表

序号	畜主	人口	耕地面积	牲畜头数	黄牛头数		改良牛头数		胎次	代数	毛色
					公	母	公	母			
49	拉珍	3	6.2	4	2	2	1	1	4	2	红白
50	丹增	9	15.2	5	1	4	1	2	2	2	红白
51	嘎央	6	13.5	4	2	2		1	3	2	黑白
52	巴桑卓嘎	5	8.9	4	1	3		2	4	2	黑白
53	索曲达	4	10.2	4	1	3		1	4	2	黑白
54	次领	5	8.5	5	1	4	1	2	3	2	黑白
55	尼玛	3	4.6	3		2		1	4	2	黑白
56	土旦	5	8.5	4		3		1	4	2	黑白
57	女巴桑	4	8.5	3		3		2	5	1	黑白
58	普扎西	3	14.5	3	1	2		1	5	1	黑白
59	巴桑	4	6.3	3	1	2	1	1	5	2	红白
60	阿拉	4	8.5	4	1	3		2	4	2	红白
61	尼玛	3	4.6	3	1	2	1	1	5	2	黑白
62	米玛	5	6.2	3	1	2		1	4	2	黑白
63	边巴	4	10.2	4	1	3		2	5	2	黑白
64	达瓦卓嘎	5	8.5	4	2	2		1	4	2	黑白
65	扎果	5	7.5	4	1	3		2	5	2	黑白
66	尼琼吉	2	6.5	4	2	2	1	1	4	2	黑白
67	尼玛	3	4.6	2		2		1	2	2	黑白
68	达瓦卓嘎	4	8.5	4	1	3		2	3	2	黑白
69	边巴	4	8.5	4	1	3	1	1	5	2	红白
70	阿旺	5	10.2	5	2	3	1	1	2	2	红白
71	卓嘎	5	10.5	4	2	2		1	4	2	黑白
72	米玛	4	4.5	3	1	1	1	1	2	2	黑白
73	穷达	4	2.41	3	1	1		1	2	2	黑白
74	卓玛	4	4.5	1				1	3	2	红白
75	索朗旺珠	2	9.6	2	1	1		1	4	2	黑白
76	达瓦	3	4.5	2		1			2	2	黑白

续表

序号	畜主	人口	耕地面积	牲畜头数	黄牛头数		改良牛头数		胎次	代数	毛色
					公	母	公	母			
77	多吉	5	9.6	3	1	2			3	2	黑白
78	索朗旺珠	5	4.5	4	1	2			3	2	黑白
79	达瓦	4	9.6	3	1	2			3	2	红白
80	米玛	4	4.5	1				1	2	2	红白
81	阿咧	4	7.8	3	1	2			2	2	黑白
82	桑杰	5	2.42	4	1	3			3	2	黑白
83	查斯	4	9.6	5	2	3			2	1	黑白
84	巴桑	4	2.41	4	1	3			2	2	红白
85	米玛	4	6.7	3	1	2		1	5	2	红白
86	扎桑	4	8.4	3	1	2			3	2	黑白
87	次仁旺堆	6	9.8	5	2	3			4	2	红白
88	普珍	4	2.41	2		2		1	4	2	红白
89	巴桑	3	7.6	3	1	2		1	6	2	红白
90	达瓦	4	9.6	4	1	2		1	2	2	红白
91	巴桑	3	5.6	2		1			2	2	黑白
92	多次	4	7.6	3	1	2		1	2	2	黑白
93	扎西	4	5.6	3	1	1			2	1	黑白
94	嘎珍	3	9.4	2		1		1	3	2	黑白
95	白玛旺杰	4	9.4	5	1	2	1	1	4	2	黑白
96	达瓦	3	2.41	4	2	2			4	1	黑白
97	米玛	3	7.5	4	2	2			2	2	黑白
98	边多	5	8.6	4	1	3		1	3	1	红白
99	达日	5	4.5	3	1	2			6	2	红白
100	达瓦扎西	4	5.6	3	1	2			3	2	黑白
101	卓玛	4	4.7	4	1	2			5	2	黑白
102	卓嘎	3	5.6	2	1	1		1	3	1	黑白
103	巴桑	3	2.41	2		1			3	2	红白
104	米玛	3	8.4	3	1	2			4	3	红白

续表

序号	畜主	人口	耕地面积	牲畜头数	黄牛头数		改良牛头数		胎次	代数	毛色
					公	母	公	母			
105	女巴桑	5	6.2	4	1	3		1	3	2	黑白
106	卓嘎	3	5.6	3	2	1			4	1	红白
107	玉甘	4	8.5	4	1	3		1	2	1	红白
108	格列	5	9.8	5	3	1		1	5	1	红白
109	白玛旺杰	4	9.6	5	2	3	1		3	1	红白
110	扎桑	5	6.8	5	2	3	1	1	3	2	黑白
111	亚多	4	2.43	2	1	1		1	4	2	黑白
112	拉果	5	8.6	4	2	2		1	4	1	黑白
113	格列	6	6.5	2	1	2	1	1	3	2	黑白
114	加白	4	7.9	5	1	3		1	3	2	黑白
115	嘎珍	4	6.7	5	3	2		1	4	2	黑白
116	嘎珍	4	6.7	5	3	2		1	4	2	黑白
117	达瓦	4	4.5	3	1	2		1	3	2	红白
118	米玛	4	4.6	1				1	3	2	红白
119	次仁	4	4.6	4	2	2		1	4	1	黑白
120	达瓦	2	2.24	3	1	2		1	4	1	红白
121	次仁旺堆	6	9.6	5	2	3		1	4	1	红白
122	达瓦	4	7.8	4	1	3		1	5	1	红白
123	多吉	6	9.6	4	1	3		1	6	2	红白
124	达瓦	3	2.41	4	2	2			4	2	黑白
125	米玛	3	4.6	4	2	2			3	2	黑白
126	多吉平措	6	10.5	5	2	3		1	3	2	黑白
127	多吉平措	6	10.5	5	2	3		1	1	1	黑白
128	米玛	4	2.41	4	1	3			2	1	黑白
129	索朗	5	6.7	3	1	2			4	1	黑白
130	尼玛多吉	3	2.43	3	2	1		1	3	2	红白
131	达瓦	2	2.41	3	1	1		1	5	2	红白
132	米久	3	6.8	4	2	2			4	2	黑白

续表

序号	畜主	人口	耕地面积	牲畜头数	黄牛头数		改良牛头数		胎次	代数	毛色
					公	母	公	母			
133	女巴桑	2	6.5	4	1	3		1	4	1	红白
134	普卓玛	2	4.6	3	1	2		1	3	2	红白
135	扎桑	5	9.6	5	2	3			4	2	红白
136	格桑旺	4	2.42	2	1	1		1	4	2	红白
137	达瓦夏	4	7.8	4	1	2		1	4	2	黑白
138	米玛	3	6.7	4	2	2			3	2	黑白
139	巴桑	3	5.6	5	2	3			4	2	黑白
140	索朗	4	2.41	2		1		1	5	1	黑白
141	玉珍	3	6.8	2	1	1			4	2	黑白
142	达瓦卓嘎	5	6.4	3	1	2		1	2	2	黑白
143	次仁旺堆	6	9.6	5	2	3		1	2	1	黑白
144	次仁卓玛	4	7.8	4	1	2			1	2	黑白
145	其加	5	4.6	5	2	3		1	4	2	红白
146	多杰	5	4.6	3	1	2		1	1	2	黑白
147	丹增	6	8.6	7	3	4		1	3	2	红白
148	巴桑	3	2.41	4	2	2			4	2	红白
149	次仁顿珠	2	6.3	1	1			1	3	2	黑白
150	桑杰	5	2.41	4	1	3		1	6	3	红白
151	索朗	5	2.43	4	2	1		1	3	2	黑白
152	次仁旺堆	6	9.6	5	2	2		1	1	1	黑白
153	格列	6	6.4	5	2	2		1	3	1	红白
154	尼玛	3	7.8	3	1	2		1	1	1	黑白
155	巴桑	3	2.43	4	2	1	1	1	1	1	黑白
156	达瓦	3	2.41	3	1	1			4	2	红白
157	格列	5	6.5	5	2	3		1	2	2	黑白
158	巴果	3	4.6	3	1	2			2	1	黑白
159	白玛旺杰	4	9.6	5	1	2	1	1	5	2	黑白
160	巴桑	3	6.4	4	1	2		1	4	2	黑白

续表

序号	畜主	人口	耕地面积	牲畜头数	黄牛头数		改良牛头数		胎次	代数	毛色
					公	母	公	母			
161	拉巴	5	8.9	4	1	3			1	2	红白
162	拉巴	5	8.9	4	1	3			3	2	红白
163	米玛	3	4.5	4	2	2			6	2	红白
164	达瓦	2	2.41	3	1	2		1	9	2	红白
165	次罗	4	6.7	3	1	1		1	3	1	黑白
166	米玛	3	4.5	4	1	3	1		4	1	红白
167	卓玛	4	4.6	3	1	2			3	1	黑白
168	达瓦	2	2.42	2		1		1	1	1	黑白
169	久杰	4	8.6	5	1	3	1		4	2	红白
170	女达瓦	2	2.41	3	1	1		1	4	2	黑白
171	扎桑	4	8.6	3	1	2			4	2	黑白
172	索朗次仁	4	4.2	2		1		1	5	2	黑白
173	白玛旺杰	4	9.6	5	1	2	1	1	4	1	红白
174	格桑旺	5	6.7	3	1	2				1	黑白
175	罗桑	3	2.41	3	1	2			2	1	黑白
176	米玛	3	4.8	4	2	2			4	2	黑白
177	多吉	6	8.9	5	2	2		1	5	2	黑白
178	索朗次仁	5	2.41	4	1	2		1	2	2	黑白
179	巴桑	3	4.3	3	1	2		1	4	1	黑白
180	次仁旺堆	6	9.6	5	2	2		1	4	2	红白
181	多吉	3	7.5	4		2	1	1	3	2	红白
182	达瓦曲珍	5	8.4	4	1	2		1	3	2	黑白
183	巴桑	4	6.4	3	1	2			1	2	黑白

资料来源：贡嘎县农牧局。

附录2：岗堆村2010年黄牛改良产犊情况统计表

序列	畜主	人口	组别	牲畜头数	黄牛头数		改良牛头数		胎次	代数（F）	新生犊牛	毛色	耳标号
					公	母	公	母					
1	扎西多吉	5	4组	19	1	3	1	2	4	2	母	黑	1972
2	果扎西	5	4组	16	1	3	1	1	3	2	公	黑	1973
3	米尼玛	7	4组	22	3	4	1	2	3	2	母	红	1974
4	罗布次仁	3	4组	17	2	3	1	1	3	1	母	黑白	1975
5	巴桑	5	4组	9	2	3	1	2	3	2	公	黑	2013
6	尼玛	4	5组	22	2	5	1	2	4	2	公	黑白	2014
7	边巴	4	4组	19	2	4	1	1	3	1	母	黑	2015
8	尼玛卓嘎	6	4组	7	2	3	1	2	2	2	公	黑	2016
9	次仁旺姆	5	4组	12	2	2	1		3	1	公	黑	2017
10	边巴	4	5组	20	2	3		1	2	1	母	黑	2018
11	米玛	4	4组	5	1	3	1	1	2	1	母	黑	2019
12	央增	5	4组	10	1	3	1	2	3	2	公	黑白	2020
13	嘎央	7	4组	13	1	3	1	1	5	2	公	黑白	2021
14	查斯	7	5组	39	2	6	1	1	4	2	公	黑	2022
15	拉巴	3	4组	11	1	4	1	1	3	2	母	黑	2023
16	央宗	3	5组	8	1	4	1	2	2	2	母	黑	2024
17	巴果	4	4组	12	2	4	1	1	2	2	母	红	2025
18	央宗	5	4组	7	1	3	1	1	3	2	母	黑	2026
19	巴桑	5	5组	13	2	3	1	1	3	2	公	黑	2027
20	边巴	4	4组	7	2	3	1	2	4	2	母	黑	2028
21	巴果	3	5组	9	2	4	1	1	3	2	母	黑	2029
22	普珍	7	5组	26	2	6	1		4	2	母	红	2030
23	吉加	4	4组	10	1	3	1	2	4	2	母	黑	2031
24	央宗	5	4组	7	1	2	1	2	3	2	公	黑	2032
25	德庆	3	4组	5	1	2		2	3	2	母	红	2033

续表

序列	畜主	人口	组别	牲畜头数	黄牛头数		改良牛头数		胎次	代数（F）	新生犊牛	毛色	耳标号
					公	母	公	母					
26	次吉	4	4组	9	2	5	1	2	2	2	母	红	2034
27	巴果	3	1组	7	3	4	2		4	1	公	黄白	2372
28	拉杰	7	1组	6		6		4	8	2	母	黄白	2373
29	拉杰	7	1组	6		6		4	11	2	母	黑白	2374
30	米玛	10	1组	6	1	5	1	2	4	2	母	黑	2375
31	米玛	10	1组	6	1	5	1	2	6	2	公	黄白	2376
32	措杰	5	1组	5	1	4	1	2	5	2	母	黄白	2377
33	土旦	4	1组	5	1	4		4	3	2	母	红	2378
34	土旦	4	1组	5	1	4		4	6	2	母	黑白	2379
35	云旦	7	1组	7	3	4	2	2	1	2	母	黄白	2380
36	云旦	7	1组	7	3	4	2	2	2	2	公	黑	2381
37	顿珠多吉	9	1组	8	4	4	2	1	5	2	母	黄白	2382
38	查果	3	1组	5	2	3	1	3	10	2	母	黑白	2383
39	加措	10	1组	5	1	4	1	2	2	2	公	黑白	2384
40	仁增	5	1组	5	1	4	1	4	3	2	母	黑白	2385
41	仁增	5	1组	5	1	4	1	4	4	2	母	黑	2386
42	顿珠	10	1组	8	3	5	1	2	2	2	公	黄白	2387
43	罗追	6	1组	7	1	6	1	6	3	2	母	黑	2388
44	益西多吉	7	1组	6	2	4	2	2	3	2	母	黑	2389
45	罗桑	5	1组	6	2	4	2	2	6	2	公	黑白	2390
46	普布	8	1组	6	2	4	1	3	4	2	母	红	2391
47	觉旦	7	1组	8	3	5	2	2	2	2	公	黑	2392
48	德庆	3	1组	5	3	2	2		4	2	公	红	2393
49	德庆	3	1组	5	3	2	2		4	1	公	红	2394
50	索朗卓嘎	11	1组	7		7		7	3	2	母	红	2395
51	索朗卓嘎	11	1组	7		7		7	2	2	母	黑	2396
52	穷达	6	2组	4	1	3	1	2	4	2	公	红	2397
53	穷达	6	2组	4	1	3	1	2	5	1	母	红	2398

续表

序列	畜主	人口	组别	牲畜头数	黄牛头数		改良牛头数		胎次	代数（F）	新生犊牛	毛色	耳标号
					公	母	公	母					
54	卓玛	11	2 组	10	6	4	4	2	2	2	公	黑白	2399
55	卓玛	11	2 组	10	6	4	4	2	2	2	公	黑白	2400
56	央宗拉姆	8	2 组	5	2	3		1	3	1	母	红	2401
57	查果	9	2 组	8	4	4	1	1	4	1	母	红	2402
58	古桑	9	2 组	6	3	3	2	2	2	2	公	红	2403
59	其迷多吉	6	2 组	5	3	2	1		5	1	公	黑白	2404
60	久米	7	2 组	5	3	2	3	1	5	2	公	黑	2405
61	朱略	7	2 组	6	3	3	3	1	4	1	母	黑白	2406
62	扎西卓著	2	2 组	2		2		1	8	1	母	黑白	2407
63	次朱	7	2 组	4	2	2	2	2	7	2	母	红白	2408
64	罗布曲扎	6	2 组	2		2		1	5	1	母	黑白	2409
65	西落	6	2 组	5	2	3	1	2	4	1	公	红白	2410
66	西落	6	2 组	5	2	3	1	2	4	2	母	黄色	2411
67	扎西曲吉	5	2 组	4	2	2	2	1	6	1	公	黑白	2412
68	其米卓嘎	4	2 组	4	1	3	1	1	4	1	母	黄	2413
69	罗桑	5	2 组	5	3	2	2		7	1	公	黑白	2414
70	玉珍	3	2 组	3		3		1	6	1	母	黄	2415
71	扎桑	3	2 组	3	2	1	2	1	2	1	母	红	2416
72	次松	7	2 组	5	2	3	1	1	3	2	母	黑白	2417
73	尼玛（男）	7	2 组	2		2		2	4	1	公	黑白	2418
74	江白	5	2 组	4	1	3	1	2	6	2	公	黑白	2419
75	罗萨	6	2 组	4	1	3		2	5	1	母	黑白	2420
76	仁庆	4	2 组	3	1	3	1	3	6	2	母	黑白	2421
77	论珠	4	2 组	4	2	2	2	1	3	2	公	黑白	2422
78	索朗拉姆	8	2 组	6	2	4	2	2	5	2	母	红白	2423
79	德庆	8	2 组	6	1	5	1	2	1	1	公	红白	2424
80	德庆	8	2 组	6	1	5	1	2	6	1	母	红	2425
81	尼玛	9	3 组	8	3	5	3	1	4	2	公	黄	2426

续表

序列	畜主	人口	组别	牲畜头数	黄牛头数		改良牛头数		胎次	代数（F）	新生犊牛	毛色	耳标号
					公	母	公	母					
82	益西	4	3组	6	2	4	1	2	4	2	母	黑	2427
83	益西	4	3组	6	2	4	1	2	3	2	公	红	2428
84	卓嘎	6	3组	5	1	4		2	2	2	母	黑	2429
85	仁增	7	3组	8	4	4	2	1	5	2	母	白	2430
86	次仁	9	3组	8	3	5	2	4	4	2	公	红	2431
87	次仁	9	3组	8	3	5	2	4	5	2	公	红	2432
88	次仁多吉	6	3组	7	2	5	1	3	2	2	母	红	2433
89	白玛	9	3组	8	4	4	3	1	3	2	公	黑	2434
90	旦珍	7	3组	6	2	4	1	1	2	2	公	黑	2435
91	多吉	7	3组	6	4	2	1	1	4	2	公	黑	2436
92	曲平	4	3组	4	2	2	2		3	2	公	红	2437
93	加措	5	3组	5	2	3	2	3	5	2	公	黑	2438
94	扎西	4	3组	3	1	2		2	4	2	母	黑	2439
95	索朗	6	3组	6	3	3	3	3	5	2	公	白	2440
96	普布	7	3组	7	1	6		1	2	1	母	红	2441
97	旦巴	12	3组	9	3	6	3	6	4	2	母	黑	2442
98	旦巴	12	3组	9	3	6	3	6	7	2	公	黑	2443
99	索朗拉吉	4	3组	7	2	5	1	3	4	2	母	红	2444
100	索朗拉吉	4	3组	7	2	5	1	3	3	2	公	黑白	2445
101	益西	5	3组	6	1	5	1	5	4	2	公	红	2446
102	旦增	5	3组	5	2	3	1	1	4	2	母	红	2447
103	曲珍	5	3组	4	1	3		2	2	2	母	棕色	2448
104	宗吉	3	3组	3	1	2		2	4	2	母	黑	2449
105	达瓦扎西	4	3组	5	3	2	1	1	2	2	公	白	2450
106	其米康桌	13	3组	7	4	3	2	1	5	2	公	黑	2451
107	尼玛	5	3组	7	3	4	2	3	2	2	公	黑	2452
108	尼玛	5	3组	7	3	4	2	3	3	1	母	黑	2453
109	阿旺罗布	8	3组	7	2	5		4	2	2	母	黑	2454

续表

序列	畜主	人口	组别	牲畜头数	黄牛头数		改良牛头数		胎次	代数（F）	新生犊牛	毛色	耳标号
					公	母	公	母					
110	阿旺罗布	8	3组	7	2	5		4	4	2	母	黑	2455
111	欧珠	5	3组	5	2	3	2	3	4	2	母	黑	2456
112	欧珠	5	3组	5	2	3	2	3	2	2	母	白	2457
113	强巴	7	3组	5	2	3		2	4	2	母	红	2458
114	白玛拉姆	4	3组	4	1	3		3	4	2	母	黑白	2459
115	白玛	9	3组	8	4	4	3	1	3	2	公	黑	2460
116	平措	8	3组	6	3	3	2	3	3	2	母	黑	2461
117	平措	8	3组	6	3	3	2	3	2	2	公	白	2462
118	久美	7	3组	7	1	6		2	4	2	公	白	2463
119	格桑次仁	3	4组	3	1	2	1	2	4	2	公	黑白	2464
120	普尼玛	5	4组	2		2		1	5	1	公	红	2465
121	益西曲珍	4	4组	4	2	2	2		6	1	公	黑白	2466
122	久美	10	4组	4	1	3	1	3	3	2	母	红白	2467
123	次仁卓嘎	8	4组	6	3	3	3	1	5	2	公	红白	2468
124	达瓦	4	4组	3	1	2		2	3	2	母	红	2469
125	加央拉	13	4组	8	3	4	3	4	4	2	公	红白	2470
126	加措	8	4组	8	3	5	3	1	3	1	公	红	2471
127	加措	8	4组	8	3	6	3	1	4	2	公	黑白	2472
128	洛桑	3	4组	3	2	1	1	1	2	1	公	黑白	2473

注：所有新生犊牛品种为黑白花。

资料来自：贡嘎县农牧局。

后　记

受中央民族大学“985工程”“中国民族地区经济社会与公共管理研究哲学社会科学创新基地”的委托，在西藏自治区贡嘎县委及中央民族大学在读西藏籍学生的支持下，我们一行10人经过近半个月的辛勤工作，克服了高原缺氧及饮食不习惯的困难，终于完成了这次对山南地区贡嘎县岗堆村的调研。

提供调研初稿的同学及分工如下：

姓名	第一部分	第二部分	第三部分
王茜	四、十一	十二（一）、（二）；十六（一）	十八（七）；十九（四）
杨帆	一	十四（四）、十五（三）；十六（三）、（四）	十八（一）；十九（一）、（二）；十七（十）
黄晓生	三	十四（五）；十五（一）、（二）；十六（二）	十八（四）、（五）、（六）
赵辰	二、七	十三（五）；十四（三）	十七（一）、（二）、（三）
孟丹丹	八	十三（一）、（二）、（三）、（四）	十七（七）、（八）；十八（二）
张扬	九、十	十四（一）、（二）	十七（四）、（五）、（六）
李艳美	五、六	十二（三）、（四）	十七（九）；十八（三）；十九（三）

书稿完成后，我们首先发给了贡嘎县委书记夏文斌，请他予以指正。由于时间仓促，加上我们对藏族文化了解不够，语言沟通不畅，文字一定还有不妥之处，敬请批评。

非常感谢贡嘎县委，感谢达娃卓玛等“翻译”人员，感谢朴实、善良的岗堆村人民。我们相信，在岗堆村人民的辛勤努力下，在全国人民的大力支持下，岗堆乃至整个西藏人民的生活会越来越好，经济发展水平也会越来越高。

编　者